W0066693

Knut Schulz
„Denn sie lieben die Freiheit so sehr ..."

Knut Schulz

„DENN SIE LIEBEN DIE FREIHEIT SO SEHR …"

Kommunale Aufstände
und Entstehung des europäischen Bürgertums
im Hochmittelalter

Wissenschaftliche Buchgesellschaft
Darmstadt

Umschlagbild: Detail aus dem Mailänder Figurenfries von ca. 1171. Rechte Seite, Wiedereinzug der zum Kampf gerüsteten Mailänder, ursprünglich an der Porta Romana, heute im Museo Civico von Mailand.

Die Deutsche Bibliothek – CIP-Einheitsaufnahme

Schulz, Knut:
„Denn sie lieben die Freiheit so sehr ...":
kommunale Aufstände und Entstehung des
europäischen Bürgertums im Mittelalter /
Knut Schulz. – Darmstadt: Wiss. Buchges., 1992
ISBN 3-534-10710-1

Bestellnummer 10710-1

Das Werk ist in allen seinen Teilen urheberrechtlich geschützt.
Jede Verwertung ist ohne Zustimmung des Verlages unzulässig.
Das gilt insbesondere für Vervielfältigungen,
Übersetzungen, Mikroverfilmungen und die Einspeicherung in
und Verarbeitung durch elektronische Systeme.

© 1992 by Wissenschaftliche Buchgesellschaft, Darmstadt
Gedruckt auf säurefreiem und alterungsbeständigem Werkdruckpapier
Satz: Setzerei Gutowski, Weiterstadt
Druck und Einband: Wissenschaftliche Buchgesellschaft, Darmstadt
Printed in Germany
Schrift: Linotype Wilke, 9.5/11

ISBN 3-534-10710-1

Inhalt

Tafel I:
Darstellung des Guibert von Nogent als Abt und Autor seines Kommentars zu Hosea und Amos. Guibert („abbas Guibertus"), links unten, reicht sein Buch dem thronenden Christus dar (Bibliothèque Nationale Paris, ms. lat. 2502 f. 1).

Tafel II a (links):
Goldbulle Kaiser Ludwigs d. Bayern von einer Urkunde vom 25. Oktober 1328
(Bayerisches Hauptstaatsarchiv München, Kaiserselekt 1268). Zu erkennen sind: Die
Stadtmauer mit Türmen und Toren, der Tiber, im Vordergrund das Pantheon, links die
Marc-Aurel-Säule, vielleicht das Augustus-Mausoleum, der Senatoren-Palast, davor
das Colosseum, rechts daneben ein Triumphbogen und die Cestius-Pyramide sowie
oberhalb der Lateran. Auf dem anderen (rechten) Tiberufer Engelsburg und Engels-
brücke, ganz rechts St. Peter mit dem Obelisken und flußabwärts Santa Maria in
Trastevere (vgl. Krautheimer, Roma. Profile di una città, 312–1308, S. 253).

Tafel II b (rechts):
Goldbulle Kaiser Friedrichs I. von einer Urkunde vom 10. Juli 1168 (Bayerisches
Hauptstaatsarchiv München, Kaiserselekt 516) mit dem Bildnis des Kaisers auf der
Vorder- und Romdarstellung auf der Rückseite. Die Siegelumschrift lautet dort:
ROMA · CAPUT · MUNDI · REGIT · ORBIS · FRENA · ROTUNDI. Das Siegelbild
zeigt im Zentrum ein Stadttor (?), überragt vom Colosseum (Inschrift: AUREA · ROMA).

Tafel III:
„Dominus Albero Archiepiscopus Treverorum" – Erzbischof Albero von Trier (1131/
1132–1151), seine Darstellung aus den Gesta Alberonis (Stadtarchiv Trier, HS 1387/
68°).

Tafel IV:
Ältestes Siegel der Stadt Trier vor der Mitte des 12. Jh. (Bildvorlage: Urkunde von 1227, Landeshauptarchiv Koblenz, Abt. 209, Nr. 13). Umschrift: TREVERICAM PLEBEM. DOMI|NVS. BENEDICAT ET VRBEM. Dargestellt ist der segnende Christus mit einem Schlüssel in der Hand, den die Heiligen Petrus und Eucharius ergreifen. Neuartig und aus dem Rahmen der bisherigen Siegelgestaltung fallend sind die vier – sehr viel kleineren – Stadtbewohner, die ihre Hände dem Heiland und dem Schlüssel entgegenstrecken.

Vorwort

Zwei Überlegungen standen im Vordergrund, als die Wissenschaftliche Buchgesellschaft Darmstadt und der Autor zu dem Entschluß gelangten, den nun vorliegenden Buchtitel zu konzipieren und in das Verlagsprogramm aufzunehmen. Einerseits war dafür die Feststellung maßgeblich, daß zwar bereits eine vielseitige und umfangreiche Fachliteratur über das mittelalterliche Städtewesen und Bürgertum vorhanden ist, aber eine Darstellung, die diese zentrale Thematik auf vergleichender Grundlage aufgegriffen hätte, bisher noch nicht vorliegt. Andererseits trat gleichrangig ein zweiter verlegerischer oder leserbezogener Grund hinzu, nämlich der verständliche Wunsch, daß nicht nur die problemorientierte Analyse, sondern auch die Schilderung der Ereignisabläufe das Buch bestimmen sollte. Von daher war letztlich die Entscheidung bestimmt, diesen langgestreckten, vielgestaltigen Prozeß über eine Reihe von Fallstudien zu erfassen. Die Auswahl der Beispiele erfolgte in dem Bemühen, soweit wie möglich die räumlichen, zeitlichen und entwicklungsbedingten Unterschiede und Veränderungen angemessen hervortreten zu lassen. Das Buch wendet sich damit sowohl an die Fachhistoriker im engeren als auch an historisch Interessierte im weiteren Sinne. Entsprechend dieser Vorgabe ist das Bemühen zu sehen, die Quellen von Zeit zu Zeit selbst zum Sprechen zu bringen und die Anmerkungen und Literaturhinweise übersichtlich zu gestalten.

Das Manuskript ist zum größeren Teil während eines halbjährigen Aufenthalts in Japan von Anfang April bis Ende September 1989 entstanden. Dabei ist es mir ein Anliegen, vor allem drei Personen meinen Dank abzustatten, nämlich Herrn Shiro Ishii von der Tokyo-Universität für die großzügige Einladung und das Arrangement des Aufenthalts, sodann Herrn Yoichi Nishikawa, der in souveräner Weise ein gemeinsames Seminar mit Doktoranden und Assistenten über eben dieses Thema an der Juristischen Fakultät der University of Tokyo (Todai) in die Wege geleitet und sprachlich umgesetzt hat, sowie schließlich Herrn Takeshi Ishikawa, der mir während der Sommermonate den Aufenthalt und die Arbeitsmöglichkeit an der Hokkaido-Universität in Sapporo vermittelt hat.

Die Arbeit in Japan konnte jedoch nur deshalb fast problem- und reibungslos verlaufen, weil meine Mitarbeiter bei der Materialbeschaffung vorzügliche Vorarbeit geleistet hatten. Sie waren mir auch weiterhin sowohl durch die arbeitsmäßige Unterstützung als auch durch die kritische Anteilnahme am Entstehen des Manuskripts stets eine wichtige Hilfe. Mein Dank gilt deshalb Herrn Thomas Beddies und Herrn Robert Giel sowie Frau Constanze Bullion, Frau Renate Dürr, Frau Bärbel Trettler und Herrn Till Weber.

Berlin, im September 1991   Knut Schulz

Einleitung

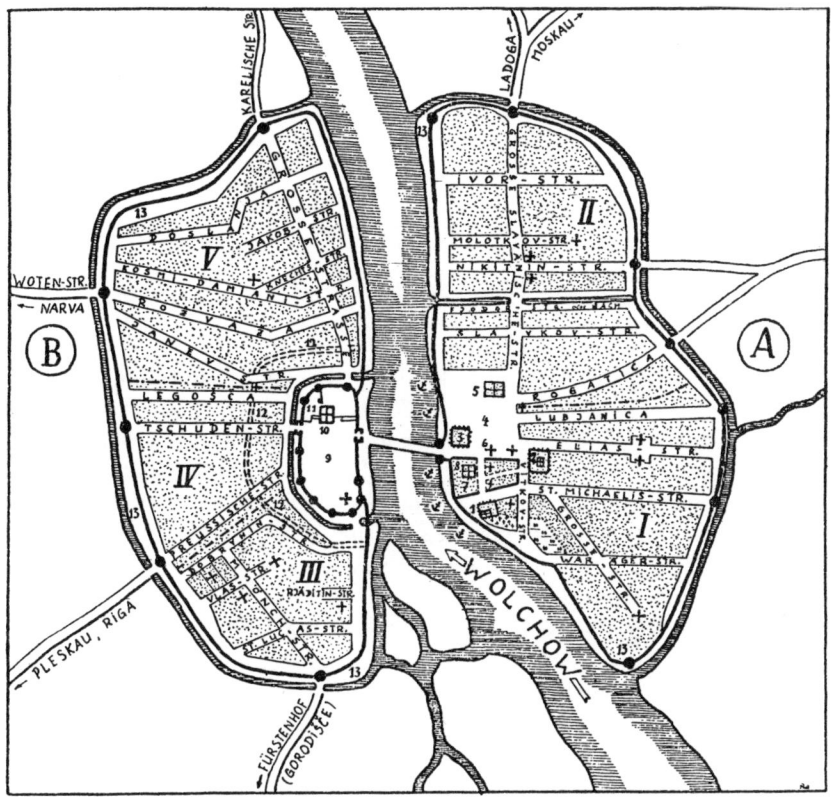

Schematischer Rekonstruktionsversuch nach Vorarbeiten von Tolstoj, Nikitskij und dem „Russkij istoričeskij atlas" von K.V. Kudrjašov. – Zeichenerklärung: A. Handels-Seite, B. Sophien-Seite. I Slavno, II Zimmermanns-, III Leute- oder Töpfer-, IV Hinter-der-Burg-, V Nerevsches Stadtfünftel (konec). 1. Gotenhof mit Olafskirche, Kirchhof, Wiese und Anlegestelle. 2. St. Peterhof der Deutschen. 3. Pleskauer Hof, vielleicht ehemals gotländischer Gildenhof. 4. Markt. 5. St. Johanniskirche der russ. Kaufmannschaft. 6. Heil. Freitagskirche der russ. Fernhändler. 7. Fürstenhof „Jaroslavs des Weisen", entfestet. 8. St. Nikolaikirche. 9. Djetinec, die Burg. 10. Sophienkathedrale. 11. Schloß des Erzbischofs. 12. Burggraben. 13. Stadtwall oder Mauer mit Türmen.

▲ Stadtplan von Nowgorod (aus: P. Johansen, Nowgorod und die Hanse, in: Städtewesen und Bürgertum als geschichtliche Kräfte. Gedächtnisschrift für F. Rörig, hrsg. v. A. v. Brandt und W. Koppe, Lübeck 1953, S. 128).

◄ Miniatur nach der Nowgoroder Bildchronik (letztes Drittel des 16. Jahrhunderts), welche die Einberufung der Gemeindeversammlung (Vece) durch das Läuten der Glocke(n) zur Darstellung bringt, wie sie in der ersten Nowgoroder Chronik für das 12. Jahrhundert geschildert wird (aus: K. Onasch, Groß-Nowgorod. Aufstieg und Niedergang einer russischen Stadtrepublik, Wien–München 1969, S. 98).

Auf dem Reichstag von Worms im Januar 1231 verkündete König Heinrich (VII.) den Beschluß der Fürsten, daß alle in einer Stadt oder einem Marktort im Deutschen Reich errichteten *communiones, constitutiones, colligationes seu coniurationes* widerrechtlich seien und beseitigt werden sollten. Damit ist, wenn man zusätzlich den in dieser Quelle eingefügten Begriff der *confoederationes* hinzunimmt, das begriffliche Spektrum der kommunalen Bewegung *(communio, coniuratio, colligatio)* über die Ausbildung einer Stadtverfassung *(constitutio)* bis hin zu den Ansätzen von Städtebünden *(confoederationes)* erfaßt. Gewiß nahmen die Reichsfürsten zu diesem Zeitpunkt nicht mehr wirklich an, daß sie die weit fortgeschrittene kommunale Entwicklung mit einem Beschluß rückgängig machen könnten, vielmehr ging es ihnen, wie es zahlreiche parallel verlaufende Einzelkonflikte zeigen, um die Wahrung ihrer herrschaftlichen Oberhoheit und Zuständigkeit. In diesem Reichstagsbeschluß spiegelt sich die Befürchtung wider, daß sich die städtische Entwicklung, vor allem die der Bischofsstädte, der stadtherrlichen Kontrolle gänzlich entziehen könnte. Er ist nur ein, wenn auch zentrales Zeugnis dafür, daß die Zeitgenossen, und nicht erst spätere Beobachter, die sich in diesem Bereich vollziehenden Veränderungen als einschneidend empfunden haben.

In Italien, Frankreich, den Niederlanden, England und Deutschland, überall ist in wichtigen Beiträgen zur Stadtgeschichtsforschung eine Unterscheidung zwischen der präkommunalen und der kommunalen Epoche vorgenommen, also die Ausbildung der Stadtgemeinde als so einschneidend empfunden worden, daß man von daher eine Periodisierung vornehmen zu müssen glaubte. Bei manchen Abweichungen hinsichtlich des zeitlichen Ablaufs und der inhaltlichen Ausgestaltung besteht somit die Vorstellung einer grundsätzlichen Gemeinsamkeit von Stadt und Bürgertum in den genannten räumlichen Bezügen, deren verbindendes Element die Kommunebildung des Hochmittelalters gewesen ist. Der bekannteste und häufig zitierte Protagonist dieses Gedankens ist Max Weber gewesen, der in der kommunalen Bewegung sogar einen für die Entwicklung Europas bestimmenden revolutionären Umbruch gesehen hat, ohne den unsere heutige Gesellschaftsform,

Kultur und Denkweise nicht begreifbar wären. Denn große Städte mit einem pulsierenden Wirtschaftsleben hat es in vielen Ländern und Epochen gegeben, aber ein in Gestalt einer Kommune sich weitgehend selbst bestimmendes Bürgertum bleibt auf den mittel- und westeuropäischen Raum beschränkt. In der gegenwärtigen Geschichtsschreibung läßt sich eher eine entgegengesetzte Bewertung feststellen, der es um den z. T. engagiert geführten Nachweis geht, daß die hochmittelalterliche kommunale Bewegung und auch die spätmittelalterliche „Zunftbewegung" keinesfalls eine Demokratie oder auch nur demokratische Vorstellungen hervorgebracht habe. Eine solche Argumentation ist aber eher verwirrend als klärend, da niemand – zumindest in der Fachwissenschaft seit sehr langer Zeit – eine solche Behauptung aufgestellt hat. Bei dieser angeblich notwendigen Zurückweisung einer tatsächlich aber gar nicht vorhandenen Vorstellung von Demokratie im Mittelalter entsteht der Zwang, Abgrenzungen vorzunehmen und Negativaussagen zu treffen. Auf diese Art und Weise wird der Blick für die neuartigen und fortwirkenden Impulse eingeschränkt. Denn die Verbindungen bis in die Gegenwart hinein, an deren Vorhandensein ich nicht zweifele, sind anderer, indirekterer Art, als daß man sie über den Demokratiebegriff herstellen könnte. Es sind eher Grundgegebenheiten oder – wie man heute gern sagt – lang wirksame Verhaltensmuster wie bürgerliches Selbstverständnis und Kulturbewußtsein, Eigenverantwortlichkeit und Eigeninitiative, politisches Denken und Handeln in Gruppen und als Gemeinschaft, an die man denken sollte, wenn man nach derartigen Zusammenhängen fragt.

1. Entstehung der Kommune (Begriff)

Wenden wir uns zunächst der Thematik in ihren historischen Bezügen zu und formulieren die Fragen, die uns im folgenden beschäftigen sollen.

Warum ist es überhaupt im 11./12. Jahrhundert zu diesen markanten – wenn auch unterschiedlich bewerteten – Veränderungen in den Städten gekommen? Welche Voraussetzungen und Vorstellungen verbinden sich mit dem Prozeß der Kommunebewegung? Wie konnte in einer stark herrschaftlich geprägten Gesellschaft wie der des Mittelalters bis hin zum 11./12. Jahrhundert ein Gedanke zum Durchbruch gelangen, der auf der Gemeinde aufbaute und einem neuen Verständnis von persönlicher Freiheit und politischer Mit- bzw. Selbstbestimmung zum Durchbruch verhalf? Denn diese beiden Elemente sind es, die den Kern dessen ausmachen, was wir unter dem Begriff der kommunalen Bewegung dieser Zeit vorrangig verstehen. In dem Zusammenhang der historischen Ereignisabläufe scheinen sie zwar unauflöslich miteinander verbunden gewesen zu sein, bei der Analyse erweist es sich jedoch, daß erst über die Unterscheidung eine zureichende Klarheit zu erlangen ist, nämlich zwischen der Erlangung individueller Freiheitsrechte gerade mit Hilfe der Stadtgemeinde auf der einen und dem Streben nach politischer Selbstbestimmung bis hin zur Einführung der Ratsverfassung durch die Kommune auf der anderen Seite. Die als typisch geltende Form, in der sich dieser Vorgang vollzog, war die *coniuratio*, die man mit dem Begriff der Schwurgemeinschaft oder der beschworenen Einung wiedergibt. Was geschah dabei?

Die Bewohner eines Platzes kamen – etwa anläßlich eines Konflikts – zusammen und verpflichteten sich durch gegenseitige Eidesleistung moralisch und in rechtlich verbindlicher Form zu gegenseitiger Hilfe. Gemeinsames Ziel war dabei die Sicherung des Friedens und des Rechts, wenn auch das konkrete politische Handeln oft in eine andere Richtung führte. Aus der Sicht des Herrn hat die *coniuratio* deshalb auch häufig den Charakter der *conspiratio*, der Verschwörung und Rebellion. Gewann die beschworene Einung Stabilität, überstieg also den Charakter des Zweckbündnisses ad hoc und erlangte gar noch eine Vertretung nach außen und eine gewisse Selbstkontrolle nach innen, so wurde die Einwohnerschaft eines Ortes zu einer Gemeinde im Rechtssinne, eben zu einer Kommune mit einem eigenen Verständnis und Anspruch.

Dieser Vorgang hat sich besonders in den großen abendländischen Städten in zum Teil sehr heftigen Formen und blutigen Auseinandersetzungen, in sogenannten kommunalen Erhebungen, vollzogen. Aufgrund des Ablaufes der Ereignisse und der erzielten Resultate haben manche Historiker gemeint, darin einen revolutionären Umbruch erblicken zu müssen. Andere haben sehr viel stärker auf ältere Traditionen verwiesen, in die diese kommunale Entwicklung eingebettet gewesen sei und außerdem betont, daß die „Kommunalisierung" durchaus nicht auf die unruhigen Städte und Städteregionen beschränkt blieb, sondern zum Teil auch im Einvernehmen oder sogar auf Initiative der Herrscher auf breiter Ebene zum Durchbruch gelangt sei. In ähnlicher Weise seien davon auch viele Landgemeinden erfaßt worden. Gerade die letztgenannten Feststellungen sind ebenso richtig wie wichtig und als ergänzende Faktoren mitzubedenken, wenn sie hier angesichts der Thematik auch nicht zur Darstellung kommen können.

2. *Zeitliche und räumliche Verbreitung*

Bei der Beschäftigung mit der Entstehung der abendländischen Kommune wird man grundsätzlich zwischen dem Ereignis und dem Prozeß unterscheiden und dennoch die Verknüpfung beider Elemente bedenken müssen. Begrifflich läßt sich das folgendermaßen auseinanderhalten: Während die kommunale Erhebung sozusagen das revolutionäre Geschehen markiert, bezeichnet die kommunale Bewegung den evolutionären Vorgang. Einen einmaligen radikalen Umsturz, bei dem sich dieses neuartige politische und gesellschaftliche Gebilde dauerhaft etabliert hätte, hat es nicht gegeben. In der Regel sind viele Anläufe und Etappen vonnöten gewesen, bevor die Kommune klare Gestalt gewonnen hat. Eine solche Ereigniskette erstreckte sich z. T. über mehr als 150 Jahre, so daß es erforderlich ist, die Zeitspanne von um 1050 bis mindestens 1250 in das Blickfeld zu rücken, wobei immer Vorstufen und Ausblicke mitzubedenken sind.

Diese weitgespannte zeitliche Dimension enthält allerdings ihre besonderen räumlichen Komponenten. Dabei geht es erst einmal um den ganz einfachen Sachverhalt, daß sich in den verschiedenen europäischen Städteregionen die Kommunebildung unterschiedlich früh und intensiv vollzog. Die Vorstellung, daß die italienischen Städte dabei einen zeitlichen Vorsprung gehabt hätten, ist durchaus richtig, ein für die Orientierung und das Verständnis wichtiges Raster für die zeitliche und räumliche Verbreitung des kommunalen Gedankens in Mittel- und Westeuropa fehlt jedoch weitgehend. Versuchen wir, einen solchen Überblick skizzenhaft zu entwerfen.

Tatsächlich wiesen die italienischen Städte einen Entwicklungsvorsprung auf und zeigten bereits in einzelnen Beispielen – Mailand und Cremona kam dabei eine Vorbildfunktion zu – um das Jahr 1000 politische Bestrebungen, die auf eine klare Einschränkung der stadtherrlichen Gewalt hinausliefen. Aber erst die krisenhaften Zuspitzungen, die mit der Kirchenreform und dem Investiturstreit einhergingen, führten in den oberitalienischen Städten zu einer Politisierung und Emotionalisierung weiter Bevölkerungskreise, die letztlich dazu beitrugen, ein neues Verständnis von kommunaler Willensbildung und von der Legitimation von Herrschaft durch die Stadtgemeinde zu schaffen. Diese lange, schwere Konfliktphase ist mit dem Schwerpunkt Mailand auf etwa 1030/50 bis 1075 zu datieren. Man darf jedoch keinesfalls den Fehler machen, die lombardische Städtegruppe mit den italienischen Städten überhaupt gleichzusetzen. Wenn wir nur zwischen den drei Großregionen, nämlich Ober-, Mittel- und Süditalien, unterscheiden, so gingen die entscheidenden frühen Impulse zweifellos von Oberitalien aus. Sehr bald (um 1100) setzte sich die Kommunalverfassung auch in den toskanischen Städten durch, wobei Rom – gleichsam als der südliche Ausläufer dieser mittelitalienischen Landschaft – erst um die Mitte des 12. Jahrhunderts in den Strudel der Entwicklung geriet. Das sich südlich davon anschließende zunächst byzantinisch-normannisch, dann staufisch bestimmte Unteritalien blieb hingegen von der Kommunebewegung weitgehend unberührt.

In der zeitlichen Folge und von der Bedeutung her gesehen ist die nordfranzösische Städteregion an zweiter Stelle zu nennen. Angefangen von Le Mans (1070) und Cambrai (1077) über Saint Quentin (um 1081), Beauvais (um

1099), Noyon (1108/09) bis hin zu dem herausragenden Beispiel von Laon (1112/16) hat hier der Kommunegedanke eine starke Verbreitung gefunden. Auch im Falle Frankreichs kann man vergröbernd drei Großregionen unterscheiden: nämlich den wie in Italien durch die Kommune geprägten Norden, die königlich bestimmte, aber durchaus auch privilegierte Städtegruppe der Mitte und den Süden mit der Konsulatsverfassung. Auch im Süden (Provence, Languedoc) kam es schließlich zu einer Kommunebewegung, und zwar in sehr heftigen Formen. Diese setzte allerdings erst um die Wende vom 12. zum 13. Jahrhundert ein und wurde bald nach 1250 durch Karl von Anjou unterdrückt.

Als dritte Städtegruppe sind die rheinischen Bischofsstädte zu nennen, vor allem Worms (1073), Köln (1074) und Mainz (1077). Aber erst die erneute Zuspitzung um 1105/06 und 1110/12 ließ in diesen Städten Gemeindeverbände hervortreten, die man als entstehende Kommunen bezeichnen kann. Im übrigen lassen sich auch für Deutschland drei Gruppen erfassen, die allerdings eher herrschaftlich als regional zu unterscheiden sind. An erster Stelle sind hier die schon genannten alten Bischofsstädte hervorzuheben, die frühzeitig eine gewisse politische Eigenständigkeit geltend machten und bis zur Durchsetzung dieses Ziels in Gestalt der Ratsverfassung seit etwa 1200 eine Vorbildfunktion behaupteten. Die Früchte ihres Ringens, nämlich die persönlichen Freiheitsrechte der Bürger und die politische Mit- oder Selbstbestimmung der Gemeinde, bekam die zweite große Gruppe, nämlich die der städtischen Neugründungen, besonders der Zähringer im Südwesten und der Welfen im Nordosten, gleichsam als Geschenk in die Wiege gelegt. Gerade wenn man an den Hanseraum mit seinen zahlreichen Städtegründungen seit der zweiten Hälfte des 12. Jahrhunderts denkt, wird deutlich, daß die Rechtsform der Stadtkommune durchaus nicht nur über konfliktreiche Auseinandersetzungen, sondern auch über die Erteilung von Privilegien geschaffen wurde. Allerdings stand dabei die Erfahrung, die man mittlerweile mit der kommunalen Bewegung in den alten Städten, den sog. Mutterstädten, gemacht hatte, in mancher Hinsicht Pate. Die dritte große Gruppe ist die der Territorialstädte, die jedoch aufgrund ihrer politischen Funktionszuweisung nie aus der herrschaftlichen Bindung entlassen wurden und oft auch hinsichtlich der persönlichen Freiheitsrechte Beschränkungen unterlagen.

Schließlich ist als vierter Großraum der europäische Nordwesten zu nennen, bei dem man zwischen der herausragenden Städteregion Flanderns mit eigenem Charakter und den Städten Englands mit London an der Spitze unterscheiden muß.

Die Städte Flanderns, die aufgrund ihrer mit der Tuchproduktion verbundenen wirtschaftlichen Dynamik in den Jahren 1127/28 nach der Ermordung des Grafen von Flandern die Neuvergabe der Herrschaftsrechte selbst in die Hand nahmen und erste weitreichende Privilegien erlangten, wurden, wenn auch nach manchen Rückschlägen, zu einer politisch mindestens gleichberechtigten Kraft, was die Gestaltung dieser Landschaft bis mindestens zur Wende vom 14. zum 15. Jahrhundert anbelangt.

Mit spürbarer Verzögerung ist England von der kommunalen Bewegung erfaßt worden. Trotz einiger interessanter Ansätze, die schon auf die Zeit um 1130 zurückgehen, gelangte die Kommune mit London an der Spitze erst um 1190 zum Durchbruch. Sie hat dann jedoch auf die Entwicklung, die auf die Magna Charta von 1215 hinführte, bestimmenden Einfluß genommen.

Wie dieser Überblick zeigt, ist die Kommunebildung durchaus kein flächendeckender Vorgang im europäischen Rahmen gewesen, und manche verheißungsvollen Ansätze in diese Richtung sind steckengeblieben bzw. wiederum herrschaftlich eingebunden worden. Dennoch erlangte das hier gewonnene politische Selbstverständnis einen Orientierungswert, der nicht ohne Auswirkungen auf die nachgeordneten Städte blieb.

3. Anmerkungen zu den Randzonen in Südwest- und Nordost-Europa

a) Spanien

Einige erklärende Worte zum Städtewesen Spaniens sind hier einzufügen. Von seiten der spanischen Stadtgeschichtsforschung ist bei der vergleichenden Einordnung dieser Problematik in den westeuropäischen Kontext neben manchen Ähnlichkeiten vor allem auf grundlegende Unterschiede hingewiesen worden. Nach Beobachtungen von José-M. Font y Ruis sind die Städte auf der Iberischen Halbinsel vergleichsweise junge Gebilde, die in ihrer politischen und gesellschaftlichen Struktur stark von der Reconquista mit ihren besonderen militärischen und politischen Erfordernissen geprägt worden seien. Dabei müßte man zwischen den westlichen Regionen León und Kastilien mit größeren Stadtfreiheiten auf der einen und Aragón, Navarra und Katalonien auf der anderen Seite unterscheiden. Barcelona und Valencia nahmen eine Ausnahmestellung ein. Die meisten anderen Städte sind den ländlichen Gemeinden sehr verwandt gewesen, mit denen sie oft in einem Territorium verbunden waren. Wenn sie auch über eigene politische Kompetenzen verfügten, so sei es doch irrig anzunehmen, daß sie eine Autonomie gegenüber der herrschaftlichen Gewalt erlangt hätten. Die politisch-administrative Selbständigkeit, die durchaus beachtliche Ausmaße erreichen konnte, blieb letztlich immer der Kontrolle des „Souverains" unterworfen. Rechtsverleihungen (fueros) haben besonders die Städte in León und Kastilien recht früh erhalten, wo sich König und Kommunen nach längeren

Beratungen und Geldzahlungen seitens der Stadtgemeinde auf eine neue Verfassung einigten. Die darüber ausgestellte Stadtrechtsurkunde *(fuero municipal)* erkannte einen Stadtrat bzw. Ratsherren *(concejos)* an, wobei die
Wahl- und Mitbestimmungsrechte der Nachbarschaftsverbände und der Gemeinde betont wurden. Im östlichen, mittelmeerischen Spanien sind zwar
einige italienische und französische Einflüsse anzutreffen, wie es die Begriffe
conjuratio, confratria, consulatum und *parlamentum generale* erkennen
lassen, aber das königliche Vor- und Kontrollrecht blieb über die Präsenz
eines herrschaftlichen Amtsträgers *(veguer, battle, justicia)* immer gewahrt.
Allerdings gab es auch Ausnahmen von dieser Regel, jedenfalls zeigen die im
Nordwesten Spaniens gelegenen Städte Santiago de Compostela, Sahagún
und Lugo ausgesprochen kommunale Züge, vermutlich beeinflußt durch die
zahlreichen Pilger und Gäste. In Santiago bildeten beispielsweise 1116/17
die Bürger eine „Verschwörung, die sie Bruderschaft nannten" *(quandam conspirationem quam vocant germanitatem)* und erklärten, „begierig um die Freiheit zu ringen" *(dicentes pro libertate anhelare).* [Historia Compostellana,
in: Migne, Patrologia Latina 170, Paris 1894, 1008 und 1011.]
    Wenn trotz der genannten Voraussetzungen die spanischen Historiker den-
noch die Vergleichbarkeit mit der Kommunebewegung im übrigen Europa
zurückgewiesen haben, dann geschah dies aufgrund der Überlegung, daß
hier die Gemeindestruktur zwar kräftig ausgebildet war, für die jedoch nicht
die Autonomie, sondern die enge Verbindung zur königlichen Herrschaft
über einen Amtsträger und die militärische Ausrichtung bestimmend blieb.
Es bleibt jedoch abzuwarten, in welche Richtung diese Diskussion führen
wird.

b) Nowgorod

Mehrfach ist die Frage diskutiert worden, ob sich auch weit im Nordosten
Europas, nämlich im fernen Nowgorod, etwa gleichzeitig wie im Westen eine
Kommunebildung vollzogen hat. Sind doch auffällige Ähnlichkeiten hinsichtlich der politischen Handlungsfähigkeit und Selbstbestimmung unter
Mitwirkung der Stadtgemeinde zu beobachten. Diese in den Anfängen von
den normannischen Warägern stark mitgeprägte Stadt, die bis weit in das
11. Jahrhundert hinein in einer spürbaren Abhängigkeit von Kiew und dem
damit verbundenen Großreich stand, begann sich mit seiner wachsenden
wirtschaftlichen und handelspolitischen Bedeutung seit dem letzten Viertel
des 11. Jahrhunderts zu verselbständigen. 1078, 1096 und 1102 kam es zur
Vertreibung der von Kiew eingesetzten Unterfürsten *(posadnik* = nddt.
borchgreve/Burggraf). 1126 wählten die Nowgoroder erstmals selbständig
den *posadnik,* was sich dann seit 1132 und 1136 im Verbund mit den Beistädten Pleskau und Ladoga dauerhaft einspielte, so daß der gewählte Fürst

von Nowgorod nur eine begrenzte Amtsperiode hatte. Seit 1156 wurde auch der Erzbischof (*vladyka*) von den „Leuten der ganzen Stadt gewählt". Dieses Wahlprinzip setzte sich dann auch für die Tausend- und Hundertschaftsführer des städtischen Aufgebots sowie die Gruppierungen der ursprünglich vier, dann fünf Nowgoroder Stadtviertel durch. Die Wahlen erfolgten durch das *Vece*, die Volksversammlung, die durch das Läuten der Vece-Glocke zusammengerufen wurde. Wahlberechtigt waren folgende drei Gruppen: die politisch dominanten *Bojaren* – ausgestattet mit reichem Grundbesitz, aber auch im Geld- und Kredithandel tätig – sodann die meist in Gilden organisierten Kaufleute *(Kupcy)* und schließlich die *Cernye* oder *Ljudi*, die Handwerker, kleinen Gewerbetreibenden, aber auch die Geistlichen.

Schon diese wenigen Angaben mögen veranschaulichen, daß Nowgorod ein vielgestaltiges und lebendiges politisches Gebilde darstellte, das – um einen kühnen Vergleich zu wagen – in mancher Hinsicht an einen italienischen Stadtstaat, einschließlich von Beistädten, mit einem selbstgewählten Podestà an der Spitze und mit einem Stadtadel erinnert, der, an Geldhandel und Grundbesitz orientiert, stark in die politischen Geschicke der Stadt eingriff.

Andere Ähnlichkeiten ließen sich herausarbeiten. Wenn man dennoch den Nowgoroder Fall nicht der westlichen Kommunebewegung zugerechnet hat, dann ist neben dem geographischen Faktor vor allem das Fehlen oder doch nur stark eingeschränkte Vorhandensein des Bürgerbegriffs und des Bürgerrechtes dafür maßgeblich gewesen. Im positiven Sinne wurden hingegen das selbständige politische Handeln und die weitreichenden wirtschaftlichen Aktivitäten dieser imposanten Stadtrepublik geltend gemacht. Halten wir es mit dem neu erschienenen Handbuch der Geschichte Russlands und stellen etwas diplomatisch fest, daß Nowgorod und Pleskau „sowohl ihrer Verfassung als auch ihrer landespolitischen und kulturellen Funktion nach eine Brückenstellung zwischen der Rus und Westeuropa einnahmen" (C. Goehrke, in: Handbuch der Geschichte Russlands, S. 480).

4. Ursachen und Voraussetzungen

Fragt man nach dem Hintergrund, von dem her die kommunale Bewegung zu verstehen und zu bewerten ist, so sind einige Grundgegebenheiten als bekannte Größen vorauszusetzen. Zu diesen zählt an erster Stelle die seit dem 10. Jahrhundert starke Bevölkerungszunahme und damit verbunden das rasche Anwachsen städtischer Siedlungen. Gleichzeitig vollzog sich ein lebhafter Aufschwung der Handelsbeziehungen im großräumigen Maßstab sowie eine Differenzierung von Handwerk und Gewerbe bei zunehmender Marktorientierung und Lösung aus grundherrschaftlichen Bindungen. Das sind Selbstverständlichkeiten, ohne die der Prozeß der Stadtwerdung in neuer Gestalt nicht denkbar wäre, die aber immer mitzuberücksichtigen sind, auch wenn sie nicht ständig Erwähnung finden können.

Sehr viel schwieriger und kontroverser wird die Diskussion, wenn man nach älteren Gegebenheiten und Voraussetzungen fragt, die für die kommunale Bewegung Anknüpfungspunkte oder gar eine wesentliche Grundlage dargestellt haben könnten. Es ist auch für einen Kenner der Materie nicht einfach, sich in der verwirrenden Vielfalt der Argumente zurechtzufinden und den Wechsel der Bezugsebenen nachzuvollziehen. Wenn hier nur einige Forschungsansätze und -positionen herausgegriffen und vorgestellt werden, so geschieht dies nach den Kriterien des aktuellen Interesses und der methodischen Relevanz.

Werfen wir zunächst einen Blick auf die Forschungsrichtung, die in stärkerem Maße den rechtlichen Vorbildern nachgeht, die auf die Kommunebewegung einen maßgeblichen Einfluß ausgeübt haben könnten. Die größte Bedeutung hat dabei zweifellos der Ansatz gewonnen, der sich mit dem Stichwort der Gildetheorie umschreiben läßt. Dabei wird davon ausgegangen, daß trotz des Trends zu Feudalisierung und Verherrschaftlichung vom Früh- zum Hochmittelalter hin genossenschaftliche Elemente eigenständig fortbestanden hätten, die die Gestalt der „freien Einung", um damit den großen konzeptionellen Entwurf Otto von Gierkes aus der zweiten Hälfte des vorigen Jahrhunderts zu zitieren, aufgewiesen haben. Konkret handelt es sich dabei um Kaufleutegilden, Genossenschaften freier Fernkaufleute, die durch den Eid verbunden und zu gegenseitiger Hilfe verpflichtet waren. Gerade diese Elemente treffen wir bei der Kommunebildung wieder. Nimmt man dann noch die persönliche Freiheit und die auf die Stadt bezogene kaufmännische Aktivität hinzu, was bietet sich dann eher an, als eine direkte Verbindung von den frühen Kaufleutegilden zu der sich verselbständigenden Stadtgemeinde herzustellen. Diese nimmt demnach nicht nur die Grundidee und Rechtsform der freien Einung auf, sondern verfügt mit der schon lange bestehenden Kaufleutegilde über eine Führungsschicht, die die erforderliche Erfahrung und Wirtschaftskraft auf sich konzentriert.

Es sind die Namen großer Stadthistoriker, die sich mit diesem Bild verbinden; beispielsweise H. Pirenne und H. Planitz. Aber die Kritik ist nicht ausgeblieben (W. Schlesinger, E. Ennen, K. Kroeschell). Sie konzentriert sich auf zwei Punkte, nämlich die systematische Überlegung, daß eine zu Zwecken des Fernhandels gebildete spezielle Gruppierung von Kaufleuten kaum mehr als einen höchstens indirekten Einfluß auf den ortsbezogenen Gemeindebildungsprozeß genommen haben könne. Statt dessen wird von dieser Seite zu Recht auf die hohe Bedeutung, nicht jedoch die monokausale Erklärungsmöglichkeit des Marktrechts verwiesen, das spätestens seit ottonischer Zeit (10. Jahrhundert) durch die Ausstattung mit Münze, Zoll, Bannbezirk und Kaufmannsrecht ein wesentliches Element im Stadtwerdungsprozeß dargestellt habe. Daneben gibt es gegen die Gildetheorie den quellenmäßigen Einwand, daß nur in der nordwesteuropäischen Städteregion Hinweise auf die Einflußnahme von Kaufleutegilden auf den Stadtwerdungsprozeß vorliegen. Zahlreich sind selbst dort diese Belege allerdings nicht.

Als dritten Kritikpunkt möchte ich hinzufügen, daß mit der Gildetheorie das zentrale Problem der Erlangung persönlicher Freiheitsrechte der Stadtbewohner nicht zureichend in das Blickfeld rückt. Denn selbst wenn alle diese Kaufleute als frei zu charakterisieren wären, hilft dies als Erklärung für die Masse der hofrechtlich gebundenen Stadtbevölkerung nicht weiter. Dennoch wird man die über die frühen Gilden vermittelten Einflüsse und Zusammenhänge im Auge behalten müssen, eine direkte Herleitung der Stadtgemeinde aus der Kaufmannsgilde aber ausschließen können.

Der zweite umfassende Interpretationsansatz, der die kommunale Bewegung aus älteren Rechtsformen und historischen Vorbildern erklärt, ist der der Gottesfriedenstheorie, deren bekanntester Vertreter heute A. Vermeesch ist. Er versucht, die Kommune in den großen Zusammenhang der Gottesfriedensbewegung Frankreichs, wie sie sich seit dem Ende des 10. Jahrhunderts entfaltet hatte, einzuordnen und verständlich zu machen, wie und warum beide Phänomene als *communia/communio* bezeichnet werden konnten und beide die *pax* auf ihre Fahnen geschrieben hatten. Die frühen von Bischof und Klerus angeführten Kommunen waren Friedenseinungen, die vielfach auf der Ebene des Bistums (Diözese) eine Selbsthilfe- und Verteidigungsmaßnahme gegen die zahlreichen Adelsfehden und die damit verbundene Bedrückung und Willkürherrschaft darstellten. Gerade darin sieht Vermeesch bei sonstigen Unterschieden das Verbindende, indem er das Wesen auch der bürgerlich städtischen Kommune als beschworene Einung gegen Unrecht, herrschaftliche Willkür und Übergriffe begreift, die nicht den politischen Umsturz, sondern den Frieden im Sinne des rechtlich abgesicherten Kompromisses angestrebt habe. Vor allem wendet er sich energisch gegen die Ansicht, daß die Kommunebewegung gegen den bischöflichen Stadtherrn und die Kirche gerichtet gewesen sei.

Allein die Vielzahl sehr anschaulicher Gegenbeispiele, also kommunaler Erhebungen gegen Bischof und Kirche, läßt schon eine gewisse Skepsis gegenüber diesem Ansatz entstehen. Zweifellos werden hier interessante Entwicklungslinien und Zusammenhänge aufgedeckt, aber letztlich wird nicht der Versuch unternommen zu erklären, wie und vor allem warum es zu dem entscheidenden Umschlag von der kirchlich-herrschaftlich getragenen Gottesfriedensbewegung im großräumigen Maßstab zu der kommunalen bürgerlichen Selbstbestimmungsforderung kam, die zwar die zentralen Begriffe *pax* und *communio* übernahm, aber mit ganz neuem Inhalt füllte.

Die dritte große Forschungsrichtung versucht, die Kommune aus älteren

Gemeindebildungen herzuleiten. Dabei kommen neben der schon genannten „Marktgemeinde" vorrangig drei Möglichkeiten, die sich auch gegenseitig ergänzen können, in Frage:

1. die Gerichtsgemeinde, die bei aller rechtlichen Zersplitterung innerhalb der alten Städte oft seit dem späten 10. Jahrhundert in Fällen der Hochgerichtsbarkeit alle Einwohner eines solchen Gemeinwesens als Gerichtsumstand zusammenrief und rechtlich zusammenfaßte, somit also eine Grundvoraussetzung für die Gemeindebildung bietet;

2. die Wehr- und Verteidigungsgemeinschaft, die sich aus der Notwendigkeit von Mauerbau, Bewachung und militärischen Verteidigungsmaßnahmen gemeinsamer Art ergab;

3. die Markgenossenschaft oder Landgemeinde (Nachbarschaftsverbände), die über Allmendebesitz innerhalb und außerhalb der Stadt (Gemeinde), seien es öffentliche Plätze und Gebäude oder seien es Wiesen, Weiden und Wälder, verfügte, deren Nutzung man gemeinschaftlich organisieren mußte.

Susan Reynolds, die diesen Argumentationsstrang aufgegriffen hat, sieht diese älteren gemeindlichen Formen als so prägend an, daß die kommunale Bewegung des Hochmittelalters nur eine kontinuierliche Fortentwicklung dargestellt habe. Sie schreibt: „Hat man erst einmal die Kräfte kollektiver Verhaltensweisen im mittelalterlichen Leben generell erkannt, dann erübrigt sich die Notwendigkeit, nach den Ursprüngen der Stadtgemeinde in der kommunalen Bewegung des 12. Jahrhunderts zu suchen oder zu argumentieren, daß sich diese von bestimmten Institutionen herleite, von der Gilde, der Kommune oder dem Konsulat einerseits oder den Formen feudaler Herrschaft andererseits. Die Grundlage der Stadtgemeinde wie auch der zentralen Landgemeinde war die geographische Nachbarschaft, gestützt durch die traditionellen Praktiken von Recht und Lokalherrschaft. Die Städte erlangten im 12. und 13. Jahrhundert nicht aufgrund neuer genossenschaftlicher Bewegungen oder neuer politischer Ideen erweiterte Freiheitsrechte, sondern aufgrund neuer wirtschaftlicher und politischer Bedingungen" (S. 155). Zweifellos kann Susan Reynolds auf eine Anzahl wichtiger Beispiele für ältere, also vor der sogenannten kommunalen Phase bereits bestehende Gemeinden verweisen, aber die Tatsache, daß sich das abendländische Städtewesen vom 11. zum 12. Jahrhundert so entscheidend verändern und das Bürgertum als eine neben Adel und Kirche neue und selbständige Kraft herausbilden konnte, bleibt damit ohne Erklärung. Gegenüber einem solchen Interpretationsansatz sollte man bedenken, wie viele gerade der großen Zeitgenossen, angefangen von Petrus Damiani über Lampert von Hersfeld, Guibert von Nogent, Suger von St. Dénis, Bernhard von Clairvaux, Otto von Freising, Johannes von Salisbury bis hin zu Richard von Devizes mit einer Mischung aus Erstaunen, Entsetzen und Abscheu auf die kommunalen Erhebungen reagiert und sie als tiefgreifenden Umbruch empfunden haben. Man kann auch die zahlreichen Reichstagsbeschlüsse und Reichsgesetze ins Feld führen, die gegen die Kommune erlassen worden sind, oder auf die langen und blutigen Kämpfe, die in dieser Sache besonders in Oberitalien, Nordfrankreich und Flandern geführt wurden, verweisen.

Aber als Gegenschlag zu der Revolutions-Interpretation geht nun einmal seit geraumer Zeit das Pendel in die entgegengesetzte Richtung, die in der kommunalen Bewegung nichts „Modernes", sondern nur eine Fortentwicklung zu erkennen können glaubt. Der Einwand gegen die Revolutionsdeutung ist schon deshalb berechtigt, weil es sich bei der Kommunebewegung um einen langgestreckten Prozeß in vielen Etappen gehandelt hat. Dennoch darf m. E. keinesfalls der damit verbundene Neuansatz zu einer lange fortwährenden, tiefgreifenden Entwicklung verkannt oder auch nur relativiert werden, läuft man doch ansonsten Gefahr, diese wesentliche stadtgeschichtliche Trendwende als solche gar nicht mehr zureichend zu erkennen.

5. Neue Elemente

Wie kann man nun das Neue, das hier zum Durchbruch gelangte, auf eine kurze und möglichst einprägsame Formel bringen? Ich möchte vier zentrale Aspekte nennen, ohne damit den Anspruch auf Vollständigkeit zu erheben.

1. Was sogleich ins Auge springt, ist die auffallend veränderte Form, in der sich Politik nun vollzieht, nämlich die der „Öffentlichkeit". Besonders im Zuge des Investiturstreites kam es, zuerst wohl in den oberitalienischen Städten, dann auch in den nordfranzösischen und den rheinischen Bischofsstädten zu einer allgemeinen Diskussion auf Straßen, Plätzen und in den Kirchen. Ja, sogar in die einzelnen Familien wurden diese konfliktreichen Auseinandersetzungen hineingetragen. Nichts war mehr so wie vorher, die herrschaftliche Befehlsstruktur hatte merkliche Einbußen erlitten, die Stimmung mußte getestet, in Versammlungen diskutiert, notfalls mit Gewalt gedroht werden.

2. In demselben zeitlichen und sachlichen Zusammenhang begann erst zögernd, bald immer deutlicher eine Diskussion um die Herrschaftslegitimation nun auch auf städtischer Ebene. Wer hatte eigentlich das Recht, den bischöflichen Stadtherren zu wählen, und von wem empfing dieser seine Kompetenzen? So in etwa lautete die Frage, wenn es zu den zahlreichen umstrittenen Bischofswahlen kam, an denen nun die städtische Führungsschicht entscheidenden Anteil zu nehmen versuchte, wie es sich für Mailand, Cambrai oder für Trier und Mainz beobachten läßt. Die flandrischen Städte warfen die Legitimationsfrage 1127 bei der Erhebung des Grafen von Flandern auf und entschieden sie weitgehend zu ihren Gunsten, und die Römer

taten dies um 1150 sogar für den Kaiser: „Von wem denn sonst als vom römischen Volk empfängt der Kaiser seine Krone, Herrschaft und Gewalt", so wurde damals provokativ die Frage formuliert.

3. Gewiß ist dies ein Extremfall, aber er verweist doch auf einen zentralen Punkt, nämlich den der Forderung nach weitgehender politischer Selbstbestimmung, die kaum ohne diesen Grundgedanken zu erklären und zu verstehen ist. Denn wenn es auch faktisch vielfach anders gewesen ist, also nur eine Führungsschicht die politische Verantwortung und Herrschaft innehatte, so beruhte die Kommune doch auf dem Grundgedanken, daß der Konsens, die Zustimmung aller und die gegenseitig abgesprochene bzw. gemeinsam getroffene Vereinbarung ihr legitimierendes Grundprinzip sei und die Herrschaftsübertragung an die bürgerlichen Repräsentanten von ihr ausginge. Deshalb beriefen sich die Stadträte und anderen Stadtorgane, sei es auf Siegeln oder in Urkunden, sei es bei Ratsentscheidungen oder Gerichtsurteilen, immer darauf, im Namen der Gemeinde zu handeln.

4. Der vierte in diesem Zusammenhang zu nennende Punkt ist der der Erlangung persönlicher Freiheitsrechte im Zuge des kommunalen Prozesses. Es kann nicht stark genug betont werden, daß entgegen einer weitverbreiteten Ansicht der Großteil der städtischen Bevölkerung – zumindest im nordalpinen Europa – sich am Beginn dieser Entwicklung noch in herrschaftlicher Bindung und Abhängigkeit befunden hat. Sie vermochte sich erst nach z. T. konfliktreichen Auseinandersetzungen, häufiger jedoch durch die Gewährung von Privilegien und durch die Leistung von Zahlungen aus der Unfreiheit zu lösen. Das Streben nach einem eigenem Recht, das im Prinzip für alle Bürger in gleicher Weise Geltung haben sollte, ist gegenüber den weit verbreiteten älteren grundherrschaftlich-hofrechtlichen Rechtsformen auch und gerade in den Städten so verschieden, daß aus rechtshistorischer Sicht gerade hierin eine der auffallendsten Neuerungen zu erblicken ist, d. h. die Stadt im Rechtssinne überhaupt erst entstand.

Fragt man sich, was aus den frühen Ansätzen der Kommune geworden und wie die konkrete Umsetzung in die Stadtverfassung und in die Politik erfolgt ist, so ist es erforderlich, noch einen Blick auf die gesellschaftlichen Gruppierungen und Einflußnahmen zu werfen.

Bemerkenswert ist die Tatsache, daß in relativ vielen Städten, auch sogar unterschiedlicher Länder, am Anfang der Entwicklung eine Führungsschicht hervortrat, die nicht so sehr dem Typ des Fernkaufmanns entsprach, sondern eher einen ritterlich-aristokratischen Charakter aufwies. Ihre Führungsrolle war darin begründet, daß sie von vornherein in Verbindung zu der Politik (Verwaltung, Gerichtsbarkeit) der Stadt und der Finanz, dem Geld- und Kreditwesen stand. Hinzu trat häufig der ihre Stellung mitprägende Faktor des Eigentums an Grund und Boden im Bereich der Stadt. Ebenso auffallend ist die Tatsache, daß die kommunale Bewegung nur dann Stabilität und Durchschlagskraft erlangte, wenn sie letztlich vom mittleren Bürgertum, den Handwerkern und Gewerbetreibenden getragen wurde. Dennoch war diese Schicht zumindest bis zur Mitte des 13. oder zum Beginn des 14. Jahrhunderts kaum direkt am Rat oder an der Stadtherrschaft beteiligt. Vielmehr fand häufig eine Abschließung der sich mehr und mehr oligarchisch-elitär gerierenden Patrizier statt, die zwar in einigen Fällen zu einer gewissen Erstarrung führte, vielfach jedoch durch heftige Gegenbewegungen korrigiert wurde.

Dabei denkt man gewiß zuerst an die spätmittelalterliche Zunftbewegung, aber bei genauerem Hinsehen lassen sich schon für die Zeit um 1200 oder 1250 innerstädtische Konflikte nachweisen, die sich auf den kommunalen Gedanken beriefen. Die Modifikationen, die dabei im Wahlverfahren und in den Kontrollmechanismen gegenüber den Ratsentscheidungen vorgenommen wurden, lassen die Lebendigkeit der kommunalen Idee erkennen. Der Maßstab der Demokratie, den man vielfach aus unserem heutigen Verständnis heraus „kritisch" zur Bewertung an diese Vorgänge anlegt, ist m. E. auch dann unangemessen, wenn er nur der Zurückweisung moderner Vorstellungen dienen soll. Das Neuartige kann man nur aus der Zeit heraus und nicht im modernen Vergleich erfassen und verstehen.

6. Auswahl und thematische Gliederung

Die Auswahl der Beispiele ist und bleibt natürlich problematisch. Können sie als repräsentativ gelten? Sicherlich nicht in dem Sinne, daß sie pars pro toto stehen, der behandelte Einzelfall also für die Gesamtheit oder eine Vielzahl von Städten der Region typisch wäre. Wohl aber läßt sich sagen, daß es sich insgesamt um Städte handelt, die in der Frage der kommunalen Bewegung herausgeragt und Maßstäbe gesetzt haben. Dabei sind die wichtigen, aussagekräftigen Bcispiele herangezogen worden, die eine überblicksartige Orientierung zu vermitteln vermögen, und nicht der interessante Sonderfall. Im übrigen haben bei der Auswahl noch andere Gesichtspunkte eine wichtige Rolle gespielt. Neben dem Aspekt der Verdeutlichung des zeitlich-räumlichen Wechsels und dem der Fortentwicklung ist es das Anliegen gewesen, mit jeder Fallstudie ein besonderes thematisches Spezifikum herauszustellen, also soweit wie möglich Marksteine zu setzen. Versuchen wir die jeweiligen Schwerpunkte, die sich natürlich aus dem behandelten Beispiel selbst ergeben müssen, kurz zu charakterisieren.

Für das am Anfang stehende Mailand war es die große und heftige religiöse Bewegung, die um die Reinheit und Freiheit der Kirche im Sinne des Reformpapsttums geführt wurde. Dabei kam es zur Ausbildung einer ganz neuartigen politischen „Öffentlichkeit" und zu einer Infragestellung fast aller bisher anerkannten Autoritäten, angefangen von dem niederen und höheren Klerus bis hin zum erzbischöflichen Stadtherrn und z. T. sogar dem Papst und dem Kaiser. Dabei interessieren vor allem verständlicherweise die neuen politischen Formen, in denen dieser jahrzehntelange Konflikt ausgetragen wurde. Unser zweites Beispiel Cambrai/Laon führt uns in die große Kommunelandschaft Nordfrankreichs um die Wende vom 11. zum 12. Jahrhundert. Auch hier wird die mit dem Investiturstreit einhergehende Autoritätskrise und die Bedeutung neuer religiöser Impulse sofort spürbar. Aber zugleich soll ein zentraler Punkt dieses Kapitels die Auseinandersetzung mit der Frage der Gottesfriedensbewegung sein. Ihren von einigen Autoren postulierten Modellcharakter für die kommunale Bewegung, die als ein Ausfluß älterer Vorstellungen und Vorgaben angesehen wird, gilt es kritisch zu beleuchten.

Der zeitlich parallel gelagerte Fall von Worms und Köln weist ebenfalls eine starke Abhängigkeit von den Ereignissen des Investiturstreits auf, läßt mit der Orientierung auf König und Kaiser aber mehr das staatlich-politische Element hervortreten. Darüber hinaus wird die Stadt Worms mit ihren vorzüglichen zentralen Quellenaussagen dazu dienen, die Formen persönlicher hofrechtlicher Bindungen in der Stadt und die Stufen der Lösung und Befreiung aus diesen Abhängigkeiten, bis hin zur Erlangung der vollen individuellen „bürgerlichen" Freiheit zu demonstrieren.

Flandern mit Brügge und Gent an der Spitze (1127/28) steht für ein neues über die Einzelstadt hinausführendes Verständnis von politischer Mitbestimmung, besonders bei der Wahl und Erhebung eines neuen Grafen, durch die miteinander verbundenen Städte und Bürgerausschüsse. Zugleich stellt sich hier die Frage nach der möglichen Rolle, die die vielgenannte Kaufleutegilde bei diesem Prozeß der Stadtwerdung gespielt haben könnte.

Rom, wie könnte es anders sein, fällt in mancher Hinsicht aus dem Rahmen. Durch die Kommune und durch die radikale religiöse Position eines Arnold von Brescia wird die Stadtherrschaft des Bischofs von Rom, also des Papstes, grundsätzlich in Frage gestellt. Wenig später nehmen die Römer gegenüber den zu krönenden Kaisern Konrad III. und Friedrich I. das Recht der Herrschaftsübertragung für sich in Anspruch. Dabei wird wie sonst nirgendwo eine theoretisch geführte Diskussion in den Grundzügen faßbar.

Trier und Mainz, zwei ebenso zentrale wie aussagekräftige Fälle der Kommunebewegung in Deutschland, die allerdings leicht übersehen werden, lenken den Blick vornehmlich auf die immer wieder gestellte Frage nach der politischen Führungsschicht, die diese Entwicklung gelenkt und bestimmt hat. Das, was uns aus Italien und z. T. auch aus Frankreich gut vertraut ist, nämlich die in sich gestufte stadtorientierte Adelsschicht in kommunaler Führungsposition, tritt uns hier in ihrer ebenso interessanten wie aufschlußreichen Variante der Ministerialität entgegen.

Der lombardische Städtebund läßt bereits ein weit fortentwickeltes Bürgertum mit einem Anspruch auf Gleichrangigkeit neben den anderen politischen Kräften hervortreten und einen unerschütterlichen Freiheitswillen formulieren. Ist bei dieser Gelegenheit, so möchte man fragen, von der organisatorisch-institutionellen Verankerung und von dem politischen Selbstverständnis her etwas Neuartiges entstanden, das in mancher Hinsicht über spätere Städtebünde in der Konzeption schon hinausführte?

Die Londoner Kommune, die sich endgültig 1189/91 formierte, aber eine längere Vorgeschichte hatte und an einige ältere Einrichtungen (*"folkmoot"*, *"husting"*, *"wards"*, *"soke"* etc.) anknüpfen konnte, zeigt die Bereitschaft und Fähigkeit, auch im größeren Maßstab politische Verantwortung zu übernehmen, sei es bei den Königswahlen oder sei es bei den auf die Magna Charta von 1215 hinführenden Verhandlungen zusammen mit den anderen Baronen Englands.

Marseille steht am Ende der Reihe, auch wenn die Städte der Provence schon um die Mitte des 12. Jahrhunderts über eine Konsulatsverfassung verfügten. Aber damit hatte man wohl nach italienischen Vorbildern lediglich die Institution, nicht aber auch die Voraussetzungen in Gestalt der politisch lebendigen und selbstbewußten Stadtgemeinde übernommen. Das Ringen um die kommunale Autonomie setzte um die Wende zum 13. Jahrhundert mit großer Heftigkeit und Hartnäckigkeit ein. Mit den anderen Städten der Provence ist Marseille als das herausragende Beispiel für die zwar relativ spät, aber um so energischer propagierte Kommuneidee einzuschätzen, die letztlich an Karl von Anjou und der militärischen Überlegenheit der französischen Krone scheiterte.

Zwar rückt mit diesen Beispielen ein verhältnismäßig breites Spektrum von Erscheinungsformen in das Blickfeld, ein Anspruch auf Vollständigkeit oder auch nur auf eine gleichgewichtige Repräsentanz aller Städteregionen und Stadttypen wird damit aber nicht erhoben. Vielmehr ist es in erster Linie das Anliegen, die Dynamik dieses Prozesses und seine Ergebnisse herauszuarbeiten und somit ein aus verschiedenen Perspektiven beleuchtetes Bild von der Entstehung einer neuen politischen und gesellschaftlichen Kraft zu vermitteln.

I. Mailand im 11. Jahrhundert
(1035/37 – 1042/45 – 1056/75):
Anfänge der Kommune und die Pataria

Cur isti obliti Dei evangelia, coniurationem destabilem terribilibus iuramentis in populo sub obtentu placiti Dei, quod postea pataliam vocatum est, exercebant?

Warum haben jene Menschen, die die frohe Botschaft Gottes vergessen hatten, eine abscheuliche Schwureinung mit schrecklichen Eiden beim Volk unter dem Deckmantel des Gottesbundes, welche später Pataria genannt wurde, errichtet?

Landulfi (senioris) historia Mediolanensis III, 5, S. 77.

Die Kirche des Heiligen Ambrosius in Mailand, des Stadtpatrons, auf den sich die Patarenerbewegung berufen hat. Der Campanile links stammt noch aus dem 11./12. Jahrhundert (Aufnahme: T. Weber, Berlin).

Gleich das Mailänder Beispiel ist ein schwieriger Fall, erfaßt es doch eine große Zeitspanne und wirft eine Vielzahl ganz unterschiedlicher Probleme auf. Bezogen auf die Patarenerbewegung von 1056 bis 1075 stellt sich nämlich die Frage: War diese religiöse Laienbewegung, die in Verbindung mit dem Papsttum die grundlegenden Reformforderungen des Investiturstreits mit revolutionären Mitteln und Methoden in Mailand durchzusetzen bemüht war, zugleich auch kommunebildend oder hat sie auf dieser Ebene nicht eher das Gegenteil bewirkt, nämlich die Spaltung der Einwohner und der Stadtgemeinde in sich gegenseitig bekämpfende Gruppierungen? Die damit aufgeworfene Problematik wird uns noch näher beschäftigen, erst einmal geht es um das Handbuchartige. Und dieses argumentiert im Überblick und einfacher, nämlich etwa so: Die heftigen Auseinandersetzungen um die Mailänder Pataria spielten sich zwar überwiegend im religiösen und kirchenpolitischen Bereich ab, zeigen aber erstmals so selbstbewußt und eigenverantwortlich handelnde Stadtbewohner in politischer Aktion, daß man von dem ersten klaren Anzeichen für das Aufkommen des neuen Standes des Bürgertums sprechen kann. Es ist das Emanzipatorische im politischen Handeln und das grundsätzlich neue Herrschaftsverständnis, das dabei vorrangig interessiert und erst in zweiter Linie die Form, in der es sich vollzieht. Mailand kann deshalb zu Recht als Prototyp der Kommune gelten, weil hier ein neues politisches Selbstverständnis heranreift und auf große Aufmerksamkeit weit über die lombardische Metropole hinaus stößt.

1. Historische Grundgegebenheiten

Allerdings wird dabei mehr oder weniger stillschweigend vorausgesetzt, daß dem scheinbaren Chaos doch System innewohnte und daß man sich in Mailand auf bereits funktionierende Organisations- und Rechtsformen innerhalb der Stadtgemeinde stützen konnte. So wird der Unterschied zu einem bloß kurzlebigen Aufbegehren deutlich, und man versteht, wie es möglich war, einen zwanzigjährigen Konflikt religiösen, politischen und nicht zuletzt sozialen Charakters auf höchster Ebene, nämlich auch im Spannungsfeld von Papsttum und Kaisertum, auszutragen.

Damit wird der Blick zwangsläufig auf die Voraussetzungen der Mailänder Ereignisse während des Investiturstreites zurückgelenkt. Wir gelangen so in die Zeit um die Wende vom 10. zum 11. Jahrhundert, was im Vergleich mit nordeuropäischen Entwicklungen ähnlicher Art eine Priorität von 50 bis 100 Jahren bedeutet.

Ein wichtiger Grund für diesen zeitlichen Vorsprung ist zweifellos die größere Kontinuität, die die städtische Entwicklung in Italien aufzuweisen hat. Zwar sind auch hier im Übergang von der Spätantike zum Frühmittelalter starke Rückschläge und Einschränkungen städtischen Lebens zu verzeichnen gewesen, ein Bruch hat jedoch nicht stattgefunden und die Erneuerung schneller und stärker eingesetzt. Bis etwa zur Mitte des 10. Jahrhunderts haben auch die italienischen Städte Überfälle durch die Sarazenen, Ungarn und selbst die Normannen erlitten und Beeinträchtigungen des Handels hinnehmen müssen, die Vernichtungen fielen jedoch nicht so verheerend aus. Allerdings gilt dies nur für Ober- und Mittelitalien, nicht aber für den Süden, der ja nach den langen Kämpfen und schließlich der normannischen Eroberung eine ganz andersartige Stadtentwicklung als die beiden nördlichen Großregionen Italiens aufweist. Der kräftige wirtschaftliche Aufschwung setzte in Italien ähnlich wie im Norden um die Mitte des 10. Jahrhunderts ein, erfolgte jedoch von einem sehr viel höheren Ausgangsniveau aus.

Als zweiter, mindestens ebenso wichtiger Faktor kommt hinzu, daß die herrschaftliche Gewalt und Stadtherrschaft nicht so eindeutig und ausgeprägt war wie etwa in Deutschland und Frankreich, sondern mehrere Ansprüche miteinander konkurrierten, was eine größere Offenheit der Situation und mehr Spielraum für die selbstbewußter werdenden Bürger vermittelte, die zudem weit weniger in einer persönlichen Rechtsbindung und Abhängigkeit standen.

2. Die Mailänder Konflikte von 1035/37 und 1042/45 und die Vorstufen der Kommunebildung

Die wesentlichen Veränderungen, die in den oberitalienischen Städten seit der Wende vom 10. zum 11. Jahrhundert eintraten, erfolgten – zumindest im Falle von Mailand und Cremona als den herausragenden Beispielen – in zwei aufeinanderfolgenden Schritten. Wenn wir die Mailänder Entwicklungslinie nachzeichnen, dann sind für die erste Phase der Aufstand der Bürger gegen Erzbischof Landulf und seinen Familienclan 983 sowie der berühmte Valvassorenaufstand von 1035/37 als Daten zu nennen. Vereinfacht und verallgemeinert gesagt, resultierten diese Konflikte aus dem Versuch der Fürsten

– vor allem der oberitalienischen Erzbischöfe und Bischöfe als den Stadtherren –, mit kaiserlicher Hilfe ihre Stellung zu einer klaren Vorherrschaft gegenüber dem Lehnsadel auszubauen. Darin erblickte der sich im Prinzip
gleichrangig fühlende Adel Oberitaliens eine klare Verletzung seiner Rechte
und seiner Ehre und griff schließlich zu dem Mittel des Widerstands, des bewaffneten Aufstands gegen den besonders stolzen, seine *dominatio* beto-
nenden Erzbischof Aribert von Mailand. „So geschah es, daß gewisse Ritter
in der Stadt, die gemeinhin Valvassoren genannt werden, sich heimlich
seinen Maßnahmen in den Weg stellten und beständig gegen ihn konspi-
rierten. Als bekannt wurde, daß einem einflußreichen Vasallen (unter ihnen)
das Lehen entzogen worden war, stürzten sie plötzlich in offener Kühnheit
der Rebellion hervor" (Arnulfi gesta archiepiscoporum Mediolanensium II,
S. 14). Ihr erster Angriff wurde zwar abgeschlagen, und sie mußten sich aus
der Stadt zurückziehen, erhielten dann jedoch Unterstützung von den Valvassoren aus dem Gebiet der Martesana und von Seprio sowie von ihren *commi-
litones* aus ganz Oberitalien. Es kam zu einer militärischen Auseinandersetzung, ohne daß jedoch eine klare Entscheidung fiel. Eine neue Situation trat
schließlich dadurch ein, daß der aus Deutschland herbeigerufene Kaiser
Konrad II. am 28. Mai 1037 das berühmte Lehnsgesetz erließ, mit dem er
im Unterschied zu seinen militärischen Aktionen eine nachhaltige Wirkung
erzielte. Lange Zeit hat man darin die Beilegung eines schweren Konflikts
zwischen den großen adligen und ritterlichen Vasallen, später als Capitane
bezeichnet, und den kleineren ihnen nachgeordneten und von ihnen abhängigen Lehnsträgern, den Valvassoren, gesehen, die also durch den Kaiser nun
eine Absicherung ihrer Rechtsstellung und ihrer Besitztitel (Lehen) gegenüber den Capitanen erlangt hätten. Wie es jüngst Hagen Keller überzeugend
herausgearbeitet hat und auch der Ablauf der Ereignisse selbst zeigt, verliefen
die Fronten damals insofern noch anders, als die Vasallen beider Kategorien
(Capitane und Valvassoren) in einem Bündnis gegen den Erzbischof und
seine Politik der Ausdehnung der Herrschaftsansprüche zusammenhielten,
um weiterhin über ihre Lehen verfügen zu können. Der Kaiser sah den Protest der Aufständischen als berechtigt an und verfügte die Erblichkeit der
Lehen, sowohl gegenüber den großen wie den kleinen Lehnsträgern, außerdem erkannte er diesen eine eigene Gerichtsbarkeit zu und erteilte ihnen
damit gleichsam eine eigene Standschaft. Geradezu genial faßt Wipo, der
große Geschichtsschreiber Konrads II., das Wesentliche dieser Bewegung in
zwei kleinen Sätzen zusammen: „Eine große und bisher unbekannte Verwirrung *(confusio)* ist in Italien durch die Schwureinungen *(coniurationes)*
geschehen, die das Volk gegen die Fürsten geschlossen hat. Es haben sich
nämlich alle (großen) Lehnsträger (hier noch *valvassores* genannt) mit den
einfachen Rittern *(gregarii milites)* gegen ihre Herren und alle Kleineren
gegen die Großen verschworen, damit sie nicht hinnehmen müßten, daß ihre

Herren ungestraft irgend etwas gegen ihren Willen unternehmen würden; und sie erklärten, wenn ihnen der Kaiser nicht zur Hilfe kommen wolle, dann würden sie das Gesetz selbst machen" (Wipo, Gesta Chuonradi imperatoris, 34, S. 54).

Der Valvassorenaufstand von 1035/37 hat zwar weite Teile Oberitaliens erfaßt, aber seinen Ausgangspunkt und sein Zentrum hatte er doch in der Stadt Mailand. Er betraf in starkem Maße die Führungsrolle und politische Einflußnahme dieses Lehnadels in der Stadt selbst. Der Versuch besonders des Mailänder Erzbischofs, eine klare Vorherrschaft gegenüber der Stadt und ihrer zweigliedrigen Führungsschicht zu errichten, war mit der kaiserlichen Entscheidung gescheitert.

Angesichts dieser veränderten Voraussetzungen zerfiel verständlicherweise das in diesem Zusammenhang entstandene Zweckbündnis der ungleichen Partner, nämlich „der Mächtigen mit den Schwachen" *(potentes cum infimis)*, also vor allem des stadtorientierten Adels mit der einfachen Stadtbevölkerung, wie es in den Gesta episcoporum Cameracensium III (MGH SS 7, 55, S. 487) mit Bezug auf diese Ereignisse heißt. Bereits im Jahre 1042 erfolgte ein von den Zeitgenossen als deutlicher Einschnitt empfundener Bruch, der von der Mailänder Chronistik ausführlich behandelt wird. Sowohl Arnulf in seinen Gesta der Mailänder Erzbischöfe als auch Landulf der Ältere in seiner ›Historia Mediolanensis‹ berichten über diese schweren Auseinandersetzungen, die in den folgenden drei Jahren zwischen der Stadtgemeinde und den Großen ausgetragen wurden. Besonders Landulf der Ältere kommt trotz seiner blumigen Ausschmückungen zu dem klaren Ergebnis, daß der Wendepunkt in den politischen und gesellschaftlichen Verhältnissen Mailands eingetreten wäre, als die *duces,* also die fürstlichen Stadtherren, ihre Macht und Rechtsbefugnisse zum großen Teil an einige Adelsgeschlechter *(capitanei)* verloren hätten, die ihrerseits diese Lehen und Titel bis zu einem gewissen Umfang an die ihnen nachgeordneten Valvassoren weiter verliehen. „Mittlerweile habe das Volk jedoch bemerkt, daß durch die verschiedenen und unterschiedlichen Herren die Übel ins Kraut geschossen seien und daß man nun von den eigenen Bürgern eine härtere Herrschaft oder Bedrückung erdulden müsse als einst durch die Fürsten. Deshalb beschloß das Volk, sich gegen diese Vorherrschaft zu wehren und sich zu befreien *(populus ... ab illorum dominio sese defendere ac liberare disposuit)* ... So kam es zu grausamen und äußerst schweren militärischen Auseinandersetzungen in der Stadt, bei denen das Volk gegen die Großen um die Erlangung der Freiheit kämpfte *(populo adversus maiores pro libertate acquirenda proeliante).* Als die Capitane und Valvassoren erkannten, daß sie sich in der Stadt nicht gegenüber dem Volk behaupten könnten und zu dem Schluß gelangten, daß sie eher eine Chance hätten, das Volk durch Aushungern, Waffengewalt und durch Belagerung zu besiegen, zu überwinden und wiederum zu den

alten Diensten zu zwingen, verließen sie heimlich und geschlossen die Stadt"
(Landulfi [senioris] historia Mediolanensis II, 26, S. 63). Ihnen folgte wenig
später der Erzbischof, der damit indirekt zu erkennen gab, in wessen Abhängigkeit er mittlerweile geraten war. Erst jetzt trat der Gegensatz, der für einige
Zeit durch die gemeinsame Zurückweisung der Ansprüche des Erzbischofs
überdeckt worden war, offen zutage und führte zu einer scharfen, bis dahin
unbekannten Konfrontation politischer und gesellschaftlicher Vorstellungen. Das Volk, *populus* (Landulf d. Ä.) oder *plebs/plebeia turba* (Arnulf), fand
in Lanzo, der einem angesehenen Mailänder Adelsgeschlecht entstammte
und die Fronten gewechselt hatte, einen befähigten Führer, der viel zur Organisation und Verteidigung der Stadt beitrug: unterstützt wurde er von dem
Valvassor Albeno.

Aber auch das sogenannte Volk war keine gestaltlose Masse mehr, die nur
zu Verzweiflungsaktionen befähigt gewesen wäre. Es hatte mittlerweile eine
eigene einflußreiche Führungsschicht hervorgebracht, die sogenannten *negotiatores* – Händler, Kaufleute, Geldleute und auch Landbesitzer auf der einen
sowie Notare und Richter auf der anderen Seite, die aber häufig zugleich
einem Gewerbe nachgingen und oft denselben Familien entstammten. Sie
waren vielfach Leute von Einfluß und Erfahrung, die den einfachen Valvassoren in nichts nachstanden, so daß hier eine gewisse Überschneidung bestand. Dennoch war durch den Konflikt und offenen Kampf plötzlich eine
scharfe Trennungslinie gezogen, die die eigentlich noch deutlich voneinander abgehobenen Gruppen der Capitane und Valvassoren zu einem Stand
zusammenzufassen schien, der nicht ausschließlich, aber hauptsächlich über
den Erwerb von Lehen zu politischer Herrschaft, die als *dominatio* empfunden wurde, gelangt war. In den ›Constitutiones‹ vom August 1067,
welche die Legaten des päpstlichen Stuhls den Mailändern übergaben,
wurden für die Mißachtung kirchenrechtlicher Bestimmungen folgende
Strafen in gestaffelter Höhe vorgesehen: 20 Pfund für die Capitane, 10 Pfund
für die Valvassoren, 5 Pfund für die Händler *(negotiatores)* und für alle übrigen *(reliqui)* nach dem jeweiligen Vermögen. Cinzio Violante, der große
Kenner und Interpret der Geschichte Mailands dieser Zeit, hat nun darauf
hingewiesen, daß entgegen der spontanen Vermutung mit der letztgenannten
Gruppe der *reliqui* durchaus nicht die einfachen Handwerker und der *populo
minuto* gemeint sein könnten; denn hier ging es im Sinne der Reformforderung gegen Simonie und Konkubinat ja nur um Laien, die Verfügungsrechte
über Kleriker hatten, also über eine Eigenkirche oder Patronatsrechte verfügten bzw. Kirchenlehen vergaben. Dies traf zweifellos auf das einfache Volk
nicht zu, wohl aber auf andere Leute von Ansehen und Vermögen in der
Stadt, die sich jedoch nicht in dieser Weise gruppenmäßig zusammenfassen
lassen. Von der Gliederung in Sozialstände *(ordines)* her gesehen sind sie
dem dritten Ordo zuzurechnen, also den Kreis der Händler oder Kaufleute

ergänzend und erweiternd. Dieser große Personenkreis, der selbstbewußt geworden (gehobene) Mittelstand war es in erster Linie, der im Bunde mit dem einfachen Volk nun die Geschicke der Stadt in die Hand nahm und ein Kontroll- und Mitspracherecht gegenüber dem sich verselbständigenden Lehnsadel forderte. Durch diese ungewöhnlich klare Konfrontation in den Jahren 1042/44, in denen die „Bürger" und „Ritter" in ein und derselben Stadt gegeneinander kämpften, zeichnete sich auch erstmals die Möglichkeit ab, sprachlich zwischen *cives,* zu denen von Hause aus auch der stadtsässige Adel zählte, und dem seinerseits stark vereinheitlichenden Begriff der *milites* zu unterscheiden. Aber neben dieser vereinfachenden Zweiergliederung blieb die Aufteilung in vier Sozialstände *(ordines)* − *capitanei/valvassores/ negotiatores/populus* − durchaus von Bedeutung und weiterhin in Gebrauch.

Im Zuge dieser Entwicklung bildete sich also eine klare Trennungslinie zwischen „Adel" und „Volk" heraus. In einem gestuften Nebeneinander grenzten sich Capitane und Valvassoren auf der Grundlage ihrer ständischen Herkunft und Stellung von den übrigen Stadtbewohnern ab, die sich gegen die Gefahr einer wachsenden Abhängigkeit und Bedrückung durch diesen Stadtadel zu wehren und ihrerseits eine selbstbewußte eigene Führungsschicht, eine „Konsulatsaristokratie", auszubilden begann. Dies ist eine Grundkonstellation, die man bei allen Überlagerungen durch andere Faktoren bei den Kämpfen um die Mailänder Pataria im folgenden immer mitbedenken sollte.

Wie gestaltete sich nun der weitere Verlauf der Auseinandersetzungen und was war sein Resultat? Keine der beiden Seiten vermochte innerhalb der folgenden zweieinhalb Jahre einen klaren militärischen Erfolg zu erringen, das Verlangen nach Frieden hingegen wurde immer stärker. Hinzu kam die Sorge, daß Heinrich III., der deutsche König und Kaiser, den Konflikt zu seinen Gunsten ausnutzen und seinen Einfluß in Mailand erheblich verstärken könnte, erhob er doch nach dem Tod Ariberts mit Wido einen neuen Erzbischof (Juli 1045), der von einfacher Herkunft war und als etwas simpel galt. Jedenfalls verfügte er über keine eigene Machtbasis in Mailand, würde also auf die kaiserliche Unterstützung angewiesen bleiben. Nach mancherlei Verhandlungen gelangten die Mailänder schließlich im Spätsommer 1045 zum Friedensschluß, und zwar vor den Toren der Stadt, wo man ein gegenseitiges Schuldbekenntnis ablegte und nach dem Vorbild der Athener eine allgemeine Amnestie aussprach, sich miteinander wieder versöhnte, einen Friedensbund schloß und gemeinsam in die Stadt zurückkehrte. Ist dieser Akt als Bildung der Kommune zu werten? Ausdrücklich gesagt wird dies zwar nicht, aber wichtige Elemente sprechen doch dafür, vor allem der gemeinsam geschlossene und beschworene Friedensbund. Das Bewußtsein von einer wichtigen Veränderung der Verfassungsstruktur ist zumindest klar vorhanden, wenn ein so sachlicher Berichterstatter wie Arnulf feststellt, daß sich wegen des Streits innerhalb der Bürgerschaft der Zustand von Stadt und Kirche gewandelt habe (*propter civile iurgium mutatum urbis et ecclesie statum;* Arnulfi gesta archiepiscoporum Mediolanensium III, 1, S. 17). Wie aber sah der *status mutatus* aus, welche Regelungen und Veränderungen waren vorgenommen worden, um nun auf einer neuen Grundlage die Friedenseinung tatsächlich bewahren zu können? Es müssen Maßnahmen gewesen sein, die geeignet waren, eine erneute mißbräuchliche Herrschaftsausübung durch den Stadtadel zu verhindern, und die den *cives* die Möglichkeit zum Einspruch und zur Intervention boten. Nach alledem, was wir für die drei folgenden Jahrzehnte über Mailand wissen – und wir wissen relativ viel –, spricht alles dafür, daß die Volksversammlung oder Vollversammlung der Stadtgemeinde, die *collectio universorum civium,* nun einen festen Platz und eine relativ klare Aufgabe zugewiesen bekam, nämlich an den wichtigen Entscheidungen mitzuwirken und Fehlentwicklungen entgegenzutreten. Hier ging es noch nicht um Selbstbestimmung oder gar um die Übernahme der Regierung durch Repräsentanten der Stadtgemeinde, wohl aber um die förmliche Absicherung der gemeindlichen Zuständigkeiten. Jedenfalls war es gut ein Jahrzehnt später kein Problem, in einem ganz anderen Zusammenhang diese Instanz anzurufen, sie war also als solche schon etabliert. Von daher bekommt auch die eingangs gestellte Frage, ob die 1056 einsetzende Patarenerbewegung kommunebildend gewirkt habe oder nicht, einen merklich anderen Akzent; denn die Kommune im Sinne der handlungsfähigen und politisch bewußten Stadtgemeinde war zwar noch nicht vollendet, in Ansätzen aber schon soweit entwickelt, daß sie geradezu eine Voraussetzung und Grundlage für die folgenden Ereignisse um die Pataria in Mailand darstellte, die freilich nun erst ihre besondere Ausprägung erhielt.

Hagen Keller, der in den letzten beiden Jahrzehnten das Phänomen der Mailänder Kommune – gleichsam des Urtyps für alle weiteren – immer schärfer erfaßt hat, ist zweifellos besonders in seinem 1982 veröffentlichten Beitrag in den grundlegenden Fragen und Beobachtungen am weitesten vorgedrungen. Die von ihm vorgenommene Herleitung der Kommuneidee aus der französischen Gottesfriedensbewegung vermag, wie im nächsten Kapitel zu erörtern sein wird, zwar nicht zu überzeugen, es trifft aber m. E. den Kern der Sache, wenn er zu dem Ergebnis gelangt: „Der Kommune liegt, wie es sich aus den Zeugnissen ergibt, ein neues Bild von der politischen Gemeinschaft und ihrer Ordnung zugrunde, in dem Herrschaftsgewalt einen legitimen Platz nur besitzt, wenn sie in Übereinstimmung mit dem Willen der Gemeinschaft ausgeübt wird" (H. Keller, Der Übergang, S. 65).

3. Die Patarenerbewegung (1056–1075): Quellen, Begriff, Grundlagen

Die dritte Etappe der Auseinandersetzungen in Mailand, zweifellos die bekannteste, weist einen merklich anderen Charakter auf; sie ist von den großen Streitfragen des Investiturstreits und zugleich von scharfen sozialen Spannungen und Gegensätzen geprägt. Als eine revolutionäre Bewegung, die in einen zwanzigjährigen Bürgerkrieg mündete, könnte man sie zugespitzt bezeichnen. Wenn wir uns diesen relativ langen und schweren Auseinandersetzungen etwas ausführlicher zuwenden, obwohl sie auf den ersten Blick nur wenig mit der Kommunebewegung zu tun zu haben scheinen, so geschieht dies nicht zuletzt aus dem Bemühen heraus, einen Eindruck von dem Wandel der allgemeinen Stimmung und Verhaltensweise sowie von dem Ausmaß der Politisierung auf dem Hintergrund des Investiturstreits zu vermitteln. Dieses am Anfang der Entwicklung stehende Beispiel bekommt damit neben der analytischen eine erzählend-einführende Aufgabe zugewiesen. Indem die Mailänder Metropole die großen Kontroversen dieses Zeitalters, die Kirchenreform und das Verhältnis von *Imperium* (Kaisertum) und *Sacerdotium* (Papsttum), in einem überschaubaren Rahmen widerspiegelte, stand sie im allgemeinen Blickfeld und hat dementsprechend starke Beachtung in der zeitgenössischen Chronistik und politischen Korrespondenz gefunden. Eine gänzlich neutrale und objektive Berichterstattung wird man ohnehin nicht erwarten, in einer Zeit jedoch, wie der des Investiturstreits, in der die Meinungen weit auseinandergingen oder sehr heftig aufeinanderprallten, muß man von vornherein nach dem jeweiligen Parteistandpunkt fragen und diesen bei der Analyse und Bewertung in den Gewichtsmesser des Bewußtseins einbeziehen.

Werfen wir also kurz einen Blick auf die Quellen, die z. T. schon herangezogen wurden. An erster Stelle ist dabei Arnulf von Mailand als Verfasser einer Geschichte Mailands (Gesta archiepiscoporum Mediolanensium) zu nennen, die von 925 bis 1077 reichte, aber nur für die in diesem Kapitel zur Diskussion stehende Zeitspanne ausführlich und inhaltsreich ist. Arnulf war ein Angehöriger der adligen Oberschicht Mailands und vermutlich Kleriker der Mailänder Kirche, vertrat also eher einen konservativen Standpunkt und betonte die ehrwürdige Tradition der Kirche des heiligen Ambrosius. Offensichtlich hat er aber aus dem Gefühl und der Erkenntnis heraus zur Feder gegriffen, daß sich mit der Erhebung des Mailänder Bürgertums etwas entscheidend Neues anbahnte, was ihn auch veranlaßte, sein ursprünglich nur bis 1072 konzipiertes Werk zweimal zu verlängern und bis 1077 fortzuführen, um damit die einschneidenden Ereignisse dieser Jahre noch mitzuerfassen. Was ihn heraushebt und seine Informationen besonders wertvoll macht, ist seine relative Objektivität und Verläßlichkeit, wobei er sich bedauerlicherweise nur auf das Wichtigste beschränkt.

Genau das Gegenteil ist in dieser Hinsicht vom Werk Landulfs des Älteren zu sagen, der breit ausladend, voller Haß und Agressivität gegen die ganz neue Richtung der Patarener und die „widerlichen Volkshorden", aber auch gegen die Reformpäpste und ihre gegen die heilige ambrosianische Kirche gerichteten Neuerungen vorgeht, der unzuverlässig in der Chronologie und Information ist, aber mit seinem Engagement und seiner Emotionalität ein echtes Spiegelbild seiner Zeit bietet. Landulfs Werk reicht zwar mit dem angefügten 4. Buch bis 1085, also bis zum Tod Papst Gregors VII., ist aber – entgegen der bisherigen Meinung – im unmittelbaren Zusammenhang mit den Kämpfen in Mailand um 1075 niedergeschrieben worden.

Die Gegenseite, also den Standpunkt der Pataria, vertritt Andreas von Strumi in seiner Lebensbeschreibung des bald als Heiligen verehrten Patarenerführers Ariald, der ›Vita sancti Arialdi‹. Andreas schreibt aus der persönlichen Kenntnis Arialds und seines Werdegangs, ist von daher gut informiert und durchaus zuverlässig, verfaßt aber – inzwischen Mönch des Reformklosters Vallombrosa in der Toskana geworden – sozusagen eine Heiligenvita des 1067 ermordeten Ariald, einschließlich der dazugehörigen Wunder. Dennoch ist diese Quelle von großem historischen Wert. Gleiches gilt für Bonizo von Sutris Schrift ›Liber ad Amicum‹, die trotz ihres entschieden patarenischen Standpunkts eine der wichtigsten Quellen zum Investiturstreit ist. Bonizo, der vermutlich aus Cremona stammte, päpstlicher Legat in Oberitalien war, erst die Bischofswürde von Sutri und dann die von Piacenza erlangte, wurde in einem Aufstand der Bürgerschaft dieser Stadt geblendet und verstümmelt, mithin selbst ein Opfer der Parteileidenschaft. Ebenfalls aufgrund einer solchen Erfahrung – zumindest indirekter Art – schrieb der fünfte und letzte hier zu nennende Autor, Landulf der Jüngere oder von San Paolo genannt, seine ›Historia Mediolanensis‹, denn sein Onkel Liprand war von den Patarenern verstümmelt worden. Er selbst war zwar nur ein einfacher Mailänder Kleriker, hatte aber eine gute Ausbildung erhalten, verfügte über viele Kontakte selbst zu den Päpsten und Kaisern seiner Zeit, so daß sein Werk, das besonders die spätere Zeit um die Jahrhundertwende bis 1136 beleuchtet, als eine sehr wichtige Quelle gilt.

Hinzu kommen die Briefe, die politische Korrespondenz, vor allem mit den Päpsten und dem Kaiser, die zusammen mit anderen Streitschriften des Investiturstreits eine neue Quellengattung darstellen, mit der man z. T. in die Öffentlichkeit gehen und politischen Einfluß nehmen wollte, weshalb man sie auch unter dem Stichwort der Publizistik erfaßt hat. Alles in allem handelt es sich um eine Überlieferung, die die neuen Impulse, Emotionen und Widersprüche dieser Zeit vorzüglich widerspiegelt.

Was berichten nun diese Quellen über Mailand? Greifen wir Bonizo von Sutri auf, der in seinem ›Buch an einen Freund‹ eine souveräne Einführung in die Verhältnisse und Probleme Mailands gegen Ende der 50er Jahre des

11. Jahrhunderts gibt, als die Patarenerbewegung auf den Plan trat und der Konflikt begann. Nachdem er auf die herausragende Bedeutung Mailands und auf dessen große und ehrenvolle kirchliche Tradition, die nun jedoch durch Erzbischof Wido, einen ungebildeten, mit einer Konkubine zusammenlebenden Simonisten, in eine schwere Krise geraten sei, hingewiesen hatte, heißt es anschließend bei ihm: „Zur Zeit dieses im Konkubinat lebenden Erzbischofs Guido gab es zwei Kleriker in Mailand; der eine, mit Namen Landulf, entstammte einem sehr bedeutenden Geschlecht und war eine urbane und überaus redegewandte Persönlichkeit, der andere mit Namen Ariald, von ritterlicher Geburt, ein durch edlen Eifer vorzüglich gebildeter Mann, wurde später durch das Martyrium gekrönt. Diese entdeckten, als sie sich häufig mit den heiligen Büchern beschäftigten, und dabei besonders mit denen des heiligen Ambrosius, wie groß das Verbrechen sei, das gewährte Talent nicht zu nutzen. Dank dieser Gabe wandten sie sich Gott und dem heiligen Apostelfürsten zu und richteten eines Tages mit Unterstützung göttlicher Gnade das Wort der Predigt an das Volk. Darin offenbarten sie diesem den Frevel der simonistischen Käuflichkeit und die besondere Verwerflichkeit, daß in wilder Ehe lebende Priester und Diakone das Sakrament feierten, und daß es häretisch sei, der römischen Kirche nicht zu gehorchen und dafür den heiligen Ambrosius als Zeugen in Anspruch zu nehmen ... Die Menge der Kleriker aber, die in dieser Kirche unzählbar war wie der Sand am Meer, wiegelte die Capitane und Valvassoren auf, die die Verschacherer der Kirche, ihre Blutsverwandten und die Anverwandten ihrer Konkubinen waren, und bemühte sich, in dem entstandenen Aufruhr durch sie die Ruhe wiederherzustellen. Aber sie sind in ihrer Hoffnung enttäuscht worden. ... Als die Simonisten sahen und erkannten, daß sie nicht zugleich der Wahrheit und der Mehrheit widerstehen könnten, gerieten sie in Verwirrung und nannten jene, indem sie ihnen die Armut zum Vorwurf machten, Pate(a)riner, d. h. die Zerlumpten *(pannosos)“* (Bonizo, Liber ad amicum, S. 591).

Knüpfen wir gleich an die letzte Bemerkung an und suchen nach einer Erklärung für den Begriff. Für Bonizo ist es relativ klar, was unter den Patarenern zu verstehen sei, in erster Linie die Armen, die abschätzig von ihren Gegnern auch die Zerlumpten *(pannosos)* genannt wurden. Im Grunde genommen, so meint Bonizo, sei dies ein Ehrentitel im christlichen Sinne gewesen, gerade wenn er aus der ebenso überheblichen wie gehässigen Gesinnung eines gänzlich verweltlichten und verdorbenen Klerus und seiner adligen Familienbezüge entstamme; ein klares Bild, aber sprachlich leider nicht vertretbar. Dennoch kommen wir mit der Grundbedeutung Lumpen vielleicht ein Stück weiter, und zwar in der Bedeutung von Lumpen, Kram, Alteisen, somit sehr schön dem deutschen Wort „Gelumpe“ oder „altes Gelump“ in seiner Mischung von Lumpen und Altwaren entspricht. In diesem Sinne hat E. Werner im Anschluß an G. Schwartz über die Begriffe „patta – pattari“

die Verbindung zum Quartier der Mailänder Lumpenhändler und Trödler hergestellt, eine Herleitung, die ziemlich breite Anerkennung gefunden hat. Damit gelangt man zu einer stärkeren Betonung der sozialen Komponente, vernachlässigt aber das eigentliche Anliegen und die Triebkraft dieser Bewegung, nämlich die radikale Reform der Kirche.

Deshalb überrascht es nicht, daß es auch zwei aus dieser Richtung kommende Deutungsversuche gibt. Die eine geht auf Landulf d. Ä. zurück, der voller Haß die Patarener als „falsche" *Cathari, Cathedri, Catheri* (die „Reinen") bezeichnet und damit erstmals seit der Spätantike die Katharer und die ketzerische Lehre des Dualismus mit der Gegenüberstellung zweier gegensätzlicher Prinzipien, des Guten und des Bösen, sowie mit der Zurückweisung des irdischen Daseins und der diesseitigen Welt erwähnt. Damit ist zwar keine Verbindung oder Verwandtschaft zwischen den Patarenern und den Ketzergruppen des frühen 11. Jahrhunderts hergestellt und auch nicht zu den Katharern des 12. Jahrhunderts ableitbar, wohl aber pauschal der Vorwurf des Ketzerischen erhoben. Die von J. Goetz gegebene Erklärung, daß die Anhänger der Bewegung die Umdeutung und Umwandlung von Cathari zu Pattari selbst vorgenommen hätten, ist nicht akzeptiert worden (A. Borst). Überzeugender ist m. E. der jüngste Deutungsversuch von J. Siegwart, der von der ersten und prägenden Mailänder Reformforderung ausgeht, dem Kampf gegen den Nikolaitismus oder die Nikolaiten, also gegen die verheirateten Priester und Diakone. Die Bezeichnung geht auf den hl. Nikolaus, Bischof von Myra und dessen engagiertes Eintreten für diese Forderung zurück. Da sein Name somit in negativer Weise, gleichsam als Vorwurf, bereits besetzt war, benannten sich seine Anhänger nach seiner Heimatstadt Patara (Kleinasien).

In der Tat eine bestechende Deutung, allerdings entfernt sie sich ziemlich weit von dem, was die Zeitgenossen als Erklärung anzubieten hatten, so daß ich es meinerseits doch vorziehe, bei den Armen, Zerlumpten und dem Quartier der Lumpensammler und Trödler zu bleiben.

Die Kontroverse um die Begriffserklärung führt schon mitten hinein in die Gegensätze selbst, die in der Interpretation zwischen der Akzentuierung in Richtung auf eine radikal-religiöse Laienbewegung einerseits und auf eine politisch-soziale Erhebung revolutionären Charakters andererseits schwanken, im Grunde genommen – und darin ist mittlerweile weitgehende Übereinstimmung erzielt worden – eine unauflösbare Verbindung von beiden Elementen darstellen. Das schließt natürlich nicht aus, daß man nach dem jeweiligen Interesse sich stärker den Fragen von Kirchenreform und Investiturstreit oder der konfliktreichen Formierung des Bürgertums zuwendet.

Worum ging es eigentlich? Stark vereinfachend läßt sich die Ausgangssituation etwa folgendermaßen umreißen. Spätestens seit Papst Leo IX. (1049–1054) setzte von Rom aus eine kirchliche Reformbewegung ein, die

die Freiheit der Kirche im Sinne einer Reinigung und Lösung von weltlichen Einflüssen und Abhängigkeiten zum Ziel hatte. Der Kampf richtete sich anfangs besonders gegen die an eine Frau und Familie gebundenen Priester (= Nikolaiten) und die Käuflichkeit kirchlicher Ämter (= Simonie), bald auch gegen die Laieninvestitur, also die Einweisung in ein geistliches Amt auf dem Wege der Belehnung durch einen weltlichen Herrn, besonders durch den deutschen König und Kaiser. Dieser Reformforderung entzog sich die große, Oberitalien beherrschende Kirchenprovinz Mailand gänzlich. Dabei berief man sich auf die alte eigenständige Tradition des heiligen Ambrosius, des Patrons der Mailänder Kirche, die nicht nur in der besonderen Liturgie und dem eigenen Festkalender zum Ausdruck kam, sondern auch die Forderung Roms auf schlichten Gehorsam und Unterordnung klar zurückwies. Diese stolze, eindeutig vom Adel beherrschte Mailänder Kirche orientierte sich dementsprechend stärker zum deutschen – meist fernen – Herrscher, von dem sie Lehen und Investitur ohne Bedenken empfing. Zahlungen bei der Erlangung eines einträglichen Amtes waren selbstverständlich und die Priesterehe nach ambrosianischer Tradition zulässig. Was interessierten da die Beschlüsse der römischen Reformsynoden seit 1049 und 1050; sie mochten für Rom und Mittelitalien gelten, keinesfalls aber für Mailand. Diese Kirchenprovinz, der aufgrund ihrer Größe, ihres Reichtums und ihrer geographischen Lage eine herausragende Bedeutung zukam, konnte möglicherweise über Erfolg oder Scheitern der Reformbemühungen und – damit verbunden – die Durchsetzung des päpstlichen Suprematieanspruchs entscheiden. Jedermann wußte oder ahnte zumindest, daß hier Entscheidendes auf dem Spiel stand.

Für die Laien, die Bürger der Stadt und des vorstädtischen Bereichs, kamen noch einige andere Überlegungen oder Reflexe hinzu. Mailand war nicht nur das kirchliche Zentrum, sondern mittlerweile nach Überflügelung von Pavia auch zur Hauptstadt Oberitaliens aufgestiegen und hatte eine beträchtliche wirtschaftliche Aktivität entfaltet, sei es in der Vermittlung weitreichender Handelsbeziehungen, besonders mit Nordeuropa (Champagne, Rheinlande etc.), sei es in der Entfaltung einer großen gewerblichen Produktion, wobei Tuch- und Waffenherstellung herausragten. Waren die harten Auseinandersetzungen in den Jahren von 1042 bis 1045 auch unter den Vorzeichen einer Angleichung der politisch-sozialen Verhältnisse an die inzwischen eingetretenen wirtschaftlichen Veränderungen erfolgt, indem der stolze und übermächtig erscheinende Mailänder Adel gezwungen wurde, seinen Anspruch auf Alleinherrschaft aufzugeben und eine Beteiligung des wirtschaftlich und politisch aufstrebenden populus zuzugestehen, so handelte es sich nun in gewisser Weise um einen Angriff gegen die andere große Feste des Adels, die Mailänder Kirche. Denn es war klar, daß eine entscheidende Reformbewegung, die gegen die konservative Adelskirche gerichtet war, indirekt dieselben Adelsgeschlechter und Familienclans treffen mußte, besonders auf der Ebene der mittleren bis höchsten Ämter und Pfründe. Überlegungen dieser Art spielten in den Köpfen einiger Leute sicherlich eine Rolle, aber so kühl und politisch weit denkend waren nur die wenigsten, jedenfalls tritt der Faktor der Spontaneität und Emotionalität in den Berichten viel deutlicher hervor.

4. Wortführer und Verlauf der Auseinandersetzungen

Allerdings war die Frage der Priesterehe bzw. die Zölibatsforderung, um die es erst einmal ging, nicht gerade ein Punkt, der die Volksmassen spontan und im wilden Zorn auf die Straße treiben konnte und die Kirchen „beweibter" Priester erstürmen ließ. Dazu bedurfte es, um es neutral auszudrücken, der Vermittlung. Und damit sind wir bei der Frage nach den Führern der Pataria und wichtigen Voraussetzungen und geistigen Triebkräften ihrer Bewegung angelangt. Lange Zeit hat man den Angaben von Landulf d. Ä. und Benzo von Alba, Bischof dieser Stadt und ein energischer Verfechter der Kaiseridee, Glauben geschenkt, daß der Initiator des Ganzen sowie Kopf und Lenker im Hintergrund Anselm von Baggio, der aus dem Mailänder Klerus hervorgegangene Bischof von Lucca und spätere Papst Alexander II. (1061–1073), gewesen sei. Zweifellos stand Anselm der Mailänder Reformbewegung aufgeschlossen gegenüber, kann aber aus chronologischen und sachlichen Gründen eine derartig verdeckte Führungsrolle nicht in dieser Weise angestrebt oder ausgeübt haben. Diese Position hatte vielmehr ganz eindeutig der schon erwähnte Ariald inne, gelegentlich auch nach seinem Herkunftsort Ariald von Cucciao genannt, ein Mann von guter Bildung, der bei einem Studienaufenthalt in Frankreich mit den Gedanken der Kloster- und Kirchenreform in Berührung gekommen war. Inzwischen zurückgekehrt und zum Diakon geweiht, begann er zunächst in der Landgemeinde Varese mit der Vermittlung seines Reformanliegens, fand jedoch keine Resonanz bei den Bauern und ging nach Mailand. Auch hier stieß er zunächst auf Ablehnung, konnte aber schließlich doch einige Anhänger für die Reform gewinnen. Der zweifellos wichtigste unter diesen war Landulf „Patarinus", 1045 einer der Kandidaten bei der Erzbischofswahl, ein glänzender Redner und Volkstribun, dem es letztlich zuzuschreiben ist, daß aus diesen Reformbemühungen eine Volksbewegung mit z. T. radikalen Zügen wurde. Beide entstammten sie dem Adel, Landulf möglicherweise dem vornehmen und einflußreichen Mailänder Capitanen-Geschlecht, so daß wir hier wiederum auf die geradezu typische Konstellation einer Volksbewegung mit adligen Führern stoßen. Der einzige bekanntere Vertreter des „bürgerlichen Lagers" war Nazarius, ein monetarius, also ein Münzer, Geldwechsler und „Bankier", der sein Haus zur Verfügung stellte und das Unternehmen finanzierte.

Nach der vorbereitenden Phase, die in das Jahr 1056 zu datieren ist, erfolgte aus Anlaß einer von Erzbischof Wido sorgfältig vorbereiteten Prozession am 10. Mai 1057 der entscheidende Durchbruch in der Öffentlichkeit. Eine große Menschenmenge war versammelt, um an dem Festgottesdienst und dem Umzug teilzunehmen, als Ariald und Landulf die Chance nutzten, das Wort an das Volk zu richten, eine Gegendemonstration zu organisieren und – wie man heute sagen würde – die Feier umzufunktionieren. Dabei arbeitete man mit verteilten Rollen. Ariald lieferte sozusagen die theologische Begründung und verwies auf das Leben Jesu Christi und das Licht des christlichen Glaubens, das die Herzen erfüllt und erleuchtet. Was aber bedeuten Nachfolge Christi und Dienst des Herrn? Armut, Keuschheit, Demut und Nächstenliebe. Was aber war von alledem noch erkennbar, wenn man die christliche Botschaft mit der Mailänder Wirklichkeit, den verheirateten, geldgierigen, eitlen und aufgeblasenen Priestern verglich? War dieser Kontrast schon sehr eingängig, so war es doch Landulf, der mit Formulierungen und Bildern von polemischer Schärfe und großer Einprägsamkeit das Volk zur Begeisterung und Leidenschaft hinriß und auch nicht vor den entsprechenden Konsequenzen und Handlungsanleitungen zurückschreckte. Er erklärte die „beweibten" Priester ihres Amtes für unwürdig, da durch sie die heiligen Sakramente beschmutzt und zu Hundekot, ihre Kirchen entweiht und gleichsam zu Maultierställen würden. Das Volk solle ihre Messen nicht nur meiden, sondern solche Priester auch an der Ausübung ihres Amtes selbst mit Gewalt hindern und ihren Besitz einkassieren, um sie von dem zu befreien, was sie an der wahren Priesterschaft behindere. Eine erste Probe aufs Exempel wurde noch an demselben Tag abgelegt, indem – nach einer Konfrontation bei der Prozession, während Ariald von einem aufgebrachten Domkleriker ins Gesicht geschlagen worden war – die beiden Wortführer eine Volksversammlung einberiefen, mit dem Volk zum Dom zogen, die dort versammelten Priester herauszerrten, schlugen, beschimpften und sie zwangen, das mitgeführte päpstliche Dekret über die Einhaltung des Zölibats *(De castitate servanda)* zu unterschreiben, also sich zur Trennung von ihren Frauen zu verpflichten oder – bei Weigerung – ihr Amt und ihren Besitz zu verlieren. In den folgenden Wochen kam es zu förmlichen Jagden auf die sogenannten unwürdigen Priester, man hinderte sie daran, ihre Kirchen zu betreten, drang gewaltsam in ihre Häuser ein und plünderte sie regelrecht aus. Das Ganze griff auch auf die Vorstädte über und machte nicht einmal vor dem Erzbischof halt, der unter dem Vorwurf der Simonie vom Altar vertrieben wurde.

Damit war nicht nur das zweite Thema aufgegriffen, sondern auch eine andere, gesellschaftliche Ebene angesprochen. Denn der Vorwurf der Simonie traf ja nicht so sehr die einfachen Gemeindepfarrer und die Vikare, die man ja schon über die Frage des Zölibats im Griff hatte, sondern zielte auf den höheren Klerus, der es gewohnt war, für die Erlangung der einträglichen Ämter Geld zu zahlen. Getroffen wurde damit zugleich der Mailänder Adel, besonders die Capitanengeschlechter, deren Söhne besonders viele solcher Pfründen inne hatten, aber auch reichere Bürger, die über Eigenkirchen verfügten.

Damit verlagerte sich der Konflikt auf eine höhere politische Ebene. Erzbischof Wido begab sich nach Deutschland, um dort Unterstützung zu suchen, die er nicht fand. Unterdessen wandte sich der Mailänder Klerus hilfesuchend an die Suffraganbischöfe und schließlich auch an die römische Kurie, wo man zur Abhaltung einer Provinzialsynode riet. Tatsächlich berief der Erzbischof nach seiner Rückkehr eine Synode nach Fontanetum in der Diözese Novara zum 1. November 1057 ein, um dort unbeeinflußt von dem Druck der Straße Entscheidungen treffen zu können. Ariald und Landulf wurden vorgeladen, dachten aber gar nicht daran, dort zu erscheinen, was ihre Exkommunikation zur Folge hatte. Das war der rechte Zunder, um das Feuer wieder anzufachen. Nun wurde das Thema der Simonie auf breiter Ebene aufgegriffen und die Frage aufgeworfen, wie es Leute, die nicht davor zurückschreckten, ein geistliches, von Gott verliehenes Amt wie eine Ware zu kaufen, überhaupt wagen könnten, die Verfechter einer reformierten und gereinigten Kirche mit dem Bann zu belegen und aus der kirchlichen Gemeinschaft auszuschließen. Stellte man damit nicht die Dinge geradezu auf den Kopf? Und Rom sah es ebenso, unterstützte die Führer der Pataria und verlieh der Bewegung damit erst die erforderliche Stabilität und Dauerhaftigkeit.

Dazu trugen auch zwei Gesandtschaften bei, die erste unter maßgeblicher Beteiligung Hildebrands, des späteren Papstes Gregor VII., die zweite im Januar 1059 unter der Leitung des Petrus Damiani, des führenden Kirchenreformers, der es durch Mäßigung und Geschick verstand, die Gefahr eines Stimmungsumschwunges in Mailand zu bannen und die Anerkennung der päpstlichen Suprematie gegenüber der Patarenerbewegung durchzusetzen. Dies geschah u. a. dadurch, daß für die kirchlichen Verfehlungen des Nikolaitismus und der Simonie Bußen, aber keine ausschließenden Strafen verhängt wurden. Bei den Verhandlungen kam es zwar zu Unruhe und Protest, die Stimmung drohte umzuschlagen und die Legaten schienen ernsthaft gefährdet. Aber Petrus Damiani gelang es mit Geschick, die Situation wieder in den Griff zu bekommen, indem er die ambrosische Tradition betonte und behauptete, der heilige Ambrosius selbst habe die römische Autorität und Lehrmeinung stets anerkannt. Im übrigen war zu spüren, daß er wirklich nach einem Ausgleich suchte, da er nicht von den Grundsatzfragen, Nikolaitismus und Simonie, Vorwürfe, von denen ohnehin fast alle betroffen wären, sondern von pragmatischen Erwägungen ausging. Den Erzbischof und hohen Klerus ließ er schwören, in Zukunft für die Erteilung der Weihen keine Abgaben mehr zu verlangen und verheiratete Priester, soweit möglich, nicht mehr zu dulden. Im übrigen sollten die früheren Verfehlungen durch Bußen abgegolten werden, für den Erzbischof in Form einer Pilgerfahrt nach Santiago de Compostela.

Diese um Ausgleich bemühte Politik war sicherlich vernünftig, aber Vernunft war in dieser Situation weniger gefragt. Wenn man mit Humbert von Silva Candida, einem der einflußreichsten und schärfsten Reformer der päpstlichen Kurie, argumentierte, daß die Sakramente durch die unwürdigen Priester unwirksam würden, dann konnte man nicht mit einigen Schuldbekenntnissen, Bußen und Pilgerfahrten das Problem lösen. Die Konsequenz aus einer so rigoristischen Haltung wäre gewesen, die bisher vollzogenen geistlichen Handlungen für ungültig zu erklären sowie große Teile der Priesterschaft auszutauschen. Das hatte Petrus Damiani begriffen und den Standpunkt vertreten, daß die Sakramente nicht durch die sie vermittelnden Menschen, sondern durch Gott wirkten. Heftige Angriffe wurden deshalb gegen Damiani gerichtet, der sich in einem Bericht an Hildebrand u. a. mit dem Argument rechtfertigte, daß er durch seine Verhaltensweise und Entscheidung die Unterwerfung der Ambrosianischen Kirche unter Rom bewirkt habe.

Seine Position setzte sich letztlich auf der bekannten Ostersynode von Rom im April 1059 durch, auf der zwar auch die Reformmaßnahmen bekräftigt wurden, wo aber vor allem Papst Nikolaus II. den Mailänder Erzbischof Wido durch Überreichung des Ringes in seiner Würde und seinem Amt demonstrativ bestätigte. Im Unterschied zu Brescia, Cremona und Piacenza, wo es jetzt erst zu entsprechenden Erhebungen kam, trat in Mailand und an der patarenischen Front vorerst Ruhe ein. Dies war wohl auch dadurch bedingt, daß der populäre Volksredner Landulf nach einem Attentat nicht mehr auftreten konnte und darüber hinaus der Ausbruch des Krieges mit Pavia die Kräfte absorbierte. Ariald konzentrierte sich auf die Ausgestaltung eines gemeindlichen Eigenlebens, nachdem er von einem zur Reform übergetretenen Ritter eine Eigenkirche übertragen bekommen hatte, neben der er ein Haus zur Praktizierung der gemeinsamen Lebensform, wie sie als kanonisch galt, erbauen ließ.

Dieser Einbruch markiert den Übergang von der ersten zur zweiten Phase der Patarenerbewegung. Erst 1063 kam es zu einem erneuten Aufflammen der Konflikte. Dazu trugen zwar auch die an Mailand gerichteten Aufforderungen Papst Alexander II. bei, die Reformbemühungen wieder energisch voranzutreiben, vor allem war es jedoch der Führungswechsel in Mailand, der eine neue Konstellation herbeiführte. Nach Siechtum und Tod Landulfs gewann man in dessen Bruder Erlembald nicht nur einen Ritter von glän-

zender Erscheinung, sondern auch eine charismatische Persönlichkeit von
großer Durchsetzungskraft. Bevor jedoch Erlembald die ihm angetragene
Führungsrolle übernahm, führte er in kluger Voraussicht, daß in dem Kampf
mit der Mailänder Kirche für ihn als Laien die eindeutige und sichere Unterstützung aus Rom entscheidend sein würde, eine Reise an die Kurie durch,
und zwar mit vollem Erfolg. Papst Alexander II. erteilte ihm nicht nur den
offiziellen Auftrag und den päpstlichen Segen, sondern überreichte ihm
außerdem als äußeres, für jedermann sichtbares Zeichen eine Petersfahne,
das Vexillum Sancti Petri. Erlembald war damit sozusagen Vasall oder Lehnsträger des Papstes geworden und hatte die Aufgabe übernommen, die Fahne
des heiligen Petrus gegen die Feinde Gottes und für den rechten in der Papstkirche verankerten Glauben voranzutragen. Schon die Zeitgenossen sahen
darin einen höchst gefährlichen, revolutionären Vorgang, zu dem angeblich
Hildebrand geraten hatte. Wie war dies mit der christlichen Lehre, dem
Gebot der Gewaltlosigkeit und der brüderlichen Liebe, die man irrenden
Glaubensbrüdern entgegenbringen solle, zu vereinbaren, wenn nun dro-
hend das Schwert gegen die Ketzer gezogen wurde? Die Einführung der Waffengewalt in die Auseinandersetzungen, wenn auch erst einmal nur als Droh-
gebärde, stellte einen spürbaren Einschnitt dar. In Mailand bekam man sehr
rasch die veränderten Bedingungen zu spüren; denn Erlembald verstand sich
mit der zusätzlichen Legitimation der Petersfahne nicht mehr als Opposition, sondern in gewisser Weise als Regierung, als Fürst. Aufgrund seiner
adligen Abstammung und ritterlichen Stellung strömten ihm viele Standesgenossen zu und auch das gehobenere Bürgertum sah in ihm erst einmal einen
Garanten für die Wiederherstellung geordneter Zustände. Da die einfacheren und ärmeren Volksschichten ohnehin die Basis der Pataria bildeten,
war zumindest anfangs ein breiter gesellschaftlicher Konsens über die Anerkennung und Unterstützung Erlembalds hergestellt. Dieser gruppierte
eine Schar von Kampfgefährten und Gefolgsleuten um sich, so daß er seinen
Anordnungen überall den notwendigen Nachdruck verleihen konnte.

Als sich Erlembald jedoch im Jahre 1066 ein Schreiben aushändigen ließ,
mit dem ihm in gewisser Weise die Vollstreckung der Exkommunikation des
Mailänder Erzbischofs übertragen wurde, schlug die Stimmung in Mailand
um, da man darin eine krasse Verletzung der Ehre des heiligen Ambrosius erblickte. Es kam zu heftigen Wortgefechten, Krawallen und Schlägereien im
Mailänder Dom und im Bischofspalast, die schließlich den exkommunizierten Erzbischof in die Lage versetzten, den Patarenerführer Ariald mit dem
Kirchenbann zu belegen und ihn zur Flucht aus der Stadt zu zwingen.

Eigentlich wollte er nach Rom, sah sich aber angesichts seiner Verfolger gezwungen, Zuflucht bei einem vertrauenswürdigen Priester zu suchen, der ihn
jedoch verriet, so daß er in die Hände der Nichte des Erzbischofs geriet, die
ihn ermorden und seinen Leichnam im Lago Maggiore versenken ließ. Als

dieser gefunden wurde und sich zudem noch als wundertätig erwies, hatte die Bewegung ihren Märtyrer gefunden. Die Leidenschaften wurden neu entfacht, aber die Fronten hatten sich verändert. Erlembald, nunmehr der alleinige Führer, konnte nicht mehr auf eine breite Zustimmung bauen, da sich seit den Ereignissen im Frühjahr 1066 der Adel zum Widerstand zusammengefunden und auch das mittlere und gehobene Bürgertum sich ihm angeschlossen hatte. Zwar war es nach Bekanntwerden des infamen Mordes an Ariald noch einmal zu einem kurzen Stimmungsumschwung gekommen, aber im wesentlichen blieb Erlembald nun mit dem einfachen Volk allein.

Daß die kirchenreformerischen und kirchenpolitischen Auseinandersetzungen zu scharfen sozialen Konflikten führen würden, die eine Eigengesetzlichkeit anzunehmen begannen und die kirchliche Autorität überhaupt zu untergraben schienen, konnte jedoch nicht im Sinne Roms liegen, das im Sommer 1067 erneut eine Gesandtschaft mit zwei päpstlichen Legaten nach Mailand schickte, die einen Kompromiß zugunsten der Mailänder Kirche zustande brachten. Jedes eigenmächtige und willkürliche Vorgehen von Laien gegen beweibte und simonistische Priester wurde nun strengstens untersagt und in die alleinige Zuständigkeit der geistlichen Gerichtsbarkeit und Kompetenz des Erzbischofs zurückverlegt. Außerdem wurden die beschuldigten Priester und auch der Erzbischof gegen Bußauflagen mit der römischen Kirche wieder versöhnt. Die Rolle der Pataria schien damit ausgespielt.

Aber wenn man schon meinte, daß eine weitere Steigerung und Zuspitzung nicht mehr möglich sei, dann erlebte man eine böse Überraschung. Denn Mailand als Exerzierfeld des Investiturstreits überhaupt, trat nun erst in die dritte und schärfste Phase des Konfliktes, der das Problem der Bischofswahl und der Investitur im eigentlichen politischen Sinn zum Gegenstand hatte.

Diese Phase erstreckte sich von 1068, als abzusehen gewesen sein muß, daß es bald zu einer Neuwahl des Erzbischofs kommen könnte, bis zum Herbst 1075, als Erlembald mit seiner nur noch kleinen Anhängerschar im Straßenkampf getötet wurde und der von den Mailändern gewählte, vom König Heinrich IV. mit der Investitur versehene, von Papst Gregor VII. scharf abgelehnte Tedald allgemeine Anerkennung in der Stadt und im Bistum fand.

In der Zwischenzeit hatten sowohl Erlembald in Verbindung mit Hildebrand/Gregor VII. als auch die Anhänger Erzbischof Widos mit Unterstützung des deutschen Königs, der traditionell für die Investitur des Mailänder Erzbischofs zuständig war – eine Rechtsposition, die nun von der Kirche scharf zurückgewiesen wurde – vergeblich versucht, Kandidaten ihrer Richtung durchzusetzen.

Zwar war es in der Ablehnung des noch von Erzbischof Wido (✝1074) nominierten und von König Heinrich IV. investierten Erzbischofs Gottfried noch einmal zu einer Solidarisierung der Mailänder gekommen, aber die

übermächtige Stellung Erlembalds quasi als Papst für den Klerus und als
König für das Volk in einer Person, wie sie Landulf beschreibt, stieß auf
immer stärkere Ablehnung. Hinzu kamen seine als verletzend empfundenen
Eingriffe in die Liturgie und den Festkalender der ambrosianischen Kirche,
so daß es nicht schwer fiel, zwei kurz aufeinanderfolgende Feuerbrünste als
Strafe Gottes und des Stadtpatrons zu interpretieren. In dieser Situation verließ der Adel die Stadt und schloß mit weiten Kreisen des mittleren Bürgertums, das ihm zuströmte, eine Schwurgemeinschaft zur Wiederherstellung
des Friedens und Gemeinwohls. Eine übermächtige Koalition, gegen die sich
Erlembald mit seinem Anhang nicht behaupten konnte.

5. Pataria und Kommune

Fürwahr eine lange und schwierige Geschichte mit vielen Akteuren und
Problemen! Aber man muß sie nachvollzogen und verstanden haben, bevor
man sich ein Urteil bilden und in die kommende Entwicklung einordnen
kann. Soviel ist inzwischen klar: Eine dauerhafte und stabile Kommune ist
daraus nicht hervorgegangen, wenn auch die Ansätze, die in diese Richtung
führten, noch besonders interessieren werden. Aber wieviele der frühen bürgerlichen Erhebungen haben zu keiner festen Kommunebildung geführt und
sind dennoch unter diesem thematischen Aspekt von hohem Interesse. Das,
was die Mailänder Pataria in dieser Hinsicht so ungemein aufschlußreich
und für das allgemeine Verständnis wichtig macht, sind angesichts der Breite
der Quellenüberlieferung und der zeitlichen Ausdehnung die Formen der
politischen Willensbildung und Argumentation, von Organisation und Aktion, von Gruppenbewußtsein und gesellschaftlichen Gegensätzen und nicht
zuletzt von einem neuen Herrschaftsverständnis, das sich in diesen Vorgängen widerspiegelt. Zugleich geraten auch die Anfänge des Investiturstreits in das Blickfeld, ohne den die weiteren Auseinandersetzungen und
Entwicklungen auch auf städtisch-kommunaler Ebene nun einmal nicht zureichend zu verstehen sind. An der Spitze der Pataria standen bis zur Ermordung Arialds zwar Kleriker, aber es handelte sich doch um eine religiöse
Laienbewegung, die eine klar ausgeprägte politische Orientierung aufwies.
Getragen wurde sie in erster Linie von den Armen, „welche Gott erwählt hat"
(quos Deus elegit), wie Bonizo biblisch interpretierend hinzufügt. Im Grunde
genommen, darin stimmen Freund und Feind der Pataria überein, rekrutierte
sich die Anhängerschaft hauptsächlich aus den einfachen Leuten: Arbeitern,
kleinen Handwerkern, Trödlern und Lumpensammlern, „Eseltreibern" und
„Hofhunden", wie sie Landulf d. Ä. gehässig bezeichnet. „Die wie die Pest
sich ausbreitenden Worte der Patarenerführer begannen plötzlich viele mit
lautem Beifall zu begleiten, ... die, von bitterer Armut innerlich wie äußerlich

bedrückt und auf der Suche nach einer Möglichkeit waren, wie sie ihre notlei-
denden und oft geschlagenen Kinder und Frauen durchbringen könnten!"
(Landulfi [senioris] historia Mediolanensis III, 10, S. 80). Aber diese dramatischen Formulierungen scheinen Landulf immer noch nicht ausreichend.
Deshalb fährt er fort: „Und nun stürmen sie Wahnsinnigen gleich, wie des
Meeres wilde Flut und wie Blitze im Hochsommer, welche viele unvorbe-
reitet treffen und töten, durch die Stadt und schreien und lärmen auf das Wi-
derlichste wie hungrige Hunde. Sie plündern die Häuser der Priester, ver-
folgen die Unglücklichen mit Schmähreden und trennen sie gewaltsam, mit
Knüppeln und Schwertern, von ihren Weibern, ohne Gesetz, ohne Recht,
ohne Bischof, da sie nicht Gott, sondern deren Geld lieben ... Viele aus dem
Volk gaben sogar ihre Beschäftigung auf, durch welche sie bis dahin ihr
elendes Leben gefristet haben" (S. 80 f., z. T. zitiert nach A. Krüger, S. 18).
Haß auf den reichen und mächtigen Klerus, der eigentlich zu Armut und
Demut verpflichtet wäre, sowie die Beutegier und die Hoffnung auf die Ver-
besserung der eigenen Lage, so spricht es dieses Zitat aus, sei auch eine Trieb-
feder für die Patarenerbewegung gewesen. Aber mehr noch, darin sind sich
die in der Bewertung sehr stark unterscheidenden Autoren einig, war abgesehen von den politischen Implikationen doch das religiöse Engagement
wirksam. So sieht es Petrus Damiani, wenn er in einem ganz anderen Zusammenhang entsetzt feststellt: „In unseren Tagen geschieht es, daß Bauern und
Tölpel *(insipientes)*, die nichts anderes können, als mit den Pflugscharen die
Äcker aufzureißen, Schweine und andere Herdentiere zu hüten, nunmehr
ohne zu erröten auf öffentlichen Plätzen und Straßen vor Dirnen und Och-
sentreibern wie sie selbst über den Sinn der hl. Schriften disputieren, und, gar
schändlich zu sagen, während sie die Nacht über brünstig zwischen den
Schenkeln der Weiber liegen, scheuen sich nicht, tagsüber Reden der Engel
zu erörtern und auf solche Weise Urteile über die *verba doctorum* zu fällen"
(zitiert nach E. Werner, Häresie u. Gesellschaft, S. 41). Ohne Polemik konkret auf Mailand bezogen liest sich das so: „Wenn Du in diesen Zeiten in jene
Stadt (Mailand) gelangt wärst, hättest Du außer dem Streit über diese Sache
von allen Seiten kaum etwas anderes hören können, indem die einen die Simonie rechtfertigten, die anderen diese aber hartnäckig verurteilten. Das ist
nicht weiter verwunderlich, war doch das eine Haus insgesamt glaubenstreu,
das andere aber geschlossen abtrünnig, im dritten war die Mutter mit einem
Sohn gläubig, der Vater mit dem anderen Sohn aber im Irrtum verharrend
(ungläubig). Von dieser Verwirrung und Streiterei war die ganze Stadt erfüllt
und aufgewühlt" (Vita sancti Arialdi auctore Andrea, 10, S. 1057).
    Die beiden Zitate spiegeln zwei verschiedene Situationen, die aber den-
noch etwas miteinander gemein haben; es ist die öffentliche Diskussion, und
zwar sowohl über Glaubensfragen wie über Kirchenpolitik, die vor keinem
Haus mehr Halt machte, die auf Straßen und Plätzen geführt wurde und alle

Bevölkerungsschichten erreichte. Jedermann war nach seiner persönlichen Meinung gefragt, zu einer individuellen Stellungnahme gezwungen, welcher Richtung er sich anschließen oder welcher Lehrmeinung er folgen wolle. Man gewöhnte sich daran, öffentlich zu diskutieren und politisch zu argumentieren. Autorität und Anerkennung fand letztlich nur der, der zu überzeugen vermochte; ein Rechtstitel, ein Amt oder die vornehme Geburt allein reichte dafür nicht mehr aus. Wenn diese auch von sehr einfachen Menschen mitgeführte Diskussion selbst auf das Gebiet von Glaubensfragen und theologischen Problemen übergriff, dann bestand die Gefahr der Ketzerei, wie es Petrus Damiani andeutet und im Zusammenhang mit der Patarenerbewegung gelegentlich auch einmal anklingt. Aber das ist ein anderes Thema, für das es – Gott sei Dank – wiederum Experten und schöne Bücher gibt. Was wir berücksichtigen müssen, das sind die Bezüge, die hier bestehen, nicht zuletzt der offenkundige Tatbestand, daß die priesterliche Autorität nicht mehr ungefragt als gottgegeben anerkannt wurde, genauso wenig wie in anderer Hinsicht die des Erzbischofs, des Domklerus und des dahinterstehenden Adels. Die Mailänder hatten durch die voraufgegangenen Ereignisse schon eine Menge an Erfahrungen sammeln können, aber erst in dem zwanzigjährigen Dauerkonflikt erfolgte eine politische Bewußtseinsveränderung in dem Sinne, daß nun auch breitere städtische und vorstädtische Bevölkerungsgruppen sich mit der Rolle von Beherrschten nicht mehr zufrieden gaben.

Um sich ein besseres Bild davon machen zu können, welchen Verlauf derartige Auseinandersetzungen nehmen konnten, sei an das Ereignis des Pfingstgottesdienstes des Jahres 1066 im Mailänder Dom erinnert, nachdem Erlembald nach seiner Rückkehr aus Rom dem Erzbischof das päpstliche Exkommunikationsschreiben überreicht hatte. Weil viele darin eine große Schande für die Stadt erblickten und die Würde des hl. Ambrosius verletzt sahen, war eine große Menschenmenge zusammengeströmt. Der Erzbischof ergriff seine Chance, bestieg die Kanzel und stellte die Frage, wem man wohl dieses ganze Unglück zu verdanken habe. Das war der Moment, auf den Ariald und Erlembald gewartet hatten und zu welchem Zweck sie schon zuvor an zwei verschiedenen geeigneten Stellen, umgeben von ihrem Anhang, erhöhte Positionen bezogen hatten, um im rechten Augenblick eingreifen zu können. Sie erhoben ihrerseits Beschuldigungen gegen den Erzbischof, es kam zu einem heftigen Streitgespräch, an dem sich auch das Publikum mit lauten Zurufen *(diversis diversa clamantibus)* beteiligte, bis schließlich der Erzbischof seine Anhänger aufforderte, zusammen mit ihm den Dom zu verlassen. So gewann man einen klaren Überblick, wie die Kräfteverhältnisse zur Zeit lagen, wer Freund und wer Feind war, um festzustellen, daß man diesmal getrost einen Angriff auf die beiden im Dom zurückgebliebenen Patarenerführer mit ihrem geringen Anhang wagen könne. Die weitere Geschichte ist bekannt. Einerseits ist bemerkenswert, wie instabil jegliche Autorität geworden war, die des Erzbischofs ohnehin, aber auch die des Papstes (Mißachtung der Exkommunikation und Solidarisierung mit dem Gebannten) und die der Patarenerführer, sie mußte immer wieder neu errungen und abgesichert werden. Andererseits wird deutlich, welches Gewicht der Zwang zur öffentlichen Rechtfertigung erlangt hatte. Auch die angegriffene Seite hatte dazugelernt und gemerkt, wieviel ein gutes Argument oder treffende Polemik im rechten Moment wert waren.

Gewiß, damit waren noch keine verfassungsmäßig und institutionell abgesicherten Veränderungen und neue Zuständigkeiten geschaffen worden. Vielmehr bewegte man sich im wesentlichen nach wie vor auf der Grundlage, die bei den Auseinandersetzungen von 1042/45 errichtet worden war: der Friedensbund und die beschworene Einung, die sich auf die Volksversammlung stützte und berief. In einer einzigen kurzen Frage hat der sonst so redselige Landulf die wesensbestimmenden Elemente der Patarenerbewegung voller Abscheu und Entsetzen zusammengefaßt: „Warum haben jene Menschen (= die Patarenerführer), die die frohe Botschaft Gottes vergessen hatten, eine abscheuliche Schwureinung mit schrecklichen Eiden beim Volk unter dem Deckmantel des Gottesbundes, welche später Pataria genannt wurde, errichtet?" (Landulfi [senioris] historia Mediolanensis III, 5, S. 77). Danach ist also die Patarenerbewegung ein *Placitum Dei*; ein Gottesbund oder eine Gotteseinung, wie man hier zweifellos übersetzen muß, aber das Element des Gerichts, der Gerichtsbarkeit und Strafgewalt, klingt doch unüberhörbar mit durch. Dies erinnert stark an die 1044/45 in Mailand nach schweren Konflikten geschlossenen Friedenseinungen, bei denen nach gegenseitigem Schuldbekenntnis und der Verkündigung einer allgemeinen Amnestie ein feierlicher Eid auf die Wahrung von Frieden und Eintracht geleistet wurde, der sogleich auch die Strafen für seine Verletzung umschloß, die in dem Ausschluß – oder deutlicher noch – der Ausstoßung aus der beschworenen Gemeinschaft bestanden. Besonders symbolträchtig geschah dies in der Form der Hauszerstörung des Eidbrüchigen durch die Schwurgenossenschaft oder Stadtgemeinde, die dann auch noch die Trümmer aus der Stadt hinaustrug, um sie dort zu verbrennen. Ganz ähnlich verhielt es sich von der Rechtsform her bei den Patarenern. Die Grundlage bildete das *commune iuramentum*, der Gemeinschaft stiftende Eid, wie er bei Arnulf zu 1057 Erwähnung findet: Der Führer der Pataria, Landulf, verlangte, nachdem er die Macht errungen hatte, allen Laien einen solchen kommunalen Eid ab, forderte sie zum Kampf gegen Nikolaitismus und Simonie auf und zwang wenig später die Kleriker, denselben Eid abzulegen. Wer sich weigerte oder den Eid offenkundig verletzte, schloß sich damit gleichsam selbst aus der Friedens- und Rechtsgemeinschaft der Stadtgemeinde aus. Diese gab ihm dann nachdrücklich zu verstehen, daß er sich wieder reuevoll unterwerfen oder die „Rechtsfolgen" tragen müsse. Von daher konnten die Patarener immer behaupten, daß nicht

Anarchie, sondern Recht in der Stadt herrsche. Den Einwand und Vorwurf, daß schon die dem Mailänder Klerus von der Pataria abverlangte Unterschrift, der Keuschheitsforderung zu entsprechen, einen unzulässigen Eingriff von Laien in den Zuständigkeits- und Rechtsbereich der Kirche darstelle, meinte man mit dem Hinweis auf das *placitum Dei*, den mit Strafkompetenz ausgestatteten Gottesbund, zurückweisen zu können.

Gott spricht also durch das Volk, wie aber spricht das Volk? Durch die Volksversammlung, so lautet die einfache und eindeutige Antwort. Dafür gibt es mehrere anschauliche Belege und Schilderungen. Gleich der Beginn der ganzen Bewegung ist durch eine solche Maßnahme gekennzeichnet, was nebenbei nochmals verdeutlicht, daß das „kommunale Instrumentarium" bereits (seit 1042/45) zur Verfügung stand. Am 10. Mai 1057, als Erzbischof Wido mit dem Klerus und Volk – wie üblich – eine Prozession zu Ehren des hl. Nazarius veranstaltete, kam es zu einem Disput und einer Konfrontation, bei der Ariald, wie erwähnt, von einem Priester ins Gesicht geschlagen wurde. Daraufhin ließ er voller Empörung die Glocken läuten und Boten durch die Stadt schicken, die jedermann aufforderten, zur allgemeinen Versammlung in das Theater zu kommen. „Nachdem alle Bürger, jung alt, klug und unverständig, vorausblickend und arglos auf diese Weise zusammengerufen worden waren, bestieg der wutentbrannte Ariald die öffentliche Rednertribüne *(pulpitum commune)*" und hielt – unterstützt von Landulf – eine stark auf die Worte Christi zurückgreifende Rede, die schließlich zu den Beschlüssen gegen die unwürdigen Kleriker führte, die diese dann anschließend zu unterschreiben gezwungen wurden. In einem anderen Zusammenhang wird auch berichtet, wie die Patarenerführer durch Bestechungsversuche, Überredungskünste und Überraschungsmanöver die Zustimmung der Volksversammlung zu gewinnen versuchten. Wenn man einmal die gehässigen Nebentöne beiseite läßt, ohne die Landulf d. Ä. keinen einzigen Sachverhalt mitzuteilen vermag, dann ergibt sich, daß man zumindest in den entscheidenden Situationen und bei den die wichtigsten Fragen betreffenden Entscheidungen solche Versammlungen einberief, auf deren Zustimmung man offensichtlich angewiesen war. Das gilt für die Ausgangssituation genauso wie für den Konflikt bei der ersten päpstlichen Gesandtschaft oder die Bischofswahl und Nachfolgeregelung. Auch ein Führungsgremium von vier Männern, gemischt aus Reformklerikern und Laien, ein Ausschuß von 30 Personen, der über die täglichen Angelegenheiten und die städtische Ordnung zu wachen hatte, sowie ein Beratungsgremium – Anhänger und Gegner der Pataria vereinend –, das über die Frage der Würdigkeit der Kleriker und die Durchführung von Reformmaßnahmen beriet, waren vorhanden, die institutionellen Voraussetzungen für die Kommunebildung einschließlich eigener Versammlungsorte und Gebäude also durchaus gegeben. Wenn sie letztlich aber doch noch nicht zustande kam, sondern das Gebilde dieser Jahre eher den Charakter eines problematischen Provisoriums, sozusagen einer Not- und Konfliktverfassung, beibehielt, dann lag dies ganz einfach darin be- gründet, daß die beschworene Einung nicht über die erforderliche Breite und dementsprechend nicht über den unerläßlichen Konsens verfügte. Zwar gab es auch bei anderen Kommunen Gegner, die bekämpft wurden, und Gruppen, die ausgeschlossen blieben, aber doch nicht in solch einem Um- fang. In zwei Situationen scheint immerhin auch bei der Mailänder Patare- nerbewegung eine solche fast die ganze Stadtgemeinde umspannende Über- einstimmung gefunden und beschworen worden zu sein, nämlich in dem zuvor geschilderten, die Ausgangssituation von 1057 beleuchtenden Fall und andererseits im Jahr 1071 anläßlich der Bekämpfung des von Heinrich IV. investierten neuen Erzbischof Gottfried und der Verabredung, den neuen Erz- bischof gemeinsam und selbständig zu wählen: „Danach (= nach dem ge- meinsamen Waffengang gegen Gottfried) kehrten sie zur Stadt zurück und legten durch Eidesleistung fest, niemals Gottfried anzuerkennen, sondern einen anderen aus dem Kreis des Domklerus gemeinschaftlich zu wählen", wie es in der zurückhaltenden, aber klaren Ausdrucksweise bei Arnulf (Ar- nulfi gesta archiepiscoporum Mediolanensium III, 25, S. 25) heißt. Aller- dings hielt dieser nun wirklich kommunebildende Konsens nicht lange vor, es kam zu neuen heftigen Fraktionskämpfen zwischen päpstlicher oder kai- serlicher Orientierung, bis kurz nach Ostern 1075 eine neue Schwurgemein- schaft auf breiter Basis für eine gemeinsame Bischofswahl abgeschlossen wurde, nun jedoch gegen die zu einer klaren Minderheit zusammenge- schmolzenen Patarener, die damit aus dem Felde geschlagen wurden.

Bevor wir noch einen abschließenden Blick auf diesen Neuansatz werfen, gilt es kurz zu bedenken und festzuhalten, warum vorerst aus dem Ganzen noch kein neues politisches Gebilde stabiler Art hervorgehen konnte. Es fehlte, so läßt sich nach einigen „Kommuneerfahrungen" sagen, die Grund- voraussetzung, daß eine qualifizierte und erfahrene Führungsschicht das Heft in die Hand genommen und dabei die zuverlässige Unterstützung der das Unternehmen letztlich tragenden Mittelschicht gefunden hätte. Die Füh- rungsschicht kämpft mit dem Rücken zur Wand und die Mittelschicht, der *ordo mercatorum* vermag kaum ein eigenes Gewicht und Gesicht zu ge- winnen. Sie steht im Grunde genommen zwischen den Fronten; mit dem Adel verbunden in dem Wunsch nach Ordnung, stabilen Verhältnissen und Prosperität, mit den Patarenern in dem zurückgestauten Bestreben, von der Arroganz und Anmaßung adliger Herrschaft frei- und wegzukommen. Vom Modell für eine „richtige" Kommunebewegung her hätte sich damals für sie eigentlich ein Bündnis mit dem kleinen Lehnsadel und den Amtsträgern, den stadtgesessenen und stadtorientierten Valvassoren, gegen Erzbischof, hohen Klerus und Capitane angeboten, aber es waren nun einmal andere Themen aktuell und andere Kräfte wirksam.

Wie und wann sich die Kommune in Mailand dann wirklich dauerhaft formierte, ist äußerst schwer abzuschätzen und zu entscheiden. Natürlich gibt
es im Laufe der folgenden Jahre und Jahrzehnte eine ganze Anzahl von An-
haltspunkten, aber kein markantes Ereignis oder klares Datum, das man benennen könnte. Die letzten Jahre des 11. Jahrhunderts, besonders 1097 und
1098, bieten in dieser Hinsicht einige Indizien, aber eine gewisse Verdich-
tung und Eindeutigkeit erlangen die Quellenaussagen für Mailand erst zum
Jahr 1117, als in einer Urkunde über 20 Mailänder Konsuln (consules) – der
Begriff, der als Beleg für den Abschluß der Entstehungsphase gilt – erwähnt
werden, als eine große Zusammenkunft der Vertreter der Lombardei stattfand, an der zusammen mit den Bischöfen die Konsuln mit den rechtsge-
lehrten und angesehenen Männern der lombardischen Städte teilnahmen
und als Erzbischof Friedrich von Köln einen Brief an „Konsuln, Kapitane,
Ritter und Volk von Mailand" adressierte. In allen drei Fällen ist die Existenz
eines wohlbekannten und bereits etwas länger bestehenden Konsulats bezeugt. Über die Zusammensetzung dieses Stadtrats erfahren wir 1130, daß er
in diesem Jahr aus sieben Capitanen, sieben Valvassoren und sechs angesehenen Bürgern bestand. Mittlerweile hatte die Stadt aber ihre Herrschaft
schon seit geraumer Zeit über benachbarte Regionen und kleinere Städte ausgedehnt, so daß man keinesfalls nur nach dem Begriff *consules* als Beurtei-
lungskriterium Ausschau halten darf. Wenn wir somit – alles in allem – auf
knapp einhundert Jahre für den Kommunebildungsprozeß in Mailand
kommen, dann fällt dies, wie sich zeigen wird, durchaus nicht aus dem
Rahmen.

II. Die nordfranzösische Kommunebewegung: Laon und Cambrai

... cives Cameraci male consulti conspirationem multo tempore susurratam et diu desideratam iuravererunt communiam; adeo sunt inter se sacramento coniuncti, quod nisi factam concederet coniurationem, denegarent universi introitum Cameraci reversuro pontifici.

Schlecht beraten beschworen die Bürger von Cambrai eine Kommune, über die sie oft verschwörerisch getuschelt und die sie lange herbeigesehnt hatten. Sie verbanden sich durch Eidesleistung dahingehend, gemeinsam dem Bischof bei seiner Rückkehr den Eintritt in die Stadt zu verwehren, wenn er nicht die Schwurvereinigung anerkennen würde.

Gesta Episcoporum Cameracensium. Continuatio, in: MGH SS 7, S. 498.

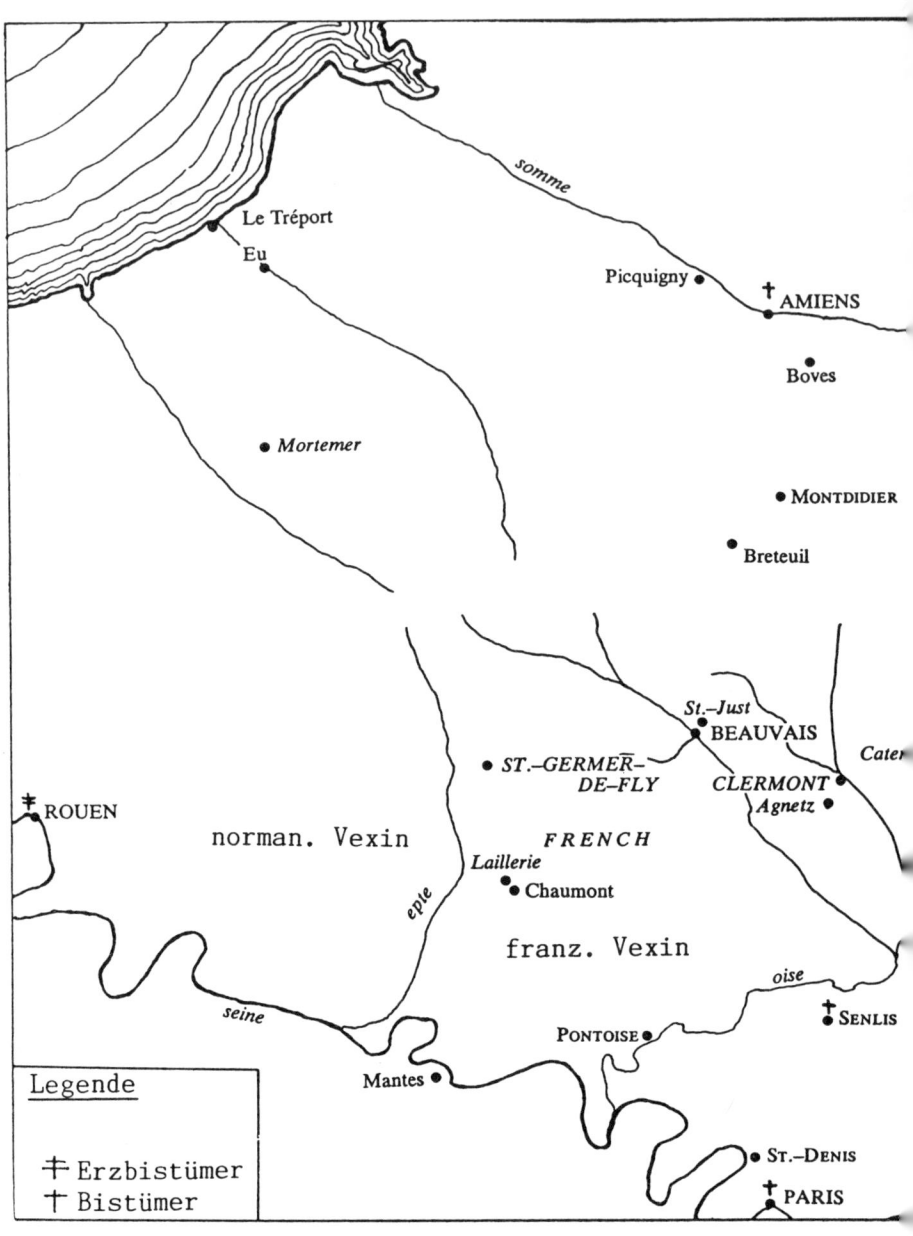

Nordfrankreich in der Sicht des Guibert von Nogent (nach: J. F. Benton [Hrsg.], Self and Society in Medieval France. The Memoirs of Abbot Guibert of Nogent [De vita sua], New York 1970).

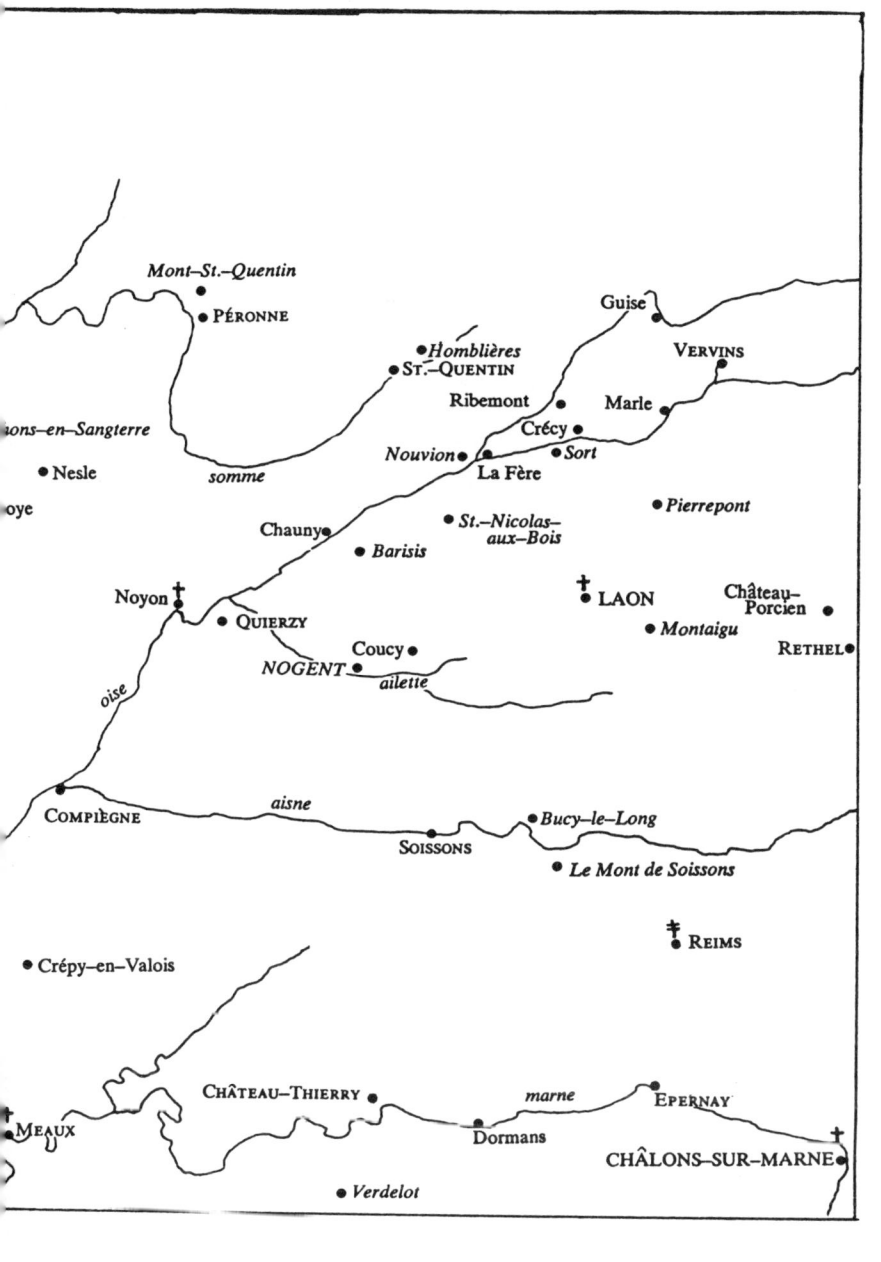

Mont–St.–Quentin

PÉRONNE

Guise

Homblières

VERVINS

St.–Quentin

Ribemont

Marle

Crécy

Nouvion

Sort

sons–en–Sangterre

La Fère

Nesle

somme

oye

Pierrepont

St.–Nicolas–
aux–Bois

Chauny

Barisis

Noyon †

† LAON

Château–
Porcien

QUIERZY

Montaigu

RETHEL

Coucy

NOGENT

ailette

oise

COMPIÈGNE

aisne

Bucy–le–Long

SOISSONS

Le Mont de Soissons

Crépy–en–Valois

⚑ REIMS

CHÂTEAU–THIERRY

marne

EPERNAY

MEAUX

Dormans

CHÂLONS–SUR–MARNE

Verdelot

Der alte Bischofspalast in Laon (aus: Maximilien Melleville, Histoire de la ville de Laon et de ses institutions, Paris 1846, ND Marseille 1977, zw. S. 292 u. 293).

1. Abgrenzungen

Bei seinen Forschungen zur Geschichte des dritten Standes hat A. Thierry die Entfaltung des hochmittelalterlichen Städtewesens Frankreichs in drei Zonen und Typen unterteilt: Im Norden die Kommune, im Süden das Konsulat (die Ratsverfassung) und dazwischen eine weite Zone, die die „revolutionäre" Kommunebewegung des 12. Jahrhunderts fast nicht gekannt habe, und deren Städte sich mit einigen bürgerlichen Freiheiten und Selbstverwaltungsaufgaben begnügt hätten. Diese Zone habe also nie den entscheidenden Durchbruch zur politischen Selbstbestimmung vollzogen, sondern sei eine Städteregion unter der Aufsicht königlicher Amtsträger geblieben. Diese Feststellungen, die als Überblick hilfreich sein mögen, sind z. T. schon von Thierry selbst relativiert worden. Die geäußerten Bedenken beziehen sich einerseits darauf, daß auch in Zentralfrankreich – allerdings in geringerer Zahl – Kommunen bestanden hätten, dauerhafter Art in Sens, Beaune und Dijon, nur vorübergehend oder kurzfristig in Le Mans, Étampes, Vézelay sowie in Châteauneuf-lès-Tours, Orléans und Auxerre. Im übrigen sei das Ausmaß der erlangten politischen Selbständigkeit keineswegs so stark voneinander abweichend gewesen, wie es die eingangs zitierte Auffassung nahelegt. Begrifflich trennte man allerdings zwischen den Kommunen und den *villes franches*, den freien Städten. König Philipp II. (Augustus) ließ nach den großen Annexionen zu Beginn des 13. Jahrhunderts die sogenannten ›Scripta de Feodis‹ als ein Register über Vasallen, Lehen, Dienste und Abgaben anlegen. In diesen ist u. a. auch eine zwischen 1204 und 1206 angefertigte Liste der *Communie* enthalten, die unter diesem Begriff 39 Städte oder Marktflecken verzeichnet, die zur Krone Frankreichs zählten. Darunter erscheinen einige Bischofsstädte wie Noyon und Beauvais. Hingegen sind so große und wichtige Städte wie Paris und Orléans als der königlichen Autorität unterstellte Gemeinwesen nicht erfaßt. Die *villes franches* unterschieden sich von diesen Kommunen dadurch, daß sie nicht auf der *coniuratio*, der beschworenen Einung, beruhten und auch nicht das vielfach prägende Ereignis der kommunalen Erhebung *(seditio)* zur Grundlage hatten. Die verliehenen

Privilegien und Rechte hingegen, das hat die sorgfältige Analyse von C. Petit-Dutaillis ergeben, waren für beide Städtegruppen grundsätzlich nicht verschieden, wie auch der königliche oder herrschaftliche Einfluß über einen Amtsträger sehr ähnlich sein konnte. Seit dem 14. Jahrhundert erfolgte mit der erstarkenden Königsherrschaft eine Zusammenfassung der beiden Städtegruppen zu dem neuen Typ der *bonnes villes*, der „guten Städte", deren Status man als königlich kontrollierte Selbstbestimmung umschreiben kann.

Die beschworene Einung und ihre herrschaftliche Anerkennung als das von Petit-Dutaillis herausgestellte Wesensmerkmal der Kommune hat Albert Vermeesch als viel zu eng und lediglich die Form und nicht den Inhalt charakterisierend zurückgewiesen. Für ihn ist die Kommune Nordfrankreichs eine Einrichtung des Friedens («La commune est une institution de paix» [Vermeesch, Essai, S. 175]). Damit wendet er sich einerseits gegen die Auffassung, die mit der Kommune vor allem das Recht auf politische Selbstbestimmung sowie den Widerstand gegen herrschaftliche Gewalt verbindet, welche vor allem in den großen Darstellungen von Paul Viollet (1890 ff.) und Achille Luchaire (1890) anzutreffen sei. Auch die vom Kaufmanns- und Marktrecht her argumentierenden Autoren wie Anton Giry, Georges Bourgin, Henry Pirenne und Carl Stephenson hätten das Streben nach politischer Autonomie überbewertet und wie alle ihre Vorgänger unzeitgemäße, nämlich aktuelle politische Vorstellungen auf das Mittelalter übertragen. Andererseits – und das ist das eigentliche Anliegen von Vermeesch – versucht er, die Kommune in den großen Zusammenhang der Gottesfriedensbewegung Frankreichs, wie sie sich seit dem Ende des 10. Jahrhunderts entfaltet hatte, einzuordnen und verständlich zu machen, wie und warum beide Phänomene als *communia/communio* bezeichnet werden konnten und beide die *pax* auf ihre Fahnen geschrieben hatten. Die frühen von Bischof und Klerus angeführten Kommunen waren Friedenseinungen, die vielfach auf der Ebene des Bistums (Diözese) eine Selbsthilfe- und Verteidigungsmaßnahme gegen die zahlreichen Adelsfehden und die damit verbundene Bedrückungen darstellten. Gerade darin sieht Vermeesch das Verbindende, indem er auch das Wesen der bürgerlichen Kommune als beschworene Einung gegen herrschaftliche Willkür und Übergriffe begreift, die nicht den politischen Umsturz, sondern den Frieden im Sinne des rechtlich abgesicherten Kompromisses («un compromis sur la base duquel la protection des personnes et des biens est assurée» [Vermeesch, Essai, S. 178]) angestrebt habe. Vor allem wendet er sich energisch gegen die Ansicht, daß die Kommunebewegung gegen den bischöflichen Stadtherrn und die Kirche gerichtet gewesen sei. Die nun nicht gerade seltenen Fälle, in denen es zu konfliktreichen Auseinandersetzungen dieser Art gekommen ist, werden im obigen Sinne als Widerstand gegen Rechtsverletzungen des Stadtherrn interpretiert.

Als ein Defizit dieses weitgespannten Vergleichs, wie ihn Vermeesch vornimmt, ist allerdings zu werten, daß er im Grunde genommen nicht erklärt, wie und vor allem warum es zu dem entscheidenden Umschlag von der allgemeinen, kirchlich getragenen Gottesfriedensbewegung zu der kommunalen-bürgerlichen Selbstbestimmungsforderung kam, die zwar die zentralen Begriffe *pax* und *communia* übernahm, diese aber mit neuen Inhalten füllte. Von diesem Kritikpunkt unbeeinträchtigt bleibt der große Gewinn der breiten thematischen Einordnung in die Friedensbewegung. Sie läßt deutlich werden, daß die Stadtkommune zwar keine Fortsetzung oder lediglich eine neue Form des älteren Gottesfriedens war, daß sie aber aus dieser Quelle schöpfte und wichtige Elemente aufgriff. An erster Stelle stand dabei natürlich der Friedensgedanke, damit verbunden der Eid, sodann das militärische Aufgebot des Volkes und die richterliche Instanz mit Sanktionsgewalt, die aus der Hand des Bischofs und des hohen Klerus in die des Maiors und der Geschworenen als Vertretern der Stadtkommune übergegangen war. Sehr schön hat das A. Luchaire zusammengefaßt: „Der von den Angehörigen der Pfarrgemeinden eines Orts feierlich geleistete Eid, die Verfassung der Parochialmilizen ..., eine kirchliche Gerichtsbarkeit speziell zur Bestrafung von Friedensverletzungen" [S. 44], das sind die Einrichtungen, die die Einwohner der Städte zu ähnlichen Maßnahmen inspiriert haben können. Aber über Vorbild- und Impulsfunktionen gehen diese Beziehungen nicht hinaus. Dafür sind die Unterschiede denn doch zu markant, auch wenn es die eine oder andere Misch- oder Übergangsform gab, auf die Vermeesch bei seiner Konzeption besonderen Wert legt. Einen solchen Doppelcharakter wiesen beispielsweise die Kommunen von Le Mans im Jahr 1070 und auch noch von Noyon 1108/09 auf. In beiden Fällen wurde die städtische Kommune von Bischof und Klerus gestützt und durch kirchliche Sanktionen abgesichert. Sie erstreckte sich auf die Stadt und Diözese zugleich, so daß der Eindruck entsteht, es handele sich um einen Gottesfrieden, nun aber nicht mehr unter der Führung des Bischofs, sondern der der Bürger. Das verbindende Element zwischen diesen beiden Kräften war jeweils der gemeinsame Gegner, im Falle von Le Mans in Gestalt der Anwärter auf das umstrittene Erbe der Grafschaft Maine, im Falle von Noyon die Bedrohungen, die angesichts der Bemühungen von Tournai entstanden, sich von Noyon zu lösen und ein eigenes Bistum zu errichten. In diesen Fällen benötigte der Bischof die Unterstützung der Bürger und war zu Konzessionen in Gestalt eines Kommuneprivilegs bereit. Unter solchen Voraussetzungen konnte es zum Einvernehmen und gemeinsamen Handeln zwischen dem Bischof und der Stadtkommune kommen, was aber nicht als typisch und prägend für das Gesamtbild anzusehen ist; denn wie leicht konnte die Kirche dabei in die Rolle des Zauberlehrlings geraten!

Laon nimmt aufgrund seiner quellenmäßigen Überlieferung eine Sonderstellung ein und soll als ein besonders anschauliches Beispiel auch in das

Zentrum der Betrachtung gerückt werden. Die Ereignisse um Cambrai setzen sehr viel früher ein und beleuchten die bis zum Beginn des 12. Jahrhunderts vollzogenen Veränderungen, auf deren Grundlage schließlich die privilegierte und rechtlich anerkannte Kommune angestrebt und verwirklicht wurde. Deshalb wird Cambrai auch in knappen Bemerkungen vorangestellt.

2. *Cambrai 1077–1227*

Cambrai, das im Mittelalter politisch dem deutschen Reich angehörte und dementsprechend bei den Auseinandersetzungen zwischen den bischöflichen Stadtherren und der Stadtgemeinde immer wieder den Kaiser einschaltete, ist geographisch der großen nordfranzösischen Städtegruppe zuzurechnen, die um die Wende vom 11. zum 12. Jahrhundert eine bewegte kommunale Entwicklung eigener Prägung durchlief. Cambrai war Teil der Reimser Kirchenprovinz und bildete zusammen mit Arras einen gemeinsamen Diözesanverband, als dessen wichtigerer und vornehmerer Bischofssitz es galt.

Was war eigentlich 1077 in Cambrai geschehen, als man in dieser Stadt zur Bildung der Kommune schritt? Wenn man der Chronik der Bischöfe von Cambrai trauen darf, dann gab es gar keinen rechten Anlaß für das Aufbegehren; denn „in der Fülle des Friedens und der Freude" habe der Bischof Klerus und Volk von Stadt und Umland zurückgelassen, als er aufbrach, um zum Kaiser zu ziehen und von diesem den *honor* (Ehre und Würde) der Kirche von Cambrai bestätigt zu bekommen (Gesta Episcoporum Cameracensium. Continuatio, in: MGH SS 7, S. 498). Es fehlte zwar der konkrete Streitpunkt, offensichtlich bestanden aber manche Gründe für die Erhebung, heißt es doch, daß die Bürger schon lange Zeit die Kommune, die sie nun beschworen, heimlich beraten und herbeigesehnt hätten.

Konzept und politischer Wille waren also vorhanden, so daß gleichsam aus dem Stand eine Stadtgemeinde gebildet und beschworen werden konnte, und zwar mit dem klaren Ziel, ihre Anerkennung durch den Stadtherren gegebenenfalls auch mit militärischen Mitteln durchzusetzen (vgl. Eingangszitat!). Tatsächlich versperrten die Bürger dem heimkehrenden Bischof die Stadt, so daß dieser mit Unterstützung des Grafen von Hennegau zur Belagerung schritt, die jedoch nicht zum Erfolg führte. Diesen brachten aber aus der Sicht des Bischofs die Verhandlungen, die die gutgläubigen Bürger in der Annahme, die Anerkennung ihrer Kommune bereits erreicht zu haben, zum Öffnen ihrer Tore veranlaßten.

Statt dessen brachen die Truppen plündernd und mordend herein und richteten schweren Schaden an: „Ausgeplündert, des Geldes beraubt, bestraft für die Anmaßung verschwand die Schwurgemeinschaft mit allem Drum und

Dran, dem bischöflichen Stadtherren wurde erneut der Treueeid geleistet" (Gesta Episcoporum Cameracensium. Continuatio, in: MGH SS 7, S. 498). Was der frühen Kommune in Cambrai offensichtlich noch fehlte, waren Erfahrung und Konsequenz, aber aus Fehlern lernte man und hielt beharrlich an der Idee fest, um sie bei der nächsten günstigen Gelegenheit dann doch zu verwirklichen.

Dabei zog die Stadtgemeinde von Cambrai zunehmend Gewinn aus den religiösen und politischen Konflikten, in die der Bischof im Zuge des Investiturstreits verwickelt wurde. Das gilt besonders für die Konfrontation Bischof Gerhards II. von Cambrai mit einem gewissen Ramhirdus, der als Wanderprediger öffentlich seine strenge Glaubenslehre verkündete und schon viele Anhänger um sich versammelt hatte. Als dieser bei einer Befragung vor dem bischöflichen Hof den gemeinsamen Empfang des Abendmahls verweigerte, da alle versammelten Personen, Bischöfe, Äbte und hoher Klerus mit der Sünde der Simonie behaftet seien, rief diese Bemerkung bei einigen übereifrigen Vasallen und Ministerialen des Bischofs einen solchen Zorn hervor, daß sie den Gotteseiferer den Flammen überantworteten. Hatte Ramhirdus schon vorher bei dem einfachen Volk und besonders bei den Webern Verehrung genossen, so flößte die Haltung, mit der er in den Tod ging, zusätzlich Respekt ein.

Von dieser Angelegenheit erfuhr Papst Gregor VII., der daraufhin den Pariser Bischof Joffredus mit einem Brief vom 25. März 1077 aufforderte, eine Untersuchung durchzuführen. „Es ist uns berichtet worden", so heißt es hier, „daß in Cambrai ein gewisser Mann den Flammen übergeben worden sei, weil er erklärt habe, daß Simonisten und unkeusche Priester keine Messen feiern dürften und der von diesen durchgeführte Gottesdienst keinesfalls zu besuchen und anzuerkennen sei. Dies ist erschreckend und, wenn es sich als wahr erweisen sollte, mit der ganzen Strenge der kanonischen Strafgewalt zu verfolgen. Wenn Du feststellen solltest, daß sie tatsächlich ihre Hand zu einem so grausamen Verbrechen gereicht haben, dann zögere nicht, die Verantwortlichen und ihre Komplizen aus der kirchlichen Gemeinschaft auszuschließen" (Das Register Gregors VII., hrsg. v. E. Caspar 4, 20, 326/ 29). Zwei Monate später war Bischof Gerhard II. von Cambrai in Rom, um seine Angelegenheit vor dem Papst zu vertreten, wo er jedoch nicht angehört, sondern exkommuniziert wurde. Dabei kam als weiterer schwerer Vorwurf hinzu, daß er sein Bistum von Kaiser Heinrich IV. als einem Laien und aus der Kirche Ausgeschlossenen entgegengenommen habe. Der Bischof, der immerhin auf seine kanonische Wahl verweisen konnte und geltend machte, daß er von dem Investiturverbot durch einen Laien und der Exkommunikation des Kaisers bei seiner Belehnung noch nichts gewußt habe, unterwarf sich ganz der päpstlichen Gnade, die er schließlich erlangte.

Wenn es auch kaum möglich sein dürfte, das Wirken des Ramhirdus mit

der Kommunebewegung von Cambrai in einen direkten und ursächlichen
Zusammenhang zu bringen, so ist doch die zeitliche Nähe der Ereignisse
mehr als ein Zufall. Aus konkretem Anlaß wurden die Fragen von Simonie
und Zölibat sowie schließlich auch der Investitur öffentlich diskutiert. Die
Integrität des Klerus wurde angezweifelt und die Ausübung seines geistlichen Amtes z. T. zurückgewiesen. Die Investitur, mit der in erster Linie die
weltliche Herrschaft des Bischofs verbunden war, wurde vom Papst als
unrechtmäßig bezeichnet und der Bischof aus der kirchlichen Gemeinschaft
ausgeschlossen. Sollte man einen Exkommunizierten als Stadtherrn anerkennen? Auch die Synode von Autun, wo Gerhard im September 1077
den Segen der Kirche und sein bischöfliches Amt wiedererlangt hatte,
konnte die Zweifel an der von ihm beteuerten und beschworenen Unschuld
nicht vollständig beseitigen. Es war eine schwere Autoritätskrise eingetreten. Die Meinungen waren zerstritten, die Argumente gingen hin und her,
kaum jemand konnte sich der Diskussion entziehen. Was war von einem
Papst zu halten, der in kurzer Zeit so widersprüchliche Entscheidungen wie
im Fall des eigenen Bischofs traf? Hatte er sich geirrt oder waren die Vorwürfe doch begründet? Wie sollte man es mit dem Kaiser halten, war er von
Gregor VII. in Canossa wieder anerkannt worden oder nicht, hatte statt
dessen der neugewählte König, Rudolf von Rheinfelden, die päpstliche
Bestätigung gefunden oder auch nicht? Wenn man sich an den „alten"
Kaiser hielt, konnte man sich dann nicht auf sein Manifest in Gestalt der Urkunde für Worms vom Januar 1074 berufen, in dem die Erhebung der Bürgergemeinde gegen ihren bischöflichen Stadtherrn und zugunsten des Kaisers als vorbildlich hingestellt und in ungewöhnlichen Worten gepriesen
worden war? Die Kölner hatten dies immerhin getan, wenn auch ohne Erfolg. Vielleicht war dies auch ein Impuls für Cambrai gewesen; denn kaum
eine andere Stadt hat so hartnäckig um die Anerkennung ihrer Kommune
durch den Kaiser gerungen wie diese ganz am Rande des deutschen Reiches
gelegene Bischofsstadt.

Wie die eigentlich zum Zwecke der Kirchenrefom und *libertas ecclesie* pro-
pagierten und diskutierten Ideen für die kommunale Idee nutzbar gemacht
wurden, zeigt die nächste Welle schwerer Auseinandersetzungen in Cambrai.
Es war die Wahlfrage, die mehr und mehr in das Zentrum rückte, und zwar in
erster Linie in bezug auf die Bischöfe. Die päpstlich-kirchliche Argumentation war klar und besagte, daß der Inhaber eines so hohen geistlichen Amtes
keinesfalls nach eigenem Ermessen von einem weltlichen Herrn, auch und
gerade nicht von Kaiser oder König, bestimmt werden dürfe, sondern nach
Kirchenrecht – kanonisch – sein Amt erlangen müsse. Als kanonisch aber
galt nur eine Wahl durch Klerus und Volk. War schon der Begriff des Klerus
und damit der Kreis der geistlichen Wähler nicht eindeutig, so war mit dem
zweiten Wort gleich ein doppeltes Problem verbunden: Wer war das Volk

und worin bestand seine Aufgabe, nur in der Akklamation, der bestätigenden Zustimmung nach der eigentlichen Wahl durch den Klerus oder doch in der Mitwirkung an der Wahl selbst? Diese Unsicherheit und Interpretationsmöglichkeit hatten die Bürger von Cambrai offensichtlich begriffen und gleich bei der nächsten anstehenden Wahl eines Bischofs nach dem Tod Gerhards II. im Jahr 1092 für sich genutzt. Es ist ein knapper, aber höchst instruktiver Bericht, der uns durch die Aufzeichnungen eines Mönchs von St. Gaugerich als sog. ›Gesta Manassis et Walcheri‹ überliefert ist: Er berichtet über die zwiespältige Bischofswahl des von den Bürgern unterstützten Bischofs Manasse und dem von der Mehrheit des Klerus getragenen Mascelin(us), der bald durch Walcher ersetzt wurde. Beide Seiten versuchten, für ihren Kandidaten die kaiserliche Bestätigung und damit die Anerkennung in Cambrai selbst zu erlangen, wobei die Bürger sogar auf den Domschatz zurückgegriffen haben sollen. Jedenfalls war in dieser Frage ein tieferer Zwiespalt zwischen den Bürgern und dem Klerus *(gravior discordia civium adversus clerum)* entstanden (Gesta Episcoporum Cameracensium. Gesta Manassis et Walcheri, in: MGH SS 7, S. 500).

In diesem Zusammenhang findet auch das Hervortreten einer neuen Führungsschicht Erwähnung. Neben den Bürgern waren es nunmehr die *casati*, die in der Stadt ansässigen Vasallen und Amtsträger des Bischofs, die an der Wahl maßgeblich beteiligt waren. Es hatte sich somit ein Bündnis des überwiegend an Handel und Gewerbe orientierten Bürgertums mit dieser politischen und militärischen Führungsschicht gebildet, die sich stärker dem städtischen Lebensbereich zugewandt hatte. Für die Stadtgemeinde von Cambrai bedeutete dies offensichtlich eine politische und militärische Stärkung, allerdings auch die Gefahr der Dominanz dieses neuen Partners.

Die Durchsetzungskraft der Stadtgemeinde war durch dieses Bündnis zweifellos gestärkt worden; denn nach langwierigen Auseinandersetzungen gelang in den ersten beiden Jahren des 12. Jahrhunderts die förmliche Anerkennung der Kommune durch den Bischof *(communiter coniurare permitteret)*, wofür die Bürger dem Bischof einen Treueeid leisteten.

Wenn auch mit dem schnellen Wechsel der politischen Konstellation auch das Pendel wiederum zuungunsten der Stadt Cambrai umschlagen konnte, wie im Jahre 1107, als Bischof Walcher mit Hilfe von König Heinrich V. die Stadt zu unterwerfen vermochte und das Kommuneprivileg demonstrativ zerreißen ließ, so war doch der politische Anspruch der Bürgergemeinde nicht mehr zu beseitigen. Dies zeigt der lange, über viele Etappen sich hinziehende Kampf dieser Stadt, der zwar mit der „Lex Godefridi" von 1227 und dem darin ausgesprochenen Verbot der Kommune nach exakt 150 Jahren mit einer Niederlage endete, allerdings nur, was die förmliche Anerkennung dieser Rechtsform durch den bischöflichen Stadtherrn betrifft. Im übrigen war die in vielen Bereichen gewonnene politische Eigenständigkeit der Stadtgemeinde nicht mehr umkehrbar, während dem Bischof immerhin die Behauptung des Anspruchs auf Oberhoheit und eine gewisse Kontrolle gelungen war.

3. Laon 1107/1112 und 1128

Offensichtlich bringen Zeiten großer geistiger, religiöser und politisch-sozialer Bewegungen auch besondere Quellenzeugnisse hervor. Jedenfalls ist es wohl kaum als ein Zufall zu werten, daß gerade in dem Raum, in dem um 1100 so vielgestaltige Neuerungen in komplexen Auseinandersetzungen zum Durchbruch gelangten, auch ein Autor zur Feder gegriffen und ein Werk hervorgebracht hat, das vom Quellentyp und der Darstellungsweise her ganz aus dem üblichen Rahmen fällt. Denn bei der ›De Vita sua, sive Mono-diae‹ des Guibert von Nogent handelt es sich um die erste Autobiographie des Mittelalters, wohl angeregt durch Augustins ›Confessiones‹, aber im übrigen ganz selbständig in Aufbau und Gestaltung. Es ist ein Bericht voller Kritik am Geld- und Machthunger besonders der verweltlichten Kirche bis hin zum Papst, aber auch am Geist der Auflehnung und des Hochmuts, wie er in der Kommunebewegung zum Ausdruck komme. Guibert reflektiert, ar-gumentiert und analysiert, ist aber dabei um Anschaulichkeit und Lebendig-keit der Darstellung bemüht, indem er Anekdoten und Bilder benutzt und um ungewöhnliche und assoziative Formulierungen bemüht ist. Sein vermut-lich zwischen 1114 und 1117 entstandenes Werk besteht aus drei Büchern unterschiedlichen Umfangs, von denen das erste seine Herkunft und Ausbil-dung behandelt. Er wurde vermutlich 1055 geboren und entstammt einem hochadligen Geschlecht aus dem Beauvaisis. Mit 12 Jahren trat er in das Klo-ster St. Germer-de-Fly westlich von Beauvais ein, wo er eine gründliche Aus-bildung erhielt, einige Lektionen noch durch den großen Anselm von Bec. Bald lernte er weitere herausragende Persönlichkeiten seiner Zeit kennen, wie etwa Anselm von Laon und später Norbert von Xanten, die auch das gei-stige und religiöse Klima dieser Landschaft um 1100 mitprägten. 1104 wurde er Abt des kleinen Klosters Nogent bei Coucy-le-Château westlich von Laon, wo er etwa 1125 verstarb. Neben einer ganzen Reihe theologischer Schriften, u. a. einer sehr kritischen Abhandlung über den Reliquienkult, ver-faßte bzw. überarbeitete er außerdem eine umfangreiche Kreuzzugsge-schichte (Gesta Dei per Francos). Sein Hauptwerk ist jedoch seine Autobio-graphie, deren zweites Buch, mit Abstand das kürzeste, die Geschichte seines Klosters einschließlich der eigenen Erfahrungen dort behandelt. Das dritte und umfangreichste Buch ist ganz der Stadt Laon, ihren Bischöfen, Klerikern und Adeligen, vor allem aber der Kommune gewidmet, der er zwar eindeutig ablehnend gegenüberstand, deren Entstehung und Entwicklung er aber mit großem Interesse verfolgte. Die oft aufgestellte Behauptung, daß ein durch seinen Haß verzerrtes Bild von den revolutionären Ereignissen in Laon entworfen habe, sollte deshalb mit größerer Vorsicht verwandt werden. Offensichtlich ist er mehrfach Augenzeuge der Vorgänge gewesen und hat mehrere der daran beteiligten bzw. davon betroffenen Personen gut gekannt, also über sehr gute Informationen verfügt.

Das ganze Übel der Entwicklung von Laon sei, so glaubte Guibert, aus dem bedenklichen Zustand der Kirche und dem Verhalten ihres Bischofs zu erklären. In der Tat war zumindest der seit 1106 amtierende Bischof Gaudry eine schillernde Persönlichkeit. Als Kanzler des Königs von England war er vom Adel der Region 1106 nach einer zweijährigen Vakanz gegen die Reformpartei und auch gegen den Kandidaten des Königs von Frankreich auf den Bischofsstuhl erhoben worden, was nicht ohne finanzielle Mittel aus England geschehen sein dürfte. Neben dem Vorwurf der Simonie zog er sehr bald auch den der Anstiftung zum Mord auf sich, als der im offenen Konflikt mit dem Bischof befindliche Gérard de Quierzy, der Vogt des Nonnenklosters St. Joan in Laon, beim Gebet in der Kathedrale hinterrücks erschlagen wurde. Zwar hatte der Bischof, da er zu dieser Zeit an den heiligen Stätten in Rom weilte, ein Alibi. Dennoch zweifelte kaum jemand an seiner Initiative zu dieser Mordtat, war doch sein Bruder der Haupttäter im Verein mit den beiden Archidiakonen.

An Laon zeigte die französische Krone ein besonderes Interesse, denn es war eine auf einem schmalen Sporn gelegene Stadt, die schon von Natur aus fast uneinnehmbar und somit für die Beherrschung dieser weiten und fruchtbaren Landschaft von großer strategischer Bedeutung war. Dort fungierte als Vertreter des Königs ein Präpositus/Propst genannter Amtmann, der die Aufsicht über den königlichen Palast und Turm führte und die Gerichtsbarkeit, soweit sie dem König zustand, ausübte. Eine einflußreiche Stellung hatten daneben auch die beiden Archidiakone und der hohe Klerus einschließlich des allerdings in sich zerstrittenen Domkapitels inne. Dies sollte sich nicht zuletzt bei der Kommunebildung zeigen, in deren Verlauf der Klerus als eigene Kraft und als Vertragspartner in Erscheinung trat. Eine eigene Gruppierung stellten auch die *proceres,* die Großen, dar, hauptsächlich in der Stadt ansässige bischöfliche Vasallen adliger oder ministerialischer Herkunft, die die wichtigsten städtischen Ämter ausübten, sich mit einem eigenen Gefolge umgaben und befestigte Häuser bewohnten. Wer waren auf der anderen Seite die Bürger? Natürlich Händler und Handwerker, vielfach Weinbergbesitzer aus der Umgebung der Stadt, die durch ihren Weinhandel weiträumige Wirtschaftsbeziehungen besonders nach Flandern und England geknüpft hatten. Wenn Guibert bei ihnen zwischen *abbatiuni* und *episcopani* unterscheidet, dann wird damit die Zugehörigkeit zu der jeweiligen klösterlichen oder der bischöflichen *familia* und die hofrechtliche Bindung größerer Teile der städtischen Bevölkerung ausgedrückt. Gerade dieser Faktor sollte bei der

Kommunebewegung eine herausragende Rolle spielen. Es ist schon verblüf-
fend: Das, was sich aus den Urkunden Kaiser Heinrichs V. für Speyer und
Worms von 1111 und 1114 erschließen läßt (vgl. S. 95 f.), berichtet Abt Guibert von Nogent in seiner Autobiographie geradezu als Charakteristikum
zum Jahre 1107 und 1112 für Laon. Aber hören wir ihn lieber mit seinen eigenen Worten, kritisch in der Analyse, ironisch im Kommentar und engagiert
in der Zurückweisung der ganzen Entwicklung: „Unter diesen Bedingungen
(der herrschaftlichen Willkür und Rechtsunsicherheit, wie sie zu dieser Zeit
in der Stadt anzutreffen waren) suchten der Klerus mit den Archidiakonen (in
Abwesenheit des Bischofs, d. Verf.) und den Großen nach einem Vorwand,
wie sie dem Volk Geld ablocken könnten. Durch Unterhändler ließen sie folgenden Vorschlag vermitteln: Wenn ihnen ein überzeugendes finanzielles Angebot gemacht werden würde, könne man über die Einführung der Kommune reden. Kommune, dieses neumodische, scheußliche Wort bedeutet,
daß zwar alle einmal im Jahr den üblichen für die Knechtschaft schuldigen
Kopfzins an ihre Herren zahlen und bei Rechtsverletzungen die fällige Buße
entrichten, im übrigen aber sich den Abgaben, denen Knechte normalerweise unterliegen, gänzlich entziehen. So ergriff das Volk die Chance sich frei-
zukaufen und trug große Mengen von Silber zusammen, um die gierigen
Schlünde zu stopfen. Diese Herren waren über einen derartigen Geldregen
so beglückt, daß sie die Einhaltung des vereinbarten Handels durch Eidesleistung bekräftigten.
    Somit war also zwischen Klerus, Großen und Volk eine auf gegenseitige
Hilfe lautende Schwurvereinigung *(coniuratio)* abgeschlossen worden. Als
der Bischof dann mit großen Mitteln aus England zurückkam, war er entsetzt
über die Neuerung und ihre Verursacher. Für einige Zeit blieb er der Stadt
fern ... Obwohl er gegenüber den durch Eid Verbundenen und ihren Helfern
einen unversöhnbaren Widerwillen hegte, wie er sagte, wurden seine hoch-
tönenden Worte aber durch die Zuwendung von Gold und Silber besänftigt,
so daß er die Kommune schließlich ebenfalls beschwor und sich zur Einhaltung ihrer Rechte verpflichtete, und zwar wie sie in der Stadt Noyon und dem
befestigten Platz Saint-Quentin in schriftlicher Form bestanden. Auch der
König konnte der Großzügigkeit des Volkes nicht widerstehen und bestätigte
die Kommune und ihre Rechte durch seinen Eid. Oh, mein Gott, wer ist in
der Lage zu sagen, wieviel an Geschenken des Volkes angenommen wurde
und wieviel nach den geleisteten heiligen Eiden an Aufwand betrieben
worden ist, um das Beschworene in sein Gegenteil zu verkehren und die
einmal vom Joch der Zahlungsverpflichtungen befreiten Hörigen wieder in
ihren alten Stand (der persönlichen Abhängigkeit, d. Verf.) zurückzuzwingen.
    Im Grunde bestand eine unüberwindliche Abneigung des Bischofs und der
Großen gegenüber den Bürgern. Und da der Hirte begriff, daß er die französische Freiheit nicht auf die normannische oder englische Art zu beseitigen

vermochte, vergaß er sein gegebenes Versprechen und befriedigte nur seine unersättliche Geldgier. Wenn es nämlich geschah, daß ein Mann des Volkes der Gerichtsbarkeit übergeben wurde und man ihn verurteilte, nicht nach göttlichem Willen, sondern wie ich es zu sagen wage, nach Belieben, dann wurde er bis zum letzten Stück um seinen Besitz gebracht" (Guibert de Nogent, Autobiographie, 7, S. 320–325).

Kommune, persönliche Freiheit und Geld werden hier in einen so engen Zusammenhang gebracht, daß der kollektive Freikauf geradezu am Anfang der Kommuneentwicklung zu stehen scheint. Dabei war es lediglich eine Teilbefreiung, von der Guibert von Nogent berichtet, denn der Kopfzins blieb als Zeichen einer weiteren lockeren Abhängigkeit noch bestehen. Beseitigt wurden dagegen die einschneidenden Leistungen im Todesfall und die eherechtlichen Beschränkungen. Bemerkenswert ist die finanzielle Solidarität, mit der die sich formierende Gemeinde und Kommune bei der Aufbringung der zweifellos hohen Kosten für die Ablösung in Erscheinung trat, denn schließlich handelte es sich um individuelle Belastungen, von denen durchaus nicht alle betroffen waren. Gewiß ist die hier gemeinte Freiheit nicht einfach eine Ware, die man jederzeit kaufen konnte, und der Bericht Guiberts läßt ja auch deutlich genug den politischen und emotionellen Druck, der dabei mitspielte, verspüren. Dennoch ist die Bedeutung des finanziellen Aspekts nicht nur – wie es uns eher geläufig ist – für die Erlangung politischer Rechte durch die Kommune, sondern auch und gerade für den Erwerb persönlicher Freiheiten von zentraler Bedeutung. Es war eine Phase des Umbruchs, bei der es um die Sicherung und den Ausbau von Herrschaftspositionen ging. In dieser Situation konnten die Städte erstmals selbst das bieten, was der König, der Bischof, der hohe Klerus und die Großen allesamt am dringendsten brauchten, nämlich Geld.

Was sich im einzelnen über die Bürger und das Volk aussagen läßt, verdanken wir wiederum in erster Linie Guibert von Nogent, der in Laon zu Hause war und die Ereignisse wohl unmittelbar miterlebt hat. Es war die Osterwoche des Jahres 1112, als der Bischof den König nach Laon eingeladen hatte, nach außen hin, um das heilige Abendmahl und das Fest des Kreuzestod des Herrn gemeinsam zu feiern, tatsächlich jedoch, um in einer Art „Gegenrevolution" die Kommune durch eine Überraschungsaktion zu beseitigen und die bischöfliche Stadtherrschaft wiederherzustellen. Guibert von Nogent hebt mehrfach mit dem Ausdruck des Entsetzens und der Abscheu hervor, daß dieser planmäßige Bruch der geleisteten Eide an den kirchlichen Festtagen, für die der höchste Friedensschutz galt, erfolgen sollte. „Die Bürger, die die Gefahr des Umsturzes erkannten, boten dem König und seinen Leuten 400 Pfund ... Der Bischof ging jedoch zum Gegenangriff über, zog mit den Großen zum König und machte ihm ein Angebot von 700 Pfund. König Ludwig, der Sohn Philipps, eine glänzende Erscheinung, wie sie nur der königlichen Majestät eignet, waffenerprobt und tapfer, unduldsam gegenüber jeder Trägheit in der Erledigung der politischen Geschäfte, unerschrocken seinen Gegnern entgegentretend und in vielem anderen hervorragend, ließ hier kein angemessenes Urteilsvermögen erkennen, wenn er üblen, durch Habgier verdorbenen Menschen, allzu sehr sein Ohr und Herz öffnete." So wurde also in einer gemeinsamen Aktion von König, Bischof, Klerus und Großen die den Bürgern im doppelten Sinne teure Kommune einfach aufgehoben. Um gleich den rechten Vorgeschmack von dem, was zu erwarten war, zu vermitteln, legte der Bischof die 700 Pfund, die er dem König für dessen Beteiligung an der Beseitigung der Kommune hatte zahlen müssen, auf die Stadtgemeinde um, so daß sie gezwungen wurde, ihre eigene Niederlage zu finanzieren. Das allerdings „rief einen solchen Zorn und Haß bei den Bürgern hervor, daß alle Handwerker ihre Werkstätten verließen, die Gerber und Schuhmacher ihre Hütten abriegelten. Wenn man sich stärken und erfrischen wollte, fand man nur verschlossene Gaststätten und Schenken, denn die Wirtsleute fürchteten sehr, von den Großen, die nun alles an sich rafften, ausgeplündert zu werden. Tatsächlich begannen der Bischof und die Großen zugleich die Vermögenswerte aller Stadtbewohner abzuschätzen, und wieviel ein jeder für die Errichtung der Kommune hatte geben können, soviel sollte er nun für ihre Beseitigung zu zahlen gezwungen werden" (Guibert de Nogent, Autobiographie, 7, S. 330/31–332/33).

Sehr drastisch kontrastiert Guibert von Nogent diese Gier nach Beute, von der der Bischof und die Großen erfüllt gewesen seien, mit dem Inhalt des unmittelbar bevorstehenden Osterfestes: dem Kreuzestod Christi, seiner Auferstehung und der Erlösung des Menschen aus grenzenloser Liebe! Nichts davon war in den Herzen dieser Menschen anzutreffen. Auf der anderen Seite ahnten die unterworfenen Bürger das ihnen zugedachte Schicksal und aus einer Mischung von Angst und Zorn entstand eine Verschwörung mit dem Ziel, den verhaßten Bischof zu töten. Getragen wurde diese Verschwörung von einem Kreis von 40 Personen. Der Bischof wurde gewarnt und ließ sich bei der Prozession am Morgen des Ostersonntags von Leuten seines Vertrauens umgeben, die Waffen unter ihren Gewändern trugen. Zum offenen Ausbruch der Feindseligkeiten kam es allerdings noch nicht, nur ein Heißsporn trat in der dichten Menschenmenge beim Vorbeizug der Prozession aus einer Nische hervor und rief zweimal „Kommune, Kommune", um das Zeichen zum Aufstand zu geben, was aber noch nicht die beabsichtigte Wirkung auslöste, war es doch der heilige Tag des Ostersonntags. Aber die Unruhe wuchs und der Bischof ließ von seinen grundherrschaftlichen Besitzungen Bauern zu seiner Verteidigung in die Stadt holen, die allerdings dem Bischof kaum weniger feindlich gegenüberstanden, da sie damit rechnen mußten, daß auch sie für die finanziellen Zusagen des Bischofs gegenüber dem König aufkommen müßten.

Der Aufstand brach schließlich am Donnerstag, dem 25. April 1112, unter dem Kampfruf „Kommune" los. Mit Schwertern, Äxten, Bögen und Lanzen bewaffnet, stürmte die Volksmenge in den bischöflichen Palast und ließ sich auch nicht von den Großen zurückhalten, die – über den Ausbruch der Erhebung informiert – zur Verteidigung des Bischofs angerückt waren. Anführer der Aufständischen war ein gewisser Teudegaldus, ein Zensuale und Amtsträger des Klosters Saint-Vincent, genannt Isegrimm, der Wolf, dem man nachsagte, daß er als Aufseher eines Brückenzolls so brutal vorgegangen sei, daß er manchen Durchreisenden ausrauben und dann mit einem Stein um den Hals ins Wasser stürzen ließ. Dieser Mann war es, der nach der Erstürmung des Palastes und der Entdeckung des Bischofs, der sich in einem Faß im Weinkeller hatte einschließen lassen, diesen an den Haaren daraus hervorzog und ihn unter Schlägen auf die Straße trieb, wo er ermordet wurde. Den Ring des Bischofs, den er nicht leicht und schnell genug abziehen konnte, eignete er sich dadurch an, daß er den Finger mit dem Schwert abschlug. Mit zertrümmerten Schädel und nackt ließ man den Leichnam des Bischofs schließlich in einer Gasse liegen. Dann schloß sich die Jagd auf die Anhänger des Bischofs und z. T. auch auf deren Frauen an. Die Häuser der Großen, die dem Massaker entfliehen konnten, wurden geplündert und zerstört, und auch die Kathedrale ging, wie mehrere andere Kirchen, in Flammen auf.

Es war klar, daß eine solche Tat nicht ohne Folgen bleiben würde. Man suchte folglich nach Bundesgenossen und hoffte, einen solchen ausgerechnet in Thomas de Marle, Herr von Coucy, finden zu können, der in der weiteren Umgebung von Laon seine Schreckens- und Willkürherrschaft errichtet hatte. Dieser lehnte es allerdings ab, Laon gegen den König zu verteidigen und gewährte nur den Flüchtlingen aus der Stadt Asyl auf seinen Besitzungen. Unterdessen wurde die Stadt von den Bewohnern des Umlandes und den Leuten des Herrn von Coucy geplündert.

Da der König aus anderen zwingenden Gründen in Laon selbst nicht eingreifen konnte, beauftragte er seinen Seneschall mit der Bestrafung der aufständischen Bürger. Nach einigem Zögern erteilte er 1113 der Wahl des Laoner Bischofs, Bartholomäus de Jur, seine Zustimmung, der sich sogleich um die Beseitigung der schwersten Schäden bemühte. Unterdessen wurde auch Theudegaudus ergriffen und aufgehängt. Am 6. September 1114 weihte Raoul le Verd, der Erzbischof von Reims, die notdürftig wiederhergestellte Kathedrale, nachdem Klerus und Volk von Laon mit den Reliquienschreinen der Kathedrale Bittprozessionen erst an die Loire und dann – im Frühjahr und Sommer 1113 – nach Südengland durchgeführt und reiche Spenden empfangen hatten.

Damit waren die Folgen der Kommuneerhebung aber längst noch nicht beseitigt. Unmittelbar nach dem Aufstand, als man die Getöteten in das außerhalb der Stadt gelegene Kloster Saint Vincent gebracht hatte, wohin auch die dem Massaker entkommenen Großen mit ihren Angehörigen geflüchtet waren, hielt der Erzbischof von Reims eine Totenfeier ab und versuchte in der Predigt, eine Deutung für das ganze Übel zu finden. Bezeichnenderweise stellte er seine Worte unter das Wort des Apostels Petrus: *Servi subditi estote in omni timore domini.* „Diener und Knechte, seid Euren Herren in aller Furcht untertan, und zwar nicht nur den guten und bescheidenen Herren, sondern auch denen, die Euch schikanieren … Denn in den ehrwürdigen kirchenrechtlichen Bestimmungen werden diejenigen mit dem Kirchenbann bedroht, die den Knechten der Herren (selbst) aus religiösen Gründen (Eintritt in den geistlichen Stand, d. Verf.) zum Ungehorsam oder zur Flucht raten." Natürlich richtete sich diese Predigt „gegen jene fluchwürdigen Kommunen *(de execrabilibus communiis illis),* in denen sich die Knechte gegen Recht und Pflicht gewaltsam dem Herrenrecht entziehen" (Guibert von Nogent, Autobiographie, S. 360/61). Damit stellt Guibert von Nogent noch einmal in einem großen Bogen den Bezug zum Ausgangspunkt her, den er bei der Schilderung der ganzen kommunalen Bewegung immer wieder aufgegriffen hatte, daß nämlich die Kommune das Vehikel und Instrument zur Erlangung der persönlichen Freiheit gewesen sei, und damit im klaren Gegensatz zu Bischof, Klerus und Großen gestanden habe, die ihre gegen hohe Freikaufbeträge *(Hac se redimendi populus occasione suscepta)* den Bürgern gegebenen Zugeständnisse wieder rückgängig machen wollten und überlegten, wie „sie die einmal vom Joch der Zahlungsverpflichtung befreiten Knechte wieder in den ursprünglichen Zustand zurückzwingen könnten" (Guibert von Nogent, Autobiographie, S. 320 u. 324).

Vermeesch als der anerkannte Gewährsmann für die nordfranzösische Kommunebewegung sieht das allerdings ganz anders. Das Aufgreifen seiner Position soll veranschaulichen, wie unterschiedlich die Interpretationsansätze und Wertungen ausfallen können. Wie bereits an anderer Stelle erwähnt, will er zeigen, daß es sich bei der kommunalen Entwicklung nicht um eine Freiheitsbewegung, sondern in erster Linie um eine Friedensbewegung gehandelt habe, die im großen und ganzen im engen Einvernehmen zwischen Bischof, Klerus und Bürgern stattgefunden habe. Dabei meint er feststellen zu können, daß in Laon die Kleriker, Archidiakone und Großen die Initiative zur Kommune ergriffen hätten. Von ihrer durch die Bürger teuer erkauften Zustimmung und der klaren Quellenaussage, daß eine unversöhnliche Abneigung *(invidentia)* des Bischofs und der Großen gegenüber den Bürgern und deren Bestrebungen bestand, ist in diesem Zusammenhang nichts zu hören. Um so ausführlicher zieht er die Definition der Kommune durch Guibert heran, nach der es für diese typisch sei, daß die Hörigen zwar den jährlichen Kopfzins zahlten, ansonsten aber keine aus ihrem unfreien Status resultierenden Abgaben mehr leisteten. Die daraus abgeleitete Schlußfolgerung, «La commune ne rompt pas les liens de servitude personelle» (S. 109), ist zwar einseitig, aber angesichts des noch allein verbleibenden Kopfzinses von zwei Denaren pro Jahr vertretbar. Wenn es dann aber nur wenige Zeilen weiter heißt: «La commune ne cherche pas à rompre les liens de dépendance ou à bouleverser les structures existantes», dann entspricht diese Bewertung aber nicht mehr der Quellenaussage bei Guibert, auf die sich Vermeesch beruft. Denn „die Veränderung der bestehenden Strukturen" wurde von Bischof, Klerus und Großen als so einschneidend empfunden, daß sie sie entgegen den geleisteten Eiden und auch auf die Gefahr schwerer Unruhen hin wieder rückgängig machten. Daß schließlich die Kommune den Kopfzins als letztes Zeichen der herrschaftlichen Anbindung gar nicht abschaffen wollte, ist eine Behauptung, die sich auch nicht durch den direkt folgenden Satz begründen läßt: «On ne peut presenter sa charte comme un lointain ancêtre de la Déclaration des Droits de l'Homme, ni le mouvement communal comme un précurseur des journées revolutionaires de 1789, de 1830, de 1848 ou de 1871» (S. 109). In dieser Form sicherlich nicht, wer wollte auch so etwas behaupten? Aber ist es deshalb zulässig, mit Vermeesch in der Kommune eher eine Gewerkschaft («syndicat») zu sehen, die sich nur gegen „Unternehmerwillkür" (Willkür gegenüber den Beschäftigten) zur Wehr gesetzt habe? Ebenso überrascht die Ansicht, daß der blutige und radikale Aufstand in Laon 1112 keinesfalls einen revolutionären Charakter gehabt habe, sondern nur eine «émeute» (Unruhe/Aufruhr) zur Sicherung eines verletzten Vertrages gewesen sei und der Friedenswahrung gedient habe («elle maintient sa paix», S. 112).

Träfe es tatsächlich zu, daß die städtische Kommune so weitgehend dem Wesen der *Pax Dei* entsprach, warum ist dann nicht die erprobte, stark kirchlich geprägte Form eines gemeinsam beschworenen Friedens- und Rechtsbundes, gesichert durch bewaffnete Kirchspiel- und Diözesan-Milizen unter der Führung von Bischof und Klerus, beibehalten worden? Ist es nicht vielmehr so, daß man nun in der Stadt einen in der Zeit ungemein populären und alles legitimierenden Gedanken voller Begeisterung aufgriff und mit einem spurbar neuen, nämlich politischen Inhalt füllte, der ja bei vielen Vertretern der Kirche Erstaunen, Überraschung und Entsetzen hervorrief, also bei ihnen durchaus nicht den Eindruck des schon Bekannten und Vertrauten erweckte? Erst dadurch, daß sich diese Idee mit einem neuen politischen Ziel und Willen verband, entstand daraus der kommunale Gedanke und der Impuls der Bewegung. Sicherlich hat auch der gegen die Kommune von herrschaftlicher Seite, besonders der Kirche, erhobene Vorwurf, daß es sich dabei um nichts anderes als Verschwörung, Aufruhr und Erschütterung der gottgewollten Ordnung handele, gerade umgekehrt zur Betonung der Elemente des Gottesfriedens geführt. Darüber hinaus stießen diese innerhalb der Stadtgemeinde auf spontane Zustimmung und verfügten über eine starke Integrationskraft. Diese kompromißlose Argumentation gegen eine „revolutionäre" Deutung der Vorgänge in Laon wird von Vermeesch nicht zuletzt deshalb vorgebracht, weil er erkennt, daß dieser kommunalen Bewegung ein hoher Interpretationswert für das ganze Phänomen zukommt, besonders deshalb, weil durch Guibert von Nogent die ausführlichste, zeitnächste und am schärfsten beobachtende und analysierende Quelle zu dieser Frage vorliegt.

Man hat sich zwar daran gewöhnt, von diesem Autor nur die negative Kommunedefinition zitiert zu finden und in ihm einen erbitterten Gegner dieser Entwicklung zu erblicken, aber das ist doch höchstens die halbe Wahrheit. Als intelligenter und kritischer Kopf erkannte er durchaus bis zu einem gewissen Punkt das echte Engagement der Bürger für ihre Sache an und kritisierte scharf die Geldgier und Unaufrichtigkeit der Gegenseite, also des Bischofs, des Klerus, der Großen und gar des Königs. Guibert war Augenzeuge und Interpret, nicht nur Berichterstatter der um die Kommune kreisenden Ereignisse. Seiner fast distanzlosen Nähe muß man sich zwar immer kritisch bewußt bleiben, aber diese Quelle weist dennoch so große Vorzüge auf, daß ihr ein hoher Aussagewert zukommt. Allerdings bedarf sie der Ergänzung besonders durch den stärker in rechtlichen Kategorien formulierenden Quellentyp der Urkunde, in diesem Fall des Privilegs, wie es für Laon in Gestalt der ›Charte de Liberté‹ von König Ludwig VI. von Frankreich aus dem Jahr 1128 vorliegt. Es ist bemerkenswert, wie genau die Grundaussage Guiberts von Nogent über die Kommune und ihren eigentlichen Inhalt mit dem Kernstück dieser königlichen Urkunde übereinstimmt. Dabei geht es um die Frage der persönlichen Freiheit, die in einem Rechtsdokument wie diesem in ihren Einzelelementen behandelt und abgesichert werden muß. Grundlegend ist die Aussage des Artikels 9: „Wir setzen fest, daß die Zensualen ihren Herren lediglich den Kopfzins zahlen sollen. Wenn sie ihn zu dem feststehenden Termin nicht entrichten, sollen sie gemäß dem Recht, nach dem sie leben, dies später ausgleichen (nachzahlen), damit sie nicht – es sei denn freiwillig – auf Verlangen ihrer Herren, irgend etwas anderes zu leisten, verpflichtet werden. Hingegen steht es ihren Herren zu, sie wegen Rechtsbrüchen vor ihre Gerichtsbarkeit zu ziehen und das, was entschieden wird, ihnen abzuverlangen (an Gerichtsstrafen und Bußzahlungen)."

Worin bestand dann diese, wenn auch begrenzte persönliche Freiheit, die hiermit erzielt worden ist? Es ist, wie wir es in Verbindung mit den Wormser und Speyerer Beispielen genauer sehen werden, vor allem die Frage der Ehefreiheit und des freien Erbrechts. In sehr komplizierten und differenzierten Bestimmungen wird in dem königlichen Privileg für Laon im anschließenden zehnten Artikel eine weitgehende, wenn auch nicht vollständige Befreiung vom „Heiratszwang" ausgesprochen. Wenn dies auch in Abstufungen – je nach dem, welchem Hofrechtsverband man als Einwohner der Stadt angehörte – geschah, so bedeutete dies doch tendenziell eine Auflösung der grundherrschaftlich geprägten *familiae* zugunsten der freigeschlossenen Ehe und bürgerlichen Familienstruktur. Eine wesentliche Voraussetzung dafür war die Beseitigung der Todfallabgabe, wie sie in Artikel 12 ausgesprochen wurde, sowie die in Artikel 19 getroffene Entscheidung, daß die *homines pacis,* die Mitglieder des Friedensbundes, nicht vor ein auswärtiges Gericht gezogen werden durften, also auch nicht vor das ihres möglicherweise auswärtigen Herren. Diese wurden damit gezwungen, ihre Ansprüche gegenüber ihren Hörigen in der Stadt selbst geltend zu machen. Vorrang hatte damit hier und in vielen anderen Fällen der Rechts- und Gerichtskreis des Stadt- und Friedensbezirkes. Damit ist klar, was persönliche Freiheit in dieser Zeit und unter diesen Vorzeichen bedeutete: Das mit Hilfe der Kommune errungene Recht, nur noch einen Kopfzins zahlen zu müssen, im übrigen sich aber als Bürger frei entfalten zu können.

Die Frage des persönlichen Rechtsstatus' ist die eine Seite, die andere ist die der Absicherung der *Institutio Pacis,* die institutionelle Verankerung des Friedens, wie man übersetzen könnte. Wie weit erstreckt sich sein Geltungsbereich, wer sichert ihn und mit welchen Mitteln? Das sind einige der Probleme, die es zu regeln galt. Errichtet wurde er vom König auf Rat und mit Zustimmung der königlichen Vasallen in Laon und der Bürger dieser Stadt, also ohne ausdrückliche Mitwirkung von Bischof und Klerus. Er erstreckte sich auf die Stadt und ihr unmittelbares Umland einschließlich der noch zur Stadt gehörenden Weinberge. Geregelt wurden Fragen der Rechtssicherheit und der gerichtlichen Zuständigkeit. Ob Freier oder Knecht, keiner darf ohne gerichtliches Verfahren verurteilt werden, so lautet der erste Grundsatz. Der zweite umschreibt die Gerichtsinstanz und die Vorgehensweise. Wenn jemand, der aus Laon stammt, irgendeinem – Kleriker, Ritter, Kaufmann, einheimisch oder fremd – ein Unrecht zufügt, dann muß er sich innerhalb von vier Tagen vor der Gerichtsbarkeit von Major und Juraten verantworten und im Falle der Verurteilung Buße leisten, will er nicht mit seiner Familie seines Besitzes verlustig gehen und aus der Stadt gewiesen werden. Die neue Instanz der Kommune, die Juraten/Geschworenen haben auch die Kompetenz, einen fremden Übeltäter, der nicht innerhalb von 15 Tagen verurteilt worden ist, vor ihre Gerichtsbarkeit zu ziehen. Handgreifliche Auseinandersetzungen werden ebenso von den Geschworenen geschlichtet und geahndet, wie schwere Leibesstrafen oder gar die anstehende Todesstrafe im schiedsgerichtlichen Vergleich durch eine angemessene Entschädigung gesühnt werden können. Normalerweise fällt allerdings die Gerichtsbarkeit für solche Fälle in die Zuständigkeit des jeweiligen Gerichtsherrn bzw. seines ministerialischen Vertreters und erst im Falle von deren Versagen oder Scheitern in die der *Iurati Pacis.*

Steht also auf der einen Seite die individuelle Freiheit im Vordergrund, so kreist das königliche Privileg auf der anderen Seite um die Frage der Gerichts-

barkeit und meint damit im Grunde genommen die politische Selbstbestimmung der Kommune. Wenn auch nur das Regest, also die beigefügte Überschrift und Kurzcharakteristik des Inhalts, von einem Privileg für die Kommune spricht und im Text selbst nie dieser Begriff benutzt wird, so kann doch
kein Zweifel bestehen, daß der Herausgeber recht hatte und der König tatsächlich hiermit die Kommune von Laon anerkannte. Grundsätzlich könnte
man an den meisten Stellen, an denen der Friedensbegriff Anwendung
findet, auch den der Kommune verwenden. Wie es das Beispiel von Cambrai
bereits gezeigt hat, haben wir außerdem genügend Belege dafür, daß man
ganz bewußt zur Vermeidung der so umstrittenen und belasteten Kommune-
Terminologie auf die Pax-Begrifflichkeit zurückgriff und dennoch dasselbe
meinte. Die Bestimmungen über die Gerichtsbarkeit kreisen in der Urkunde
König Ludwigs um den Major und die Jurati, also die typischen Repräsentanten der Kommune, die mit den unterschiedlichsten Begründungen in fast
alle Entscheidungsbereiche vordringen. Das geht letztlich nur auf dem Weg
der Verdrängung oder Kompetenzeinschränkung der bisherigen Inhaber der
Gerichtsbarkeit und politischen Zuständigkeit. Noch verhältnismäßig gut
vermochten sich die Großen, besonders die königlichen Vasallen und Ministerialen, zu behaupten, waren sie doch neben den Bürgern als einzige Gruppierung an der Pax-Vereinbarung aktiv beteiligt. Offensichtlich bestand zwischen diesen Gruppen nun ein enges Einvernehmen, wobei das Verbindende
darin zu sehen ist, daß beide an dem politischen und wirtschaftlichen Geschick der Stadt stark interessiert waren und sich ihrer Eigenverantwortlichkeit bewußt wurden. Von dem Kastellan wird nur gesagt, daß er seine Gewohnheitsrechte bewahren soll, sofern er sie in der bischöflichen Kurie als
von alters her bestehend erweisen kann. Der Verlierer aber ist der Bischof,
auf dessen Recht zwar immer wieder durch Vorbehaltsklauseln Rücksicht genommen wird, der sich aber überall in die Defensive gedrängt und durch das
breit ausladende neue Institut der Jurati in seiner Hoheit eingeschränkt sieht.
Seine Gerichtsinstanz, das Schöffenkolleg, findet nur einmal am Rande – in
Verbindung mit dem Bannbezirk der Stadt – Erwähnung. Vor allem aber war
die Friedensbewegung unter spürbarer Veränderung ihres Charakters aus der
Hand des Bischofs in die Zuständigkeit der beschworenen Bürgergemeinde
und der Großen – vertreten durch Major und Jurati Pacis – gelangt. Als Homines Pacis werden die Bürger bezeichnet. Wer zu ihnen gehören, also in die
Pax aufgenommen werden wollte, der sollte innerhalb von Jahresfrist entweder ein Haus bauen oder Weinberge bzw. soviel mobilen Besitz erwerben,
daß er rechtliche und gerichtliche Verantwortung übernehmen könne und
sich auch – so darf man vermuten – mit der Sache der Kommune und Stadt
identifizieren würde.

    König Ludwig, der an Laon ein besonderes Interesse zeigte, hatte schon
1112 nur halbherzig zur Niederschlagung der Kommune dieser Stadt seine

Zustimmung gegeben. Nun bekundete er offen, daß er diese Entwicklung für nicht mehr umkehrbar hielt, und beseitigte mit ihrer Anerkennung als Friedensbewegung den Vorwurf des Verschwörerischen und Widerrechtlichen. Das Ganze geschah ohne erkennbare Mitwirkung des Bischofs. Diese Tatsache läßt erahnen, daß auch ein so zentrales Rechtsdokument wie dieses Kommuneprivileg bestenfalls die augenblickliche Wirklichkeit widerspiegelte, möglicherweise nur eine Option eröffnete, keinesfalls aber einen dauerhaft gesicherten Rechtszustand fixierte.

4. Vergleichende Einordnung und Bewertung

Die Beispiele Laon und Cambrai ergänzen sich gegenseitig, weil sie ähnliche Grundgegebenheiten aufweisen, aber jeweils unterschiedliche Aspekte stärker hervortreten lassen. Für sie gilt wie für alle Stadtkommunen dieser Landschaft das, was einleitend allgemein als wesentlich für den Prozeß der Selbstbewußtwerdung des Bürgertums benannt worden ist, nämlich die demographischen, wirtschaftlichen, gesellschaftlichen, politischen und geistigen Veränderungen der Zeit. Wir beschränken uns auf die in dieser Städteregion besonders auffallenden zwei Elemente: Der Gottesfrieden sowie die Autoritätskrise der Amtskirche, nicht zuletzt bedingt durch die neuen religiösen und geistigen Impulse. Eine große, im Laufe des 11. Jahrhunderts aufblühende Städtelandschaft, die eine starke zentrale Herrschaftsgewalt nicht kannte, dafür aber um so mehr die adligen Konflikte und Willkürmaßnahmen zu spüren bekam, hatte gelernt, sich selbst zu behaupten. Das Instrumentarium, das von der Gottesfriedensbewegung entwickelt und bereitgestellt worden war, erwies sich auch für den Zweck der bürgerlichen Kommune als sehr geeignet. Warum blieb man nun nicht beim Erprobten und Erfolgversprechenden, also der vom Bischof und Klerus angeführten und von dem in bewaffneten Verbänden gegliederten Volk getragenen Friedenssicherung, warum dieser radikale Bruch und die Schärfe der Auseinandersetzung zwischen den bisher Verbündeten? Der eine Teil der Antwort liegt zweifellos in der oben angesprochenen Autoritätskrise, in die gerade die Bischöfe und der hohe Klerus durch die päpstliche Kirchenreform und den Investiturstreit hineingezogen wurden. Da sie den strengen Forderungen der Reform keineswegs genügten, verloren sie die politische und moralische Autorität, um ihren Anspruch weiterhin glaubwürdig wahrnehmen zu können. Im Falle von Cambrai (um 1077) und Laon (um 1107) ist ein solcher Kompetenzverlust jedenfalls evident und eine zentrale Voraussetzung für das Hervortreten der bürgerlichen Kommune. Hinzu kam, daß in all diesen Konflikten mehrere miteinander rivalisierende Bischofskandidaten – getragen von zerstrittenen Domkapiteln und Fraktionen – auftraten, woran man

bisher noch nicht gewöhnt war. Es entstand ein ungewohntes, deutlich spür-
bares Machtvakuum, das die Kräfte der Stadtgemeinde auf sich zog und zur
Entfaltung brachte.

Was aber befähigte und motivierte diese, eine so schwierige und für sie
neue Rolle entschlossen zu übernehmen? Neben den aus der Friedensbewegung gewonnenen Erfahrungen war es die aus den geistig-religiösen Konflikten und die in den Diskussionen der Zeit erfolgte Politisierung. Konkret
faßbar wird dies an der Frage der Bischofswahl und der Beteiligung der Bürgergemeinde der Bischofsstadt an dieser. Mochte auch das ursprüngliche Verständnis, das der kirchlichen Reformforderung nach der freien Bischofswahl
innewohnte, ein anderes gewesen sein, es wurde nun einmal in dieser stark
politisierten Atmosphäre in der Weise aufgegriffen, daß sich das „Volk" selbst
eine politische Verantwortlichkeit zuerkannte.

Ramhirdus mit seinen der Reformkirche in mancher Hinsicht zwar entsprechenden, die Autorität von Bischof und hohem Klerus aber untergra-
benden Ideen, die besonders bei den Webern, dem großen neuen Gewerbe,
starke Verbreitung fanden, steht für eine weitere geistig-religiöse Strömung,
die für das Verständnis der Entwicklungen in Cambrai und diesem Raum
wichtig ist. Auch Laon und sein Umfeld sind von der religiösen Bewegung
nicht unberührt geblieben. Die Wanderprediger verbanden mit ihren
strengen, ja radikalen Forderungen eine scharfe Kritik an der in die Bezüge
und Belange dieser Welt verstrickten Kirche. Zum Jahr 1114 berichtet Guibert von Nogent von der Verhaftung und dem Verhör zweier Männer in Buey
bei Soissons (südlich von Laon), die man für Anführer einer ketzerischen Bewegung hielt. Und der berühmte Norbert von Xanten, der spätere Begründer
des Prämonstratenserordens, erregte in etwa derselben Zeit ebenfalls in
diesem Raum als Wanderprediger große Aufmerksamkeit.

In ganz anderer Weise trat in diesem Zusammenhang auch Anselm von
Laon († 1117) hervor, der zusammen mit seinem Bruder Radulf seit etwa
1080 der Kathedralschule von Laon vorstand, die er in Zusammenarbeit mit
Wilhelm von Champeaux († 1122) zu hohem Ansehen gebracht hatte, wie es
viele der besten Köpfe des frühen 12. Jahrhunderts bezeugen, allerdings mit
Ausnahme von Petrus Abaelard. Der Lehrer Anselms von Laon war der berühmte Anselm von Canterbury, der der scholastischen Methode und Argumentation den Weg gebahnt hatte. Der Grundsatz *fides quaerens intel-
lectum*, „der Glaube bedarf des Verstandes" (der Analyse und Begründung),
deutet an, daß sich der Vernunft und der dialektischen Methode ein großes
neues Feld eröffnet hatte. Direkt hat dies alles gewiß nichts mit der kommu-
nalen-städtischen Entwicklung zu tun gehabt, aber man begreift doch, daß
hier ein neuer Geist wehte, sicherlich erst einmal nur in den Schulstuben. Aus
fast allen Regionen des christlichen Abendlandes kamen die Studenten zu
der berühmten Kathedralschule von Laon. Aus Italien ist uns die Notiz

Bernhards von Pisa bekannt, der einem Freund schrieb: „Die Menge der Studenten ist so gewaltig in dieser Stadt, daß sie nicht genug Raum bietet, um allen eine Unterkunft zu gewähren" (zu dieser Frage vgl. Martinet, Montloon, Kap. 12, bes. S. 99). Man muß sich einmal vorzustellen versuchen, was dies für eine doch noch eng verwachsene und überschaubare Stadt wie Laon bedeutete. Junge Studenten, die die neuen Gedanken heftig diskutierten und manches viel direkter nahmen, als es in der theologischen und philosophischen Argumentation vielleicht gemeint war, sodann die öffentlich und laut erhobenen Vorwürfe gegen den Bischof, seien es solche ganz konkreter persönlicher Art oder das kirchliche System und seine weltlichen Verstrickungen insgesamt betreffend. Aus diesem Umfeld lebhafter und erregter Diskussion und Polemik heraus wird auch manches leichter verständlich, was sich zugleich im bürgerlichen Lager zusammenbraute und schließlich als Kommune gestaltete. Und der verehrte Lehrer Anselm von Laon war persönlich in mancherlei Hinsicht in die Ereignisse eingebunden. Als einziger hatte er gegen die simonistische Wahl von Bischof Gaudry gestimmt und in einem Schreiben an Papst Paschalis II. die Gründe für die Ablehnung dargelegt. Sein Mut und seine Aufrichtigkeit trugen ihm auch bei den Bürgern Respekt und Anerkennung ein. Anselm war es dann auch, der den Bischof mahnte, seine finanziellen Forderungen und Pressionen gegenüber den Bürgern zu mäßigen. Nach der Ermordung von Gaudry gelang es ihm, von den Wortführern des Aufstandes die Genehmigung zu erhalten, den Leichnam des Bischofs aus der Stadt zu führen und bei Saint Vincent beizusetzen. Auch bei dessen Nachfolger, Bartholomäus de Vir und dem königlichen Seneschall in Laon, Étienne von Garlande, setzte er sich für Nachsicht und Mäßigung – nicht zuletzt für seine eigenen zum Tode verurteilten Neffen – gegenüber den Bürgern der Stadt ein. Getrennte Welten scheinen die der Schule und Studenten und die der Bürger und der kommunalen Idee jedenfalls nicht gewesen zu sein. Jedenfalls sollte man das geistige und religiöse Umfeld, in dem sich die kommunale Entwicklung vollzog, immer mitbedenken.

III. Königtum, Bischöfe und die Anfänge der kommunalen Bewegung am Rhein: Worms und Köln (1073/74–1114)

Sint (Wormatienses) omnibus exemplo in debita servitii responsione, qui omnibus praestant in servata fidei religione. Sint omnium civitatum habitatores regiae munificentiae spe laetificati, quam Wormatienses ipsa re sunt consecuti.

Daher sollen sie (die Wormser) bei der gebührenden Belohnung ihres Dienstes allen als Beispiel dienen, sie, die alle in der Bewahrung des heiligen Bandes der Treue übertroffen haben. Daher sollen Einwohner aller Städte froh sein in der Hoffnung auf die königliche Vergütung, welche die Wormser tatsächlich erreicht haben.

Privileg Heinrichs IV. für Worms, 1074 Januar 18, in: MGH DD Heinrich IV., S. 342 f.

Privileg Heinrichs IV. für die Bürger von Worms vom 18. Januar 1074 (Stadtarchiv Worms).

Stifte:
1. Dom St. Peter
2. St. Andreas
3. Liebfrauen
4. St. Martin
5. St. Paulus

Klöster:
6. Augustiner
7. Barfüßer
   (Franziskaner)
8. Bergkloster
9. Dominikaner
10. Kapuziner
11. Karmeliter
12. Maria Münster
13. Richardikonvent
14. Wilhelmiten

Pfarrkirchen:
15. St. Amandus
16. St. Cäcilia
17. St. Johannes
18. St. Lampertus
19. St. Magnus
20. St. Michael
21. St. Rupertus

Sonstiges:
22. Johanniter-
    Kommende
23. Synagoge
24. Judenfriedhof
25. Bischofshof
    (Kaiserpfalz)
26. Münze u. Marktplatz
27. Zeughaus und
    Bürgerhof
28. Tanzhaus
29. Dreifaltigkeitskirche
30. Lutherdenkmal

Stadttore und Türme:

P   Pfauenpforte
F   Fischerpforte
R   Rheinpforte
R   Rheinpforte
M   Martinstor
N   Neutor
A   Andreastor
L   Leonhardstor
S   Speyerer Tor
B   Neuturm
C   Mainzer Tor
D   Äußeres Andreastor

Plätze und Straßen:

a   Obermarkt
b   Fischmarkt

Stadtplan von Worms, 10.–14. Jahrhundert (aus: Handbuch der Historischen Stätten Deutschlands, Bd. 5: Rheinland-Pfalz und Saarland, hrsg. v. L. Petry, Stuttgart, 2. Auflage 1965, S. 413).

1. Die Erhebungen in Worms und Köln 1073 und 1074

Gegen Ende des Jahres 1073 befand sich das deutsche Reich in einer schweren Krise und sein dreiundzwanzigjähriger König Heinrich IV. in einer bedrohten, beinahe ausweglos anmutenden Lage. Denn erstmals in der Geschichte des Reiches schienen die Fürsten entschlossen zu sein, ihren König seiner Herrschaft zu entsetzen und eine Neuwahl vorzunehmen. Man konnte Heinrich IV. zwar nicht absprechen, daß er von der persönlichen Erscheinung, der Art seines Auftretens, der Entschlossenheit seines Handelns und nicht zuletzt von seinen geistigen Fähigkeiten her Würde und Aufgabe seines königlichen Amtes durchaus auszufüllen vermochte, was ihm jedoch so viel Feindschaft eingetragen hatte, das war die Unbeherrschtheit und Unberechenbarkeit seines Temperaments und – wie es zumindest seine Gegner sahen – die Verschlagenheit seines Charakters. Zwei Ereignisse des Jahres 1073 werden von den Chronisten als entscheidend dafür genannt, daß es zu der dramatischen Zuspitzung der Situation kam. Das erste waren die Begleitumstände der nächtlichen Flucht des Königs aus der Harzburg oberhalb Goslars vor den ihn belagernden Sachsen, die den angeblichen Friedensverhandlungen des Königs nicht trauten und darin nur eine auf Zeitgewinn angelegte Täuschung sahen. Die energischen Bemühungen Heinrichs IV., die während der Zeit seiner Unmündigkeit entfremdeten Besitzungen und Rechte in Sachsen wiederzuerlangen, hatten zu so heftigen Auseinandersetzungen geführt, daß mittlerweile nicht nur die Großen des Landes, sondern auch die Sachsen als Stamm ihre Freiheit bedroht sahen und damit gleichsam ein höheres Widerstandsrecht für sich in Anspruch nahmen. Auch manche Reichsfürsten hatten sich inzwischen – verdeckt oder offen – den Sachsen zugewandt. Zu einer Abfallbewegung vom König im großen Umfang kam es jedoch erst, als ein ehemaliger Vertrauter Heinrichs IV. namens Regenger mit der Behauptung vor die Öffentlichkeit trat, daß er zusammen mit einigen anderen von Heinrich IV. zur Ermordung der in Opposition zum König stehenden Fürsten Rudolf von Rheinfelden und Berthold von Zähringen angestiftet worden sei. Obwohl Heinrich IV. diesen schweren Vorwurf sogleich als verbrecherische Lüge zum Zwecke der politischen Manipulation zurückwies und sich bereit erklärte, im Zweikampf mit Rudolf von Rheinfelden als dem vermutlichen Drahtzieher den Gottesbeweis für seine Unschuld beizubringen, „blieb er allen verhaßt und allen verdächtig" *(omnibus invisus, omnibus suspectus)*, wie es Lampert von Hersfeld, der wohl wichtigste Chronist dieser Jahre, in seinem Annalenwerk pointiert formuliert (S. 206/07). Insgesamt war die Stimmung auf einem Tiefpunkt angelangt und die Ablehnung bzw. Empörung gegenüber dem König weit verbreitet. Heinrich erkrankte zudem in dieser kritischen Situation so schwer, daß er viele Tage das Bett hüten mußte und keine Gegenmaßnahmen ergreifen konnte. Als er in dieser verzweifelten Lage vor den Toren der Stadt Worms erschien, vollzog sich ein bemerkenswertes Ereignis, das uns Lampert anschaulich schildert: „Hier wurde er von den Bürgern mit großem Gepränge in die Stadt eingeholt; diese hatten, um ihre Parteinahme für ihn noch deutlicher zu beweisen, kurz vorher die Kriegsmannen des Bischofs, die seinen Einzug verhindern wollten, aus der Stadt gejagt, und sie hätten den Bischof selber gefangengenommen und ihn in Ketten ausgeliefert, hätte er nicht in eiliger Flucht die Stadt verlassen. Beim Herannahen des Königs also zogen sie ihm bewaffnet und gerüstet entgegen, nicht um Gewalt zu brauchen, sondern damit er beim Anblick ihrer Menge, ihrer Rüstung, der großen Zahl kampfbereiter junger Männer in seiner Not erkenne, wie große Hoffnung er auf sie setzen könne. Bereitwillig geloben sie ihm Beistand, schwören ihm Treue, erbieten sich, jeder nach besten Kräften aus seinem Vermögen zu den Kosten der Kriegsführung beizutragen, und versichern ihm, Zeit ihres Lebens treu ergeben für seine Ehre kämpfen zu wollen. So hatte nun der König eine sehr stark befestigte Stadt in Händen, und sie war seitdem sein Hauptquartier, sie war die Schutzwehr seines Thrones, sie war für ihn, wie auch die Entscheidung fallen würde, ein sicherer Zufluchtsort, denn sie war volkreich, sie war wegen der Stärke ihrer Mauern uneinnehmbar, sie war infolge der Fruchtbarkeit der Umgebung außerordentlich reich und aufs beste mit allen für einen Krieg notwendigen Vorräten versehen" (S. 208/209).

Lampert weiß anschließend zu berichten, daß die Handlungsfähigkeit Heinrichs IV. in seinen Stammlanden nun wieder so groß geworden sei, daß die für die Dezembertage nach Mainz einberufene Fürstenversammlung und die dort geplante Neuwahl eines Königs vom Mainzer Erzbischof abgesagt werden mußten.

Man merkt es den Worten unseres Chronisten an, welchen Eindruck die Wormser Ereignisse auf ihn gemacht hatten; denn hier war etwas Überraschendes und Neuartiges geschehen, hier hatte sich eine politische und gesellschaftliche Kraft zu Wort gemeldet, die es bis dahin noch gar nicht gegeben hatte. Während Lampert von Hersfeld als ein sich zwar neutral gebender, aber tatsächlich klarer Gegner Heinrichs IV., bei der Schilderung der

voraufgegangenen und nachfolgenden Ereignisse sich kritischer und gehäs-
siger Bemerkungen gegenüber dem König nicht enthalten kann, nötigt ihm
der Aufstand der Wormser zugunsten dieses Herrschers offensichtlich Erstaunen und Respekt ab. Er scheint einen Augenblick darüber nachzusinnen,
ob er nicht sein eigenes Urteil noch einmal überprüfen müsse.

Was mochte die Wormser veranlaßt haben, einen so ungewöhnlichen und
auch kühnen Schritt zu unternehmen? Zweifellos spielte dabei das Gefühl
von Treue und Verbundenheit mit „ihrem" König, dessen Geschlecht, die
Salier, in dem Gebiet um Worms und Speyer begütert und heimisch war, eine
wichtige Rolle. Zudem genoß dieser König, gegen den die Fürsten und die
Kurie den schwerwiegenden Vorwurf erhoben, daß er sich mit Ratgebern nie-
derer Herkunft umgebe, eine gewisse Popularität in dem Sinne, daß man ihm
Verständnis für die Sorgen des einfachen Volkes nachsagte. Aber bot sich
nicht auch umgekehrt für die sich formierende und aufstrebende Bürgergemeinde die Chance, an der Seite des Königs, der nicht nur von den weltlichen, sondern auch zum guten Teil von den geistlichen Reichsfürsten im
Stich gelassen worden war, ihre Sache voranzutreiben und ihr duch königliche Bestätigung den Charakter der Rechtmäßigkeit zu verleihen? Dieses
Streben nach Anerkennung war, wie sich dann immer wieder erweisen sollte,
ein wesentlicher Punkt bei der kommunalen Bewegung überhaupt.

Heinrich IV. hat sehr wohl begriffen, daß er neben dem machtpolitischen
Gewinn, mit dem Verfügen über Worms als „Hauptquartier und Schutzwehr
seines Thrones" (*arx regni*, Lampert von Hersfeld, S. 208/209) den Worm-
sern auch einen stimmungsmäßigen Umschwung verdankte und brachte
seine Dankbarkeit und politische Einschätzung in der von ihm am 18. Januar
1074 ausgestellten Urkunde zum Ausdruck. Es ist die erste Urkunde überhaupt, die im deutschen Reich vom König den Bürgern einer Stadt ausgestellt worden ist, und es ist zugleich eine Urkunde, die mit so großem stilisti-
schen Aufwand und politischem Engagement gestaltet wurde, daß man die
beabsichtigte Wirkung unschwer erkennen kann, nämlich die Tat der
Wormser als leuchtendes Vorbild und Ansporn für andere Städte herauszu-
streichen. Unter denjenigen, die sich um das Königtum besonders verdient
gemacht haben, „haben wir", so heißt es in der Übersetzung dieser Urkunde
durch Heinrich Boos, „die Bewohner der Stadt Worms als würdig nicht der
kleinsten, sondern der größten und besonderen Wiedervergeltung, ja wür-
diger, denn alle Bürger irgend einer Stadt beurteilt, da wir sie kennen gelernt
haben, wie sie bei der größten Bewegung im Reich und mit sehr großer und
besonderer Treue die Anhänglichkeit bewiesen haben, obschon wir weder
durch einen mündlichen, noch durch einen schriftlichen Befehl, weder durch
uns selbst, noch durch einen Boten oder durch irgend eine Stimme zu dieser
so ausgezeichneten Tat den Anlaß gegeben haben . . .".

„Sie (die Bewohner der anderen Städte) mögen alle lernen, in deren (der

Wormser) Nachahmung dem König die Treue zu bewahren, die sie nunmehr in dem Worms gegönnten Gewinn die Gütigkeit des Königs dargelegt sehen!" (Boos, Rheinische Städtekultur, Bd. 1, S. 326/27).

Der „Gewinn", den die Wormser daraus zogen, also der eigentliche Rechtskern des königlichen Privilegs, ist im Vergleich zu dem Appell an die „Öffentlichkeit", mit dem diese Quellen mehr den Charakter eines politischen Manifestes als den einer Urkunde erhielt, recht knapp gestaltet. Er enthält die Befreiung der Juden und übrigen Bewohner von Worms von den Zollabgaben an den königlichen Zollstätten in Frankfurt a. M., Boppard, Hammerstein (beide am Rhein), Dortmund, Goslar, Enger (westlich Herford), wobei die Juden als eine noch lebhaft am Wormser Handel beteiligte Gruppe ergänzend in den Text eingefügt worden sind. Wie lange und in welchen Formen diese Zollbefreiung Heinrichs IV. durch die jährliche Bestätigung lebendig geblieben ist, kann man übrigens in der überaus anschaulichen Schilderung Goethes in ›Dichtung und Wahrheit‹ über seine Heimatstadt Frankfurt a. M. nachlesen, der das sogenannte Pfeiffergericht, also die mit klingendem Spiel in die Sitzung des Frankfurter Rats einziehende Gesandtschaft aus Worms, in seiner Jugendzeit wiederholt miterlebt hat. Die symbolischen Gaben, die dabei überreicht wurden, nämlich Stäbchen, ein Paar Handschuhe und ein Filzhut (Rechtshoheit), ein Becher mit Pfeffer (Handelsware) und eine Münze (Zahlungsbefreiung) bewahrte dann Goethes Großvater als Schultheiß von Frankfurt in seinem Hause auf. In diesen freien Reichsstädten am Rhein war man sich also auch noch im späten 18. Jahrhundert der auf die Zeit Heinrichs IV. zurückreichenden Tradition als eines in mancher Hinsicht durchaus noch gültigen Erbes bewußt. Man erinnerte sich damit an die Geburtsstunde der Stadtgemeinde, die mit der Übereignung einer Urkunde vom König in gewisser Weise rechtlich anerkannt wird. Ihre Gestalt und Organisation bleiben vorläufig noch undeutlich. In dem Privileg heißt es immerhin, daß Worms *communi civium favore*, also mit der gemeinschaftlichen Zustimmung der Bürger, gehandelt habe. Und das wohlorganisierte und disziplinierte Auftreten der Wormser, die Heinrich IV. geschlossen einen Treueid leisteten, wird von Lampert von Hersfeld mit besonderer Aufmerksamkeit registriert.

Aber das waren vorerst nur bemerkenswerte Ansätze, die Gemeindebildung war noch nicht stabil und ihre Handlungsfähigkeit noch schwach. Das erweist sich auch am Kölner Beispiel, das eine wichtige Ergänzung zu den Wormser Vorgängen und Beobachtungen bietet. Auch hier ist wieder Lampert von Hersfeld ein Hauptgewährsmann, der in seiner detaillierten Schilderung der Ereignisse darauf verweist, daß sich die Kölner auf das Wormser Vorbild und den König berufen hätten. Was war geschehen? Erzbischof Anno von Köln, ein herausragender Vertreter des Reichsepiskopats und engagierter Verfechter der Kloster- und Kirchenreform, der 100 Jahre später

(1183) sogar heilig gesprochen wurde, hatte das Osterfest des Jahre 1074 zusammen mit dem Bischof von Münster in seiner Metropole gefeiert. Diesem wollte er nun für eine Strecke der Heimfahrt ein Schiff zur Verfügung stellen und beauftragte deshalb einige seiner Amtsträger mit der Auswahl und Requirierung eines für diesen Zweck geeigneten Bootes. Sie beschlagnahmten ein bereits mit Waren beladenes Schiff eines reichen Kaufmanns, befahlen, es zu entladen und für die Reise instandzusetzen. Die Knechte des Kaufmanns, die die Ausführung dieser Befehle verweigerten, wurden mit Gewalt bedroht. Der eilig herbeigerufene Sohn des Schiffeigners vertrieb zusammen mit einigen jungen Männern die Beauftragten des Erzbischofs und anschließend auch den hinzugezogenen Vogt mit seinen Leuten. Offensichtlich hat in dieser Situation der Erzbischof, von dem sogar Lampert berichtet, daß er seinen auflodernden Zorn nicht zu kontrollieren verstand, noch Öl in das Feuer gegossen, indem er schwere Strafen für die Aufrührer ankündigte. Jedenfalls wuchs sich jetzt erst die voller Zorn ausgetragene Rangelei zu einem wahrhaften Aufstand aus, der von Vornehmen (*primores*), besonders wohl aus der Kaufmannschaft, organisiert, von der ganzen Stadtbevölkerung mitgetragen wurde, die nach der Schilderung Lamperts von einem tiefen Haß gegen den Erzbischof erfüllt war, den sie um jeden Preis ergreifen und ermorden wollte. Hier verliert sich der Bericht Lamperts in schauerliche und lächerliche Einzelheiten. Dabei will er einerseits auf das Mißverständnis zwischen der Großmäuligkeit einer reich gewordenen Kaufmannschaft und ihrer geringen Erfahrung in kriegerischen und politischen Dingen und andererseits auf die schweren Gefahren hinweisen, die aus solchen kommunalen Bewegungen erwachsen könnten. Wir erfahren ganz genau, wie es dem Erzbischof gelang, durch eine in die Stadtmauer erst neuerlich gebrochene kleine Nebenpforte zu entfliehen, während die tobende und einfältige Stadtbevölkerung den Dom zu erstürmen bemüht war und schließlich begreifen mußte, daß sie gegenüber dem mit Heeresmacht nach drei Tagen heranrükkenden Erzbischof hilflos war und schwere Strafen zu gewärtigen hätte. Dabei wird von Lampert das spannungsreiche Verhältnis der Landbevölkerung gegenüber den Kölnern unterstrichen, denn die bäuerlichen Hintersassen hätten den Erzbischof verehrt und geliebt, so daß es Anno schwergefallen sei, sie daran zu hindern, durch Brand, Mord und Plünderung für die ihm angetane Schmach an den Kölnern Rache zu nehmen. Zwar vermochte er schließlich die *provinciales* zur friedlichen Heimkehr zu bewegen, konnte aber nicht verhindern, daß seine Kriegsmannen *(milites)* dann doch raubend und mordend über die Stadt herfielen, was zusammen mit den schweren Strafen (Blendungen, Vermögenskonfiskation, Kirchenbann), die der Erzbischof dann noch aussprach, so verheerende Folgen zeigt, daß selbst ein so glühender Verehrer Annos wie Lampert von Hersfeld sich zu nachdenklichen und kritischen Bemerkungen veranlaßt sieht. Kurz vor seinem Tode – so Lam-

pert – habe der Erzbischof in einer Vision erkannt, daß er durch sein unerbitt-
liches Vorgehen gegen die Kölner den sichtbaren Makel der Sünde auf sich ge-
laden habe. So kam es schließlich zu einer feierlichen Aussöhnung mit den
Kölnern, denen er alle Strafen erließ und die eingezogenen Vermögenswerte
zurückerstattete, somit die Stadt von der Verödung wieder befreite.

Genau das war es, wozu ihn der König schon bald nach den Kölner Ereignissen dringend aufgefordert hatte, was der Erzbischof damals jedoch aus
grundsätzlichen Erwägungen entschieden abgelehnt hatte. Hier wird noch
einmal die Verbindung zum König und damit der politische Charakter der Erhebung deutlich. Am Anfang des Berichts steht bei Lampert die Vermutung,
daß die Kölner dem Wormser Vorbild gefolgt wären und somit wohl auch auf
Anerkennung und Unterstützung durch den König gehofft hatten. Die Bestätigung dafür findet sich am Ende der Schilderung unseres Chronisten, wo es
heißt: „In dieser Nacht (= vor Einzug des erzbischöflichen Heeres in die
Stadt) flohen mehr als sechshundert der wohlhabendsten Handelsherren
und begaben sich zum König, ihn um sein Einschreiten gegen das Wüten des
Erzbischofs zu bitten" (S. 248/49).

Dieses neuartige Bündnis zwischen dem König und dem aufstrebenden
Bürgertum konnte nur dort erfolgreich sein, wo der König selbst über eine
starke Position verfügte, wie es in Worms, aber nicht im Kölner Umfeld der
Fall war. Wenn es auch nach der Wahl Rudolfs von Rheinfelden zum Gegen-
könig im Jahre 1077 in Worms – wie übrigens auch in Mainz – erneut zu
einer als *coniuratio* (Schwurvereinigung) bezeichneten Erhebung kam, so ist
doch nicht zu verkennen, daß in beiden Fällen, also nicht nur in Köln, sondern auch in Worms, die Verselbständigung der Stadtgemeinde noch nicht
von Dauer war. In Worms legte der König eine militärische Besatzung in die
Stadt, um diesen zentralen Stützpunkt sicher in den Händen zu halten. Es ver-
gingen nochmals dreißig Jahre, bevor diese ersten kommunalen Ansätze in
den rheinischen Bischofsstädten den Charakter des Dauerhaften anzunehmen begannen. Und es war wiederum eine schwere Krise des Reiches, als
es zu erneuten kommunalen Erhebungen kam, nämlich der berühmte Vater-
Sohn-Konflikt zwischen Heinrich IV. und Heinrich V.

Bei diesem Kampf um die Königsherrschaft ergriffen die Bürger verschiedener Städte – besonders von Mainz und Köln – von sich aus die Initiative,
und zwar zugunsten des alten Kaisers, Heinrich IV. Dabei wird die Fortentwicklung, die hinzugewonnene politische Reife und Handlungsfähigkeit besonders für Köln sichtbar. Als es dem von seinem Sohn der Herrschaft be-
raubten und in Haft genommenen Heinrich IV. im Februar 1106 gelang, aus
Ingelheim zu entkommen und rheinabwärts zu fliehen, fand er durch die
Bürger der Stadt Köln freundliche Aufnahme, wie auch in Lüttich, wohin er
sich anschließend begab. Heinrich V. hatte sofort Truppen an den Nieder-
rhein und zur Maas hin entsandt, die verhindern sollten, daß sein Vater dort

eine Verteidigungsbasis aufbauen könne, von der aus er dann vermutlich den Versuch der Rückgewinnung der Herrschaft unternehmen würde. Ein Truppenkontingent Heinrichs V. wurde am Maasübergang bei Visé von den niederlothringischen Fürsten geschlagen, und dem nachrückenden jungen König verschlossen die Kölner ihre Tore, so daß er das Osterfest in Bonn feiern mußte. Heinrich IV. war daraufhin kurzfristig nach Köln zurückgekehrt, hatte einen Treueid von den Bürgern empfangen und diese angespornt, ihre Stadtbefestigung auszudehnen, also vermutlich die nördlich und südlich gelegenen Stadtteile Niederich und Oversburg sowie vielleicht den vorgelagerten Bezirk von St. Aposteln in die Ummauerung einzubeziehen. In den Hildesheimer Annalen (Annales Hildesheimenses, hrsg. v. G. Waitz, in: MGH SSrG 8, Hannover 1878, S. 56) heißt es dazu: „Nach Ostern kehrte Kaiser Heinrich nach Köln zurück, und die Bürger versprachen ihm unter Eid die Stadt für ihn zu sichern und begannen, wie sie von ihm instruiert worden waren, dieselbe nach innen und nach außen optimal auszustatten und zu befestigen." Kraft kaiserlicher Autorität oder zumindest unter Berufung auf diese als Legitimationsgrundlage war in dieser historischen Konstellation eine militärisch und politisch selbständig handelnde Stadtgemeinde hervorgetreten. Als drei Monate später Heinrich V. mit Heeresmacht vor Köln erschien, um hier die Entscheidung zu erzwingen, mußte er nach drei Wochen die Belagerung aufheben, da die Kölner mit ihren Schiffen den Rhein sperrten und damit die Belagerer von der Lebensmittelzufuhr abschnitten. Überhaupt wird die ganz selbständige Handlungsweise der Kölner in dieser Situation als sehr umsichtig, planmäßig und in militärischer Hinsicht als außerordentlich geschickt und tapfer in den Quellen dargestellt. Kürzlich ist noch auf eine in diesem Zusammenhang bisher übersehene Nachricht hingewiesen worden, die ein gut informierter Mönch des oberhalb von Dinant gelegenen Klosters Waulsort in der ›Translatio trium virginum Coloniensum Walciodorensis‹ bietet. Er berichtet nämlich von einem förmlichen Bündnis *(collato foedere)* in Form einer beschworenen Einung (*coniurata conspiratione*, W. Peters, Coniuratio ..., S. 307), das die Kölner und Lütticher Bürger zur militärischen Unterstützung des Kaisers gegen dessen Sohn eingegangen wären.

Danach ergibt sich für die kommunale Entwicklung Kölns folgendes Bild: Bis zum Beginn des 12. Jahrhunderts hatte sich eine selbstbewußte, unter einer eigenen Führung stehende Stadtgemeinde herausgebildet, die sowohl militärisch wirkungsvoll aufzutreten als auch politisch selbständig zu handeln vermochte. Durch Kaiser Heinrich IV. hatte diese im Entstehen begriffene Kölner Kommune die für die Gemeindebildung wesentliche herrschaftliche Anerkennung und Bestätigung gefunden. Bei dieser Gelegenheit scheint sogar der erste „Städtebund" im deutschen Reich abgeschlossen worden zu sein, wenn auch zu bedenken ist, daß dabei das Bündnis der niederlothringischen Fürsten stützend im Hintergrund stand und der Kölner Erzbischof als Gegner Heinrichs IV. längst die Stadt verlassen hatte.

Da für diese Entwicklungsphase die Kölner Quellenlage ungewöhnlich interessant, aber auch ebenso umstritten ist, sei nur ein Punkt hier ganz kurz herausgegriffen, nämlich die Kontroverse um Zuordnung und Bedeutung der in der Kölner Königschronik (Rec. II) zum Jahr 1112 nachgetragenen Randnotiz: *Coniuratio Coloniae facta est pro libertate* („In Köln ist eine Schwureinung für die Freiheit abgeschlossen worden", Chronica regia Coloniensis, hrsg. v. G. Waitz, in: MGH SSrG 18, Hannover 1880, S. 52).

Immerhin hat man einst diese Angabe zur Geburtsurkunde für die Kommunalbewegung und Stadtfreiheit in Deutschland erklärt, inzwischen aber eher dem Jahr 1114 zugewiesen und damit als ein Widerstandsbündnis der Großen des Niederrheins einschließlich der Stadt Köln interpretiert, das gegen den Plan Heinrichs V. gerichtet war, sich diese Region mit Waffengewalt zu unterwerfen. Mit dem nun zusätzlich herangezogenen Quellenbeleg gewinnt die alte Deutung wieder in dem Sinne an Gewicht, daß es 1106 zu einem Schwurbündnis in Köln kam, das in einer veränderten Konstellation 1112 unter Hinzutritt des Kölner Erzbischofs erneuert wurde. Wenn es sich auch in beiden Fällen um keine reine städtische *coniuratio* gehandelt hat, so ist doch die Stadt Köln dabei ein wichtiger Partner gewesen. Repräsentiert und angeführt wurde die Gemeinde dabei von dem Schöffenkolleg, das ja von Hause aus das Gremium der Urteilsfinder im hochgerichtlichen Prozeßverfahren, also der den ganzen Stadtbezirk überwölbenden Gerichtsbarkeit, gewesen ist, nun jedoch darüber hinausgreifend die Rolle einer politischen und wohl auch militärischen Führungsinstanz übernommen hatte. Erstmals wird diese bemerkenswerte Verschiebung in den Zuständigkeiten und in dem kommunalen Selbstverständnis durch eine Urkunde des Kölner Erzbischofs von 1103 bezeugt, in der die zwölf namentlich genannten Kölner Schöffen den Kaufleuten von Lüttich und Huy die in Köln zu entrichtenden Zollsätze neu weisen, nachdem Bischof Otbert von Lüttich die Klage vorgetragen hatte (Hansisches UB, hrsg. v. K. Höhlbaum, Bd. 3, Halle 1886, Nr. 601, S. 385 ff.). Das Schöffenkolleg ist damit an einer wirtschaftspolitischen Entscheidung als Vertreter der Stadtgemeinde beteiligt, die darüber hinaus offensichtlich noch durch eine zweite erweiterte Gruppe von *viri illustres* repräsentiert wird, die neben den Schöffen ebenfalls in der Zeugenliste namentlich genannt werden. Im übrigen gab es daneben eine lebhafte kommunale Entfaltung auf der Ebene der Kölner Sondergemeinden (Stadtviertel), so daß die Entwicklung in Köln besonders schnell voranging und ein eigenes großes Siegel der Stadtgemeinde, die somit als Rechtsperson auftrat, vermutlich schon im zweiten Jahrzehnt des 12. Jahrhunderts – vielleicht als ältestes Stadtsiegel überhaupt – entstand.

Eine vergleichbare Dynamik wies Worms zwar nicht auf, aber auch hier sind es die ersten Jahre des 12. Jahrhunderts, in denen Fortentwicklungen greifbar werden, so etwa in der Urkunde, die der Wormser Bischof 1106 für die Genossenschaft der Fischhändler ausstellte und in der er ihr die Erbfolge gewährte, um dann anzufügen, daß bei dem Fehlen eines Erben die freigewordene Stelle *urbanorum communi consilio,* also durch Beschluß der Bürgerversammlung, vergeben werden soll (Boos, UB Worms, Bd. 1, Nr. 58). Genau diese Formulierung benutzte Heinrich V. in seinem Privileg für Speyer von 1111, mit dem er das Mitentscheidungsrecht der Bürgergemeinde bei Münzveränderungen in Speyer festschrieb. Sehr bald wurde in diesen Städten auch eine Führungsgruppe bzw. ein Ausschuß der Gemeinde sichtbar, so in Worms 1110 mit der Nennung von *maiores* oder *meliores cives.* Dennoch war es noch ein langer Weg, bevor dieser Entwicklungsprozeß zu einem Abschluß gelangte, was man am eindeutigsten für Speyer fixieren und mit einem Datum benennen kann, nämlich mit dem 21. Januar 1198, als Philipp von Schwaben als Thronprätendent den Speyerer Bürgern das Recht zuerkannte, zwölf Bürger zu wählen, mit deren Ratschluß die Stadt regiert werden sollte, also einen eigenen Stadtrat zu bestellen. Auch hier war übrigens wiederum die Krise des Königtums in Gestalt des Konfliktes mit den Fürsten, zumal den rheinischen Bischöfen, die Stunde des Bürgertums.

2. Gestalt und Wandel einer Bischofsstadt vom 10. zum 12. Jahrhundert

Mit den geschilderten kommunalen Erhebungen, wie sie erstmals in den siebziger Jahren des 11. Jahrhunderts in den wichtigsten rheinischen Bischofsstädten erfolgt waren und unter veränderten Vorzeichen zu Beginn des 12. Jahrhunderts eine erneute Zuspitzung erfahren hatten, war, wie gesagt, noch keine festumrissene und dauerhafte Neugestaltung der städtischen Verfassung und Gesellschaft verwirklicht worden. Dennoch hatte es sich auch nicht einfach um ein zorniges Aufbrausen gehandelt, das wie eine Sturmböe vorübergerauscht wäre. Um die tiefgreifenden Veränderungen deutlicher erfassen zu können, muß man in zwei Richtungen etwas weiter ausgreifen, nämlich einerseits den Blick zurückrichten und danach fragen, wie die Stadt Worms unter der Herrschaft ihres Bischofs als Stadtherr gestaltet war und um die Wende vom 11. zum 12. Jahrhundert einem Wandlungsprozeß unterlag. Zum anderen muß sich der Blick nach vorne in das 12. Jahrhundert orientieren und von dort die Informationen beibringen, die wichtige Ergebnisse der voraufgegangenen kommunalen Bewegungen markieren, besonders was den rechtlichen Status der Stadtbewohner mit all jenen Implikationen betrifft, die sich mit dem Begriff der persönlichen Freiheit verbinden.

Fragen wir also erst einmal nach der Gestaltung und den typischen Merkmalen einer Bischofsstadt oder, genauer gesagt, der Bischofsstadt Worms, wie sie sich in der späten Ottonen- und frühen Salierzeit, also um die Wende vom 10. zum 11. Jahrhundert ausgebildet hatte. Die Veränderungen der Jahrtausendwende hatten letztlich viel mit der großen Politik der in dieser Zeit neugestalteten Verfassung des Deutschen Reiches zu tun, in dem die ottonischen und salischen Herrscher die Bischöfe und Reichsäbte, die sogenannten geistlichen Reichsfürsten, besonders der „königsnahen" Landschaften, dem Königtum verbanden und sie zur Wahrnehmung der Aufgaben der Königsherrschaft heranzogen. Die Könige stützten sich damit auf einen durch Ausbildung qualifizierten und ihnen verpflichteten Personenkreis, der im Unterschied zu den weltlichen Großen nicht die Tendenz zur Verselbständigung über die Erblichkeit aufwies, sondern dessen jeweilige Neuwahl dem König die Möglichkeit der Einflußnahme in seinem Sinne eröffnete. Um die weiterreichenden Aufgaben in der Reichspolitik und auch im Reichsheeresaufgebot angemessen wahrnehmen zu können, mußte der König den Bischöfen die entsprechenden Mittel an die Hand geben, das heißt in erster Linie, ihnen die Herrschaft über die eigene Residenz, also die Bischofsstadt, vermitteln. Dies vollzog sich häufig in zwei oder drei Schritten durch Rechtsverleihungen. Der erste betraf stärker die wirtschaftliche Seite und beinhaltete die Übereignung der dem König noch verbliebenen Rechte, besonders an Markt, Münze und Zoll. Das verschaffte den Bischöfen nicht nur zusätzliche Einnahmen, sondern auch die Aufsicht über das Wirtschaftsleben der Städte. Noch einschneidender dürfte die zweite Maßnahme gewesen sein, nämlich die Übertragung der Grafenrechte in der Stadt auf den Bischof. Damit wurde die Stadt aus dem größeren, noch Stadt und Land zugleich umfassenden, Gerichtsbezirk ausgeklammert und in Fragen der Hochgerichtsbarkeit allein dem bischöflichen Stadtherrn unterstellt. Dieser mußte seinerseits allerdings für diese Aufgabe einen Vogt bestellen, der vom König die mit der Hochgerichtsbarkeit verbundenen Bannrechte verliehen bekam. Verstärkt wurde dadurch ein ohnehin schon in Gang befindlicher Prozeß, der dem Bischof de facto die Wehr- und Befestigungshoheit über die Stadt eintrug. Für die Bewohner vollzog sich damit deutlicher als zuvor eine Abgrenzung der Stadt vom Umland in dreifacher Hinsicht, nämlich unter rechtlichen, wirtschaftlichen und militärischen Aspekten. Dennoch waren die Stadt und ihre Bewohner auf diesem Wege keineswegs zu einem einheitlichen und in sich geschlossenen Gebilde geworden, vielmehr ist gerade die Überwindung der rechtlichen Vielgestaltigkeit innerhalb der Mauern im Laufe der weiteren Entwicklung zu einer Aufgabe geworden, die für das neue Gesicht der Stadt entscheidend werden sollte.

Aber schauen wir erst einmal auf das zurück, was sich in Worms konkret um die Wende vom 10. zum 11. Jahrhundert ereignete. Der auch über die Stadt Worms und die deutsche Geschichte hinaus weithin bekannte Bischof dieser Zeit war Burchard von Worms, der von 1000–1025 regierte. Ihn kennen wir nicht nur aufgrund seiner Vita, die ein anonymer Bewunderer aus seinem Umfeld kurz nach seinem Tode verfaßt hat, sondern durch seine Rechtskodifizierungen. Das gilt für das Dekretum, also die Zusammenstellung einschlägiger älterer kirchenrechtlicher Bestimmungen, das eine weite Verbreitung fand. Wichtiger für unseren Zusammenhang ist jedoch das Wormser Hofrecht, die zentrale Quelle über die Grundherrschaft und die *familia* dieses Bischofs. Dem Hofrecht steht für diese Zeit nichts Vergleichbares zur Seite, vor allem in bezug auf die Stadt, weil es nähere Einblicke in die Vielschichtigkeit gerade auch der innerstädtischen Struktur gewährt.

Beginnen wir mit der Vita und der Schilderung des erschreckenden Zustands, in dem Burchard die Stadt bei seinem Herrschaftsantritt im Frühjahr des Jahres 1000 antraf. „Er fand sie verwüstet und fast verödet. Nicht mehr zu menschlichen Wohnungen, sondern als Schlupfwinkel wilder Tiere und besonders der Wölfe war sie geeignet" (Boos, Geschichte der rheinischen Städtekultur I, S. 244 f.). Selbstverständlich dienen diese furchterregenden Bilder dazu, das Werk des hochverehrten Bischofs in einem noch größeren Glanz erscheinen zu lassen. Aber es sind doch konkrete Punkte, die hier angesprochen werden. Es ging um die Durchsetzung des bereits 979 von Otto II. dem Wormser Bischof übertragenen Anrechtes auf die gräflichen Rechte innerhalb der Stadt und Vorstadt. Aber erst anläßlich der Wahl König Heinrichs II. von 1002 gelang es Bischof Burchard, diesen Anspruch zu verwirklichen und die mächtigen Konradiner aus der Stadt zu drängen. Der Herrschaftswechsel wurde in Worms besonders dadurch sinnfällig, daß Bischof Burchard sogleich die befestigte Grafenburg in der Stadt abreißen und an ihrer Stelle die dem heiligen Paulus geweihte Stiftskirche mit der Widmung „Diese Kirche ist zur Erinnerung an die Befreiung der Stadt erbaut worden" errichten ließ (= Vita Burchardi episcopi Wormatiensis, in: Quellen z. Gesch. d. Stadt Worms, hrsg. v. H. Boos, Bd. III, S. 97–126; auch in: MGH SS IV, S. 829–846).

Genauso wie schon der Verfasser der Vita Burchardi kann man noch heute mit Respekt und Bewunderung zur Kenntnis nehmen, in welchem Umfang Bischof Burchard, aber auch verschiedene andere geistliche Herren, wie etwa Erzbischof Williges von Mainz oder Bischof Bernward von Hildesheim, ihren Städten am Ende des 10. oder zu Beginn des 11. Jahrhunderts ein neues Gesicht verliehen. Neben dem demonstrativen Neubau des Paulsstiftes und neben umfangreichen Arbeiten an der Stadtmauer führte Bischof Burchard auch einen Neubau des Domes durch.

Der prächtige neue Dom blieb nicht allein. Außerdem begann Burchard mit der Neugestaltung des Dombezirkes, indem er seiner Bischofskirche einen Kreuzgang und ein neues Kapitelhaus anfügte sowie südlich davon den Neubau der Taufkirche St. Johannes mit einem gesonderten Glockenturm ins Werk setzte.

Neben Paulskirche und Dom veranlaßte dieser Bischof die Errichtung zweier weiterer großer Stiftskirchen in der Stadt Worms, nämlich des St. Andreasstifts, das er von außerhalb in die Stadt verlegte, und des Kollegiatsstiftes St. Martin, dessen Vollendung er allerdings nicht mehr miterlebte.

Diese vier Stiftskirchen, denen je eine eigene Pfarrkirche angegliedert wurde, erhielten auf der Grundlage der von Burchard ergriffenen Maßnahmen im Jahr 1080 je ein Stadtviertel als Pfarrbezirk zugewiesen, so daß auf kirchlicher Ebene eine klare Gliederung bestand, die aber später nachweislich auch weltlichen Zwecken diente und eine gewisse Grundlage für die Organisation der bürgerlichen Gesamtgemeinde bot.

Außerdem wandte Burchard seine Aufmerksamkeit auch den außerhalb der Stadt gelegenen Großkirchen zu, einerseits dem Cyriakusstift in Neuhausen bei Worms, für dessen vollständige Wiederherstellung er sorgte, und andererseits dem südlich der Stadt gelegenen Marien- oder Nonnenmünster genannten Frauenkloster, das er reich ausstattete und dem er seine Schwester zur Äbtissin gab.

Damit wandelte sich nicht nur das architektonische Bild der Stadt und ihres Umfeldes im positiven Sinne, sondern es wurden durch die Neubelebung dieser Großkirchen auch wichtige wirtschaftliche Impulse vermittelt und über die Ausstattung mit Immunitätsrechten und grundherrschaftlichen Besitzungen rechtliche Akzente gesetzt, die den verfassungsmäßigen und gesellschaftlichen Charakter der Stadt in dieser Zeit letztlich prägten.

Einen Eindruck von der rechtlich-sozialen Gliederung der Einwohner vermittelt die schon erwähnte ›Lex familie Wormatiensis ecclesie‹, das Hofrecht Bischof Burchards aus der Zeit von 1023–1025, das die Rechte des in sich abgestuften Hörigenverbandes der Wormser Kirche, und damit auch eines nicht unbedeutenden Teils der Stadtbewohner, fixiert (Quellen zur deutschen Verfassungs-, Wirschafts- und Sozialgeschichte, hrsg. v. L. Weinrich, Nr. 23, S. 88/89–104/05).

Innerhalb der *familia* werden mehr oder weniger deutlich vier Personengruppen unterschiedlicher Rechtsstellung verzeichnet. Eindeutig an unterster Stelle bewegten sich die Mancipia, Knechte und Mägde, die wie ein Zubehör, ein Bestandteil eines Grundbesitzes, also rechtlich wie eine Sache behandelt wurden. Ihnen übergeordnet waren die Dagewarden (Dageskalken), also die landlosen, zu tagtäglichen Dienstleistungen am Herrenhof verpflichteten Knechte und Facharbeiter, die allerdings über den Status, den der Begriff umschreibt, schon hinausgewachsen waren und über eigenen Besitz verfügten. Ihre weiterhin nachgeordnete Stellung wird erfaßbar, wenn man den Vergleich zu den ihnen übergeordneten Fiskalinen vornimmt. Bei ihnen handelt es sich um ehemals königliche Diener gehobener Stellung mit qualifizierten

Amtsfunktionen, die durch Schenkungen Kaiser Arnulfs von Kärnten 897 an die Wormser Kirche gelangt waren, ohne dadurch in der Zwischenzeit ihre Herkunft und weiterbestehende Bindung zum königlichen Fiskus (deshalb Fiskalinen) gänzlich verloren zu haben. Ein gewisser Angleichungsprozeß – auf einer Ebene ein wenig unterhalb der Fiskalinen – bahnte sich über den in dieser Zeit rasch an Bedeutung gewinnenden Status der Zensualen an, von dem im Wormser Hofrecht nur kurz, in anderen Wormser Quellen dieser Zeit jedoch ausführlich die Rede ist. Da dieser für die Stadtentwicklung in der folgenden Zeit von besonderer Relevanz werden sollte, wird gesondert darauf zurückzukommen sein. Hier muß der Hinweis genügen, daß es sich um eine vergleichsweise lockere Bindung handelte, die im wesentlichen mit einzelnen an die Person geknüpften Geldzahlungen verbunden war, aber dafür eine recht freie Entfaltungsmöglichkeit bot.

Mit dem Hinweis auf die starke Differenzierung innerhalb der bischöflichen *familia* ist jedoch bisher nur ein Aspekt der Vielgestaltigkeit rechtlicher Bindungen und Abhängigkeiten einer Bischofsstadt angesprochen worden. Denn neben dieser gab es zahlreiche andere *familiae* genannte Hofrechtsverbände mit jeweils einem eigenen Zuständigkeitsbereich, von denen der des Bischofs von Worms lediglich der größte innerhalb der Stadt war. Daneben verfügten die vier großen Stiftskirchen von Worms jeweils über einen eigenen Rechtskreis dieser Art. Auch das Kloster Nonnenmünster und das Cyriacusstift vor den Toren der Stadt nahmen das Hoheitsrecht über ihre Hörigengruppen, die in der Stadt ansässig waren, genauso für sich in Anspruch wie die großen Reichsklöster, von denen das auf dem anderen Rheinufer gelegene Lorsch besonders stark in Worms vertreten war. Aber auch das Kloster St. Leodegar im elsässischen Murbach hatte aufgrund älterer Besitzzuweisungen seine eigene *familia* in Worms. Die Auflistung dieser neun Hofrechtsverbände in Worms nimmt keine Vollständigkeit für sich in Anspruch, sondern soll nur demonstrieren, wie stark die Zersplitterung der rechtlichen Zuständigkeit je nach dem persönlichen Status in dieser Zeit gewesen ist. Inwieweit es daneben einen Personenkreis von Freien, sog. freien Kaufleuten, und vielleicht sogar als genossenschaftlich organisierte Gruppe gegeben hat, ist schwer zu entscheiden. Immerhin wissen wir aus der Wormser Mauerbauordnung von etwa 900, daß im Norden der Stadt ein Friesenviertel, also eine größere Niederlassung von freien friesischen Kaufleuten bestanden hat, die aber später keine Erwähnung mehr findet. Als solche traten dann die Juden stärker hervor, die gerade in den achtziger und neunziger Jahren des 11. Jahrhunderts in den drei rheinischen Bischofsstädten Mainz, Speyer und Worms vom König und den bischöflichen Stadtherren ihre bedeutenden Privilegien erhielten, die so günstig und „fortschrittlich" gestaltet waren, daß sie auch für die anderen Bewohner dieser Städte erstrebenswert erschienen. Mehr als eine indirekte Wirkung konnte von der eigenständigen Judengemeinde, die ganz anderen Gesetzlichkeiten unterlag, auf die kommunale Entwicklung dieser Städte aber nicht ausgehen. Gemeinsam finden die Wormser Bürger und Juden in dem zitierten Zollfreiheitsprivileg Heinrichs IV. im Januar 1074 Erwähnung. Der Rückschluß auf einen Wormser Fernhandel ist von daher durchaus zulässig, nicht jedoch die Spekulation über die persönliche Rechtsstellung dieser Fernhändler und ihre Organisationsform im Sinne der Existenz einer Gilde freier Fernkaufleute.

Um so deutlicher lassen die Quellen dieser Zeit das verästelte System hofrechtlicher Zuständigkeiten und Bindungen hervortreten. Es muß schon für einen außenstehenden Zeitgenossen in einer Stadt wie Worms schwer gewesen sein, den Überblick zu behalten, denn angesichts der Vielzahl von Großkirchen mit jeweils eigenen Hofrechtsverbänden konnte man sich nicht mehr nach Wohnvierteln orientieren, sondern mußte mit der Möglichkeit rechnen, daß die Nachbarn in einer Gasse der Herrschaft verschiedener Kirchen unterstanden.

Neben dieser verwirrenden Vielfalt muß es aber etwas überwölbendes Gemeinsames gegeben haben, das die Wormser letztlich befähigte, im Jahre 1073 geschlossen zu handeln und nach außen hin als eine Einheit in Erscheinung zu treten. Dabei ist es naheliegend, in erster Linie an die Wehrgemeinschaft zu denken, die die Bewohner einer ummauerten Stadt naturgemäß bilden mußten, wenn sie eine effektive Verteidigung durchführen und gegebenenfalls zum Gegenangriff übergehen wollten. Wie so etwas organisiert war, erfahren wir aus der Wormser Mauerbauordnung, die vermutlich von Bischof Thietlach (891–914) stammt. Nach dieser sind sowohl die linksrheinisch in einem großen Umkreis um Worms herum gelegenen und zur Flucht in die Stadt berechtigten Dörfer als auch die Einwohner der Stadt in Gruppen gegliedert, die jeweils zur Instandhaltung und Verteidigung eines bestimmten Mauerabschnittes verpflichtet waren. Mit einer Ausnahme (die Leute der *familia* von St. Leodegar/Murbach in der Stadt Worms) erfolgte diese Aufteilung nach räumlichen oder gruppenspezifischen (Friesen – Haingereiden) und nicht nach herrschaftlichen Gesichtspunkten. Die Wehrhoheit und die Aufsicht über das Ganze hatte der Bischof als Stadtherr inne, die konkrete Durchführung verblieb aber in der Hand der einzelnen Verteidigungsgemeinschaften. Während für die benachbarten Dorfverbände nur bei Instandsetzungsarbeiten und im Kriegsfall, wenn sie sich hinter die Mauer zurückzogen, die Situation des gemeinsamen Handelns eintrat, war dies für die Stadt in gewisser Weise ein Dauerzustand, denn die Wachdienste mußten täglich – oder besser nächtlich – durchgeführt werden. Gemeinsame Waffenübungen waren außerdem erforderlich. Von daher ergaben sich auch andere Zuständigkeiten als diejenigen des Hofrechts, nämlich die von Nachbarschaftsverbänden, die zu militärischen Zwecken genossenschaftlich organisiert waren.

Das zweite wichtige Element für die Entstehung übergreifender Zusammenhänge in der präkommunalen Zeit ist in der Hochgerichtsbarkeit zu suchen und mit dem Stichwort der Gerichtsgemeinde zu umreißen. Im Normalfall waren auch die in der Stadt ansässigen Hörigen der Gerichtsbarkeit ihres Herrn unterworfen und wurden nach Hofrecht belangt und gegebenenfalls verurteilt. In Fällen der Hochgerichtsbarkeit, die mit schweren Leibesstrafen oder der Todesstrafe bedroht waren, gab es jedoch nur eine Zuständigkeit, nämlich ursprünglich die des Königs, nun des Bischofs, vertreten durch den Vogt oder Burggrafen. Sie erstreckte sich nur auf den Bezirk der Stadt und war mit dem Königsbann von 60 Schillingen ausgestattet, umfaßte somit einen erhöhten Friedens- und Rechtsschutz, was zugleich eine klare Abgrenzung gegenüber dem Umland und dessen Rechtsbezirk, dem Landgericht, beinhaltet. Zu den feststehenden wie auch den außerordentlichen Versammlungsterminen der städtischen Hochgerichtsbarkeit bestand Erscheinungspflicht für alle, dort konstituierte sich – jeweils für den Gerichtstermin – die Gerichtsgemeinde als städtische Gesamtgemeinde.

Ergänzend lassen sich zwei weitere genossenschaftliche Komponenten anfügen, die zwar erst später quellenmäßig hervortreten, aber auch schon im 11. Jahrhundert relevant gewesen sein dürften, nämlich die mit der städtischen Allmende innerhalb wie außerhalb (Weiden, Wiesen) der Stadt verbundene Aufsicht und Entscheidung über die Nutzungsrechte sowie die möglicherweise auch schon sehr früh einsetzende Mitwirkung an den Fragen des Marktverkehrs und der damit verbundenen Kontrollmaßnahmen. Erinnert sei an die Beispiele der gemeindlichen Mitwirkungsrechte im Fall der Wormser Fischhändler oder der Speyerer Münzkontrolle.

3. Das Zensualenrecht
und die allmähliche Erlangung persönlicher Freiheitsrechte

Kann man in diesen Elementen gewisse Voraussetzungen und Vorstufen für ein Gemeinschaftsbewußtsein und schließlich für die Kommunebildung im Sinne einer von allen beschworenen Stadtgemeinde erblicken, so bleibt die rechtliche Aufsplitterung der Einwohnerschaft ein Problem, dessen Lösung für die freie, sich selbst bestimmende *communitas/universitas civium* von zentraler Bedeutung sein mußte. Allerdings ist dieser wesentliche Punkt bei der Diskussion um die Entstehung und den Verlauf der kommunalen Bewegung bisher viel zu wenig beachtet worden. Gerade am Beispiel von Worms kann man den auf den Wandel des persönlichen Status bezogenen Prozeß, wie er sich für größere Gruppen von Stadtbewohnern im Laufe des 11. und 12. Jahrhunderts vollzog, in seinen wichtigen Etappen gut beobachten. Diese Entwicklung läßt sich als die Bewegung von der hofrechtlichen *familia* zur Stadtgemeinde mit einem neuen, für alle gültigen Bürgerrecht charakterisieren.

Versuchen wir diesen Entwicklungsprozeß am Beispiel von Worms in seinen einzelnen Etappen zu erfassen. Für die erste Stufe gelangen wir dabei wiederum zurück bis in die Zeit Bischof Burchards von Worms, also bis in das erste Viertel des 11. Jahrhunderts. In dieser Zeit setzt ein starker Wandel hin zum Status der Zensualität ein, und zwar aus beiden Richtungen, also einerseits freiwillig aus dem Stand der Freiheit (freiwilliger Übertritt von Freien in die Zensualität), häufig zur Schutzerlangung durch große kirchliche Institutionen gegenüber fremder Bedrückung, wie auch umgekehrt aus der Hörigkeit heraus, wobei die Entlassung durch den Herren oder der Freikauf durch die Betroffenen in die Zensualität quellenmäßig immer stärker hervortreten. Besonders in bedeutenden Städten, also vor allem in alten Bischofsstädten, gibt es geradezu einen Trend in die Zensualität, so daß für Worms das Zensualenrecht durch Bischof Burchard unter Hinzuziehung fast aller Bürger *(pene omnes urbani)* im Jahr 1016 fixiert wurde. Der Status der Zensualen wird hier zwar als *libertas* und die darüber ausgestellte Urkunde als Brief der Freiheit *(carta ingenuitatis)* bezeichnet, aber das gilt nur im Vergleich zu anderen Formen hofrechtlicher Bindung. Gemeint ist vor allem die Freiheit von jeglicher persönlicher Dienstleistung *(ab omni servitute ... sit ... libera),* was ins Positive gewendet die Möglichkeit zur freien Entfaltung im städtischen Wirtschaftsleben und damit einen wichtigen Impuls für die Stadtentwicklung überhaupt bedeutet. Die mit dem Zensualenstatus verbundenen Beschränkungen werden besonders in drei Punkten sichtbar: 1. in dem Kopfzins, der von jedem erwachsenen Mann und von jeder erwachsenen Frau am Festtag des Kirchenpatrons am Altar – in Worms in Gestalt von zwei Silberdenaren – zu leisten ist, 2. in der Todfallabgabe, die die Verwandten aus dem Nachlaß des Verstorbenen an den Herrn zu entrichten haben, und 3. in den erbrechtlichen Konsequenzen, die im Falle der Eheschließungen mit einem Partner aus einer anderen grundherrlichen *familia* eintreten.

Die mit dieser Rechtsform verbundenen Vorteile liegen demnach klar auf der Hand, es waren nämlich einerseits die freie Entfaltungsmöglichkeit verbunden mit einer zwar nicht unbegrenzten aber doch weitreichenden Mobilität und Freizügigkeit. Andererseits erfolgte die Festlegung der Abgaben und die rechtliche Angleichung, die mit der Verbreitung des Zensualenrechts besonders im städtischen Bereich einherging. Für die großen kirchlichen Institute, bei denen sich die in dieser Zeit rasch anwachsende Zensualität in erster Linie ausbildete, waren damit feste Geldeinkünfte und eine Ausdehnung der Zuständigkeit, wenn auch nur in einer lockeren Oberaufsicht verbunden. Diese Faktoren erklären sicherlich auch zum guten Teil die Beliebtheit, der sich das Zensualenrecht im 11. und auch noch im 12. Jahrhundert erfreute

Aber spätestens seit der Wende vom 11. zum 12. Jahrhundert wurden auch kritische Stimmen laut. Dafür gab es besonders zwei Gründe. Einerseits war mit dem Prozeß der voranschreitenden kommunalen Entwicklung die Tatsache der fortbestehenden persönlichen Abhängigkeit vieler Stadtbewohner immer weniger vereinbar. Andererseits entstand mit der Entfaltung von Handel und Gewerbe in den Städten eine wirtschaftliche Selbständigkeit und Eigenverantwortlichkeit, auf die das Zensualenrecht mit der Möglichkeit der freien Entfaltung auch Rücksicht nahm, aber nur solange man lebte. Wenn jedoch der Erbfall eintrat, wurde mit den Zensualen umgesprungen, als ob der Herr ein Eigentumsrecht an ihnen hätte und über ihre Kinder verfügen könnte. Nach Zensualenrecht wurde nämlich zwischen zwei Erbabgaben unterschieden, einerseits der Todfall (Mortuarium) oder Hauptrecht (Besthaupt, Bestkleid) genannten Abgabe und andererseits der sogenannten Buteilforderung. Die erstgenannten Begriffe bezeichnen das Recht des Herren, aus dem Nachlaß des Verstorbenen einen Anteil für sich in Anspruch zu nehmen. Dieser konnte auf einen Geldbetrag festgeschrieben sein oder – wie sehr häufig, so auch in Worms/Speyer etc. – als Besthaupt in Gestalt des besten Haustieres (Pferd/Kuh) beim Tode eines Mannes und als Bestkleid, also des Festgewandes, aus dem Nachlaß einer Frau eingefordert werden. Damit konnten schon schmerzhafte wirtschaftliche Eingriffe verbunden sein, etwa wenn überhaupt nur ein Pferd oder eine Kuh vorhanden war.

Sehr viel einschneidender war jedoch die Einziehung des sogenannten Buteils und die Fragen des Eherechts, die damit zusammenhingen. Nahm der Herr einer Grundherrschaft und der dazugehörigen *familia* auch im Normalfall, also innerhalb derselben *familia*, das Recht der Zustimmung zu einer Eheschließung für sich in Anspruch, was die Zensualen jedoch in der Regel mit einem fixierten Geldbetrag ablösen konnten, so traten bei einer sogenannten Misch- oder Ausheirat *(formariage)* die oben angedeuteten erbrechtlichen Konsequenzen ein. Von Ehen, bei denen die Ehepartner verschiedenen Hofrechtsverbänden angehörten, zog der Herr, wenn er nicht von dem Recht der Zwangsscheidung Gebrauch machte, in dem hier zur Diskussion stehenden Raum zwei Drittel der Vermögenswerte aus dem Nachlaß seines verstorbenen Zensualen ein. Das mochte verständlich gewesen sein, wenn grundhörige Bauern, die mit Leihehand ausgestattet waren, eine Frau aus einer anderen Grundherrschaft heirateten, die ihren Kindern das Recht ihrer Herkunft vermittelte, so daß die Gefahr bestand, daß im Todesfall des Vaters nicht nur die Kinder selbst, sondern mit ihnen die verliehenen Ländereien der Grundherrschaft verlorengingen. War also die Buteilforderung ursprünglich eine Warnung und Strafandrohung vor „falschen" Eheschließungen und eine Sicherung des Grundherrn vor der Gefahr von Besitzentfremdung zugleich, so mußten derartige Bestimmungen angesichts der gänzlich veränderten wirtschaftlichen Voraussetzungen und kommunikativen Beziehungen in der Stadt immer unverständlicher und unerträglicher erscheinen. Denn hier lebten und versorgten sich die Leute ja von den Einkünften aus Handel, Gewerbe oder Lohnarbeit und überwiegend nicht mehr aus den Erträgen des ihnen zur Nutzung übertragenen grundherrlichen Besitzes. Vor allem aber mußte angesichts der zahlreichen Hofrechtsverbände, wie sie in den großen Städten vertreten waren, und des ständigen Zustroms aus verschiedenen Grundherrschaften in die Stadt die als legitim angesehene Ehe, also von Ehepartnern aus derselben *familia,* mehr und mehr zur Ausnahme und die folgenschwere „Mischheirat" zur Regel werden. Dieser problematische Zustand wird uns in aller Deutlichkeit in den beiden großen Privilegien vor Augen geführt, die Kaiser Heinrich V. 1111 erst den Speyerer und 1114 auch den Wormser Bürgern erteilte. Im Fall von Speyer spricht Heinrich V. von einer *lex nequissima et nephanda,* von einem nichtswürdigen und ruchlosen Gesetz, was die Buteilforderung betrifft, durch das die ganze Stadt wegen allzugroßer Armut zunichte gemacht worden sei *(adnichilabatur)* und verfügt über alle Bewohner Speyers das durch keine Person oder Herrschaftsgewalt auf irgendeine Weise eingeschränkte freie Erb- und Verfügungsrecht über jeglichen Besitz (A. Hilgard [Hrsg.], Urkunden, Nr. 14, S. 17/19). Um diese Rechtsverleihung unumstößlich und unverletzbar zu machen, ordnet der Kaiser an, den Text des Privilegs über dem Portal des Domes in goldenen Buchstaben, versehen mit seinem Bild, anbringen zu lassen, was dann auch nachweislich geschah. Dafür verpflichteten sich die Speyerer, jeweils am Todestag Heinrichs IV., der nach der nun endlich erfolgten Lösung aus dem Kirchenbann in der Krypta des Speyerer Domes, der Grablege der Könige dieser Zeit, beigesetzt werden konnte, an den jährlichen Gedächtnisfeierlichkeiten im Dom mit brennenden Kerzen in den Händen geschlossen teilzunehmen und von jedem Haus ein Brot für die Armen zu spenden. Die demonstrative Anbringung und die Feier des Jahrgedächtnisses für Heinrich IV., die mit diesem Privileg verknüpft wurden, lassen erahnen, welche Bedeutung dieser Rechtsverleihung von Heinrich V. und den Zeitgenossen beigemessen wurde. In der Tat war diese Einschätzung berechtigt und ist aus heutiger historischer Sicht nachträglich zu unterstreichen, denn hiermit geschah für die Entfaltung von Bürgerrecht und Stadtfreiheit Entscheidendes.

Nehmen wir das Wormser Privileg von 1114 hinzu, um das ganze Spektrum der hier angesprochenen Fragen zu erfassen. In diesem Fall wird der andere – neben der Einziehung des Besitzes nicht weniger gravierende – Aspekt, nämlich das Eherecht in den Vordergrund gerückt. „Jammervolle Klagen" waren zu hören und „unaufhörliche Rechtsverdrehungen" mußten die Einwohner von Worms wegen der eherechtlichen Bestimmungen erleiden, die in erster Linie aus den Misch- oder Ausheiraten resultierten (= Quellen z. dt. Verfassungs-, Wirtschafts- und Sozialgeschichte, hrsg. v. L. Weinrich,

Nr. 48, S. 178/79–182/83). Wenn Heinrich V. nun mit pointierten Formulierungen das freie Eherecht und damit verbunden das freie Erbrecht für alle, die
in der Stadt Worms lebten oder dorthin kommen würden, gleichgültig ob die
Ehepartner derselben *familia* oder verschiedenen Hofrechtsverbänden entstammten, verkündete, dann wurden damit in der Tat die schwersten Belastungen und Einschränkungen der persönlichen Freiheit beseitigt und zugleich wesentliche Schritte auf dem Weg zur Ausbildung des Bürgerrechts im
Sinne der Rechtsangleichung unternommen. Die Entscheidung Heinrichs V.
stellt einen markanten Einschnitt dar, dem erst mit der Dekretale Papst
Hadrians IV. ›*Dignum est*‹ um die Mitte des 12. Jahrhunderts etwas Vergleichbares an die Seite gestellt worden ist, ohne daß damit jedoch innerhalb der
Kanonistik Klarheit in der Frage erzielt worden wäre, ob das Verfügungsrecht
des Herrn über seine Hörigen Vorrang gegenüber dem Eherecht behalten
solle oder etwa nicht. Es ist deshalb um so bemerkenswerter, wieweit der
Kaiser mit seiner Entscheidung der zeitlichen Entwicklung vorausgeeilt ist,
aber allgemeine und dauerhafte Gültigkeit hat sie noch nicht erlangt, denn
etwa einhundert Jahre später ist diese Frage an Heinrich (VII.) und Friedrich II. aus dem Kreis der wetterauischen Städte mit Frankfurt an der Spitze
erneut herangetragen worden, um nun auch hier im Sinn der „bürgerlichen
Freiheit" entschieden zu werden.

Da beide Diplome Heinrichs V. den Bewohnern von Speyer und Worms
das uneingeschränkte freie Erbrecht konzedierten, schien neben den einschneidenden Konfiskationen bei „ungleichen" Ehen auch die normale Todfallabgabe, wie sie von allen Zensualen als eine Erbabgabe bisher zu leisten
war, ebenfalls beseitigt. So jedenfalls hat König Konrad III. 1139 die Dinge
bewertet, als er den Bewohnern des Marktfleckens Selz nach dem Vorbild der
Speyerer Rechtsverleihung das Privileg erteilte, nur noch den Kopfzins zu
zahlen, während von der Todfallabgabe keine Rede mehr ist. Aber darüber
sollte es noch einmal zu einem Konflikt zwischen den Bischöfen als Stadt-
und Grundherren und den Einwohnergemeinden dieser Städte kommen,
den schließlich Friedrich Barbarossa 1182 (Speyer) und 1184 (Worms) zugunsten der Bürger entschied: Ebenso wie die aus den Mischheiraten resultierenden Erbforderungen, so erklärte der Kaiser rechtsverbindlich, sollten nun
auch alle (normalen) Todfallabgaben in Gestalt von Besthaupt und Bestkleid
ein für allemal beseitigt sein (MGH DD, Die Urkunden Friedrichs I., hrsg. v.
H. Appelt, Teil 4, Nr. 827, S. 33 ff. und Nr. 853, S. 82 ff.). Was jetzt noch allein übrig blieb, war der von den Zensualen jährlich zu erbringende Kopfzins. Aber auch dieses letzte Zeichen persönlicher Abhängigkeit ist in diesem
Zusammenhang durch Vermittlung des Kaisers beseitigt worden. Über dem
berühmten Nordportal des Wormser Doms war nach der Erteilung des kaiserlichen Privilegs von 1184 eine metallene Tafel mit dem Text desselben und
darüber in den Bögen des Tympanons eine Inschrift angebracht worden, die

in sieben Hexametern einen Lobpreis auf die Treue und die politische Klugheit der Wormser ausspricht und als Gegenleistung die Befreiung vom Kopfzins gewährt. Damit kommt um 1184 zumindest für Worms – chronologisch verhältnismäßig klar faßbar – ein längerer Entwicklungsprozeß, der in Speyer 1111 eingeleitet worden war, dank kaiserlicher Gunst zum Abschluß. Die beiden entscheidenden, an Anfang und Ende dieser Entwicklung stehenden Rechtsverleihungen sind jeweils an dem „vornehmsten" Platz in der Stadt „veröffentlicht" worden, was die dahinterstehende Einschätzung und Absicht leicht erkennen läßt.

In diesen Zusammenhang fügt sich auch das Mainzer Beispiel ein, denn das 1119/22 von Erzbischof Adalbert erteilte und 1135 bestätigte Stadtprivileg steht offensichtlich in einem Konkurrenzverhältnis zu den kaiserlichen Diplomen für Worms und besonders für Speyer, nicht zuletzt, was die Art der Anbringung betrifft. Erzbischof Adalbert ließ nämlich den Text am Marktportal des Domes in die alte Bronzetüren des Williges (Mainzer Erzbischof von 975–1011) eingravieren, wo er noch heute zu sehen ist. Im übrigen ist dieses Privileg insofern recht aufschlußreich, als es die Befreiung der Stadtbewohner von den auswärtigen Gerichten ausspricht und den Blick stärker auf die Hinzugezogenen richtet. Zwar sollen die Einwohner von Mainz die durch Geburt an ihnen haftenden Rechtsbindungen („nativum ius") bewahren, aber indem alle daraus resultierenden Rechtsfragen und Leistungen in Zukunft nur innerhalb der Stadt geltend gemacht werden können, schwächt sich der persönliche Charakter der Abhängigkeit ab und wird tendenziell kommerzialisiert (Mainzer Urkundenbuch, Bd. I, hrsg. v. M. Stimming, Nr. 600, S. 519 f.). Dies kommt in noch größerer Deutlichkeit in dem Diplom König Lothars III. von 1129 für die Straßburger Bürger zum Ausdruck. Denn dort heißt es, daß die Vögte auswärtiger Herren von den Zensualen, die in Straßburg ansässig sind, den fälligen (Kopf-) Zins in der Stadt entgegennehmen müssen. Wenn der Zahlungstermin versäumt oder die Zahlung überhaupt verweigert wird, muß der Herr des Zensualen seine Forderungen grundsätzlich vor den städtischen Richtern und innerhalb der Stadt geltend machen (Urkundenbuch der Stadt Straßburg I, hrsg. v. Wiegand, Nr. 78 u. F. Keutgen, Urkunden z. städt. VG, Nr. 15, S. 8).

Damit wird auf der einen Seite der persönliche Charakter der Bindung an einen Herrn und Hofrechtsverband merklich abgeschwächt und auf der anderen Seite der Geltungsbereich des Stadt- und Bürgerrechts über ständische Unterschiede hinweg ausgedehnt. Man fragt immer weniger danach, in welchen Rechtskreis jemand hineingeboren worden ist. Vielmehr wird von städtischer Seite als neuer Grundsatz für entscheidend angesehen, wo jemand wohnt und was er tut, ob er Wohnsitz und selbständiges Auskommen in der Stadt hat oder nicht. Dies läßt sich auch sehr gut an einer Serie von Entscheidungen dieser Zeit über die Diener der Domherren in den Städten Speyer

(1101), Straßburg (1122) und Worms (1188) ablesen, die tendenziell alle den persönlichen Rechtsstatus dieser Leute als vergleichsweise unwichtig und nachgeordnet gegenüber der Frage nach der Art der Tätigkeit und Lebensweise betrachten. Sofern sie in den Domherrenkurien leben und tagtäglich dort persönlich Dienste leisten, mögen sie auch diesem besonderen Rechtskreis weiterhin unterstehen, die große Gruppe derjenigen Knechte der Domherren jedoch, die in der Stadt wohnen und möglicherweise daneben noch anderen Tätigkeiten nachgehen, unterliegen *„commune civium iuri"*, also dem Bürgerrecht mit allen Rechtszuständigkeiten und Leistungsverpflichtungen, wie andere Bürger auch.

Schauen wir zurück und erinnern uns daran, daß um die Jahrtausendwende mit der Durchsetzung der bischöflichen Stadtherrschaft einerseits zwar eine Trennung und Abgrenzung des Rechtsbezirks der Stadt von dem des Umlandes eintrat, andererseits mit dem Vordringen des Hofrechtes eine starke Aufsplitterung in viele *familiae* mit je eigenen Zuständigkeitsbereichen erfolgte. In dieser Entwicklungsphase bis hin zum Beginn des 12. Jahrhunderts kam dem Zensualenrecht in den Städten insofern eine wichtige Wegbereiterfunktion zu, als es vielen Hörigen die Zuwanderung dorthin und die freie wirtschaftliche Entfaltung ermöglichte. Die negativen Seiten dieser Rechtsform mit z. T. verheerenden Konsequenzen durch die notwendigerweise in den Städten ansteigende Zahl von Mischheiraten blieben jedoch nicht verborgen und traten um so deutlicher hervor, je mehr das Selbstbewußtsein der sich formierenden Stadtgemeinde und – damit verbunden – das individuelle Freiheitsstreben zunahm. Insofern sind besonders die beiden Privilegien Heinrichs V. für Speyer (1111) und Worms (1114) durchaus in den Zusammenhang der kommunalen Bewegung einzuordnen. Wie eng der zeitliche und sachliche Bezug bei räumlich vollkommen voneinander getrennten Orten gewesen sein kann, zeigt in gewisser Weise der bekannte Ausspruch des Abtes Guibert von Nogent mit Bezug auf die Kommunebewegung von Laon zum Jahr 1116: „Kommune, dieses neumodische und zugleich widerwärtige Wort, besagt, daß Zensualen den geschuldeten üblichen Kopfzins einmal im Jahr entrichten und bei Rechtsverletzungen die gesetzliche Strafe bezahlen, aber von sonstigen Zinsleistungen, wie man sie Hörigen aufzuerlegen pflegt, gänzlich frei sind" (Guibert de Nogent, De Vita sua – Autobiographie. Les classiques 34, hrsg. v. E.-R. Labande, vgl. Kap. II, S. 320/21).

Entspricht dies nicht ziemlich genau der mit kaiserlicher Hilfe in Speyer und Worms erreichten Situation? Die beiden Diplome stellen neue Marksteine für das freie Ehe- und Erbrecht und damit wesentliche Grundelemente des Bürgerrechts überhaupt dar. Indem seit dem Anfang des 12. Jahrhunderts die Zuständigkeit auswärtiger grundherrlicher Gerichte für Stadtbewohner zugunsten des Stadtgerichts zurückgewiesen wird, erlangt das Stadtrecht allgemeine Gültigkeit. Hinzu kommt, daß nun die Frage von Wohnort, Berufstätigkeit und Lebensform zum Maßstab der rechtlichen Zuordnung erhoben wird und das geburtsständische Prinzip damit in der Stadt klar an Bedeutung verliert.

Wenn es dank der Intervention von Friedrich Barbarossa in Worms und wohl auch in Speyer schließlich gelingt, die letzten Reste der aus dem Zensualenstatus herrührenden Bindungen und Belastungen abzustreifen, so darf man darin noch keinen Abschluß dieser Entwicklung überhaupt erblicken. Vielmehr hat dieser Herrscher fast gleichzeitig auch entgegengesetzte Entscheidungen getroffen – unter Berücksichtigung der jeweiligen politischen Möglichkeiten und der Interessenlage – und manche Stadtrechte und Städtelandschaften haben ein gemildertes Zensualenrecht dauerhaft beibehalten. Andererseits ist auch nicht zu verkennen, daß die rheinischen Bischofsstädte die Blicke auf sich zogen und ein Orientierungspunkt für die Stadtentwicklung in dieser Zeit waren. Was es besonders am Wormser Beispiel nachzuzeichnen galt, das war der komplizierte und wenig analysierte Prozeß der Erlangung persönlicher Freiheitsrechte. Das hat bewußt zur Vernachlässigung anderer wichtiger Aspekte, etwa dem der Durchsetzung politischer Selbstbestimmungsrechte und dem der Rolle bestimmter Gruppen, besonders der Kaufleute, geführt. Fragen dieser Art werden dafür im Vordergrund des Interesses anderer Kapitel stehen.

IV. Flandern 1127/1128:
Brügge/Gent und St. Omer

Communionem autem suam, sicut eam juraverunt, permanere precipio, et a nemine dissolvi permitto.

Ihre Kommune aber, wie sie (die Bürger von St. Omer) sie beschworen haben, soll, so befehle ich, Graf Wilhelm (Clito), bewahrt bleiben, und ich werde es nicht dulden, daß sie von irgend jemand aufgelöst wird.

Actes des comtes de Flandre, S. 296.

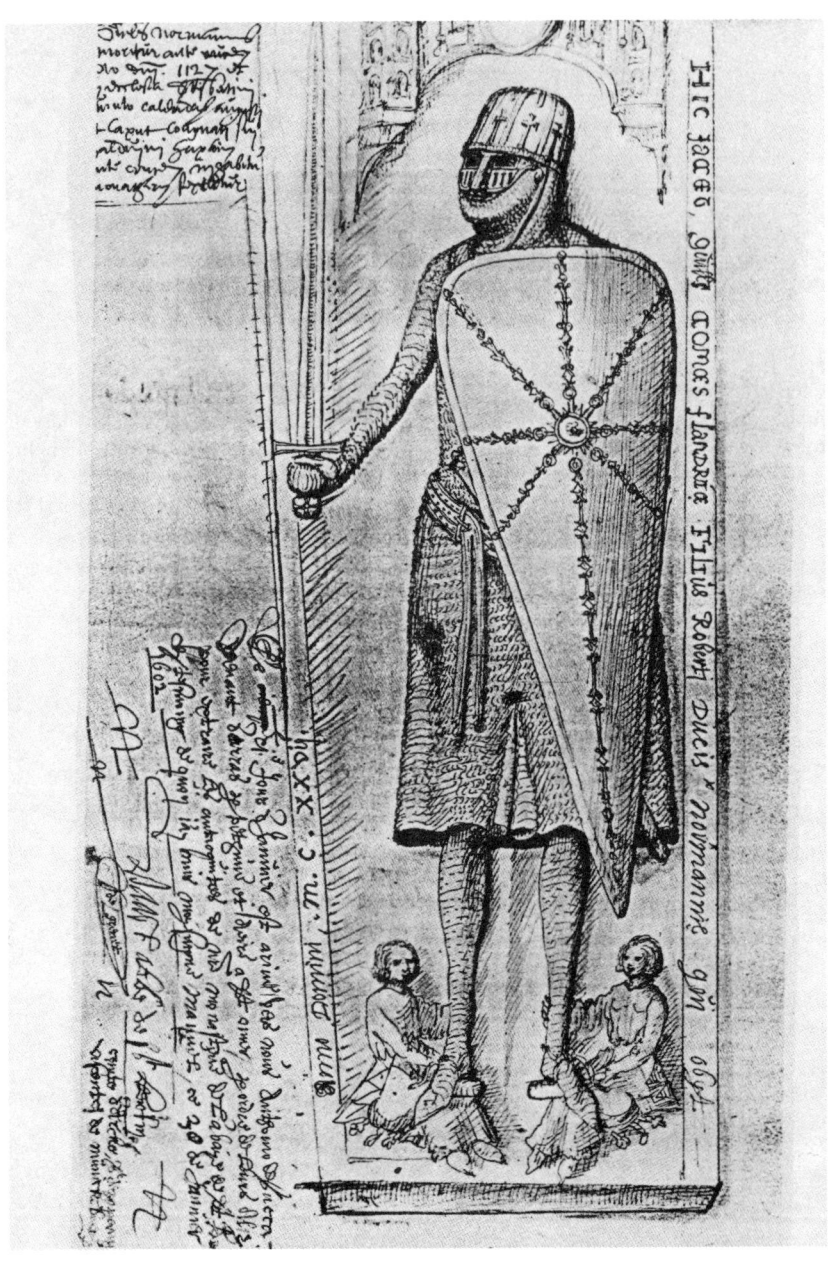

Grabmal (nicht erhalten) des Grafen Wilhelm Clito (gest. 1128), Ende des 12. Jahrhunderts, nach einem Stich aus den Mémoires des A. de Succa (Brüssel, Kon. Bibliotheek Albert I, f. 43).

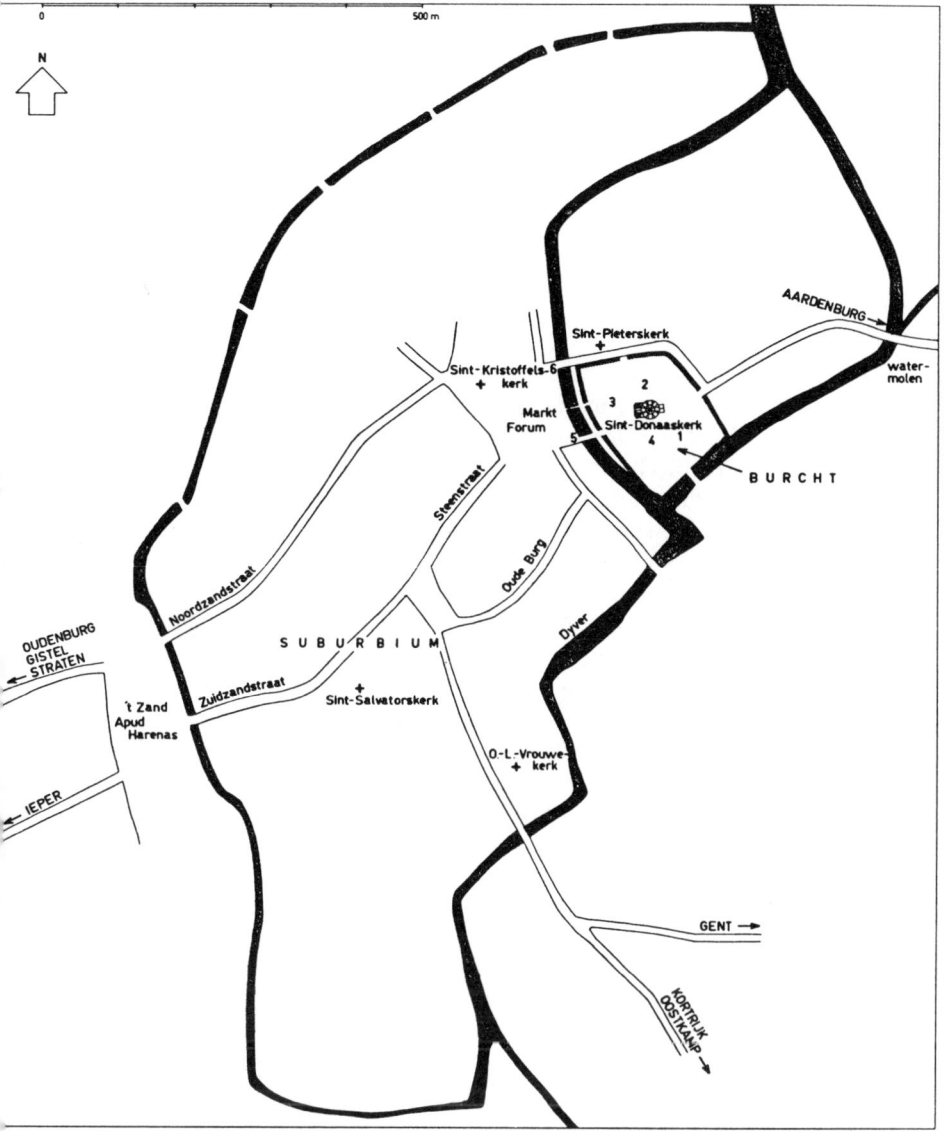

1. Residenz des Grafen
2. Kanonikerstift
3. Propstei
4. Burghof

5. Verbindungsbrücke zwischen
   Burgbezirk und
   Kaufmannssiedlung
6. St. Petersbrücke

Stadtplan des mittelalterlichen Brügge (nach einem Plan von L. Deliegher, in: Galbertus Brugensis, de moord op karel de goode, Antwerpen 1978, S. 255).

Am 2. März 1127 wurde Karl der Gute, seit 1119 Graf von Flandern, beim Besuch der Kirche St. Donatian in Brügge, sozusagen in seiner eigenen Residenz ermordet. Die Täter waren Angehörige eines seit langem politisch einflußreichen Geschlechts in Flandern, Erembalde oder auch Bertulfe genannt. Karl der Gute erlitt damit ein ähnliches Schicksal wie sein Vater, König Knut von Dänemark. Er wurde zwar nicht wie dieser später als Märtyrer heilig gesprochen, aber vom Volk und besonders den Bürgern Flanderns schon zu Lebzeiten lebhaft verehrt. Entsprechend heftig war die Erschütterung, die sein Tod auslöste, zumal Karl keinen Erben hatte, der seine Nachfolge hätte antreten können, und somit die weitere politische und wirtschaftliche Entwicklung Flanderns unsicher und gefährdet erscheinen mußte. Wie sich schnell herausstellte, war die Sorge um die Zukunft keineswegs unbegründet, denn viele begehrliche Blicke richteten sich auf das aufblühende Land, dessen Rolle als reichste Stadt- und Wirtschaftsregion Nordeuropas in Umrissen durchaus schon erkennbar war. Erst zögerlich, dann immer entschlossener griffen die Bürger deshalb in diese letztlich sie selbst betreffenden Auseinandersetzungen ein, um schließlich die wichtigsten Entscheidungen in ihrem Sinne durchzusetzen. Zwar war man mittlerweile schon manches an Selbständigkeit aufstrebender Kommunen gewohnt, aber das, was hier geschah, ging über das Maß des Vertrauten hinaus, trat doch letztlich eine ganze Städteregion mit dem Anspruch auf, zentrale Fragen der Politik mitzuentscheiden. Gewiß war mit der Ermordung Karls des Guten ein zwingender Anlaß für politisches Handeln gegeben. Wenn es jedoch nur noch des auslösenden Funkens bedurfte, was waren dann die schlummernden, längst schon vorhandenen Voraussetzungen?

1. Die Voraussetzungen für den Aufschwung des Städtewesens in Flandern

Auf das große historische Gemälde, das man entwerfen müßte, um ein anschauliches Bild davon zu vermitteln, muß hier zugunsten einer kleinen

Skizze verzichtet werden, in der an Hand von vier Punkten die wichtigsten Linien sichtbar gemacht werden sollen.

Erstens: Am auffallendsten ist wohl die herausragende Verkehrslage und wirtschaftliche Vermittlerfunktion, die Flandern seit dem 10. Jahrhundert erlangt hatte, nachdem im Norden die Wikinger und Normannen, überwiegend im Zentrum die Magyaren oder Ungarn und im Mittelmeerraum die Sarazenen oder Muselmanen zur Ruhe gebracht bzw. zurückgedrängt worden waren. Damit lassen sich drei Hauptverkehrsrouten verbinden, die auf Flandern zuliefen und sich dort vereinigten. Die nördliche, die wikingische, ist die räumlich am weitesten ausgreifende und in ihrer Orientierung und Funktion am besten mit dem Ort Haithabu (Schleswig), als demjenigen Handelsplatz zu charakterisieren, der den Ostsee- und Nordseehandel vermittelte. Dieser Weg führte weit nach Rußland (Nowgorod, Kiew) hinein und stellte über die großen russischen Flußsysteme (Dnjepr und Wolga) auch wichtige Verbindungen zum Schwarzen (Byzanz) und zum Kaspischen Meer (Persien) her. Spätestens seit dem Sieg Ottos des Großen 955 über die Ungarn auf dem Lechfeld bei Augsburg war es zu einem merklichen Aufschwung des Städtewesens und Wirtschaftslebens im deutschen Reich und damit zu einer spürbaren Belebung des wichtigsten Verkehrs- und Handelsweges gerade auch in Richtung auf die Niederlande gekommen. Besonders auf dem Weg des Rheins, aber auch der Elbe und Weser, gelangten die Handelsschiffe in die Nordsee und dort der Küste folgend entweder über das Swin (Zwijn) nach Brügge oder scheldeaufwärts nach Gent, also in das Zentrum Flanderns.

Mit der Wiederbelebung des Mittelmeerhandels, wie er von Italien und Südfrankreich seit dem 10. Jahrhundert erfolgte und mit dem Ersten Kreuzzug um 1100 einen weiteren gewaltigen Aufschwung nahm, gewann auch die Nord-Süd-Handelsroute durch Frankreich, besonders über Rhone, Saône und Seine, aber auch über die Alpenpässe spürbar an Bedeutung. Treffpunkte dieser Handelsströme wurden einerseits die Messen der Champagne in Troyes, Provins, Langres und Bar sur Aube und andererseits die Jahrmärkte in Flandern selbst, wie die in Thourout, Messines, Lille, Ypern und mehr und mehr auch in Brügge. Ein vierter, vergleichsweise kurzer, aber immer wichtiger werdender Verkehrsweg wäre noch anzufügen, nämlich derjenige über den Kanal nach England, besonders nach London.

Zweitens: Es war jedoch nicht nur die verkehrsgünstige Lage oder die geschickte Verkehrspolitik, die Flandern für den internationalen Handel so attraktiv machte, sondern noch mehr das vorzügliche Wolltuch, das hier massenhaft produziert wurde, und damit verbunden die Bedürfnisse und die Kaufkraft dieser Landschaft. Tuche sind hier schon in karolingischer Zeit gewebt worden, aber seit dem 11. Jahrhundert entstand in Flandern das, was man wohl zu Recht als eine Tuchindustrie bezeichnet hat, die die Rohwolle nicht nur von der Schafzucht auf den großen durch Eindeichungen gewonnenen Poldern an der Meeresküste bezog, sondern außerdem aus den benachbarten Regionen (Brabant, Holland) und besonders von „Übersee", aus England, importierte. Daß damit die Städte an Zahl und Größe rasch zunahmen und sich auch deren Struktur veränderte, ist im Prinzip einleuchtend, für die frühe Phase jedoch schwierig zu konkretisieren.

Drittens: Eng verbunden mit den wirtschaftlichen Faktoren war die großräumige politische Konstellation, in die die Grafschaft Flandern seit der normannischen Eroberung Englands (1066) eingebettet war. Lehnsrechtlich unterstand sie der französischen Krone, wirtschaftlich war sie stark nach England hin orientiert. Die Spannungen und bald auch die kriegerischen Auseinandersetzungen zwischen den Königreichen Frankreich und England bestimmten während des Mittelalters immer wieder die Geschichte Flanderns, boten neben manchen Gefahren den großen Stadtgemeinden als den in solchen Krisensituationen von allen Seiten umworbenen Kräften auch manche Chance, die sie geschickt zu nutzen verstanden. Dies gilt erstmals und im besonderen Maße für die hier zur Diskussion stehende Konstellation der Jahre 1127/28, die im Ablauf der Ereignisse und in den schließlich gefallenen Entscheidungen ohne die dahinter stehende englisch-französische Rivalität gar nicht verständlich werden würde. Als verlockende Angebote hatten beide Seiten ähnliches zu bieten, nämlich Privilegien und Handelsvorteile. Als Bedrohung konnte der französische König militärische Mittel ins Spiel bringen, während die englische Krone – immer mehr, je weiter die Entwicklung voranschritt – das wirtschaftliche Instrument der Handelsblockade und der Sperrung der Wollzufuhr androhte oder anwandte.

Viertens: Was eine weitere Besonderheit Flanderns ausmachte, ist die simple Tatsache, daß wir es hier in der Reihe unserer räumlich weit verteilten Beispiele mit einer Städtelandschaft und Großregion zu tun haben, die als ein vergleichsweise geschlossener „Staat" unter der Herrschaft eines weltlichen Fürsten stand. Bisher sind uns mit Oberitalien (Mailand), den rheinischen und nordfranzösischen Städten nur Bischofsstädte begegnet, deren Stadtherren auffallend anders auf die städtische Entwicklung reagierten als der Graf von Flandern, der das ganze Phänomen vorrangig unter dem Vorzeichen eines prosperierenden und machtvollen Fürstentums bewertete, also den Städten viel Freiraum eröffnete, solange seine zentrale und übergeordnete Herrschaftsposition unangetastet blieb. An dem grundherrlichen und hofrechtlichen Instrumentarium gegenüber den Städten war ihm selbst wenig gelegen, wenn er auch im Interesse der großen Kirchen auf diese Rechtstitel Rücksicht nehmen mußte.

2. Der Bericht Galberts von Brügge über die Ereignisse von 1127/28

Was war nun der auslösende Faktor für den schweren Konflikt, in den Flandern in diesen Jahren geriet? Veranlaßt wurde er durch einen inneren Machtkampf um die Beherrschung der gräflichen Politik durch die Erembalde oder Bertulfe, um auf den Ausgangspunkt, die Ermordung Karls des Guten, zurückzukommen. Warum war es zu dieser Tat gekommen?

Seit 1091 hatte Bertulf, Sohn des Ritters und Brügger Burggrafen Erembald von Veurne, die miteinander vereinigten Amtsfunktionen und Würden des Propstes von St. Donatian und des Kanzlers der Grafschaft Flandern inne. Damit stand er an der Spitze der 1089 in Brügge errichteten „Regierungszentrale" Flanderns. Seinen Einfluß hatte er noch dadurch verstärkt, daß er zwei seiner Brüder, Ruprecht und Haket, zum Kastellan und Burggrafen von Brügge machte, somit auch die gerichtliche und militärische Schlüsselposition in die Hände seiner Familie brachte. Seine Nichten verheiratete er mit einflußreichen Rittern und Edlen des Landes. Die Grafen kamen und gingen, wer blieb, das war der Propst-Kanzler Bertulf mit seinem Anhang. Diese Situation begann sich erst unter der Herrschaft Karls des Guten langsam zu ändern, der besonders in der großen Hungersnot von 1124/25 die Initiative ergriff, um die Not zu lindern und neue Maßnahmen einzuleiten. War man dabei schon auf einige Unregelmäßigkeiten des mächtigen Bertulf und seines Familienclans aufmerksam geworden, so kam es zum offenen Eklat, als 1126 in einem gerichtlichen Verfahren und angestrebten gerichtlichen Zweikampf von einem Adligen in beleidigender Absicht der Vorwurf der Hörigkeit und unfreien Herkunft gegenüber den Bertulfen erhoben wurde und der Graf sich nicht vor seinen Kanzler stellte, sondern ein Verfahren zur „Überprüfung" dieser Behauptung einleitete. Das Ergebnis war von vornherein klar, da die unfreie Herkunft, wenn auch ritterliche Stellung der Familie in der zweiten Generation, ein offenes Geheimnis war. Im übrigen war ein solcher Aufstieg aus der Unfreiheit – wie im deutschen Reich über die Ministerialität – in dieser Zeit nichts Außergewöhnliches, vielmehr ging es um die Machtkonzentration in den Händen dieses Geschlechts: Bertulf glaubte mit seinem Anhang in dieser Situation nur noch die Flucht nach vorn ergreifen zu können und vor der für Ostern 1127 angekündigten Entscheidung des Grafen handeln zu müssen: Der Familienrat beschloß die Ermordung Karls des Guten und die Erhebung Wilhelms von Ypern, eines Bastardsohns des alten flämischen Grafengeschlechts, zum neuen Grafen von Flandern. Der Mord wurde – wie erwähnt – am 2. März 1127 in der Stiftskirche St. Donatian zu Brügge ausgeführt, der Haupttäter war Borsiard, ein Neffe des Propstes dieser Kirche.

Über dieses und die folgenden Ereignisse sind wir ungewöhnlich gut – aus-

führlich und exakt – unterrichtet, und zwar durch einen ganz neuartigen
Quellentyp, ein Tagebuch nämlich, das unser Autor am Ort des Geschehens
erst einmal auf Wachstafeln führte, um es in einem gewissen zeitlichen Abstand von wenigen Tagen oder Wochen auf Pergament zu übertragen. Der
Mann, dem wir diesen umfangreichen Bericht mit einem offenen Auge und
lebhaften Interesse für das aufsteigende Bürgertum verdanken, ist Galbert
von Brügge. Galbert war Kleriker, der jedoch nur die niederen Weihen empfangen hatte. Als gräflicher Sekretär und Notar an der Kanzlei in Brügge erlebte er die politische Entwicklung aus nächster Nähe mit. Aber er war auch
am Ort der militärischen Auseinandersetzungen wie ein Kriegsberichter-
statter – ständig selbst in Gefahr, wie er berichtet – mit seinem Griffel und
seinen Wachstafeln bewaffnet. Die Anschaulichkeit und Lebendigkeit, zu-
weilen auch die rohe Form seines Berichts bestätigen diese Angabe. Seine
Aufzeichnungen zerfallen in zwei Teile: 1. Die Schilderung der Niederkämp-
fung der Mörder und ihrer Anhänger, ihre Bestrafung sowie die Erhebung des
neuen Grafen, Wilhelm von der Normandie, die im Sommer 1127 mit dem
Kapitel 85 endet, als diese Entwicklung abgeschlossen schien. 2. Die Wiederaufnahme der Berichterstattung vom Februar bis Juli 1128 in den Kapiteln
93–121, nachdem Galbert zur Überbrückung die Kapitel 86–92 eingefügt
hatte. Der Grund für die Fortführung der Notizen waren die turbulenten Auseinandersetzungen um die Erhebung Dietrichs vom Elsaß zum neuen Grafen
von Flandern, bei der die Bürger stark in den Vordergrund traten. Gerade
dieser zweite Teil ist für uns von besonderem Interesse, zumal die anderen Berichterstatter über diese zweite Phase gar nicht oder kaum etwas berichten.

Walter von Thérouanne, zusammen mit seinem bischöflichen Herrn
Johann von Thérouanne ebenfalls ein Augenzeuge der Ereignisse in Brügge
im Frühjahr 1127, verfaßte eine sehr informative ›Vita Caroli comitis‹ mit
dem Ziel, Karl als Märtyrer darzustellen. Abt Suger von St. Denis, der große
politische Berater der französischen Könige Ludwig VI. und Ludwig VII.,
widmete in seiner ›Vita Ludovici Grossi‹ der Ermordung Karls des Guten ein
eigenes Kapitel, welches allgemein als glänzende literarische Leistung gilt.
Von der Niederlage, die sein König in der flandrischen Frage letztlich ein-
stecken mußte, berichtet er allerdings nichts. Schließlich ist noch Hermann
von Tournai mit seinem ›Liber de restauratione S. Martini Tornacensis‹ zu
nennen, der neben manchen unzuverlässigen Klatschgeschichten das neue
bürgerliche Bewußtsein gut erfaßt und schildert. Alle drei Texte sind jedoch
nur interessante Ergänzungen im Vergleich und in Beziehung zu dem Bericht
Galberts von Brügge.

Halten wir uns vorläufig an diesen und versuchen, die Ereignisse kurz zu
erfassen. Danach erfuhr die Nachricht von der Ermordung des Grafen besonders schnell bei den Kaufleuten Verbreitung, die wohl in dem Gefühl, daß
sich ein folgenreicher Konflikt abzeichnete, ihre Handelsgeschäfte auf der

Messe in Ypern abbrachen. Aktivitäten löste die Kunde von dem Tod des kinderlosen Grafen auch bei denjenigen aus, die einen Anspruch auf das Erbe geltend machen zu können glaubten: Neben dem schon genannten Wilhelm von Ypern die benachbarten Grafen von Holland, Löwen und Hennegau, Graf Dietrich aus dem Hause Elsaß, Wilhelm Clito von der Normandie und König Heinrich I. von England. Mit den beiden letztgenannten Kandidaten wird die Größe des sich abzeichnenden politischen Konflikts deutlich, da Wilhelm von der Normandie der Sohn von Robert Kurzhose, des von seinem Bruder König Heinrich I. besiegten und in England gefangengesetzten ehemaligen Herzogs von der Normandie, war. Dieser wartete voller Ungeduld auf seine Chance, an Heinrich I. Rache nehmen und das normannische Herzogtum zurückerobern zu können. Wenn König Ludwig VI. von Frankreich als Lehnsherr des größten Teils von Flandern – der deutsche König Lothar III. als Lehnsherr über den sehr viel kleineren Teil Ostflandern (östlich der Schelde) griff in die Ereignisse nicht ein – gerade diesen Kandidaten ohne größere Verhandlungen in Arras zum neuen Grafen erhob, dann bedeutete dies natürlich einen demonstrativen Schachzug gegen die englisch-normannische Verbindung. Der König von England, der dies nicht einfach hinnehmen konnte, antwortete mit einem Ausfuhrverbot von Wolle nach Flandern, was die Wirtschaft der Städte schädigen und Unruhe hervorrufen sollte. Die Wirkung dieser Maßnahme trat durchaus ein, darf aber auch nicht überschätzt werden, denn so groß war die Abhängigkeit von dieser Zulieferung noch nicht. Durch die politische Konfrontation wurden sich die Bürger jedoch zwangsläufig ihrer eigenen Interessen bewußt, die vom französischen König bei seiner Entscheidung offenkundig übergangen worden waren. Sie waren nicht gewillt, so zu verfahren, wie es der König von Frankreich vorgesehen hatte, nämlich von jeder Stadt für den von ihm herbeigeführten neuen Grafen einen feierlichen Empfang bereiten zu lassen, der die nachträgliche Anerkennung ausdrücken sollte.

Vielmehr führten die Bürger von Brügge mit den Vertretern der umliegenden freien Gemeinden und den Städten Seeflanderns am Palmsonntag 1127 (März 27) auf dem Zandberg (später Freitagsmarkt) genannten Platz im Südwesten der Stadt eine große Versammlung durch, auf der eine Schwurvereinigung abgeschlossen und folgender Eid von allen besseren Bürgern und den Gemeindevertretern beschworen wurde: „Ich schwöre, einen edlen Herren zum Grafen dieses Landes zu wählen, der verständig und nutzbringend das Reich seiner Vorgänger regieren wird, die Rechte kraftvoll gegen die Feinde des Vaterlandes zu wahren vermag, der sich eifrig und mit frommen Sinne der Armen und Schwachen annimmt, gottergeben ist und den Weg der Rechtmäßigkeit beschreitet, kurzum einen, der den Nutzen des Vaterlandes im gemeinschaftlichen Sinn fördern will und kann." Abschließend betont Galbert, daß eine *multitudo maxima coniurantium* dort versammelt gewesen

wäre (De multro traditione, S. 80 f.). Nicht zufällig wurde drei Tage später
(März 30) derselbe Versammlungsort gewählt, um die Botschaft des französischen Königs über die inzwischen erfolgte Wahl Wilhelms Clito von der Normandie zum neuen Grafen von Flandern entgegenzunehmen. Aber anstatt in
die nun zu erwartenden Jubelrufe auszubrechen, beschloß die Bürgerversammlung ihre Entscheidung über die Annahme oder Ablehnung der Wahl
zu vertagen und erst einmal die Stellungnahme der benachbarten Flamen,
mit denen man ja in dieser Frage eine feste Absprache getroffen hatte, abzuwarten. Am folgenden Tag vereinbarten beide Parteien nach gemeinsamer
Beratung, zwanzig Ritter und zwölf besonders angesehene und erfahrene
Bürger den königlichen Boten zum Versammlungsort bei der Stadt Raven-
schot entgegenzuschicken, wo sie bereits von den Gentern erwartet wurden.
„Denn die Bürger der Städte und Burgorte Flanderns hatten sich in Sicher-
heits- und Freundschaftsabsprachen gegenseitig verpflichtet, in der Wahl-
angelegenheit, sei es nun zustimmend oder ablehnend, nur gemeinsam zu
entscheiden. Deshalb handelten die Bürger von Brügge lediglich im Einvernehmen mit den Gentern, die ihnen auch direkt zur Seite saßen", fügt Galbert
(S. 84) noch an, um deutlich zu machen, wie die Gewichte zugunsten der
beiden Hauptorte dabei verteilt waren. Es waren denn auch die Genter und
Brügger, die am 2. April gemeinsam beschlossen, Wilhelm Clito als neuen
Grafen in einem eigenen Wahlverfahren anzuerkennen. Zuvor hatte man jedoch einen Vertrag geschlossen, ja sogar eine Vertragsurkunde vereinbart, die
am 5. April bei der förmlichen Huldigung auf dem üblichen Versammlungsplatz laut verlesen wurde. „Für den Preis der Wahl und Anerkennung des
neuen Grafen erhielten die Bürger von Brügge", heißt es bei Galbert (S. 87),
„von diesem die Freiheit zugestanden, keinen Zoll und Grundzins in der
Stadt mehr von den Grafen oder einen seiner Nachfolger entrichten zu
müssen". Dies bedeutete nicht nur eine finanzielle Entlastung, sondern mit
der Anerkennung des freien Grundzinsrechtes in der Stadt war zugleich ein
wesentliches Element des vollen Bürgerrechts konzediert worden, verband
man doch gerade in den großen Städten Flanderns mit den Begriffen des
freien Erbes *(vrij huis – vrij erf; viri hereditarii)* am städtischen Grund und
Boden die Vorstellung von Bürgerfreiheit auch im Sinne des Rechts auf politische Mitbestimmung.

Besonderen Wert legten die Bürger Brügges und mit ihnen Galbert auf die
Form der Bekräftigung des Privileges, dessen uneingeschränkte Einhaltung
nicht nur der Graf, sondern auch der König von Frankreich feierlich auf die
mitgeführten Reliquien der Heiligen in Anwesenheit von Klerus und Volk beschwören. Um sich ihr Wohlwollen zu sichern, fügte der Graf daraufhin noch
die bemerkenswerte Konzession an, daß diese ihr Gewohnheitsrecht nach
Bedarf täglich korrigieren und verbessern, also den sich ändernden Bedingungen nach eigenem Ermessen anpassen könnten. Zwar ist dieses soge-

nannte Willkürrecht offensichtlich nicht in dem Privileg selbst enthalten gewesen, sondern nur als ein mündlich gegebenes Zugeständnis des Grafen angefügt worden, mußte aber auch in dieser Form für die Anerkennung der bürgerlichen Selbstbestimmung von großer Bedeutung sein.

Halten wir vorläufig fest, daß die Bürger und die Städte Flanderns zu den Wahlverhandlungen vom König nicht hinzugezogen worden waren, dieser ihnen also keine Mitentscheidung einräumte, ja sogar der Ansicht war, einen Kandidaten durchsetzen zu können, dessen Wahl die Wirtschaftsbeziehungen zu England schädigen und die Interessen der Städte somit beeinträchtigen mußte. Unter Führung von Brügge und Gent, sowohl gesondert wie auch gemeinsam, erfolgte von den Städten Flanderns jedoch eine überraschende Reaktion, indem sie beschlossen, eine eigene Wahlentscheidung zu treffen, also für sich nicht nur das Zustimmungs-, sondern das Wahlrecht zu beanspruchen.

Genauso interessant wie der Inhalt sind die Formen, in denen diese Beschlußfassung zustande kam: Man versammelte sich in Brügge auf dem großen Platz, der direkt vor der Stadt innerhalb der Umfriedung der sich anschließenden vorstädtischen Siedlung gelegen war und der der „Zand" oder „harenas" genannt wurde. Hierher mußten selbst die Reliquien und Schreine aus der St. Donatianskirche gebracht werden, um die vertraglichen Vereinbarungen feierlich beschwören zu können. Zuvor fanden am selben Ort mehrere große Versammlungen statt, die nur die Bürgergemeinde oder diese zusammen mit den Bewohnern des Brügger Burgbezirks (Kastellanei), *het vrije* genannt, betrafen. Am Schluß dieser Beratungen stand dann das gemeinsame Beschwören eines sorgfältig ausformulierten Eides, der ein klares politisches Wollen zum Ausdruck brachte. Greifbares Ergebnis war die als Vertrag bezeichnete Urkunde, die der Graf den Bürgern eben auf demselben Platz aushändigte, auf dem diese ihre Schwurvereinigung abgeschlossen hatten. Über den Bereich der einzelnen Stadt und auch des Burgbezirks hinausgreifend, verstand man sich dabei als Teil einer umfassenden Einheit der Städte Flanderns, die sich auf Sicherheits- und Freundschaftsabsprachen gründete: *Nam ex civitatibus Flandriae et castris burgenses stabant in eadem securitate et amicitia ad invicem ...* (De multro traditione, S. 84).

Natürlich muß man das Ganze vor dem Hintergrund der Kämpfe sehen, die anfangs in der Kastellanei und den Straßen Brügges tobten und dann auf den Bereich der Burg und schließlich auf den Kirchturm der St. Donatianskirche eingeschränkt worden waren. Erst am 19. April konnte man die noch am Leben gebliebenen Mörder des Grafen und deren Anhänger zur Übergabe zwingen, um sie zwei Wochen später vom Turm der Grafenburg, einen nach dem anderen, in die Tiefe zu stürzen. Die Brügger, die die ersten Tage nach der Mordtat stillgehalten hatten, hatten dann jedoch Kontakt zu Gervasius von Praet aufgenommen, dem ehemaligen Kämmerer Karls des Guten, der sofort zum Gegenangriff übergegangen war und erst einmal die befestigten Stützpunkte der Erembalde/Bertulfe im Umland belagert und zerstört hatte. Sie hatten ihn und seine Truppen in die Stadt hineingelassen und ihn bei seinem Kampf gegen die Grafenmörder unterstützt. Wenige Tage später erschienen auch die Genter – ermahnt von ihrem Burggrafen – auf dem Kampffeld und führten schweres und technisch neuartiges Belagerungsgerät mit sich. Sie wurden von den Brüggern aber erst in die Stadt eingelassen, nachdem sie diejenigen, die auf Plünderungen aus waren, aus ihren Reihen entfernt und geschworen hatten, das Eigentum der Bewohner Brügges zu respektieren. Wenn man sich auch erst einmal mit skeptischer Distanz gegenüberstand und es zu Auseinandersetzungen um den Leichnam Karls des Guten kam, den beide, die Brügger und die Genter, für sich beanspruchten, so schuf doch die Waffenbrüderschaft in Verbindung mit der politischen und wirtschaftlichen Herausforderung so viel an Gemeinsamkeiten zwischen den beiden Städten, daß sie eine Basis für das gemeinsame politische Handeln der Städte Flanderns insgesamt bot. Ihre Tragfähigkeit und Effizienz sollte sich knapp ein Jahr später erweisen, als in erster Linie die beiden Stadtgemeinden im Februar/März 1128 die Wahl und Anerkennung von Dietrich von Elsaß als neuen Grafen von Flandern durchsetzten.

Schienen im Mai 1127 sowohl die Verfolgung und Bestrafung der an der Ermordung des Grafen Schuldigen abgeschlossen als auch die Nachfolgefrage zugunsten des französischen Kandidaten Wilhelm Clito von der Normandie klar entschieden, so wurden Anfang August und Mitte September doch bereits erste, recht massive Anzeichen dafür sichtbar, daß sich verschiedene große Städte mit der Politik und Herrschaft des neuen Grafen nicht abfinden würden. Zu einer ersten aufständischen Bewegung kam es am 1. August 1127 in Lille, als der Graf während des Jahrmarktes, der unter einem besonderen Friedensschutz und der Zuständigkeit des städtischen Schöffengerichts stand, den Befehl erteilte, einen seiner Knechte gefangennehmen zu lassen. Die Bürger eilten daraufhin zu den Waffen, vertrieben den Grafen und seine verhaßten Normannen aus der Stadt und griffen auch den gräflichen Hof an. Die Strafe folgte auf dem Fuß, denn nach einer kurzen Belagerung mußte Lille kapitulieren und 1400 Silbermark zur „Versöhnung" zahlen, was einen tiefen Haß *(invidia maxima)* gegenüber dem Grafen hinterließ. Sechs Wochen später, am 17. September 1127 kam es zum Eklat in Brügge, der gräflichen Hauptresidenz. Nun ging es bereits ins Grundsätzliche, nicht mehr allein um einen einzelnen Streitpunkt. Es wurde nämlich von den Bürgern Brügges die Frage aufgeworfen, ob ein eidbrüchiger Graf rechtmäßig die Herrschaft ausüben könne. Im Vordergrund stand dabei die den Bürgern gewährte Zollfreiheit, die der Graf nun jedoch mißachtete, als er seinen ritterlichen Vasallen finanzielle Zuwendungen für das militärische Aufgebot nach Ypern machen mußte. Diese hatten bisher ihre Lehenseinkünfte aus dem

Brügger Zoll bezogen und die Überlassung desselben an die Bürger als einen
widerrechtlichen Akt des Grafen angesehen. Umgekehrt waren alle Bürger,
die sich auf ihr vom Grafen feierlich beschworenes Privileg berufen konnten,
nicht bereit, die Aberkennung des ihnen konzedierten Rechts einfach hinzunehmen. Hinzu kam, daß bei den noch anstehenden Verfahren gegen
Mitschuldige an der Ermordung Karls des Guten Graf Wilhelm die Entscheidungen an seinem Hof zog, geheime Absprachen traf und damit die Zuständigkeit des Schöffengerichts von Brügge und seiner Kastellanei auch hier
verletzte.

Wie stark in diesem Zusammenhang die englische Politik mit ihren Sperr-
maßnahmen und Geldzuwendungen bereits Wirkung zeigte, ist schwer abzuschätzen. Im Februar und März 1128, als die Dinge sich zuspitzten, wird
dieser Einfluß schon eher sichtbar, wie etwa bei dem letztlich gescheiterten
Aufstand von St. Omer in den ersten Februartagen. Schließlich war es Gent,
das Mitte Februar die Initiative in dem Entscheidungskampf gegen Graf Wilhelm übernahm. Die Bürger hatten zwei einflußreiche, der Stadt eng verbundene adelige Herren, Daniel von Dendermonde und besonders Iwein von
Aalst zu ihren Wortführern (*prelocutor civium*) erhoben, die vor allen Bürgern der Stadt eine Konfrontation mit dem Grafen herbeiführten. In einer
ebenso schwungvollen wie beleidigenden Rede richtete Iwein an den Grafen
das Ansinnen, sich wegen seiner zahlreichen Rechtsverletzungen und Wort-
brüche vor einer Gerichtsversammlung der Vertreter des Landes in Ypern zu
verantworten. Voller Zorn forderte Wilhelm Clito seinen Widersacher daraufhin zum gerichtlichen Zweikampf heraus, was dieser jedoch zurückwies.
Auch die Versammlung in Ypern kam nicht zustande, da der Graf mit Heeresmacht angerückt war.

Unterdessen war – mit englischer Unterstützung – von den beiden fürstlichen Herren Daniel und Iwein in Gent ein neuer Kandidat für die Grafenwürde, nämlich Dietrich vom Elsaß, Enkel Roberts des Friesen und Cousin
Karls des Guten, ins Spiel gebracht worden. Als sich Brügge mit Seeflandern
und seinem Burggrafen Gervasius von Praet nach einigem Zögern am
26. März ebenfalls diesem Bewerber anschloß, war das Übergewicht – jedenfalls in politischer und wirtschaftlicher Hinsicht – auf seiten Dietrichs vom
Elsaß. Am 30. März kam es schließlich zu der förmlichen Schwurvereinigung
unter Einbeziehung von Iwein und Daniel mit ihrem Anhang zwischen den
Bürgern von Gent und Brügge, die gemeinsam auf dem *Zant* in öffentlicher
Versammlung die Wahl des neuen Grafen und die gegenseitigen Eideslei-
stungen vornahmen. Ihnen schlossen sich die Bürger von Ypern unter der
Bedingung an, daß Graf Wilhelm vertrieben werde.

Nun schaltete sich nochmals der König von Frankreich als Oberlehnsherr
ein und versuchte zu retten, was nicht mehr zu retten war. Auf Palmsonntag
lud er je acht Bürger aus den großen Städten Flanderns vor sein Schiedsge-

richt nach Arras, um über die Berechtigung der Klagen gegen Graf Wilhelm zu beraten und den Frieden im Lande wiederherzustellen. Die Antwort, die ihm die in Brügge Versammelten nach dem Bericht Galberts erteilten, enthält in überpointiert erscheinenden Formulierungen das Kernstück des neugewonnenen Selbstverständnisses der Stadtgemeinde. Die Einladung des Königs, der sich damit zum Richter über Flandern machen wollte, wiesen sie mit einem scharfen Vorwurf zurück, der den weiteren Erläuterungen vorangestellt wurde: Der König habe geschworen, für die Wahl und Erhebung des Grafen keine Zahlung entgegenzunehmen und dennoch von Wilhelm Clito 1000 Mark empfangen; er sei somit eidbrüchig. Das gelte auch für die von ihm mitbeschworene Zollbefreiung der Bürger Brügges. Die Hauptschuld treffe jedoch den Grafen, der die Friedenspflicht nicht beachtet und ohne Verstand und gegen göttliches und menschliches Recht die Bürger im Lande eingeschlossen habe, so daß sie keinen Handel treiben und keine Einnahmen erzielen konnten, wahrlich ein gerechter Grund, ihn aus dem Lande zu jagen. Nun habe man mit Dietrich vom Elsaß statt dessen einen vernünftigen und mit den Gegebenheiten des Landes vertrauten Grafen gewählt. „Und dies möge jedermann zur Kenntnis nehmen, der König mit seinen Großen allen voran, aber zugleich alle Gegenwärtigen und unsere, der Bürger von Brügge, Nachkommen, daß dem König von Frankreich nichts bei der Wahl und Erhebung des Grafen von Flandern, egal ob dieser mit einem Erben oder ohne einen solchen stirbt, (an Rechten) zustehe" *(... quod nihil pertinent ad regem Franciae de electione vel positione comitis Flandriae ...)*. Das Wahlrecht für den nächstberechtigten Erben der Grafschaft hätten (allein) die Großen des Landes und die Bürger, und in gleicher Weise verfügten sie über die Freiheit, den Gewählten zur gräflichen Würde zu erheben. Für die Ländereien, die der Graf vom König zu Lehen hat, habe der Neuerkorene *armatura* – Waffendienst/Heeresfolge – zu leisten; nichts anderes schulde er dem König von Frankreich (De multro traditione, S. 152).

Verzichten wir darauf, die sich anschließenden Kämpfe, den über das Land verhängten Kirchenbann und die möglichen Gründe für die Zurückhaltung Frankreichs zu schildern, und halten nur fest, daß nach dem Tod Wilhelms von der Normandie Ende Juli 1128 der von den beiden großen Herren Reichsflanderns, Daniel und Iwein sowie besonders von den Bürgern Gents und Brügge auf ihren Schild erhobene Graf Dietrich vom Elsaß sowohl im Lande als auch bei den Königen von Frankreich und England Anerkennung fand. Wichtiger dürfte es sein, die in der oben zitierten Erklärung enthaltenen Aussagen grundsätzlichen Charakters auf ihren Stellenwert hin zu befragen.

3. Die politischen Vorstellungen der Bürger

Man hat begründete Zweifel daran angemeldet, daß auf der Bürgerversammlung Vorstellungen dieser Art und vor allem in dieser zugespitzten Form tatsächlich formuliert worden seien. Vielmehr spreche hier der rechtskundige und durch die Diskussion des Investiturstreites geschulte Notar Galbert von Brügge. Heinrich Sproemberg, der wohl am tiefsten in diese Materie eingedrungen ist, faßt sein Urteil über die Rolle Galberts so zusammen: „Seine Theorien sind ein Zukunftsprogramm gewesen; seine Größe lag darin, daß er den Gang der weiteren Entwicklung klar vorausgesehen hat. Er stand noch im Bann der kirchlichen Rechtslehren, jedoch verstand er es, diese anzuwenden auf die Bedürfnisse der Gemeinschaft, in der er lebte, auf die Stadt Brügge und das Land Flandern. Unter seinen Händen ist die *libertas ecclesie* zu einer *libertas civium* und darüber hinaus zu einer *libertas Flandriae* geworden. Damit zeigt sich bei ihm der Einfluß der Kommune auf die Geschichtsschreibung; jedoch war Galbert mehr als ein Sprachrohr. Sein Werk zeugt für ihn; er steht in ihm vor uns als der erste Theoretiker einer Demokratie des mittelalterlichen Bürgertums" (Mittelalter und demokratische Geschichtsschreibung, S. 374).

Diese gewichtigen Aussagen bedürfen der Erläuterung. Sie beziehen sich im starken Maß auf die Grundsatzerklärung der Bürgerversammlung. Hierbei sollte man zwei Bezugsebenen voneinander unterscheiden. Während der erste Teil in komprimierter Form die Vorstellung von dem Verhältnis des Landes zum Fürsten darlegt und festschreibt, bietet der zweite Teil geradezu eine programmatische Erklärung bezüglich der staatlichen Selbständigkeit und Eigenverantwortung der Grafschaft Flandern gegenüber dem König von Frankreich, der aus seinen lehnsrechtlichen Ansprüchen keinerlei Hoheitsrechte ableiten könne.

Was berechtigte die Bürger nach ihrer eigenen Auffassung, den schließlich auch von ihnen gewählten Landesfürsten, dem sie Treue geschworen hatten, wiederum für abgesetzt zu erklären und einen anderen Grafen an seine Stelle zu erheben? Sie nennen als Gründe die offenkundige Verletzung der beschworenen Vereinbarungen durch den Grafen und seine Unfähigkeit, Interessen und Nutzen des Landes zu fördern. Genau das hatte auch der Eid beinhaltet, den die Brügger als Grundsatz und Grundprinzip für ihre Wahl auf ihrem großen Versammlungsplatz beschworen hatten. Anerkennung und Unterstützung des Fürsten wurden nach dieser Konzeption von der Erfüllung der zuvor genannten und vereinbarten Bedingungen abhängig gemacht; deren Verletzung hatte eo ipso den Verlust der Legitimation zur Folge; was dann blieb, war nur noch Gewaltherrschaft, die es aufzuheben galt. Offenkundig ist hier in Ansätzen die Idee des Vertrages als Grundlage des Verhältnisses von Fürst und Volk maßgeblich, worauf nicht zuletzt François Ganshof

aufmerksam gemacht hat. Die Entscheidung darüber, ob die Vertragsbedingungen verletzt worden sind oder nicht, steht, wie es Iwein von Aalst als Sprecher der Bürger in seiner großen Rede in Gent dem Grafen gegenüber klar formuliert hat, der *curia*, also der Gerichtsversammlung der Vertreter des
Landes zu, die in Ypern, im Zentrum Flanderns, tagen sollte. Hier ist offensichtlich viel von den Vorstellungen eingeflossen, die sich gerade in dieser
Zeit in den Bürgergemeinden unter den Stichworten Schwurvereinigung,
Wahl und Herrschaftsübertragung entfaltet hatten.

Auf einer anderen Ebene und mit unterschiedlicher rechtlicher Argumentation bewegt sich Galbert von Brügge, wenn er die Bürger jegliches Hoheitsrecht der Krone Frankreichs über die Grafschaft Flandern scharf zurückweisen läßt. Schon von der sprachlichen Gestaltung her ist der Einschnitt
klar markiert, wenn Galbert die Erklärung der Bürger gegenüber dem König
von Frankreich mit den Worten beginnen läßt: *Notum igitur facimus uni-
versis, tam regi quam ipsius principibus ...* (De multro traditione, S. 152).
Indem hier eine Urkundenformel (Promulgatio) eingeführt wird, soll der
rechtsverbindliche Charakter der Aussage unterstrichen und zugleich das
Selbstverständnis der Bürger betont werden. Die folgenden inhaltlichen Ausführungen sind in der Tat der Gedankenwelt des Investiturstreits, vor allem
seiner späteren Phase mit der letztlich von Ivo von Chartres gefundenen
Unterscheidung zwischen *temporalia* und *spiritualia* entnommen. Indem
man für die geistlichen Amtsträger zwischen der auf die irdische Existenz bezogenen Ausstattung *(temporalia)*, die in bestimmten Formen vom König
oder einem anderen weltlichen Herren diesen erteilt werden konnte, und
dem letztlich von Gott verliehenen geistlichen Amt *(spiritualia)*, das jedem
weltlichen Zugriff entzogen bleiben müßte, klar trennte, hatte man eine
Formel gefunden, die aus dem Grundsatzstreit zwischen „Staat" und Kirche
einen Ausweg bot. Vereinfacht konnte man auch schlicht zwischen Amt und
Lehen unterscheiden, und genau das ist es, was Galbert die Bürger vortragen
läßt: Der König von Frankreich als Lehnsherr kann zwar aufgrund der dem
Grafen von Flandern verliehenen *temporalia* von diesem *armatura*, also Waf-
fendienst/Heerfolge in Anspruch nehmen, mit der Verleihung des Amtes
habe das jedoch nichts zu tun, vielmehr sei zwischen beiden klar zu trennen.
Denn die *potestas eligendi*, die Wahlhoheit, und die *libertas sublimandi*, die
Berechtigung und Freiheit zur Amtserhebung, komme ausschließlich den
Großen des Landes und den Städten zu. Weiter wird dieser Gedankengang
verständlicherweise nicht geführt, denn der Vergleich mit dem geistlichen
Amt und seiner göttlichen Herleitung würde für die Verleihung der gräflichen
Amtswürde durch die Großen und Städte des Landes denn doch Schwierig-
keiten bereiten. Worauf es hier ankam und wofür scheinbar das argumen-
tative Rüstzeug zur Verfügung stand, war die lehnsrechtliche Frage, aus der
nach dieser Auffassung nur klar begrenzte Ansprüche bzw. Verpflichtungen

ableitbar wären. Aber Galbert setzte auch andere der emotionsbeladenen Begriffe des Investiturstreites für die Sache der Bürger ein, der er eng verbunden war. Das gilt etwa für den zentralen Vorwurf der Simonie, des Ämterkaufs, mit dem er König Ludwig VI. von Frankreich und Graf Wilhelm von der Normandie belegt, obwohl der Erwerb eines geistlichen Amts gegen Geld nicht mit der Belohnung eines weltlichen Herren und der dabei z. T. üblichen Zahlung verglichen werden kann. Ähnlich verhält es sich, wenn Galbert für weltliche Wahlvorgänge das Begriffspaar *clerus et populus* (= Klerus und Volk als Wähler) benutzt, das die Formel für die freie Wahl eines geistlichen Amtsträgers von seiten der Kirchenreformer des Investiturstreites gewesen ist. Diese Formel setzt er ein, wenn er die Wahl des neuen Grafen Dietrich von Elsaß durch die vereinigten Bürger zu Gent und Brügge sowie die beteiligten Großen des Landes in einem vorteilhaften Licht erscheinen lassen möchte.

Sicher hat Galbert manches von den Streitschriften oder zumindest von den umstrittenen Punkten des Investiturstreites gekannt und in seinen Bericht einfließen lassen, sicher ist auch, daß er an entscheidenden Stellen systematisch und klar einen Rechtsstandpunkt zu formulieren verstand, aber ein großer Theoretiker ist er dennoch nicht gewesen, dafür geht zu vieles bei ihm durcheinander.

Um so besser ist es ihm gelungen, ein Bild von den politischen Vorstellungen und Bewußtseinsveränderungen der Bürger zu vermitteln, wie diese im Zuge der Auseinandersetzungen nach der Ermordung Karls des Guten erst heranreifen und langsam einen zielgerichteten Charakter gewonnen haben. Dabei steht zwar die bürgerliche Ideenwelt und Lebensform bei Galbert im Vordergrund des Interesses, aber man spürt doch zugleich sein Engagement für die *terra* und *patria* Flandern, für die Selbständigkeit seines Landes. Auch die Bürger bekunden bei ihren Planungen und Aktionen eine solche übergeordnete – auf das ganze Land und nicht nur die eigene Stadt bezogene – politische Orientierung. Von daher sind auch die Bündnisse und Absprachen bestimmt, denn fast immer agieren die großen Städte Brügge und Gent gemeinsam mit anderen Parteien: Brügge, zusammen mit den Landgemeinden seiner Kastellanei und den Städten Seeflanderns auf der einen und mit Gervasius von Praet, dem späteren Burggrafen der Stadt, auf der anderen Seite. Für Gent und seine Führungsrolle in der zweiten Phase ist die enge Verbindung, die man mit den beiden einflußreichen Vertretern des Adels von Reichsflandern, also Daniel von Dendermonde, ihrem Burggrafen, und Iwein van Aalst, eingegangen war, von großer Bedeutung gewesen und hat zum Erfolg bei der Erhebung Dietrichs von Elsaß entscheidend beigetragen.

Nun war man von den Gottesfriedens- und Landfriedenseinungen auch in Flandern an ein solches Zusammengehen gewöhnt und wußte aus Erfahrung, daß eine kommunale Bewegung durchaus auch über die Stadt und die

bürgerlichen Interessen hinausgreifen konnte. Aber, so kann man mit Jan
Dhondt und anderen fragen, hat sich hier nicht eher eine neue Entwicklung
angebahnt, die auf die Ausbildung von Landständen und die Entstehung
einer landständischen Verfassung mit einem geregelten Mitsprache- und Mitentscheidungsrecht hinauslief, wobei in einer „Städtelandschaft" wie Flandern verständlicherweise den bürgerlichen Kommunen eine sehr starke
Stellung eingeräumt wurde?

Um diese Zusammenhänge besser zu verstehen, müssen wir noch einen
Schritt weiter zurückgehen, nämlich bis 1071. In diesem Jahr wurde nämlich
Robert der Friese durch die vereinigte Ritterschaft des Landes zum neuen
Grafen gegen den bisherigen Herrn erhoben. Robert sah sich der Gefahr ausgesetzt, in eine Abhängigkeit von seinen Wählern zu gelangen, und suchte
deshalb entschlossen als Gegengewicht das Bündnis mit den Städten. Diese
Politik ist nicht zuletzt zum Vorteil der städtischen Entwicklung, wie es
manche Privilegien seit der Jahrhundertwende zeigen, von allen seinen Nachfolgern bis hin zu Karl dem Guten fortgesetzt worden. In der Krisensituation
nach der Ermordung dieses Grafen kam es zur Formierung der beiden Mäch-
tegruppierungen als Vertretern des Landes. Die Großen und Barone als wichtigste Vertreter der Ritterschaft waren zwar schon vororganisiert, aber erst in
Verbindung mit der gemeinschaftlichen Bekämpfung der Grafenmörder und
ihres Anhanges sowie der anstehenden Entscheidung der Grafenwahl erfolgte ein förmlicher Zusammenschluß, eine *coniuratio*, wie sie Galbert
erwähnt.

Dieser Alleinvertretungsanspruch, den die Großen bei der Wahl des
Grafen für das Land erhoben, wurde ihnen jedoch von den Städten be-
stritten, und zwar von Brügge mit seinen Koalitionspartnern an der Spitze.
Ihre Zielsetzung war klar formuliert und durch den gemeinsamen Eid und
seinen politischen Gehalt unterstrichen, nämlich die gleichberechtigte Beteiligung an der Wahl des Grafen durchzusetzen. Wenn diese Absprache, wie
Galbert berichtet, sich auf die Bürger aller Städte und Burgorte Flanderns erstreckte und durch ein Sicherheits- und Freundschaftsbündnis *(securitas et
amicitia)* bekräftigt wurde, dann bildeten die Städte damit eine eigene Vertretung des Landes neben der der Barone und Großen. „Ergänzend" nennt
Iwein in seiner Grunsatzerklärung zur Verfassung des Landes in Gent noch
den Klerus, der aber ansonsten als eigener „Stand" in Flandern kaum in Erscheinung trat: «Voilà, en 1127, posé le grand principe de la souveraineté du
peuple!», scheint J. Dhondt (Les Origines des États de Flandre, S. 19) geradezu selbst überrascht auszurufen, um sogleich einschränkende Bemerkungen anzuschließen. Diese Konstellation, wie sie uns hier entgegentritt,
blieb vorerst auf die Jahre 1127/28 beschränkt. Die Grafen aus dem Hause
Elsaß haben einen solchen Anspruch in der Folgezeit nicht mehr geduldet
und die Städte zurückgedrängt. Erst die erneute Krise der Grafschaft um

1190 ließ wiederum einen stärkeren Einfluß dieser politischen Kräfte sichtbar werden. Daß es bald nur noch die drei großen Städte Brügge, Gent und Ypern bzw. die vier „Leden" (Mitglieder/Vertreter), also die drei Städte unter Hinzutritt von «Het Vrije», den freien Landgemeinden der Kastellanei Brügge, waren, die das Land vertraten, ist aus der späteren Entwicklung relativ gut bekannt, zeichnete sich in Umrissen aber bereits während der Ereignisse von 1127/28 ab. Denn im Vordergrund standen eindeutig Brügge und Gent gefolgt von Ypern und auch noch St. Omer und Lille, die später jedoch der Krone Frankreichs unterworfen wurden. Sie betrieben jeweils eine eigenständige, aber doch wiederum aufeinander bezogene Politik, so daß man in gewisser Weise drei Ebenen unterscheiden kann, nämlich die kommunale, die „staatliche" und die „außenpolitische".

4. Das Stadtprivileg für St. Omer und die Anerkennung der Kommune

Während die beiden letztgenannten Bereiche ihrer politischen Bedeutung entsprechend in den Vordergrund gerückt worden sind, muß der Blick noch einmal auf den hier besonders interessierenden Aspekt, die kommunale Ebene, zurückgelenkt werden. Gewiß, wir haben bereits gesehen, wie sich die Stadtgemeinde als Eidgenossenschaft konstituierte, in Vollversammlungen zusammentrat, weitreichende politische Beschlüsse faßte und über eine Führungsgruppe von kompetenten und angesehenen Leuten *(meliores et sapientores)* bzw. über gewählte Vertreter verfügte, die als Delegierte zu den Verhandlungen mit dem König von Frankreich entsandt wurden. Darüber hinaus haben wir von den im Zuge der Wahlverhandlungen erlangten Rechten, der Befreiung vom Zoll und Grundzins, aber auch der Zuerkennung des Willkürrechts, des Satzungsrechts für die Stadtgemeinde, gehört. Schließlich wissen wir durch Galbert auch von der feierlichen Form, in der dieses Privileg in Brügge beschworen und der Städtegemeinde öffentlich übergeben worden ist. Aber leider ist diese Urkunde genausowenig erhalten geblieben wie zahlreiche andere Rechtsverleihungen, die in diesem Zusammenhang auch anderen Städten Flanderns von dem Grafen erteilt worden sind. Sehr anschaulich schildert Galbert beispielsweise, wie die Bürger von Aardenburg und der Umgebung, die auch zu den Anerkennungsverhandlungen des neuen Grafen in Brügge erschienen waren, ihre Wahlentscheidung für Wilhelm Clito von der Bestätigung einer Urkunde abhängig machten, die sie zuvor konzipiert hatten und die sie vor allen Versammelten laut vorlasen, um sie dann vom Grafen mündlich bestätigt zu bekommen. Ebenso nimmt Iwein von Aalst in seiner berühmten Rede vor dem Grafen und den Bürgern in Gent Bezug auf die von diesem verliehenen und be-

schworenen Gerechtsamen, einschließlich der Zollbefreiung und des bekräftigten Friedens, die der Graf mittlerweile in allen Punkten verletzt und miß-
achtet habe. Es ist mithin gesichert, daß sowohl im Frühjahr 1127 als auch
ein Jahr später über Rechtstexte verhandelt und Privilegien erteilt wurden,
aber wir müßten uns mit dem begnügen, was uns Galbert darüber berichtet,
wenn nicht in einem Fall die verliehenen Urkunden auch erhalten geblieben
wären, nämlich für St. Omer. Es handelt sich um das große Privileg, das Graf
Wilhelm Clito von der Normandie den Bürgern dieser Stadt am 14. April
1127 erteilte (Actes des Comtes de Flandre, Nr. 127, S. 293–299) und das
Graf Dietrich von Elsaß am 22. August 1128 bestätigte. Dabei nahm er
einiges an Korrekturen und Ergänzungen vor. Die Form, in der das als Chiro-
graph bezeichnete Diplom von 1127 ausgefertigt ist, dürfte auch für den
Nichtexperten von Interesse sein. Denn auf einem langen Stück Pergament
wurden zwei gleichlautende Urkunden geschrieben, jeweils mit dem Siegel
des Grafen versehen und von diesem unterzeichnet. Zwischen die beiden
Originalurkunden fügte man in Großbuchstaben (Kapitalen) die Wortzeile
ein: CIROGRAPHU(M) ET CONTESTATIO PRESENTIS KARTAE (= Unterschriebene
und beschworene Ausfertigung dieser Urkunde), die der Länge nach durch-
schnitten und nur durch das Aneinanderlegen der unregelmäßig verlau-
fenden Schnittkanten wieder lesbar wurde. Damit konnten Aussteller und
Empfänger überprüfen, ob sie es mit dem Pendant oder Zwilling, also dem
Original zu tun hatten. Beide Texte sind erhalten, der eine in der ursprünglichen Form, während der andere eine Anzahl von Veränderungen aufweist,
und zwar sowohl Rasuren (Ausschabung mit einem Federmesser) als auch Ergänzungen. Vermutlich erfolgte die Überarbeitung u. a. zu dem Zweck, eine
den veränderten Bedingungen angepaßte Vorlage für die Ausstellung der
Urkunde des neuen Grafen vom 22. August 1128 zu haben.

Aber damit sind durchaus nicht alle Unterschiede und Ungereimtheiten ge-
klärt. Überlassen wir diese den Experten und schauen uns den Text selbst
etwas näher an. Mit ihren – nach moderner Zählung – 21 Artikeln weist sie
für die Frühphase der Stadtprivilegien einen bemerkenswerten Umfang und
Inhaltsreichtum auf. Man hält sich nicht bei sonst üblichen längeren Vor-
reden auf, sondern kommt sofort zur Sache. Die Bürger von St. Omer sind es
gewesen, die diese Rechtsverleihung erbeten haben, und der Graf sieht sich
um so mehr veranlaßt, sie ihnen zu konzedieren, als sie seine Bewerbung um
die Grafschaft Flandern freudig unterstützt und mit größerer Zuverlässigkeit
als die anderen Flandrer ihm zur Seite gestanden hätten. Ebenso wie in den
von Galbert von Brügge geschilderten Fällen wird auch hier ein direkter Zusammenhang zwischen der Anerkennung und Wahl des Grafen durch die
Bürger und der Erteilung des Privilegs hergestellt, also wie man später sagen
würde, eine Wahlkapitulation vorgenommen. Als erstes gewährt der Graf
den Bürgern Frieden und verspricht ihnen Schutz und Schirm in gleicher

Weise wie seinen eigenen Leuten. Außerdem soll ihnen gerechtes Gericht durch die Schöffen – wie allen, so auch ihm, dem Grafen, gegenüber – widerfahren, und ihre eigenen Schöffen sollen ebenso weitgehende Freiheiten und Rechte wie die gräflichen Landschöffen haben.

Neben den für die Kastellaneibezirke ganz Flanderns zuständigen Schöffen des Grafen bestand also in St. Omer eine eigene Schöffenbank, die – zwar nicht, was die Ausdehnung ihrer Zuständigkeit anbelangt – wohl aber hinsichtlich ihrer Kompetenz und der Verbindlichkeit der von ihnen getroffenen Urteile und Entscheidungen vom „Landesherrn" ausdrücklich anerkannt und der besten Rechtsstellung seiner Schöffen gleichgeachtet wurde. Das städtische Schöffenkolleg, nunmehr auch als Organ der Stadtgemeinde, wurde damit nicht erst geschaffen, sondern lediglich bestätigt. Kommt diesem Vorgang dennoch eine so hohe Bedeutung zu, daß man darin den Übergang von der präkommunalen zur kommunalen Phase als Geburtsstunde der sich selbst bestimmenden Bürgergemeinde mit einem ersten Repräsentativorgan an der Spitze erblicken kann? Und ist diese an erster Stelle des Privilegs stehende Freiheit *(libertas)* ein auf St. Omer beschränkter oder auch für die anderen Städte Flanderns repräsentativer Verleihungsakt gewesen? Diese Fragen zielen auf das Grundproblem, seit wann die Städte Flanderns über ein eigenes Schöffentum mit weiterreichenden als nur gerichtlichen Aufgaben verfügten, das also gesondert von der gräflichen Schöffenbank der sich um die großen Städte gruppierenden Kastellaneibezirke bestand. Das städtische Schöffenkolleg impliziert auch das eigene Stadtrecht, die Stadt als gesonderten Rechtsbezirk.

Versuchen wir festzustellen, was sich in dieser Hinsicht für die „Hauptstadt", also für Brügge, sagen läßt. Von Galbert wissen wir, daß auch hier ein Stadtrechtsprivileg ausgehandelt und vom Grafen erteilt worden ist, von der Bestätigung eines städtischen Schöffenkollegs berichtet er jedoch nichts. Oder etwa doch? Erinnern wir uns an die vom Grafen nach der Aushändigung des Privilegs den Bürgern mündlich gewährte Vergünstigung, ihre *leges* und *consuetudines* den sich verändernden Bedingungen anzupassen (= Willkürrecht). Für diese Rechtsentscheidungen muß ja eine anerkannte Instanz vorhanden gewesen sein, bei der es sich schlechterdings nur um das bewußte städtische Schöffenkolleg gehandelt haben kann. Vielleicht findet sich doch eine direkte Erwähnung einer solchen Einrichtung für Brügge bei Galbert, wenn er von der Versammlung am 27. März 1127 auf dem Zand und dem sorgfältig formulierten Eid berichtet, keinen Grafen anzuerkennen, den man nicht gemeinsam gewählt habe. Als erster, und zwar als Vertreter der Bürger von Brügge, leistete *Folpertus iudex* diesen Eid, dem sich andere vornehme Bürger und Vertreter der Gemeinden von Het Vrije von Brügge anschlossen. Was sollte ein Richter Folpert in dieser Rolle und Funktion anderes gewesen sein als ein Stadtschöffe?

Das Stadtschöffentum stellte somit 1127/28 keine Neuerung dar, sondern wurde in St. Omer vom Grafen bestätigt, für Brügge von Galbert als bekannte Einrichtung vorausgesetzt und ist für andere große Städte Flanderns wie Ypern, Arras und Douai bereits früher, nämlich 1111/1112–1116 nachweisbar. Während Galbert verständlicherweise in der Frage der Privilegien nur über die herausragenden Neuverleihungen berichtet, ist es ebenso naheliegend, daß in der gräflichen Stadtrechtsurkunde das schon bestehende Stadtschöffentum erwähnt und durch die Erwähnung anerkannt und bestätigt wird. Beide Daten – Entstehung/erste Erwähnung und Bestätigung – sind für den Verlauf und die Beurteilung der kommunalen Bewegung von gleicher Wichtigkeit. Genauso wie die Kommune selbst erst durch ihre Anerkennung zu ihrem eigentlichen Ziel gelangt. Auch in diesem Punkt wird der Unterschied zwischen der tagebuchartigen Berichterstattung Galberts von Brügge und der gräflichen Urkunde evident. Während die Existenz der Kommune in der Schilderung der politischen Ereignisse implizit zum Ausdruck kommt, findet in dem Privileg für St. Omer explizit Erwähnung: „Ihre Kommune aber, wie sie sie beschworen haben, soll, so befehle ich, Graf Wilhelm Clito, bewahrt bleiben, und ich werde es nicht dulden, daß sie von irgend jemandem aufgelöst wird …" Die Ausnahmesituation der Jahre 1127/28 darf nicht darüber hinwegtäuschen, daß eine gräfliche Kontrolle „und sogar eine gewisse Teilnahme der Vertreter des Grafen an Verwaltung und Rechtsprechung in der Stadt immer bestanden", um François Louis Ganshof als einen der herausragendsten Vertreter der Stadt- und Verfassungsgeschichte zu zitieren (Ganshof, Einwohnergenossenschaft und Graf, S. 203).

Allerdings wäre es für die Beurteilung dieser Verhältnisse ebenso interessant zu erfahren, welches Wahlrecht der Graf konkret wahrnehmen konnte. War er frei in seiner Entscheidung, oder war er darauf angewiesen, nur solche Schöffen zu ernennen, die auch von der Stadtgemeinde akzeptiert wurden?

Hatten wir uns bisher auf die einschlägigen Bestimmungen über die Kommune, das Schöffenkolleg in seiner neuen Gestalt und Funktion und die Ausbildung des Stadtrechts beschränkt, so gilt es nun, den zweiten großen Komplex herauszuarbeiten, der die verschiedenen Bereiche der Wirtschaft betrifft. Es ist ein anschauliches Bild, das uns so von den Handelsaktivitäten der Kaufleute von St. Omer vermittelt wird, von den Richtungen, in die deren Handelsfahrten führten, von den Organisationsformen, in denen man zusammenfand, und von den rechtlichen Bestimmungen, die man für die neuen wirtschaftlichen Sachverhalte finden mußte. So etwa für das Kreditwesen, ohne das nun einmal größere, von Volumen und Entfernung her gesehen, Handelsgeschäfte nicht denkbar sind. Der Abschluß einer solchen Kreditvereinbarung erfolgte vor „legitimierten" Personen, die in der Stadt über erblichen Grundbesitz verfügten, was die Unabhängigkeit und Glaubwürdigkeit erhöhte und eine Voraussetzung für die Zugehörigkeit zur Führungsschicht darstellte. Konnte der Schuldner den Zahlungstermin nicht einhalten, haftete er mit seinem Vermögen und seiner Person (Schuldhaft). Bei Verweigerung der Zahlung und Anerkennung der Schuld wurde er durch das Urteil zweier Schöffen oder zweier Geschworener überführt, was übrigens ein interessanter Hinweis darauf ist, daß neben den Schöffen auch eine Gruppe von Geschworenen bereits eine anerkannte Rolle im Rechtsleben der Stadt spielte. Was somit über das Kaufmannsrecht in das Gerichtsverfahren und Prozeßrecht der Stadt Eingang findet, das ist der Eid als Beweismittel, wobei die beschworene Aussage von zwei Schöffen oder Geschworenen die Schuld des Beklagten beweist. Dahinter steht das Bestreben, die älteren Beweismittel der Gottesurteile, seien es nun der gerichtliche Zweikampf oder die Ordale des glühenden Eisens bzw. kochenden Wassers etc., gerade in Streitfragen des Warenhandels oder Kreditgeschäfts durch ein angemesseneres Rechtsverfahren zu ersetzen, auch wenn die Gefahr des Meineides bestand. Bereits 1116 hatte Graf Balduin VII. von Flandern den Bürgern von Ypern ein ausführliches Privileg erteilt und darin festgelegt, daß sich der Beschuldigte durch einen Eid mit vier Eideshelfern reinigen könne.

In welche Richtungen die Handelsaktivitäten von St. Omer und den anderen großen Städten Flanderns führten, das zeigen auch die Plätze, an denen Zollfreiheiten gewährt oder in Aussicht gestellt werden. Es waren vor allem die Hafenorte wie Dixmuiden und Gravelingen, Nieuvlet bei Dünkirchen und Wissant bei Calais, alle mit einer Orientierung auf den Englandhandel. Außerdem wurden noch zwei weitere Handelsrouten durch Handelsfreiheiten markiert. Einerseits der Weg nach Frankreich hinein durch die Zollvergünstigung in Bapaume, wie sie die Kaufleute von Arras dort genossen. Andererseits fand die Handelsverbindung in das deutsche Reich *(terra imperatoris)* Erwähnung, und zwar dadurch, daß der Graf in diesem Fall auf die *hansa* genannte Abgabe verzichtete.

5. Kaufmannsgilde und Gildestatut von St. Omer

Aber alle diese Bestimmungen sind nur mehr oder weniger wichtige Nebenaspekte im Vergleich zu den Angaben, die das Stadtrecht von 1127/28 über die vieldiskutierte Kaufleutegilde von St. Omer enthält. Die erste Information macht deutlich, daß diese Gilde zwar auf die Stadt St. Omer bezogen war, ihre Rechte sich aber auf Handels- und Zollfreiheiten in der Ferne und auf die Befreiung von dem *sewerp* (Grundruhr, Strandrechtsabgabe) in ganz Flandern erstreckten. Die zweite Bestimmung läßt erkennen, daß die Gilde auch so etwas wie eine Institution der Stadt war, denn das ungewöhnliche und nur aus der Zwangssituation heraus verständliche Zugeständnis des

Grafen, auf seine Rechte und Einkünfte aus der Münze von St. Omer zu verzichten, sah vor, daß einerseits mit diesem Geld die Kriegsschäden beseitigt und andererseits die Belange der Gilde unterstützt werden sollten. Dieser Artikel wurde allerdings in der Bestätigung des Privilegs durch Graf Dietrich vom Elsaß im Jahr 1128 aufgehoben. Ein weiterer Zusammenhang, der zwischen der Gilde und der Stadtgemeinde bestand, ist aus den Jahren 1151 und 1157 zu ersehen, in denen Graf Dietrich vom Elsaß den Bürgern von St. Omer das Areal, auf dem sich die Gildehalle befand, zu erblichem Besitz überließ. An der zentralen Stelle des Marktes war die Gildehalle gleichsam als „öffentliches" Gebäude der Bürgergemeinde gelegen, die den Grund und Boden, auf dem sie errichtet war, nun als Allmendebesitz übertragen bekam. Gleichzeitig blieb ihre Funktion für die Handelsbeziehungen und Handelsinteressen der Kaufleute gewahrt, indem sie zum Immunitätsbezirk erklärt wurde, in den sich ein Beschuldigter erst einmal flüchten konnte, ohne daß ihm der Richter *(iudex)* dorthin folgen durfte, bevor er dann von dem Vorsteher der Gildehalle an der Grenze der Immunität in Gegenwart von zwei oder mehr Schöffen dem Richter übergeben wurde.

Mit der Übereignung des Grund und Bodens an die Bürgergemeinde und der genaueren Festlegung der öffentlichen Funktion, die der Gildehalle im Marktgeschehen zukam, verschwindet in gewisser Weise die ursprünglich dahinterstehende Gilde, die noch 25 Jahre zuvor in dem Stadtrechtsprivileg als eine geradezu in der Bürgergemeinde verankerte Institution hervorgehoben worden war.

Um diese Entwicklung zu verstehen und die Rolle abschätzen zu können, die die Gilde von Saint-Omer in der Forschungsdiskussion um den Stadtwerdungsprozeß gespielt hat, müssen wir uns dem berühmten Gildestatut von St. Omer zuwenden. *Hec sunt consuetudines gilde mercatorie* – ›Dies sind die Gewohnheitsrechte der Kaufleutegilde‹, unter dieser Überschrift ist uns ein Statut überliefert, das nach (moderner Zählung) 28 Artikel umfaßt, also sehr detailfreudig ist (Pirenne, Les Villes et les Institutions Urbaines, Bd. 2, S. 189 ff.). Die Überlieferung ist schlecht, denn es ist nur in einem Sammelregister aus dem 14. Jahrhundert, in das es vermutlich 1318 eingetragen wurde, erhalten. Es ist undatiert, aber durch die Erwähnung des verstorbenen Burggrafen Wulfric Rabel (Art. 15), der 1083 verstorben war, und den Hinweis auf den gerichtlichen Zweikampf (Art. 17), der für St. Omer durch das Privileg von Wilhelm Clito 1127 beseitigt wurde, ergibt sich die zeitliche Zuordnung etwa auf das Jahr 1100. Das schließt natürlich nicht aus, daß manche der verzeichneten Gewohnheiten und Regelungen ein höheres Alter haben. Wer von der um die Gildefrage kreisenden Forschungsdiskussion nichts weiß, wird die einzelnen Angaben, die das Statut enthält, eher als schlicht empfinden. Wenn aber die Gilde tatsächlich die Kräfte umschloß, die der Kommunebewegung die entscheidenden Impulse vermittelt haben, dann gewinnen auch vergleichsweise einfache statuarische Vereinbarungen einen hohen Aussagewert. Verschaffen wir uns erst einmal einen Eindruck von dem Statut selbst. Am Anfang steht der gegenseitige Schutz der Gildegenossen besonders auf ihren Handelsfahrten vor Überfällen, Diebstählen oder Beschuldigungen, die zum gerichtlichen Zweikampf führten. Es ist jedoch nicht zu übersehen, daß dieser zentrale Gedanke in eine negative Form gekleidet ist, indem bestimmt wurde, daß alle Kaufleute von St. Omer *(in villa vel in suburbio)*, die der Gilde nicht beitreten wollten, dieses Schutzes entbehren sollten. Die Gilde umfaßte also durchaus nicht alle Kaufleute oder Personen, die nach dem eigenen Verständnis der Genossenschaft angehören sollten. Da die Verweigerung des Schutzes so pointiert am Anfang des Statuts steht, wollte man wohl einen gewissen Beitrittsdruck ausüben.

Die folgenden Artikel beschäftigen sich mit dem Gildegelage, dem sich jeweils über zwei Tage erstreckenden Trinkgelage der Gildebrüder. Ausführlich werden die Maßnahmen zur Sicherung von Disziplin und Frieden während des feierlich-förmlichen Gelages verzeichnet. Darüber wachten die beiden Dekane mit dem Kapitel als Gildevorstand, unterstützt von Türwächtern, die „Einlaßkontrollen" vornahmen. In diesem Rahmen verfügte die Gilde über eine eigene Gerichtsbarkeit, wie es zur Zeit des genannten Burggrafen festgesetzt worden war. Beteiligt waren auch die Pfarrer aller Kirchspiele in Verbindung mit den Andachten zur Vesper sowie der Kustos der Stiftskirche von St. Audomer (St. Omer), der zur Prim, dem Versammlungstermin des Gildekapitels, läutete und Reliquien – vermutlich zum Zwecke der für die Gilde konstitutiven Eidesleistung – bereitstellte. Alle hatten sie Anspruch auf ein Lot Wein pro Nacht (während des Gildegelages). Gegen Schluß finden noch zwei interne Aufgaben der Gilde Erwähnung, nämlich die Unterstützung im Krankheitsfall und die Stellung von Bürgen bei Kreditgeschäften. Die beiden letzten Bestimmungen bleiben jedoch den „öffentlichen" Funktionen der Gilde vorbehalten. Das, was nach der Abrechnung des Gildegelages an Geld übrigbleibt, soll für das Gemeinwohl *(communi utilitati)*, wie Straßen, Tore oder die Stadtmauer, Verwendung finden. Und keiner von ihnen sollte die christliche Pflicht, sich der Armen und Aussätzigen zu erbarmen, versäumen.

Die Verwendung der Überschüsse der Gilde für Angelegenheiten der Stadt läßt ein Gefühl der Verantwortlichkeit und der Zuständigkeit für das Gesamtinteresse erkennen. Eine ähnliche Einschätzung spricht aus der Zuweisung eines Teils der Einkünfte aus der Münze an die Gilde durch Graf Wilhelm Clito im Jahr 1127, so daß man den Eindruck gewinnen kann, daß die Gilde von St. Omer bei der Ausformung der Stadtgemeinde und der Wahrnehmung ihrer Interessen ein kräftiges Wort mitgeredet hat.

Allerdings sollte man im Eifer dieser Entdeckung nicht vergessen, daß an erster Stelle des Privilegs von 1127 das schon existierende städtische Schöf-

fenkolleg und außerdem ein Kreis von Geschworenen *(iurati)* Erwähnung
findet und daß in der Folgezeit die Gilde im politischen Geschehen der Stadt
nicht mehr hervortritt. Wenn um 1150 die zentral gelegene Gildehalle öffentliche Funktionen in Verbindung mit dem Marktfrieden zugewiesen bekam,
ohne daß die Gilde dabei auch nur erwähnt würde, dann spricht dies nicht
gerade für deren starken Einfluß in der weiteren Entwicklung, aber auch nicht
gegen ihre Bedeutung für die frühe Phase.

Mit Hans Planitz hat die sehr viel ältere Gildetheorie einen Wortführer gefunden, der ein so bestechendes Bild und eine so geschlossen erscheinende
Konzeption von der Rolle der Gilde entworfen hat, daß trotz der inzwischen
daran geäußerten Kritik noch manches von seinen Ideen nachklingt. Zwar ist
in diesem Punkt gegenüber Planitz Skepsis angebracht, jede Pauschalverur-
teilung seines großen Werkes und Beitrages zur Stadtgeschichtsforschung
wäre jedoch überzogen und abwegig. Versuchen wir die Grundüberlegungen
zusammenzufassen: In einer herrschaftlich und grundherrschaftlich so stark
geprägten Welt wie der des 9.–11. Jahrhunderts hätten vor allem die wage-
mutigen freien Fernkaufleute durch den gildemäßigen Zusammenschluß und
oftmals auch aufgrund königlichen Schutzes ihr eigenes Recht und ihre persönliche Freiheit wahren können. Mit ihrem Seßhaftwerden und dem Entstehen einer an die ältere Burg-Stadt angelehnten, aber räumlich von dieser
getrennten Kaufmannssiedlung (besonders im 10. Jahrhundert) entwickelte
sich ein anders strukturierter Rechtsbezirk, geprägt vom Genossenschaftsrecht der Gildekaufleute als Schwurverband. Da dies nun gerade die Elemente waren, die die Kommunebewegung (um 1100) und die Bildung der
Stadtgemeinde bestimmten, muß die quellenmäßig dabei hervortretende
Kaufmannsgilde als die treibende Kraft in diesem Prozeß angesehen werden.

Schöne, klare Bilder, in der Tat. Aber halten sie der Kritik Stand? Diese
konzentriert sich vor allem auf zwei Punkte, einen systematischen und einen
geographischen. Der erstere macht auf die tiefe Verschiedenheit von rein per-
sonalen und raumbezogenen Verbänden (K. Kroeschell), also zwischen dem
spezifischen Personen- und Interessenverband von Kaufleuten und den auf
die Stadt als Lebensraum bezogenen Gemeinde als der – in den herausragenden Fällen – durch Eid verbundenen „communitas" aufmerksam. „In der
Organisation der Stadtgemeinde", so zieht Edith Ennen das Fazit aus dieser
Kontroverse (Die europäische Stadt des Mittelalters, 4. verb. Aufl., Göttingen 1987, S. 116), „hat die Gilde keine dauernden Spuren hinterlassen; sie
ist kein Aufbauelement der Stadtgemeinde", auch wenn in der Stadt die
„Kraft ihrer Genossenschaftsidee" wirksam geworden ist. Das geographische
Argument weist darauf hin, daß die besagte Kaufmannsgilde eine auf den
nordwesteuropäischen Raum beschränkte Besonderheit war und schon von
daher als weitergreifendes Erklärungsmodell gar nicht herangezogen werden
kann. Die von Fritz Rörig entfaltete Theorie von der Kaufmannsgilde als

„Gründungsunternehmerkonsortium", d. h. als der treibenden und tragenden Kraft bei der Errichtung der großen städtischen Neugründungen von Freiburg i. Br. (1120) über Lübeck (1154/58) bis zur Wiener Neustadt (1194/95) ist in diesem Punkt inhaltlich so stark kritisiert worden, daß sie als „überholt" gelten muß.

Wie gesagt, es geht dabei um die an die Gilden mit Bezug auf die Kommune anknüpfenden Theorien, nicht etwa um die Gilde in ihrer Erscheinungsform und Bedeutung selbst. Angefangen von dem anschaulichen Bericht von Alpert von Metz über die Tieler Kaufmannsgilde um 1020, über das Statut der *caritas* genannten Gilde von Valenciennes, das vermutlich aus der Zeit von 1050–1070 stammt, bis hin zur Satzung der Gilde von St. Omer um 1100 verfügen wir über aussagekräftige Quellenzeugnisse, die uns einen Eindruck sowohl von den Rechtsformen und Normen der Gilde als auch der Rolle, die sie in der Stadt gespielt hat, vermitteln. Danach sind Gilden Vereinigungen zu gegenseitiger Hilfe und zum Rechtsschutz gegenüber Fremden. Sie konstituieren sich durch „freie Einung" (O. von Gierke), d. h. durch genossenschaftliche Übereinkunft und Gewohnheitsrecht. „Konsens und Vertrag gründen sich auf einen gegenseitig geleisteten Versprechenseid ... Gilden sind deshalb geschworene Einungen *(coniurationes)*" (Oexle, Gilde, Lexikon des Mittelalters, Bd. 4, Sp. 1452). Die Erneuerung und Bekräftigung des Eides erfolgt in den verbindlichen Gildeversammlungen mit dem gemeinschaftsstiftenden und gemeinschaftsverpflichtenden Gildemahl. Hinzu treten der gemeinsame Gottesdienst, die Verpflichtung zur Totenfolge und zur Totenmemoria.

Schon diese knappen Bemerkungen lassen skizzenhaft deutlich werden, worin Verbindungen und Unterschiede zur Stadtgemeinde bestehen. Die Rechtsform (freie Einung, *coniuratio*, Satzungs- und Gewohnheitsrecht), in der sich die Gilde konstituiert und präsentiert, weist wichtige Elemente der Gemeindebildung auf und wird nicht ohne Einfluß auf diese geblieben sein. Der Inhalt und gruppenspezifische Zweck, der die Gildegenossen zusammenführt und bei Handelsfahrten, dem Gildemahl und dem Totengedächtnis miteinander vereinigt, zeigt hingegen einen klar unterschiedlichen Charakter.

Auch Henri Pirenne, der stark die kommuneprägende Rolle der Gilde betont hatte: «Les gildes sont les initiatrices de l'autonomie urbaine», kam aufgrund der erkennbaren Unterschiede zu folgender einschränkender Formulierung: «La gilde a pu aider beaucoup au développement des institutions communales. Ce n'est pas elle qui les a créés» (H. Pirenne, Les Villes et les institutions urbaines, Paris 1939, Bd. 1, S. 60). Noch eindeutiger hat H. van der Linden in dieser Frage Stellung bezogen und betont, daß es sich bei der Gilde um eine freiwillige Vereinigung zur Vertretung gemeinsamer Interessen primär wirtschaftlicher Art handele, die so gut wie keine öffentliche Funktion gehabt hat. «On peut donc dire que les gildes ne jouent un rôle politique que du jour ou elles ne sont plus des associations autonomes – nouvelle preuve en faveur de l'opinion que la commune ne dérivent pas des gildes» (H. van der Linden, Les gildes, S. 95).

Erinnert sei in diesem Zusammenhang auch daran, daß das andere Erklärungsmodell neben der Gilde, das für die Entstehung der Kommune – übrigens für dieselbe Städtelandschaft im Nordwesten Europas – herangezogen wurde, die Gottesfriedensbewegung gewesen ist. Kernstück der Argumentation sind wiederum der gemeinschaftsstiftende Eid (coniuratio) sowie die Verpflichtung zu gegenseitiger Hilfe. Gerade in der Kontrastierung dieser ganz verschiedenen Erklärungsansätze für ein und dieselbe Städtelandschaft wird deutlich, daß beide Elemente, Gilde wie Gottesfrieden, nicht mehr, aber auch nicht weniger als Wegbereiter gewesen sind. Die Kommunebewegung läß sich nun einmal nicht zureichend aus älteren Ansätzen erklären, sie ist ein Vorgang sui generis. Sie propagiert und eröffnet eigene Vorstellungen, nämlich die Dimension des Politischen, und schafft damit grundlegend Neuartiges. Worin aber bestanden die wichtigsten Gemeinsamkeiten?

Beide Erscheinungen, Gilde und Kommune, waren bestimmt durch die Kombination von Individuation und Assoziation. Die Zugehörigkeit zu der Genossenschaft bzw. zu der Gemeinde vermittelte Rechtssicherheit und persönliche Freiheit. Was in älteren gesellschaftlichen Bezügen die Sippe bzw. in frühen Stadtsiedlungen vielfach die grundherrschaftliche familia geleistet hatten, übernahmen zuerst begrenzt und zweckorientiert die Gilde und dann umfassend die Gemeinde, nämlich gegenseitigen Schutz und Hilfe, die sich die Bürger gegenseitig versprachen, was den Unterschied zu herrschaftlicher oder staatlicher Funktion deutlich werden läßt. Es erklärt auch zugleich, warum der Begriff der amicitia oder fraternitas auf die Stadtgemeinde Anwendung finden konnte, also die Idee der brüderlichen Hilfe stark betont wurde. Die Munizipalisierung des Eides, wie er durch die Gilde vorgeformt war, wird zwar in manchen Fällen die Basis gewesen sein, auf der sich die Stadtgemeinde konstituierte, aber der Impuls und die Zielsetzung war eine politische Idee der Kommune.

Ein anderer Weg, auf dem sich die enge Verbindung und mögliche Kontinuität der Gilde zur Kommune ermitteln ließe, wäre der Nachweis der weitgehenden Identität von Gildekaufleuten und städtischen Führungsgruppen bei den frühen kommunalen Erhebungen. Bezogen auf Flandern würde die unterstellte Bedeutung der Gilde merklich an Gewicht gewinnen, wenn man Belege oder Anhaltspunkte dafür beibringen könnte, daß die frühen Stadtschöffen und Geschworenen weitgehend personengleich mit den Gildemitgliedern gewesen wären. Dies ist für Flandern in der wünschenswerten und erforderlichen Klarheit nicht der Fall. Wo diese Voraussetzung aber voll und ganz zutrifft, nämlich bei der Kölner Richerzeche, stoßen wir auf ein anderes Phänomen, daß nämlich die meisten und gerade die wichtigsten Mitglieder entweder der Ministerialität des Erzbischofs oder der der großen städtischen Stiftskirchen angehörten, also der qualifizierten Unfreiheit entstammten. Auch in Flandern, besonders im Falle von Arras bei der einflußreichen Abtei St. Vedast, zeigen sich interessante Verbindungen der Kaufmannschaft zum Kloster, mit dem sie über das Hof- und das Zensualenrecht verknüpft war, das ihnen die Teilhabe an klösterlichen Zollbefreiungen vermittelte. Ähnliches läßt sich für die Genter Kaufleute in Verbindung mit dem Kloster St. Bavo und den Rheinhandel ermitteln. Andere Beispiele ließen sich anfügen, die zusammengenommen verdeutlichen, daß die kaufmännische Tätigkeit zwar notwendigerweise die Freizügigkeit, nicht aber auch die persönliche Freiheit zur Voraussetzung hatte. Wir müssen also auch bei diesen mit einem ähnlichen Entwicklungsprozeß rechnen wie bei einem erheblichen Teil der übrigen Stadtbevölkerung. In dem Maße, in dem die Kommunebewegung an Einfluß gewann und die Bildung der Stadtgemeinde voranschritt, erfolgte auch die Einschränkung und schließlich die Aufhebung persönlicher Abhängigkeiten der städtischen Bevölkerung. Dies gilt reziprok in der Weise, daß die persönliche Freiheit und Unabhängigkeit eine Grundvoraussetzung für die Durchsetzung eines einheitlichen gültigen Bürgerrechts und die politische Selbstbestimmung gewesen ist. Bezogen auf die Ereignisse von 1127/28 und das berühmte Stadtrechtsprivileg von St. Omer gewinnt damit ein kaum beachteter Artikel hohe Aussagekraft. Es handelt sich um den Artikel 9, der besagt, daß alle, die innerhalb der Mauer von Saint-Omer bereits wohnen oder zuziehen werden, von dem Kopfzins *(a cavagio, hoc est a capitali censu)* und den Zuständigkeiten der Vögte *(de advocationibus,* L. A. Warnkönig, Flandrische Staats- und Rechtsgeschichte bis zum Jahr 1305, Bd. 1, ND Wiesbaden 1967, Diplomatischer Anhang, S. 28) frei sein sollen. Dies bedeutet konkret die Aufhebung des Zensualenstatus und damit die Gewährung der persönlichen Freiheit. Inwieweit eine so massive in die Rechte der großen Kirchen eingreifende Befreiung gegenüber den Betroffenen auch durchsetzbar war, steht auf einem anderen Blatt und kann hier nicht entschieden werden. Gleichwohl kommt diesem Artikel ein besonderer Signalwert zu. Er steht von der intendierten Konsequenz her eindeutig an der Spitze der Entwicklung, denn keine andere Stadtrechtsurkunde dieser Zeit enthält eine so weitreichende Aussage. Am nächsten stehen dieser noch die Privilegien für Speyer und Worms von 1111 und 1114, die aber nur die Befreiungen von den – aus persönlichen Bindungen der Stadtbevölkerung erwachsenden – Beschränkungen des Erbrechts und des Eherechts aussprechen, den Kopfzins aber fortbestehen lassen. Genauso schildert übrigens Guibert von Nogent 1116 die Situation von Laon, um die nach seiner Einschätzung negativen Konsequenzen der Kommunebewegung zu charakterisieren, die zwar den Kopfzins belasse, aber die Beseitigung der übrigen Leistungen der Zensualen zur Folge habe.

Dieser Artikel für St. Omer ist vorläufig die eine Schwalbe, die noch keinen Sommer machte, geblieben. Denn ansonsten zeichnen sich erst seit den achtziger Jahren des 12. Jahrhunderts in Flandern Entscheidungen ab, die einen allgemeinen Trend in diese Richtung erkennen lassen. Dabei geht es zuerst nur um die Aufhebung der Todfallabgabe, wie etwa für Aalst, Gent und Oudenaarde. Von der Beseitigung des Kopfzinses ist beispielsweise in Aardenburg erst 1247 die Rede, wenn es heißt: ... *ab omni consuetudine census annui sive capitalis ... quitos clamavi* (Boeren, Etudes, S. 38). In den großen Abteistädten Flanderns, wie Tournai, Arras und Bapaume haben sich hofrechtliche Elemente noch länger und stärker bewahrt.

Wie sind diese beiden so grundverschieden wirkenden Bilder zu einem einheitlichen Gemälde zusammenzufassen: Auf der einen Seite die Schilderung des Bürgertums in den Jahren 1127/28, das so selbstbewußt auftritt und eigenverantwortlich handelt, daß es letztlich die politischen Entscheidungen in seinem Sinne lenkt. Damit verbunden eine Gilde von freien Fernkaufleuten, die der Kommunebewegung ihren Stempel aufdrückt und die Formierung der Bürgergemeinde in die Hand nimmt. Demgegenüber der häßliche Kontrast von Abhängigkeiten, Bindungen und vorerst wieder rückläufigen Entwicklungen.

Wenn das erste Bild alleinige Gültigkeit beanspruchen könnte, wäre dann nicht bereits 1127/28 alles Wesentliche geschehen, wozu dann noch dieser langwierige und schwierige Prozeß von etwa hundert Jahren, bevor die Städte Flanderns ihre Rechte erlangt und ihre politische Selbstbestimmung im wesentlichen durchgesetzt haben? Oder umgekehrt gefragt: Selbst wenn die Gildekaufleute von vornherein persönlich frei waren, was hilft uns das für die Beantwortung der Frage, wie denn die große Masse der Stadtbevölkerung, die sich nachweislich in Abhängigkeit befand, mühsam über mehrere Etappen hinweg schließlich auch einen solchen Status erlangte?

Beides zusammenzufügen ist sehr schwer. Die an Ergebnissen so reiche Stadtgeschichtsforschung Flanderns hat dafür gewissermaßen zwei Abteilungen geschaffen, die anscheinend nichts oder wenig miteinander zu tun haben, obwohl fast alle wichtigen Stadtrechtsprivilegien beide Elemente umfassen und ihre Zusammengehörigkeit demonstrieren. Beides ist nebeneinander vorhanden: 1. Die einflußreichen und selbständigen Kaufleutegruppen und weite Teile der Stadtbevölkerung, die weiterhin in einigen wichtigen Punkten herrschaftlich bestimmt sind. 2. Der Schwung und die Zielsetzung der Kommunebewegung in einer besonderen politischen Situation und die noch fehlende Stabilität und Kontinuität in dieser Politik. 3. Die beschworene Stadtgemeinde, die in „Vollversammlungen" zusammenfassend und wichtige politische Entscheidungen traf und die durchaus noch

nicht abgeschlossene Ausbildung eines besonderen, für alle Bewohner verbindlichen Stadtrechts sowie 4. die Durchsetzung der Anerkennung eines
selbständigen städtischen Schöffenkollegs nicht nur mit gerichtlichen, sondern auch politischen Funktionen und der lange Weg, der erforderlich war,
um dieses schließlich (um 1200) zum wahrhaften Repräsentationsorgan der
Stadt werden zu lassen. Was aber alles zusammenhielt, das war die kommunale Idee, die in Verbindung mit den Ereignissen von 1127/28 voll zum
Durchbruch gelangt ist und fortwirkte, wenn auch in unterschiedlicher Inten-
sität.

V. Rom 1143–1155:
Die Kommune, Arnold von Brescia
und der Kaisergedanke

Populus vero Romanus ... seditionem movent ac in ipso impetu in Capitolio venientes, antiquam Urbis dignitatem renovare cupientes ordinem senatorum ... constituunt ...

Das römische Volk aber ... machte einen Aufstand, stürmte das Kapitol, und in der Absicht, das alte Ansehen der Stadt wiederherzustellen, setzte es den Senat wieder ein ...

Otto von Freising, Chronik VII, 27, S. 546/47.

Der Senatorenpalast auf dem Kapitol, Rekonstruktion des Bauzustands kurz nach 1303 (aus: Carlo Pietrangeli, Il Palazzo Senatorio nel Medioevo, in: Capitolium 35 [1960] Abb. S. 9).

Rom war stets mehr als eine Stadt: Rom war zugleich eine Idee, ein Anspruch, ein Programm. Mochte auch vieles von dem, was man mit der einstigen Größe Roms verbunden hatte, verschüttet und vergessen sein, so war doch mit dem im Mittelalter immer wieder aufbrechenden Gedanken der *Renovatio* und der Renaissance die Vision des Wiederaufstiegs Roms zu neuem Glanz und neuer Kraft verbunden. Zwischen den beiden Polen, der stimulierenden Idee der *Renovatio Imperii* im Reich Karls des Großen um 800 und in dem der Ottonen im 10. Jahrhundert zum einen, zum anderen der aus einem ganz neuen Geist geborenen Renaissance Italiens des 14./15. Jahrhunderts, fügte sich die römische Erneuerungsbewegung um 1100/1150 als wichtiger Bestandteil dessen ein, was wir uns spätestens seit dem Buch von Charles H. Haskins als die Renaissance des 12. Jahrhunderts zu bezeichnen angewöhnt haben.

1. Der neue Rom-Gedanke des 12. Jahrhunderts

Welches Rom war eigentlich gemeint, das man wiederbeleben und dem man zu neuer Machtfülle verhelfen wollte, das kaiserliche, das päpstliche oder gar das republikanische? Es war natürlich jeweils etwas Verschiedenes, ob man von Rom als der *sedes apostolica* (Sitz des Papsttums), der *causa imperii* (Grundlage des Kaisertums) oder seit 1143/44 auch von der *res publica* (Römische Republik) sprach. Tatsächlich hatte das Papsttum seit Gregor VII. und dem Investiturstreit – wenn auch noch durch manche Parteikämpfe der großen römischen Adelsfamilien in seiner Bewegungsfreiheit beeinträchtigt, und durch die erstarkende normannische Herrschaft König Rogers II. von Sizilien von Süden her bedroht – seinen Charakter grundlegend gewandelt und Rom als Sitz der übergeordneten päpstlichen Hoheit neuen Glanz und neuen Inhalt zu geben versucht. Von nun an trat auch die Rolle des Papstes als Herr des *Patrimonium Petri*, des Kirchenstaates, deutlich hervor, wodurch die Stadt gleichsam nur als Bestandteil eines größeren Herrschaftsgebietes erschien. Das Kaisertum auf der anderen Seite, das seinen Sitz und

Ursprung in Rom hatte, wurde sich spätestens seit dem Herrschaftsantritt Friedrichs I. (1152) des großen antiken Erbes der imperialen Gewalt und der darin ruhenden Ansprüche und Möglichkeiten bewußt. Aber auch dieses neue Verständnis hatte, wie sich sehr bald und für die Römer schmerzlich zeigen sollte, mit der Stadt Rom selbst nur wenig zu tun. Auf diese Weise war die Stadtgemeinde Roms, sofern sie ihre eigene Stimme erheben wollte, von vornherein mit den großen weltpolitischen Konstellationen verknüpft und in die bewegenden Romideen eingebunden. Hier gab es keine „normale" kommunale Bewegung. Umgekehrt war die Verstrickung der stadtrömischen Entwicklung in die „Weltpolitik" keineswegs zwangsläufig. Vielmehr spielte die Neigung der Römer – angefangen von den Ereignissen des 12. Jahrhunderts über Andalò Brancaleone um 1252/58 bis hin zu Cola di Rienzo 1343–54 – sich an der vergangenen Größe Roms zu berauschen, und aus der Geschichte Inspiration und Kraft zu beziehen, aber sich dabei auch in ebenso großartigen wie unrealistischen Visionen zu verlieren, eine bemerkenswerte Rolle. „Um Haupt der Welt zu sein, versäumte Rom die Möglichkeit, Stadt zu werden" – so hat Peter Classen (Causa imperii, S. 245) diesen Sachverhalt treffend erfaßt.

Der Gedanke der *Renovatio,* von der vergangenen, aber doch kraftspendenden Größe Roms, war natürlich nicht neu. Er war bereits da, ehe er von der stadtrömischen Bewegung aufgegriffen wurde. Er umfaßte eine Rückbesinnung auf die Antike, sei es auf Dichtung und Philosophie, sei es auf das römische Recht, den Codex Justiniani, das Kaiserrecht, das, ausgehend von der Bologneser Rechtsschule seit der Wende vom 11. zum 12. Jahrhundert immer mehr an Gewicht gewann. Mit dem umfassenden Begriff der „Renaissance des 12. Jahrhunderts" aber verbinden sich noch weit mehr Phänomene. Das meint nicht zuletzt ein neues Rombewußtsein im Sinne der Wiederentdeckung der sichtbaren Zeugnisse und Überreste der antiken Größe. Schon seit der Wende vom 11. zum 12. Jahrhundert erhielt dieses neue Kunstverständnis sichtbaren Ausdruck in der Gestaltung römischer Bauwerke. Hier wäre, um nur an einige wichtige Beispiele zu erinnern, auf die Casa dei Crescenzi zu verweisen, in die viele antike Spolien und Architekturelemente einbezogen worden sind. Die Inschrift über dem Portal enthält einen klaren Hinweis auf eine bewußt betriebene Romerneuerung. Gleiches läßt sich wohl auch von den römischen Marmorkünstlern, oft als Cosmaten bezeichnet, sagen. Das Aufgreifen antiker Elemente zeigt sich besonders in den großen kirchlichen Neubauten von SS. Quatro Coronati (geweiht 1116), S. Clemente, S. Maria in Cosmedin (1123), S. Maria in Trastevere (1140–1143) und S. Croce in Gerusaleme (1144/45). Zugleich fand der Gedanke der Renovatio seinen literarischen Niederschlag in der dichterischen Wiederbelebung des antiken Rom: Einer der ersten und zugleich herausragendsten Vertreter war Hildebert von Lavardin (1054–1133), zunächst Bischof von Le

Mans, dann von Tours. Dreimal hat er Rom aufgesucht und jedesmal aus eigener Anschauung und eigenem Erleben das alte und das neue Rom in großartigen Versen geschildert, verglichen und bewertet. Die Bewunderung für die Größe Roms, die er noch in den Ruinen der Antike erspürte, wird bei ihm mit dem Hinweis auf das neue Rom und seine Erhöhung durch Kreuz, Petrus und Papst aufgewogen. Aber der Blick bleibt der Antike zugewandt: „Nichts kommt, Roma, dir gleich, und wenn in Trümmern du daliegst: Wie in der Blüte du groß warest, verrätst du im Fall" (vgl. P.E. Schramm, Kaiser, Rom und Renovatio, Bd. 1, S. 300).

Aus diesem Geist sind auch die ›Mirabilia Romae‹ geboren, die bald starke Verbreitung und Berühmtheit erlangt haben. Sie sind in den Jahren 1140/43 von dem Domherrn Benedikt von S. Peter abgefaßt und 1155 in die ›Graphia aureae Urbis Romae‹, also die ›Beschreibung der goldenen Stadt Rom‹ durch Petrus Diaconus als Endredaktor aufgenommen worden, und zwar neben einem kurzen, sagenhaften Abriß der Geschichte der Region Roms von Noah bis zur Gründung der Stadt sowie einer Beschreibung kaiserlicher Würdenträger, des Zeremoniells der Kaiserkrönung und der herrschaftlichen Insignien. Die noch immer unübertroffene und in ihrer Art unübertreffliche Schilderung der Geschichte der Stadt Rom von Ferdinand Gregorovius aus den Jahren 1859–70 leitet die Darstellung der stadtrömischen Ereignisse, wie es sich von der Chronologie und Sache her anbietet, mit der deutschen Wiedergabe der ersten Sätze der ›Mirabilia‹ ein: „Capitolium heißt es deshalb, weil es das Haupt *(caput)* der ganzen Welt war, weil die Konsuln und Senatoren dort wohnten, die Stadt und die Welt zu regieren. Sein Antlitz war mit hohen und festen Mauern bedeckt, die überall mit Glas und Gold und wundervoll getäfelten Werken bekleidet waren. Innerhalb der Burg war ein Palast, größtenteils aus Gold und mit Edelsteinen geschmückt, welcher den dritten Teil der Welt wert gewesen sein soll; da waren so viel Statuen als Provinzen der Welt, und jede hatte ein Glöckchen am Halse. Sie waren durch magische Kunst so eingerichtet, daß, wenn irgendeine Region im Römischen Reich rebellierte, sofort ihr Bildnis sich dorthin wendete; dann klang das Glöckchen am Halse, und dann sagten's die Seher des Kapitols, welche dort Wächter waren, dem Senat ... Es waren dort auch mehrere Tempel, denn auf der Höhe der Burg über dem Porticus Crinorum war der Tempel des Jupiter und der Moneta ..." (De Mirabilibus Civitatis Romae, S. 192).

Was hat nun diese Wiederbelebung antiker Bezüge und Bilder mit dem politischen Geschehen in der Stadt zu tun? Manches von dem, was etwas später in der kommunalen Bewegung Bedeutung erlangen sollte, war anfangs zweifellos nur bei einigen gebildeten Klerikern und Angehörigen des stadtrömischen Adels präsent. Natürlich hatte keiner von ihnen daran gedacht, daß dieses Bild von der Antike etwas mit dem römischen Volk des 5. und 6. Jahrzehnts des 12. Jahrhunderts gemein haben könnte. Aber bot

sich der Rückgriff auf die Antike, den Senat und das Capitol in seiner alten
Gestalt und Würde nicht geradezu an, wenn nun die Bevölkerung Roms energisch daran ging, sich von der Vorherrschaft des Papstes und des stadtrömischen Adels zu befreien und eine eigene politische Verantwortlichkeit durchzusetzen? War damit nicht eine Legitimation gegeben, die an Alter und
Bedeutung alle anderen Herrschaftsansprüche – einschließlich des päpstlichen – überragte?

Gewiß war es eigentlich die neue, zeitgemäße Idee der Kommune, der
immer mächtiger gewordene Drang nach der Ausbildung der bürgerlichen
Stadtgemeinde und der politischen Selbstbestimmung, der hier zur Geltung
kam, aber im Rom dieser Jahre konnte es nun einmal nicht ausbleiben, daß
der ungemein stimulierende Bezug zur Antike hergestellt und für die eigene
Sache in Anspruch genommen wurde.

Wie bereits im früheren Zusammenhang gezeigt wurde, war in anderen
Teilen Italiens die städtische Entwicklung schon erheblich weiter vorange-
schritten, die frühe kommunale Phase längst abgeschlossen und die Konsulatsverfassung als Ausdruck einer sich selbst regierenden Stadtgemeinde vielfach bereits seit der Wende vom 11. zum 12. Jahrhundert in Kraft und
Übung. Für die lombardischen, die oberitalienischen Städte hatte Mailand
dabei so etwas wie eine Vorbild- und Leitfunktion wahrgenommen, aber
auch Pisa, Lucca, Florenz und andere toskanische Städte hatten den Weg zur
Kommune und zum Konsulat kaum später beschritten, selbst in der Nachbarschaft Roms war in dieser Hinsicht einiges in Bewegung geraten. Sollte nur
Rom, die Quelle der Freiheit *(fons libertatis)*, wie man nun in der Rückschau
auf die Antike wieder betonte, von diesem neuen bürgerlichen Selbstverständnis zugunsten der Stadtherrschaft und allgemeinen Vorrangstellung des
Papsttums ausgeschlossen bleiben? Diese Situation wurde als immer unerträglicher empfunden, und zwar nicht nur von einigen Gebildeten, unruhigen Geistern und politischen Hitzköpfen, sondern von immer breiteren
Kreisen der städtischen Bevölkerung. So war es nur verständlich, daß es zuerst einmal der kommunale Gedanke war, der der stadtrömischen Bewegung
den Impuls gab und die Richtung wies, auch wenn, wie wir sahen, hier mehrere Ursachen zusammentrafen, die schließlich zu einer Bewegung führten.

Zur besseren Orientierung lassen sich drei Entwicklungsphasen voneinander unterscheiden:

1. Vom Spätsommer/Herbst 1143 bis zum Dezember 1145: Es war dies
die erste entscheidende Phase, die deutlich im Zeichen der kommunalen
Idee, der Neugestaltung der Stadtgemeinde und der Stadtverfassung stand
und durch einen Kompromiß mit Papst Eugen III. zu einem gewissen
Abschluß gelangte.

2. Die Phase von 1146 bis 1149: Sie war von Arnold von Brescia geprägt,
der das Verhältnis von Politik und Kirche, der Stellung des Papstes als Stell-

vertreter Christi und Nachfolger des Apostels Petrus in dieser Welt zum Gegenstand einer in der Öffentlichkeit geführten erregten Grundsatzdebatte gemacht hatte.

3. Schließlich die Jahre von 1149–1155: Die Wirksamkeit Arnolds von Brescia war zwar durchaus noch spürbar, zugleich aber rückte ein neues Thema deutlich in den Vordergrund. Das Verhältnis von Rom und Imperium oder klarer noch: Das römische Volk und die Legitimation der Kaiserherrschaft, wie es Konrad III. (1149) schon nachdrücklich vor Augen geführt bekommen hatte und mit dem Friedrich Barbarossa schließlich in einer dramatischen Zuspitzung (1155) konfrontiert wurde.

Die Ereignisse verliefen, als hätte ein geschickter Dramaturg Regie geführt: Drei Akte mit kontinuierlicher Zuspitzung nebst dramatischem Höhepunkt am Ende! Aber diese klare Konzeption wird nur aus einer gewissen Distanz erkennbar, beim näheren Hinsehen ergeben sich immer wieder Lücken und Unstimmigkeiten in der Überlieferung.

2. Errichtung und Ausgestaltung der römischen Kommune (1143–1145)

Dieser Mangel an präzisen Quellenaussagen gilt besonders für die erste Phase, die stadtrömische Bewegung in den Jahren von 1143 bis 1145, für die wir mehr oder weniger deutlich nur den äußeren Rahmen abstecken, kaum jedoch die geistigen Impulse und politischen Vorstellungen sowie die sozialen Spannungen und Gruppierungen erfassen können.

Unser wichtigster Gewährsmann für den Anlaß und den Ablauf der Erhebung ist Otto von Freising, der wohl bedeutendste Geschichtsschreiber seiner Zeit, der aufgrund seiner Ausbildung, seines Amtes und vor allem seiner verwandtschaftlichen Beziehungen zu den großen deutschen Herrschergeschlechtern über vorzügliche Informationen verfügte. Als Fünfzehnjähriger war er zu Studienzwecken nach Paris gegangen, wo er bei Hugo von St. Viktor und vermutlich auch bei Abaelard gehört hatte und auch mit Bern hard von Clairvaux in Berührung gekommen war, als er auf dem Rückweg von Frankreich nach Deutschland (1133) in Morimond mit seinen 15 Ge fährten dem strengen Orden der Zisterzienser beitrat und fünf Jahre als Mönch und schließlich als Abt diesem Kloster angehörte.

Gleich nach seiner Rückkehr nach Deutschland wurde er von seinem Bruder, König Konrad III., zum Bischof von Freising und damit zum Reichsfürsten erhoben. Gleichzeitig rückte er in enge Beziehung zur Kanzlei und zur Reichspolitik, eine Bindung, die sich während der folgenden Königs- und Kaiserherrschaft seines Neffen Friedrich Barbarossa noch intensivierte, so daß er über Nachrichten aus erster Hand verfügen konnte. In seinem ersten großen Werk, der ›Chronik oder Geschichte der zwei Staaten‹, berichtet er u. a. zum Jahr 1143: „Während dieser Ereignisse in Frankreich und Deutschland trieb der römische Pontifex Innozenz die Einwohner von Tivoli, die er schon vor langer Zeit exkommuniziert und seitdem auch auf andere Weise unter Druck gesetzt hatte, immer mehr in die Enge und zwang sie schließlich zur Ergebung: sie mußten ihm Geiseln stellen und den Treueid leisten. Das römische Volk aber verlangte, daß er sie durch Geiseln und Eid zur Erfüllung sehr harter Bedingungen zwinge; sie sollten nach Schleifung der Mauern alle auswandern. Als der edle, vornehm gesinnte Papst einem so unvernünftigen und unmenschlichen Ansinnen nicht stattgeben wollte, machten sie einen Aufstand, stürmten das Kapitol, und in der Absicht, das alte Ansehen der Stadt wieder herzustellen, setzten sie den Senat wieder ein, der schon seit Jahrhunderten abgeschafft war, dann begannen sie wieder den Krieg mit Tivoli ... Aber der Papst sah in seiner hohen Weisheit voraus, die Kirche Gottes könnte womöglich aus diesem Anlaß die ihr von Konstantin übertragene und so viele Jahre hindurch mit aller Kraft behauptete weltliche Machtstellung Roms verlieren und versuchte deshalb, mit allen Mitteln, mit Drohungen und Geschenken die Ausführung dieses Vorhabens zu verhindern. Aber das Volk war erstarkt, und er konnte nichts ausrichten ...“ (S. 546/547).

Das gut befestigte Tivoli, das den östlichen Zugang nach Rom beherrschte, war in seiner selbstbewußten oder anmaßenden Haltung – je nachdem, aus welchem Blickwinkel man es betrachtet – den Römern schon lange ein Dorn im Auge. Wie konnte es das kleine Tivoli wagen, eine Kontrolle über wichtige Verkehrswege und das Hinterland Roms ausüben zu wollen, sich seiner kommunalen Selbständigkeit zu brüsten, während das in der Idee so große und mächtige Rom sich in einer beschämenden Abhängigkeit vom Papst, seinem Amtsträger, dem Präfekten und einigen wenigen Adelsgeschlechtern befand? Wenn man nun schon nach einer so schimpflichen Niederlage, wie sie die Römer gegen Tivoli am 12. Juni 1142 erlitten hatten, ein Jahr darauf (7. 7. 1143) einen klaren militärischen Erfolg gegen diesen Gegner erzielen konnte, dann wollte man schließlich nicht auf die Früchte dieses Sieges durch einen zwischen dem Papst und der Stadt Tivoli rasch ausgehandelten Frieden verzichten, der dem Papst zudem noch die Möglichkeit eröffnen würde, sich gegebenenfalls im Konflikt mit den Römern auf Tivoli zu stützen.

Insofern hatte der Zorn der Römer einen durchaus ernst zu nehmenden politischen Grund, dennoch war dieses Ereignis nur das auslösende Moment und nicht die eigentliche Ursache des langjährigen schweren Konflikts, der daraus erwachsen sollte.

Nach Otto von Freising, aber auch anderen Autoren, war es ganz schlicht das römische Volk, das in dieser Situation die Initiative ergriff, auf das Ka-

pitol stürmte und in Rückbesinnung auf die einstige Größe Roms einen Senat
einsetzte, um als Organ des römischen Volkes die Geschicke der Stadt in die
Hand zu nehmen. Bei aller Emotionalität, die offensichtlich mit diesem Auftritt verbunden war, ist eine sich als Ganzes begreifende und auch handlungsfähige Einheit wenigstens in Ansätzen bereits vorhanden gewesen, eine in gewissen Grundelementen schon vorformierte Kommune. Als solche tritt sie
erstmals 1116 gegen die Amtseinsetzung eines bestimmten päpstlichen
Stadtpräfekten, aber deutlicher noch 1118 in Erscheinung, als der neuer-
wählte Papst Gelasius II. durch Cencio Frangipani gefangengehalten wurde
und die Römer sich daraufhin erhoben. Es waren die zwölf als Regionen
(rioni) bezeichneten Stadtbezirke Roms vereint mit den noch selbständigen
Gemeinden der Tiberinsel und von Trastevere, die unter der Führung des Präfekten und eines Teils des Adels den Papst befreiten. Diese im Laufe des
12. Jahrhunderts dann deutlicher hervortretenden *rioni,* die also nur auf dem
linken Tiberufer lagen, waren in erster Linie zu militärischen Zwecken vorgenommene Untergliederungen der Stadtgemeinde. Sie griffen jetzt über ihre
Zweckbestimmung deutlich hinaus und gelangten zu einem politischen Gemeinschaftsbewußtsein, das im Zuge der militärischen Auseinandersetzungen mit Tivoli und des sich zuspitzenden Konflikts mit dem Papst erst
recht zum Duchbruch gelangt war.

Gern wüßten wir über Akteure, Gruppierungen und die Vertreter der Ge-
meinde im neugebildeten Senat etwas mehr, aber in diesem Punkt lassen uns
die Zeugnisse weitgehend im Stich. Der römische Adel, an den der in den
Quellen benutzte Begriff des *populus Romanus* zwar nicht unbedingt denken
läßt, dürfte auch in der ersten Phase nicht gänzlich abseits gestanden haben.
Wie wäre sonst der scharfe Bruch, der zwischen diesem und dem einfacheren
Volk etwa ein Jahr später erfolgte, erklärlich? Aufs Ganze gesehen wurde die
Bewegung in erster Linie von dem mittleren Bürgertum getragen, durchaus
auch von dem kleineren Lehnsadel, den *valvassores,* die aufgrund ihrer Bindung gegenüber den großen Adelsgeschlechtern und vor allem dem Papsttum
in eine mehr und mehr als problematisch empfundene Stellung gelangt
waren. Vor allem ist an den neu aufkommenden „Stand" der Notare und Juristen zu denken, aber auch an die große Zahl von Amtsträgern und von qualifizierten Bediensteten, sei es nun im städtischen Bereich oder im Umfeld des
Papstes oder der anderen großen kirchlichen Würdenträger. Freilich sind in
diesem Zusammenhang auch Kaufleute und Handwerker zu nennen, aber
Rom ragte durch eigene auffallende Aktivitäten auf diesen Gebieten nie
heraus, so daß in einer auch heute noch beliebten Überspitzung gern auf die
„Verbrauchermentalität" der Römer verwiesen wird, die sich am liebsten von
den nach Rom fließenden Einkünften der Kirche und den Pilgerströmen er-
nährt hätten. Das einfache Volk, der *populus minor,* findet, wenn auch nur
vorübergehend, in den Quellen ebenfalls Beachtung, nachdem es nämlich

gegen Ende des Jahres 1144 zu einer deutlichen Verschärfung der politischen Situation gekommen war. Was war in der Zwischenzeit geschehen? Der Kämmerer Boso, Verfasser des Liber Pontificalis dieser Jahre, berichtet in seiner Lebensbeschreibung des Papstes Lucius II. mit Bezug auf die Sommermonate des Jahres 1144, daß dieser Papst den Senat bzw. Magistrat der Stadt gezwungen habe, vom Kapitol herabzusteigen und abzuschwören (Boso, Liber pont., S. 386), also die durch gemeinsame Eidesleistung beschworene Verfassung der Stadtgemeinde aufzukündigen. Damit habe der Papst, berichtet Boso weiter, das schon erloschen geglaubte Feuer nur zu größeren und heftigeren Flammen entfacht. Romoald von Salerno, ein weiterer Berichterstatter, verweist noch auf eine andere politische Komponente, wenn er schreibt, daß nicht lange nach der Rückkehr des Papstes von seinen Beratungen mit den Normannen eine erneute und radikalere kommunale Erhebung zum Ausbruch gelangt wäre. Wenn Lucius II. bei seinen Verhandlungen mit dem Normannenkönig zwar keinen definitiven Ausgleich, aber immerhin einen Waffenstillstand erzielt hatte, werden die Römer dahinter die künftige Gefahr militärischer Absprachen vermutet haben, was sich fünf Jahre später ja auch bewahrheiten sollte. Die Reaktion, die auf die erkennbaren Bemühungen des Papstes, die Ergebnisse der kommunalen Erhebungen von 1143 durch Verhandlungen und Drohungen zu beseitigen, hin erfolgte, war sehr heftig und führte die Kommunebewegung auf eine neue Ebene. In den Monte Cassiner Annalen heißt es dazu ebenso knapp wie prägnant: *Jordanus ... cum senatoribus et parte totius populi minori contra Papam rebellat* (MGH SS 19, S. 320 – Der – Stadtpräfekt – Jordan rebellierte zusammen mit den Senatoren und der gesamten einfachen Stadtbevölkerung gegen den Papst).

Der Einschnitt wurde als so markant empfunden, daß man nun mit einer neuen Zeitrechnung begann, nämlich dem Jahr der Wiederherstellung des Senats des römischen Volkes. Bald bediente man sich auch wieder demonstrativ der Sigle SPQR *(Senatus Populusque Romanus)*, wie man sie auch heute noch überall im Stadtbild Roms antreffen kann. Der Senat der Stadt wurde nicht nur erneuert, sondern erhielt auch einen anderen Charakter hinsichtlich seiner Zusammensetzung und politischen Orientierung, wie es die Betonung der Beteiligung des einfachen Volkes und die sich anschließenden Ereignisse vermuten lassen. An die Spitze, gleichsam wie ein vom Volk bestellter Fürst *(princeps)*, trat nun der Patricius, in spätrömischer Zeit der Vertreter des Kaisers in Rom. Damit wurde der Bruch gegenüber der päpstlichen Stadtherrschaft evident, ersetzte der Patricius doch den päpstlichen Präfekten, der bisher in allen wesentlichen Fragen der Stadt vorgestanden hatte. „Jene höchste und älteste Würde der Präfektur, die von der Kirche mit der Autorität der richterlichen Gewalt bis zum hundertsten Meilenstein und dem Recht, das Schwert zu führen, ausgestattet war, wurde damit zu einem inhaltsleeren Begriff", so charakterisiert Johannes von Salisbury wenige Jahre später zutreffend die neue Situation (Historia pont., S. 59).

Der von Volk und Senat erhobene Patricius, Jordanus Pierleone, entstammte diesem neben den Frangipani herausragenden Adelsgeschlecht Roms, war aber, wie es ja bei Revolutionen immer einmal zu geschehen pflegt, in das gegnerische Lager hinübergewechselt und hatte sich zum Wortführer der neuen, schärferen Richtung aufgeschwungen. Ihm übertrug der Senat, wie Otto von Freising berichtet, alle Hoheitsrechte *(omnia regalia)* innerhalb und auch außerhalb der Stadt, womit er vom Anspruch her bereits auf das Patrimonium Petri hinausgriff. Das römische Volk hatte sich mit Senat und Patricius nicht nur eine neue Verfassung gegeben, sondern trat damit zugleich als eine eigene Kraft auf der politischen Bühne in Erscheinung. 1148 benutzte man erstmals den Begriff des „heiligen Senats" *(sigillo sacri senatus,* Bartoloni Nr. 3), und 1151 fand in einem Vertrag mit Pisa der neuerrichtete „Senatorenpalast" *(in consistorio novo palatii in renovationis vero seu restaurationis sacri senatus,* Bartoloni Nr. 11) Erwähnung.

Bei der Umwälzung des Jahres 1144/45 lassen sich zwei Bereiche voneinander unterscheiden, die jeweils ihr eigenes Licht auf den Gang der Ereignisse werfen, der soziale und der politische. Auf der gesellschaftlichen Ebene fand die klare Abgrenzung nach oben gegenüber dem Adel und die breite Öffnung nach unten zum *„populo minore",* wie sie in beiden Richtungen erst jetzt (1145) erfolgte, ihren handfesten Ausdruck in dem Sturm auf den Papstpalast, die Häuser der Kardinäle und die Wohnsitze des hohen Adels. Zu diesen Gewalttätigkeiten war es gekommen, nachdem Papst Lucius II. wohl Anfang Februar 1145 den Versuch unternommen hatte, das Kapitol mit militärischen Mitteln zurückzugewinnen und dem Spuk der „Revolution" ein Ende zu bereiten, wie es Gottfried von Viterbo berichtet. Dabei wurde er von einem Stein am Kopf getroffen. Er verstarb am 15. Februar 1145, ob an dieser Verletzung oder aus einem anderen Grund, muß offenbleiben.

Als sein Nachfolger Eugen III. – gleichsam als Bedingung für die Akklamation durch den Populus bei der Inthronisation – vom römischen Volk die Forderung nach Anerkennung der neuen Verhältnisse präsentiert bekam, entzog er sich dieser durch Flucht aus Rom und nahm so die Verschärfung der Gegensätze bewußt in Kauf. Hier – und damit bewegen wir uns auf der politischen Ebene – gab es in der Tat keinen Verhandlungsspielraum für den Papst, denn mittlerweile lag der Anspruch von Patricius und Senat klar auf dem Tisch, die Herrschaft über Rom und sein Hinterland, legitimiert durch das Volk, selbständig auszuüben. Dafür war ein Senat (mit später 56 Mitgliedern) geschaffen worden, der auf Vorschlag des abgehenden Senates jährlich am 1. November durch das Parlament neu gewählt bzw. bestätigt wurde. Das Parlament war die vermutlich nach Regionen gegliederte Vollversammlung des römischen Volkes, die durch das Läuten der Glocke auf dem Platz des

Kapitols zusammengerufen wurde und durch das Grundwahlrecht der Zustimmung oder Ablehnung die Wahlentscheidung traf. Aus dem größeren Gremium des Senats, das vor allem das Recht der Gesetzgebung und der obersten Gerichtsbarkeit für sich in Anspruch nahm, wurde ein besonderer Ausschuß von zehn oder zwölf *consigliori (consiliarii)* für jeweils ein halbes Jahr berufen, der mit weitgehenden Rechten der Exekutive ausgestattet die Machtzentrale, «il vero organo dirigente della città» (P. Brezzi, Roma e l'impero mediovale, S. 323) darstellte.

Natürlich legte man sich sogleich ein eigenes Siegel zu und schuf sich auch eine Kanzlei für den an Umfang und Ausdehnung rasch zunehmenden Schriftverkehr. Außerdem gingen nun Münzen im Namen von Senat und Volk von Rom heraus, womit dem Papst eines seiner wichtigsten Hoheitsrechte verlorenzugehen drohte. Kurzum, es handelte sich um eine weitreichende und radikale Usurpation der päpstlichen Rechte in der Stadt und in ihrem Umfeld. Mit Gegenmaßnahmen war deshalb zu rechnen, spätestens seit der Papst sich Ende Februar 1145 von seiner Stadt ausgeschlossen sah.

Papst Eugen III. war erst nach Farfa, dann nach Viterbo ausgewichen, von wo aus er alle der neuen Entwicklung in Rom feindlichen Kräfte um sich zu sammeln und zu einem gemeinsamen Vorgehen zusammenzufassen bemüht war. Das waren erst einmal die aus der Stadt vertriebenen römischen Adelsgeschlechter, sodann der benachbarte Landadel, den der Senat soweit wie möglich seiner Hoheit unterstellen wollte, und nicht zuletzt neben dem aufstrebenden und dem Papsttum verbundenen Viterbo die mit den Römern verfeindete Stadt Tivoli. Unterdessen fanden in Rom selbst heftige Auseinandersetzungen zwischen der Kommune und dem in der Stadt verbliebenen Adel statt.

Angesichts dieser Zuspitzungen gewannen beide Seiten, Papst und Kommune, ein wachsendes Interesse daran, nach einem Ausgleich zu suchen, der gegen Ende des Jahres 1145 auch zustande kam, so daß Eugen III. Mitte Dezember „zur großen Freude der ganzen Stadt" (Boso, Liber Pontificalis, S. 387) wieder in Rom einziehen konnte. Die Römer hatten dafür auf die revolutionäre Errungenschaft der von ihnen neu geschaffenen Patriciuswürde verzichtet und den päpstlichen Präfekten wieder anerkannt. Umgekehrt bestätigte nun der Papst den Senat als das Organ der Kommune und legitimierte damit die eingetretenen Veränderungen, wenn auch die vom *parlamentum* gewählten Senatoren ihr Amt von nun an aus den Händen des Papstes entgegennehmen sollten. Dieses Bestätigungsrecht des Papstes sollte sich jedoch als sehr schwach erweisen und von wenigen Ausnahmesituationen abgesehen das Selbstbestimmungsrecht der Kommune kaum berühren. Jordanus Pierleoni, der zwar der Würde des Patricius verlustig gegangen war, wurde nun zum „Bannerträger" des römischen Volkes erhoben und stand in dieser neuen Funktion nach wie vor im Brennpunkt des politischen Geschehens. Wie problematisch der herbeigeführte Kompromiß war, zeigt sich schon darin, daß Eugen III. der stadtrömischen Forderung nachgegeben hatte, nun endlich die Mauern der Stadt Tivoli schleifen zu dürfen. Denn damit hatte er sich eines wichtigen Schutzschildes gegenüber den Römern begeben. So war auch die Freude, den Papst wieder in Rom zu wissen, nur von kurzer Dauer. Schon nach wenigen Wochen, zu Beginn des Jahres 1146, sah sich Eugen III. gezwungen, erst auf das rechte Tiberufer nach Trastevere auszuweichen, um sich dann gänzlich aus dem stadtrömischen Einflußbereich zurückzuziehen und schließlich Hilfe im Norden, besonders bei der französischen Krone, zu suchen. Zuvor unternahm allerdings sein großer Lehrer, Bernhard von Clairvaux, die in diesen Jahren und Jahrzehnten dominierende Gestalt der christlichen Welt, einen demonstrativen Versuch, in einem offenen Brief das römische Volk zur politischen Mäßigung und Anerkennung der päpstlichen Hoheit über Rom aufzufordern. In einer geschickten Mischung von Lob und Tadel, von Schmeichelei und scharfer Kritik wandte er sich gleichsam an zwei Adressaten. Er richtete das Schreiben an *Nobilibus et optimatibus atque universo populo Romano,* also in erster Linie an den entmachteten römischen Adel, um sich anschließend „in tiefer Verehrung" an das „erhabene und erlauchte römische Volk" *(populus sublimus et illustris)* zu wenden. Dann fuhr er fort: „Eure Väter haben der Stadt den Erdkreis unterworfen, ihr seid auf dem besten Wege, sie zum Gespött der Welt zu machen. Habt ihr nicht den Nachfolger des heiligen Petrus von seinem Sitz und Erbe vertrieben? Habt ihr nicht die Kardinäle und Bischöfe, die vornehmsten Diener des Herrn, ihrer Rechte und Funktionen beraubt? ... Waren Sie nicht dein Haupt und deine Augen? Was bist du hingegen nun, O Rom? Ein Körper ohne Kopf, ein Antlitz ohne Augen! ... Zersprengte Schafe, kehrt zu eurem Hirten zurück, erlauchte Stadt der Helden, versöhne dich mit deinen Fürsten Petrus und Paulus!" (Epistolae/Opera 8, S. 130). Genauso wie das diplomatische Geschick zu bewundern ist, treten Zorn und Verachtung, die Bernhard gegenüber dem römischen Volk hegte, immer wieder spürbar hervor. In seiner an Eugen III. gerichteten Schrift „Von der Beschauung" („De consideratione ad Eugenem Papam") läßt er seinem unbändigen Haß freien Lauf: „Was soll ich aber von dem Volk sagen? Sie sind eben Römer. Ich könnte meine Meinung über deine Pfarrkinder weder kürzer noch deutlicher zum Ausdruck bringen. Was ist seit Generationen so bekannt wie die Halsstarrigkeit der Römer. Sie sind ein Volk, für das der Frieden das Ungewohnte, der Aufruhr dagegen das Gewohnte ist, ein Volk, das sich grausam und unzugänglich erweist bis zum heutigen Tag und Unterwerfung nicht kennt, außer, es gäbe keine Möglichkeit mehr zum Widerstand" (Bernhard von Clairvaux, Sämtliche Werke, lat. – dt., Bd. 1, hrsg. von G. B. Winkler, S. 738 ff.).

Wenn Papst Eugen III. in dieser ohnehin schon erregten und politisch zugespitzten Situation den von seinem Vorgänger Innozenz II. als Schismatiker
verbannten und von Bernhard von Clairvaux als Volksverhetzer immer
wieder vertriebenen Arnold von Brescia nach der gewährten Versöhnung mit
der Auflage entließ, die heiligen Stätten Roms zu Gebets- und Bußübungen
aufzusuchen, dann war dies politische Blindheit oder der Versuch, Feuer mit
Öl zu löschen.

3. Arnold von Brescia

Was wissen wir über Arnold von Brescia, der zweifellos zu den herausragenden Gestalten der an bedeutenden Persönlichkeiten so reichen ersten
Hälfte des 12. Jahrhunderts gehört? Von fast allen großen Köpfen besitzen
wir mehr oder weniger detaillierte Angaben über Arnold von Brescia, aber
keine, zumindest keine gesicherte Äußerung von ihm selbst. Bernhard von
Clairvaux, Johannes von Salisbury und Gerhoh von Reichersberg haben genauso Veranlassung gehabt, sich in kritisch distanzierenden bis gehässig dif-
famierenden Bemerkungen mit dem Denken und den Taten dieses Mannes
auseinanderzusetzen wie die Päpste ihrer Zeit oder die Chronisten, unter
denen Otto von Freising zweifellos an erster Stelle zu nennen ist. Dennoch
bleibt das vermittelte Bild, besonders in den hier interessierenden Punkten
– also in dem programmatischen und konkreten tagespolitischen Auftreten
Arnolds in Rom – zu unscharf, um Angaben in der wünschenswerten Genau-
igkeit machen zu können. Aber folgen wir zunächst seinen Spuren, den aufschlußreichen Etappen seines Werdeganges, bevor er im Frühsommer 1146
nach Rom gelangte.

In Brescia, wo er um 1100 geboren sein dürfte, konnte er in seiner Kind-
heit und Jugend die lebendigen Nachklänge der heftigen Bewegung der Kirchenreform in ihrer Verquickung mit der Entfaltung des Kommunegedankens und der Idee der städtischen Selbstbestimmung kennenlernen, wie sie
unter dem Begriff der Pataria mit Mailand als Zentrum besonders in den
Jahren von ca. 1055–1075 zum Austrag gekommen war (vgl. Kapitel I.).
Aber das, was in Mailand an kirchenreformerischen Bestrebungen noch in
einem zwar spannungsreichen Einverständnis zwischen Reformpapsttum
und Pataria zum Programm erhoben und z. T. auch durchgesetzt worden
war, erlangte nun um 1130 in Brescia den Charakter der Ketzerei. Die hier
anzutreffenden Vorstellungen dürften dem jungen Arnold durchaus noch aus
seiner Jugendzeit geläufig gewesen sein, bevor er nach seinem Studium in
Paris als Kleriker in seine Heimatstadt zurückkehrte. Noch erfüllt von den
neuen geistigen Impulsen, wurde Arnold Regularkanoniker und dann Propst
eines Augustinerchorherrenstiftes. Hier suchte und fand er die Verbindung zu
einer engagierten Kirchenreformbewegung, wie sie bei Teilen der Augustiner-

chorherren in dieser Zeit verbreitet war. Ihre Kritik richtete sich gegen die Verweltlichung besonders des hohen Klerus, seine Jagd nach Geld, Prunk und Wohlleben, sowie gegen dessen Verstrickung in die weltlichen Angelegenheiten und tagespolitischen Belange. Diese Vorwürfe richtete Arnold zusammen mit Gruppen der städtischen Bevölkerung, die zugleich für eine weitgehende Selbständigkeit von der bischöflichen Stadtherrschaft kämpften, gegen den von Papst Innozenz II. selbst in Brescia eingesetzten Bischof Manfred. Arnold trug wohl auch persönlich dazu bei, daß es bei einer Abwesenheit des Bischofs zu einer gegen diesen gerichteten kommunalen Erhebung kam, die sich nur schwer unter Kontrolle bringen ließ. Auf der Lateransynode von 1139 wurde die von Bischof Manfred gegen Arnold erhobene Anklage der Ketzerei öffentlich verhandelt, möglicherweise auch in Gegenwart von Arnold selbst, und dahingehend entschieden, daß Arnold seiner geistlichen Ämter und Würden enthoben, aus Italien verbannt und mit dem eidlich bekräftigten Predigtverbot belegt wurde. Der Weg führte Arnold an den Ort seiner Studien, nach Paris, zurück, zu seinem bewunderten und verehrten Lehrer Petrus Abaelard, dessen Weggefährte und Freund er nun wurde. Abaelard, der inzwischen wie in jungen Jahren mit großem Erfolg wieder auf dem Berg der Hl. Genoveva in Paris lehrte, geriet in dieser Zeit in einen immer schärferen Gegensatz zu Bernhard von Clairvaux, der durch seine herausragende Persönlichkeit und Intelligenz zum Richter in Fragen der Orthodoxie der kirchlichen Lehre geworden war. Warnend schrieb er an Innozenz II., daß er voller Sorgen die gefährlichen Umtriebe und ketzerischen Gedankengänge Abaelards, des *neuen Goliath,* beobachte, dem nun Arnold als sein Schildknappe zur Seite stünde. In einem Schreiben, das der Papst daraufhin verschickte, werden Petrus Abaelard und Arnold von Brescia in einem Atemzug genannt, und als *perversis dogmatis fabricatores et catholice fidei impugnatores,* also die Produzenten einer verdrehten und verwirrenden Lehre und Kämpfer gegen den wahren katholischen Glauben bezeichnet (J. D. Mansi, Sacrorum Conciliorum, Bd. 21, Sp. 565). Man solle sie getrennt voneinander an geeigneten kirchlichen Plätzen in Gewahrsam nehmen und ihre Bücher voller Irrtümer verbrennen. Abaelard, der gehofft hatte, sich gegenüber diesen massiven Vorwürfen auf der Synode von Sens im Sommer 1140 rechtfertigen und Bernhard von Clairvaux direkt gegenübertreten zu können, sah sich jedoch nur noch mit seinem vorgefertigten Verdammungsurteil konfrontiert. Hier trennten sich die Wege der vom Alter, geistigen Zuschnitt und Lebensführung her so ungleichen Freunde. Während sich Abaelard als gebrochener Mann in den Schutz von Petrus Venerabilis nach Cluny begab und seinen Frieden mit der Kirche suchte, kehrte Arnold an die Wirkungsstätte seines Lehrers nach Paris zurück und versuchte hier, dessen Tätigkeit in seinem Sinne fortzuführen. Allerdings kann sein Erfolg nur begrenzt gewesen sein, heißt es doch, daß er mit seinen Schülern von den

Almosen der Pariser leben mußte. Vielleicht entsprach diese Weise des Unterhalts aber auch nur den Grundsätzen einer christlichen Lebensführung, wie sie von Arnold nicht nur propagiert, sondern auch konsequent praktiziert wurde, was selbst seine ärgsten Gegner mit Respekt anerkannt haben.

Der Eifer Bernhards von Clairvaux für die Sache der Kirche bewirkte jedoch sehr bald die Verbannung Arnolds aus Paris und Frankreich durch den französischen König. Arnold begab sich nach Deutschland und fand in Zürich freundliche Aufnahme und eine neue Wirkungsstätte. Aber auch hier vermochte er sich der Nachstellung Bernhards nicht zu entziehen, der, wie auch Otto von Freising zu berichten weiß, offensichtlich von neuen ketzerischen Aktivitäten Arnolds unterrichtet worden war und an den Konstanzer Bischof, Hermann von Arbon, als zuständigen Herrn der Kirchenprovinz einen warnenden Brief voller Haß gegen die Person und das Wirken Arnolds richtete.

Die weitere Spur Arnolds läßt sich wiederum durch den nachgesandten Brief Bernhards verfolgen. Inzwischen war Arnold nach Passau gelangt und hatte sich dem Schutze des Kardinaldiakons Guido unterstellt, der im August 1142 als Legat zu einer Mission nach Mähren und Böhmen vom Papst entsandt worden war. Wie schon an den Konstanzer Bischof, so richtete Bernhard jetzt an Guido eine von Zorn und Abscheu beflügelte Beschreibung der Gefährlichkeit dieses Menschen: „Arnoldus von Brescia, dessen Rede Honig, aber dessen Lehre Gift ist, der von der Taube das Haupt, vom Skorpion den Stachel trägt, den Brescia ausspieh, Rom verabscheute, Frankreich vertrieb, Deutschland verwünscht, Italien aufzunehmen sich weigert, ist, so sagt man, bei Dir: hüte Dich, daß er dem Ansehen Deines Amtes nicht schade; ihm hold sein, heißt, dem Gebote des Papstes und Gottes selbst widerstreben" (Epistolae/Opera 8, S. 51 f., übers. v. F. Gregorovius, II, 1, S. 206).

Diese massiven Warnungen bewirkten jedoch nichts. Offensichtlich bildete sich eine enge freundschaftliche Verbindung zwischen dem päpstlichen Legaten und dem als gefährlichen Schismatiker und Ketzer charakterisierten Arnold heraus; denn, und das ist die nächste Nachricht aus dem in dieser Phase nur gering beleuchteten Lebensweg Arnolds, wir treffen diesen in Begleitung des von seiner erfolgreichen Missionsreise heimkehrenden Kardinals Guido am Hofe Papst Eugens III. in Viterbo an. Auch wenn gewisse Unsicherheiten hinsichtlich der Datierung bestehen, dürfte diese Begegnung im Mai 1146 stattgefunden haben. Arnold war als reuiger Sünder vor dem Papst erschienen und hatte – möglicherweise mit Hilfe der Fürsprache seines Beschützers – von Eugen III. Vergebung erlangt, jedoch mit der politisch leichtfertig anmutenden Auflage, als Büßer nach Rom zu gehen, um dort an den heiligen Stätten durch Gebet und innere Einkehr Gnade und Seelenfrieden zurückzuerlangen. Der Papst mochte die aus Sicht der Kirche naheliegende Skepsis gegenüber Arnold deshalb für unangebracht halten, weil dieser darüber hinaus mit einem feierlichen Eid dem Papst und der Kirche fortan Gehorsam gelobt hatte. Darüber berichtet Johannes von Salisbury in seiner ›Historia pontificalis‹ und fährt fort: „Während er (Arnold) dann in Bußwerken in Rom lebte, gewann er sich Gunst in der Stadt, und zu der Zeit, als der Papst nach Frankreich gegangen war, begann er freimütiger zu predigen, und sich einen Anhang zu bilden, welcher die Sekte der Lombarden genannt wurde *(hominum sectam fecit, quae adhuc dicitur heresis Lumbardorum).* Seine Jünger, die sein asketisches Leben annahmen, fanden wegen ihres ehrbaren Wandels und ihrer Sittenstrenge bei dem Volke Beifall und vornehmlich bei frommen Frauen Unterstützung" (S. 64).

Aus diesen die Schilderung der Rolle Arnolds in der stadtrömischen Bewegung einleitenden Worten ergibt sich das Bild einer nur langsamen Annäherung Arnolds an die politischen Vorgänge in der Stadt, die chronologisch dadurch exakter zu erfassen sind, daß von seinem aktiveren Auftreten erst während der Abwesenheit Papst Eugens III. in Frankreich, also von März 1147 bis April 1148 die Rede ist. Daß Arnold sich anfangs tatsächlich Zurückhaltung auferlegt hatte und ein gottgefälliges Leben führte, ist in gewisser Weise auch daran abzulesen, daß Bernhard von Clairvaux in seinem berühmten Brief an das römische Volk von 1146 den mit seinem Haß von ihm so verfolgten Arnold nicht erwähnt, was er bestimmt getan hätte, wenn dieser dort schon öffentlich aufgetreten wäre. Somit ist der Bericht des Johannes von Salisbury über das Wirken Arnolds in Rom offenbar recht zuverlässig und kenntnisreich, so daß man davon auszugehen hat, daß Arnold in dieser politisch sehr bewegten Zeit erst einmal nur einen Kreis von Anhängern um sich scharte, die eine im eigentlichen Sinne apostolische Lebensform praktizierten und dadurch Respekt und Anerkennung gewannen.

Wie war Johannes von Salisbury zu den vergleichsweise guten Informationen gelangt? Möglicherweise hatte der um 1105 geborene Johannes Arnold von Brescia schon während seines Studiums in Frankreich kennengelernt, das er in den Jahren von 1136–1148 bei Abaelard, Wilhelm von Conches und Gilbert von Poitiers betrieb. Jedenfalls kann ihm die Zuspitzung des Konfliktes um 1140 zwischen Bernhard von Clairvaux und Abaelard, an dessen Seite ja Arnold in diesem Zusammenhang auch von sich reden machte, kaum entgangen sein. Wichtiger für seine Kenntnis der Konstellation in Rom war jedoch die Tatsache, daß er zu Papst Eugen III. an die römische Kurie und mit dieser schließlich nach Rom selbst gelangte und somit aus eigener Anschauung berichten konnte, bevor er in den Konflikt zwischen König Heinrich II. von England und Thomas Becket verstrickt wurde und schließlich (1176–80) als Bischof von Chartres noch eine wichtige kirchliche Amtsfunktion erlangte. Im übrigen kam ihm neben seiner natürlichen Begabung seine vorzügliche Schulung in theologischen wie staatsphilosophi-

schen Fragen und seine Fähigkeit zur Analyse menschlicher Charaktere zustatten, wie sie sich in seinem Hauptwerk, dem ›Polykraticus‹, der ersten
großen Staatstheorie des Mittelalters, auf der einen Seite und in seinen
Briefen und den Viten über Anselm von Canterbury und Thomas Becket auf
der anderen Seite widerspiegelt. Die ›Historia pontificalis‹, die er für die Zeit
seines Aufenthaltes am römischen Hofe verfaßte, vereint bis zu einem gewissen Umfang beide Elemente in sich, wenn auch der Blick naturgemäß
stärker auf das politische Geschehen um das Papsttum gerichtet ist. Johannes
gibt eine Zusammenfassung dessen, was Arnold bei seinen sich häufenden
öffentlichen Auftritten als sein Credo verkündete: „Das Kollegium der Kardinäle", so sagte er, „sei ein Kaufhaus und eine Räuberhöhle; sie selbst spielten
die Rolle der Schriftgelehrten und Pharisäer in der Christenheit: der Papst
selbst sei nicht, wie man vorgäbe, ein Hirt der Seelen, sondern ein Mann des
Bluts, der Mordtaten und Brandstiftungen begünstige, ein Folterknecht der
Kirchen, ein Unterdrücker der Unschuld; da er nicht der Lehre und dem
Leben der Apostel nachfolge, schulde man ihm weder Gehorsam noch Ehrfurcht; überdies seien Menschen nicht zu dulden, welche die Stadt Rom, den
Sitz des Kaisertums, den Born der Freiheit, die Herrin der Welt, der Knecht-
schaft unterwerfen wollten ..." (nach Giesebrecht, Geschichte der deutschen
Kaiserzeit 4, S. 493).

Gerade die letzten Wendungen lassen deutlich werden, wie eng mittlerweile die Verbindung von religiösem Reformeifer gegenüber der in ihrer Verweltlichung korrumpierten Kirche und politischem Impetus bei Arnold von
Brescia geworden war, der die zündende Idee dieser Zeit, die bürgerliche
Freiheit, mit dem Romgedanken in einer kurzen Formel so eng verknüpfte,
daß der bewußt gestaltete Kontrast zu der mit dem Papsttum verbundenen
Knechtschaft um so schneidender wirkte. Unfreiheit und Knechtschaft
werden also mit dem Papsttum in seiner weltlichen Herrschaft gleichgesetzt,
während Rom als die Quelle der Freiheit erst zu neuem Leben erweckt
werden könne, wenn die Verschüttung, wie sie die päpstliche Herrschaft
darstelle, beseitigt sein würde. Die Gefährlichkeit dieser nun von Arnold vertretenen Lehre konnte dem Papst nicht verborgen bleiben, trug sie doch deutlich zu einer Verschärfung der Spannungen und zu einer konzeptionellen
Zuspitzung des Konfliktes bei. Von daher ist es nur verständlich, daß Eugen III. gleich bei seiner Rückkehr aus Frankreich nach Italien noch Anfang
Juli 1148 in Verbindung mit der Synode von Cremona Arnold als Schismatiker verurteilen ließ und von Brescia aus in einem Schreiben den römischen
Klerus darüber informierte und ihn streng anwies, jegliche Gemeinschaft mit
ihm und seinen Anhängern zu meiden, und den Verlust aller kirchlichen
Ämter und Benefizien denjenigen androhte, die diese Beziehung aufrechter-
halten würden.

Hier wie auch in anderen Zeugnissen wird indirekt erkennbar, daß offensichtlich größere Teile des römischen Klerus sich der kommunalen Bewegung angeschlossen hatten und den öffentlichen Auftritten Arnolds Applaus spendeten, da dieser ihre bescheidene Existenz und tägliche Konfrontation mit den Sorgen und Nöten der einfachen Bevölkerung mit der Geldgier, dem Luxus und der Herrschaft der Kardinäle, des päpstlichen Hofstaates und schließlich des Paptes selbst drastisch kontrastierte, und das höchste christliche Ideal, die *vita apostolica*, die Nachfolge Christi, in der Umkehrung der gängigen Bilder dem Papst aberkannte und ihnen zusprach. Es war also der niedere Klerus, die Pfarrgeistlichkeit und deren Vertreter, die Vikare und Altaristen, die sich in dieser Weise angesprochen fühlten. Sie waren über die *fraternitas Romana*, die nach Regionen erfolgte Vereinigung des stadtrömischen Klerus, miteinander verbunden und in die politische Entwicklung der Stadt schon so weit eingebunden, daß der Senat seine richterliche Hoheit auch über die meisten römischen Kirchen ausüben konnte, was nicht nur neu, sondern auch bis dato unvorstellbar gewesen war.

Für den Papst mußte klar sein, daß er Gefahr lief, mit dem Verlust seiner Stadt auch schmerzhafte Einbußen hinsichtlich seiner Würde und vor allem der seit dem Investiturstreit für sich in Anspruch genommenen politischen Vorrangstellung hinnehmen zu müssen.

Die Dinge spitzten sich also merklich zu. Dies zeigen auch die Reaktionen, die nun von stadtrömischer Seite ergriffen wurden, besonders nachdem Arnold von Brescia exkommuniziert und zum Häretiker erklärt worden war. Anstatt diesen aus Rom zu verbannen, wie es das kirchliche Gebot und der Papst als Voraussetzung für die Aussöhnung mit der Stadt verlangten, erfolgte ein förmliches Bündnis zwischen Arnold und dem römischen Volk. Arnold verpflichtete sich, die Sache der römischen Republik *(rei publicae Romanorum)* mit all seinen Kräften zu vertreten, während das römische Volk *(populus Romanus)* ihm eidlich Schutz und Hilfe gegen jedermann, besonders aber gegen den Papst zusagte. Das Verbindende dieser Schwurvereinigung bestand in dem gemeinsamen Ziel, die weltliche Herrschaft des Papstes über Rom und sein Umfeld zu beseitigen, mochten auch die Vorstellungen und Impulse, aus denen heraus man dabei handelte, grundverschieden sein. Denn einerseits waren sie dem großen neuen Gedanken der bürgerlichen Freiheit und Selbstbestimmung verpflichtet und andererseits von der religiösen Grundüberzeugung einer von den Verstrickungen dieser Welt freien, wahrhaft apostolischen Kirche einschließlich und vor allem ihres Oberhauptes bestimmt. Zugleich vermittelte dieses Bündnis Ruhe und Sicherheit im Innern sowie Klarheit nach außen, so daß Spekulationen auf interne Streitigkeiten nicht um sich greifen konnten. Als Eugen III. im Verlaufe des Jahres 1148 erkennen mußte, daß seine auf die Wirkung des Kirchenbanns und auf innere Streitigkeiten in Rom gesetzten Hoffnungen nicht in Erfüllung gehen würden, begann er, nach neuen Wegen und Mitteln Ausschau zu halten, näm-

lich mit Hilfe eines starken Bündnispartners Rom in die Knie zu zwingen und
seine eigene Herrschaft zu restituieren.

4. Das römische Volk und der Kaisergedanke

Im Jahre 1149 hatte sich insofern eine neue politische Situation herauskri-
stallisiert, als sich im Gefolge des gescheiterten zweiten Kreuzzuges und der
dadurch aufgebrochenen Spannung eine Konfrontation zweier großer Mäch-
teblöcke abzeichnete. Vereinfacht gesagt, war Konrad III. bei seiner Rückkehr aus dem Heiligen Lande ein Bündnis mit dem byzantinischen Kaiser
Manuel Komnenos mit Stoßrichtung gegen die Normannen in Unteritalien
und Sizilien eingegangen, während der Normannenkönig Roger II. sowohl
mit Konrads Rivalen Welf VI. als auch mit dem vom Kreuzzug heimkehrenden König Ludwig VII. von Frankreich Absprachen getroffen hatte. In der
Summe liefen sie auf eine Bedrohung Konrads III. in seinem Königreich
Deutschland hinaus, um ihn von den mit Byzanz abgesprochenen Zangen-
angriff auf den expansiven Normannenstaat in Unteritalien abzuhalten.
Wenn in dieser Konstellation Papst Eugen III. Verhandlungen mit König
Roger II. von Sizilien aufnahm, um mit dessen Hilfe die Herrschaft über
Rom zurückzuerlangen, dann konnte man darin zumindest die Tendenz des
Beitritts zu einer der beiden sich feindlich gegenüberstehenden Koalitionen
erblicken. In jedem Fall war ein Paktieren des Paptes mit den Normannen als
staufer-, ja als reichsfeindlich einzuschätzen, wenn man an die alten Spannungen und Konflikte zwischen dem deutschen Reich und den Normannen
denkt.

Der Versuch Eugens III., auch mit normannischen Hilfstruppen unter
der militärischen Führung eines Kardinals mit dem Spitznamen „Puella" im
Frühjahr 1149 die Römer zur Unterwerfung zu zwingen, scheiterte jedoch
kläglich. Das trug dem Papst neben dem Spott auch scharfe Kritik aus dem
eigenen Lager sowohl von Bernhard von Clairvaux als auch von Gerhoh von
Reichersberg ein, denen die Diskrepanz zwischen dem Friedensgebot Christi
und der Handlungsweise seines Stellvertreters auf Erden dann doch zu groß
war. Diese Ereignisse mit ihrem offenbar „internationalen" Hintergrund
ließen deutlich werden, daß die Romfrage nun nicht mehr auf die lokale oder
regionale Ebene einzugrenzen war. Jedenfalls sahen beide Seiten – Papst und
Kommune – die Notwendigkeit, ihre Angelegenheit an Konrad III. als den zu
krönenden Kaiser heranzutragen. Eugen III. war nach einem kurzfristigen
Ausgleich mit Rom und den im Juni 1150 neu aufbrechenden Konflikten
doch vor einem Bündnis mit Roger II. zurückgeschreckt und zu der Überzeu-
gung gelangt, daß er sein Ziel nur mit Hilfe des deutschen Königs erreichen
könnte. In diesem politischen und zeitlichen Zusammenhang wurden die

Verhandlungen zwischen dem Papst und dem Staufer über die Durchführung des Romzuges, die Kaiserkrönung und die Wiederherstellung der Herrschaftsgewalt über die Stadt und das Patrimonium Petri in die Wege geleitet und im Laufe des Jahres 1151 im wesentlichen zum Abschluß gebracht, wenn auch die Verwirklichung an dem vorzeitigen Tode Konrads III. am 15.2. 1152, kurz vor dem vereinbarten Aufbruch nach Rom, scheiterte.

Parallel dazu liefen die von ihrer Konzeption her neuartigen Bemühungen des Senats und Volks von Rom, dem deutschen Herrscher Stadt und Imperium zu Füßen zu legen und die Kaiserkrone aufs Haupt zu setzen, natürlich in der Erwartung, dafür die kaiserliche Anerkennung und Unterstützung ihrer Sache, also der Selbstbestimmung des römischen Volkes, zu erhalten. Das älteste uns bekannte Schreiben, das sie im Jahre 1149 an den König richteten, wurde von einer Gesandtschaft der Stadt unter Führung des Senators Guido überbracht. In diesem wird auf ältere Briefe verwiesen, die jedoch vom König unbeantwortet geblieben seien. Es sind ungewöhnliche Töne, die hier angeschlagen werden, wenn in respektvoller Ehrerbietung auf der einen Seite und mit bemerkenswertem Selbstbewußtsein auf der anderen Seite vor dem König die Vision einer neuen imperialen Herrschaft, aufbauend auf einer großartigen Tradition, ausgebreitet wird: „Dies ist unser einmütiges Bemühen: Das Reich der Römer, das Gott Eurer Herrschaft anvertraut hat, wieder zu der Größe zu erheben, die es unter Konstantin und Justinian hatte, welche aus Vollmacht des römischen Senats und Volks den gesamten Erdkreis in ihren Händen gehalten haben. Deshalb haben wir mit Gottes Hilfe den Senat wiederhergestellt und jene, die Eurer Herrschaft schon immer als Feinde gegenüberstanden und welche die Ehre und Würde des römischen Reiches beeinträchtigt haben, vernichtet, damit Ihr erhaltet, was dem Cäsar und Imperator gebührt" (Monumenta Corbeiensia, Nr. 214). Dem Grundsätzlichen werden einige aktuelle politische Details angefügt, daß die Römer nämlich im Kampfe mit den Gegnern des Kaisers stünden, also mit dem Papst, dem König von Sizilien und vor allem dem Stadtadel, in erster Linie den Frangipani und den Pierleoni; natürlich mit Ausnahme von Jordan Pierleoni, ihrem Bannerträger. Sie seien dabei, die Milvische Brücke wiederherzustellen, so daß der König die Engelsburg umgehen und ungehindert in die Stadt einziehen könne, die auf seine Ankunft hoffe und zu seinem Empfang bereit sei. Von Rom aus, dem Haupt der Welt, könne er dann machtvoll über ganz Italien und das Deutsche Reich gebieten.

In fünf Hexametern, die das neue, eigentlich alte Verständnis von der Kaiserherrschaft, die von jeglichem Einfluß des Papsttums zu befreien sei, noch einmal kurz und eindrucksvoll zum Ausdruck bringen, klingt der Brief mit der Bitte um Wohlwollen gegenüber der Gesandtschaft und dem Anliegen des römischen Volkes aus. Hier werden der Gedanke der Wiederherstellung der römischen Republik und des römischen Senats mit der Idee der Erneue-

rung des antiken Kaiserreiches auf der Grundlage eines klaren Antipapa-
lismus zusammengefügt und in zeitgemäße Vorstellungen umgedacht: Die
römische Republik und der Senat, das waren die sich selbst bestimmende
Stadtkommune mit einer Ratsverfassung. Die *Renovatio Imperii* würde bedeuten, daß der deutsche König, vom römischen Volk zum Kaiser gekrönt,
Rom zum Sitz seiner Herrschaft mache.

Konrad III. wird in diesem Schreiben von 1149 als *rex Romanorum* bezeichnet, somit anerkannt, daß er mit der deutschen Königswahl bereits die
römische Herrschaft und Anwartschaft auf die Kaiserwürde erlangt habe, die
nur noch der Bekräftigung und Bestätigung durch die Krönung in Rom be-
dürfe, nun jedoch durch das römische Volk. In allen drei Briefen, die im Jahre
1149 vom römischen Senat und Volk bzw. einzelnen Senatoren an den König
mit der dringlich formulierten Bitte gerichtet waren, nach Rom zu eilen und
dort die Kaiserkrone in Empfang zu nehmen, wird jegliche Mitwirkung von
Papst und Kirche an der Kaiserkrönung und an der kaiserlichen Herrschaft
kompromißlos zurückgewiesen, ja im Gegenteil, dem Kaiser das entscheidende Wort bei der Erhebung des Papstes zugestanden. Dabei berief man
sich auf das spätantike Kaiserrecht, handelte aber noch stärker aus dem Impuls und dem Grundverständnis heraus, daß der weltliche Macht- und Herrschaftsanspruch der Papstkirche eine Pervertierung der christlichen Lehre
sowie des Sinnes von Leiden und Tod Christi darstelle. Entsprechend gezielt
ist auch der Rückverweis auf die antiken Herrscher, denn indem man sich auf
Konstantin und Justinian und nicht etwa auf Augustus berief, verwies man
bewußt auf die großen christlichen Imperatoren der Antike, die über die Fülle
des schließlich auch kodifizierten Kaiserrechts verfügt hatten, während sich
die Päpste dieser frühen Zeit noch im wesentlichen von ihrer geistlichen
Funktion her verstanden und mit der Kaiserkrönung selbstverständlich
nichts zu tun hatten.

Es ist also ein vom Verständnis her prononciert laikales politisches Konzept, das in diese Richtung nicht zuletzt von Arnold von Brescia vorange-
trieben worden ist, wie es der Brief des Wezel von 1152 in besonderer Ein-
dringlichkeit zeigt. Die Forschungskontroverse, die um den Verfasser dieses
Briefes geführt worden ist, hat zwar kein klares Ergebnis erbracht, aber es
steht doch fest, daß sich hinter dem Namen Wezel, wenn nicht Arnold von
Brescia selbst, so doch wohl ein enger Vertrauter von ihm, vielleicht noch aus
seiner Zürcher Zeit, verbirgt, der Arnoldisches Gedankengut so authentisch
wiedergibt, wie man es sich kaum klarer wünschen könnte. Er läßt die Ge-
lehrsamkeit und stilistische Schulung ebenso erkennen wie die Aggressivität
und Polemik verspüren, von der das Ganze getragen ist und hier auf eine
neue Ebene gehoben wird. Unter Berufung auf die Heilige Schrift und die Kir-
chenväter wird der päpstliche Anspruch auf die Verleihung der Kaiserwürde
als in so krassem Widerspruch zu dem evangelischen, apostolischen und ka-

nonischen Grundverständnis stehend charakterisiert, daß die Vertreter einer solchen Lehre nur als Julianisten, also als vom christlichen Glauben abgefallene ketzerische Kleriker, falsche Mönche und betrügerische Anwälte der christlichen Lehre bezeichnet werden können. Wenn sich der Papst bei seinen Ansprüchen auf die Konstantinische Schenkung berufe, dann sei diese eine häretische Fälschung, die sogar von den Marktfrauen und Lohnarbeitern·und nicht nur von Gelehrten leicht durchschaut werden könne, so daß der Papst und die Kardinäle sich aus Scham vor dem öffentlichen Gelächter nicht mehr in die Stadt wagten. Der Grund für diese Erkenntnis muß ein sehr einfacher gewesen sein. Er dürfte wohl darin zu suchen sein, daß die Bekehrung, Taufe und daraus resultierende Schenkung Konstantins des Großen in der historischen Chronologie gar nicht so stattgefunden haben konnten, wie es die Legende berichtet.

Über die engagierte Polemik hinausgreifend wird in diesem Brief eine für die Zeit ganz neuartige Vorstellung von der Legitimation königlicher und vor allem kaiserlicher Herrschaft entwickelt. War nach der Auffassung der im Jahre 1149 an Konrad III. gerichteten Schreiben des römischen Senats dieser durch seine Königserhebung *rex Romanorum* geworden, also deutsches Königtum und Kaiserherschaft unauflöslich miteinander verknüpft, und war nach dieser Auffassung die Legitimation letztlich göttlichen Ursprungs und stand dem römischen Volk nur ein Zustimmungsrecht bei der Kaiserkrönung zu, so ist 1152 von alledem keine Rede mehr. In dem Brief des Wezel wird die nunmehr als sakrosankt bezeichnete Stadt Rom als *creatrix et mater omnium Imperatorum,* also als diejenige Instanz umschrieben, die allein den Kaiser erheben und seine Herrschaft legitimieren könne. Dieser Auffassung entsprechend wird Friedrich I. lediglich mit dem Ehrentitel für einen Senator *clarissimus* angesprochen und seine Königswürde als unerheblich für die Frage der Kaiserwahl und -krönung durch das römische Volk eingeschätzt. Denn eigentlich, so schreibt Wezel, wäre es angemessen gewesen, die *domina mundi,* die heilige Stadt Rom, bereits bei der Königswahl um ihren Rat zu fragen; schließlich sei es das Volk, das ihm *omne suum Imperium et potestatem concessit,* also sein gesamtes Kaiserreich und alle Machtbefugnisse überträgt. „Wenn nun Kaisertum und jegliche Herrschaftswürde Sache der römischen Republik ... und die Erhebung des Kaisers Sache der Römer ist, und nicht die Römer Sache des Kaisers sind, welches Gesetz und welche Vernunftgründe sollten dann Senat und Volk von Rom daran hindern, nach ihrem Ermessen einen Kaiser zu kreieren", so fragt Wezel rhetorisch, um deutlich zu machen, daß es keine rechtmäßige Alternative zum römischen Volk gcbc (Monumenta Corbeiensia, Nr. 404, S. 539 ff.). Friedrich Barbarossa scheint diesem Ansinnen nicht gänzlich ablehnend gegenübergestanden zu haben, jedenfalls gehörte der königlichen Gesandtschaft nach Rom tatsächlich der von Wezel in seinem Brief als Verhandlungspartner erbetene Graf

Ulrich von Lenzburg an. Da sich dennoch abzeichnete, daß der König in seinen diplomatischen Bemühungen auf ein enges Einvernehmen und eine vertragliche Vereinbarung mit Papst Eugen III. abzielte, plante die radikale Richtung unter Führung von Arnold von Brescia in dieser Frage aus eigener Initiative vollendete Tatsachen zu schaffen. Jedenfalls informierte Papst Eugen III. den König in einem Brief vom 20. September 1152 darüber, daß Arnold und sein auf die unteren Bevölkerungsschichten reduzierter Anhang von etwa 2000 Personen sich heimlich verschworen hätten, am 1. November einen Umsturz durchzuführen, bei dem ein hundertköpfiger Senat auf Dauer mit zwei Konsuln an der Spitze etabliert und ein Kaiser ihrer Wahl erhoben werden solle.

Dieser Plan, wenn es denn einen solchen gegeben hatte, gelangte zwar nicht zur Ausführung, aber die Fronten verhärteten sich. Friedrich I., der in seiner Wahlanzeige an Papst und Urbs (!) sowie mit seiner Verhandlungsdelegation noch eine gewisse Offenheit gegenüber der Kommune gezeigt hatte, gab diese schon von seinem Vorgänger 1149 praktizierte Politik des In-der-Schwebe-Lassens um die Jahreswende 1152/53 auf. Konrad III. hatte bei seiner Begegnung mit dem byzantinischen Basileus auf seiner Heimkehr von dem fehlgeschlagenen zweiten Kreuzzug eine von kirchlichem Einfluß weitgehend freie Kaiserherrschaft und -konzeption kennen- und schätzengelernt, so daß die Römer auf Verständnis bei ihm hoffen mochten. Hinzu kam das gespannte Verhältnis des deutschen Herrschers zu Papst Eugen III. wegen dessen Verhandlungen mit König Roger II. von Sizilien. Der König lehnte es durchaus nicht ab, mit der *universitas* der römischen Kommune Verhandlungen aufzunehmen. Die Gesandtschaft, deren Kommen er ankündigte, wies von der personellen Zusammensetzung her jedoch eher eine pro-päpstliche Orientierung auf, hatte doch Wibald von Stablo als Reichskanzler und erster politischer Berater des Königs darauf bestanden, sich eindeutig dem Papst und damit der Tradition zuzuwenden. Dennoch sollte man nicht übersehen, daß diese noch relativ gemäßigte Darlegung der stadtrömischen Vorstellungen für den König nicht von vornherein indiskutabel gewesen zu sein scheint. Ganz anders war die Situation gegen Ende des Jahres 1152; die Zuspitzung erfolgte nun von beiden Seiten. Jedenfalls kam es am 23. März 1153 zwischen Papst Eugen III. und König Friedrich I. zum Abschluß des Konstanzer Vertrages, mit dem sich letzterer u. a. verpflichtete, mit den Römern keinen Frieden zu schließen, sondern sie wieder der päpstlichen Herrschaft zu unterwerfen, „wie sie es ordnungsgemäß vor hundert Jahren waren", wofür ihm der Papst vor allem die Kaiserkrönung in Rom zusagte (MGH DD 10, 1, Friedrich I., Nr. 53, S. 87 ff.).

Blieb also von dieser vertraglichen Vereinbarung her kaum noch ein Spielraum für Verhandlungen von Vertretern des römischen Senats mit Friedrich Barbarossa, so ließen diese angesichts zwischenzeitlich eingetretener Spannungen dennoch nichts unversucht, um ihre Vorstellungen an den zu krönenden Kaiser heranzutragen.

Jedenfalls fand eine dramatische Konfrontation in der Grundsatzfrage der Legitimierung kaiserlicher Herrschaft schließlich im Sommer 1155 vor den Toren von Sutri statt, als Friedrich Barbarossa nach seinem Zusammentreffen mit Papst Hadrian IV. die letzte Etappe seines Zuges nach Rom antrat. Hier kam ihm eine Delegation des römischen Volkes und Senats entgegen, die nach dem angeblich wörtlichen Bericht Ottos von Freising in ebenso anmaßenden wie eitlen Redewendungen dem König unter bestimmten Bedingungen die Übertragung der Kaiserkrone aus den Händen des römischen Volkes anbot. Es sind im Grunde genommen die Gedanken, wie sie im Brief des Wezel vertreten wurden, die hier jedoch in einer Form vorgetragen wurden, daß es einem den Atem verschlägt. Erst einmal wird die Größe des einst von Rom beherrschten Weltreiches beschworen, das nun der „heilige Senat" zusammen mit dem Kaiser wiedererrichten wolle, um dann fortzufahren: „Höre also, o Fürst, geduldig und gnädig einige wenige Worte über Deine und meine Rechte ... Du warst ein Gast, ich machte Dich zum Bürger. Ein Fremdling warst Du aus den Ländern jenseits der Alpen, ich setzte Dich zum Herrscher ein. Was von Rechts wegen mir gehörte, gab ich Dir" (Gesta Friderici, S. 344/45). Deshalb müsse Friedrich vor seiner Krönung gegenüber Volk und Senat von Rom die guten Gewohnheiten und Rechte in Gestalt einer Urkunde bestätigen, einen Garantie- und Sicherheitseid leisten sowie 5000 Pfund für die Ausgaben zahlen.

Die Vorstellung, daß die kaiserliche Würde Karl dem Großen und seinen Nachfolgern als Fremden und Gästen aus eigener Machtvollkommenheit und Großherzigkeit vom römischen Volk und Senat übertragen worden wäre, hat verständlicherweise auf Friedrich I. so absurd und provozierend gewirkt, daß er den Redefluß der Senatsdelegation entzürnt unterbrach und ihre Worte als geschmacklos, einfältig, und von arroganter Aufgeblasenheit strotzend zurückwies. Ihm, Friedrich, sei ein anderer historischer Ablauf und eine andere Quelle der Legitimation bekannt, nämlich das Recht des Eroberers, der Franken, bei denen wahrhafter Adel und wahrhafte Tugend und Tüchtigkeit (virtus) so miteinander vereint wären, daß die Schwachen ihre Hilfe erfleht hätten, so wie es Rom wiederum jüngst ihm gegenüber getan habe. Somit sei die kaiserliche Herrschaftsgewalt einem natürlichen, letztlich göttlichen Gesetz folgend auf die fränkisch-deutschen Könige übergegangen. Schließlich sei es der Fürst, der dem Volk, und nicht das Volk, das dem Fürsten Gesetze vorzuschreiben habe. Offensichtlich hat Otto von Freising hier Argumente verwendet, wie sie seit 1157/58, also etwas später, im Umfeld Friedrichs I. formuliert wurden, aber an der entschiedenen Zurückweisung der kommunalen Vorstellungen und Forderungen des römischen Senats durch Friedrich Barbarossa in dieser Situation kann kein Zweifel bestehen.

Nach diesem kompromißlosen Aufeinanderprallen der Herrschaftsvorstellungen Friedrichs I. und denen der römischen Senatsdelegation vor Sutri war es vor allem dem dabei anwesenden Papst klar, daß mit militärischen Konfrontationen in der Stadt Rom selbst gerechnet werden müsse. Deshalb wurde auf seinen Vorschlag hin eine ausgewählte Truppe in Eilmärschen vorausgeschickt, um vorbeugend die Leostadt zu besetzen und damit den Zugang zum Ort der Krönung, dem Petersdom, zu sichern. Dort fand, noch ungestört, am 18. 6. 1155 die Kaiserkrönung in Anwesenheit des deutschen Reichsheeres statt. Aber kaum hatte sich der Großteil der Truppen aus der Leostadt in das Zeltlager zurückgezogen, brach in Rom ein bewaffneter Aufstand los. Die Römer drangen über die Engelsbrücke und von Trastevere her voller Zorn über die ohne Mitwirkung von Volk und Senat von Rom vollzogene Kaiserkrönung gegen die Resttruppen und den Papst mit seinem Gefolge in die Leostadt vor, um erst nach langem harten Gefecht schließlich von den deutschen Rittern zurückgeschlagen zu werden.

Was war in der Zwischenzeit in der Stadt Rom selbst geschehen? Die angeblich von Arnold von Brescia und seinem radikalen Anhang für den 1. November 1152 geplante Kaiserwahl hatte nicht stattgefunden, vielmehr war Anfang Dezember 1152 ein gemäßigter Senat gewählt worden, der nach Verhandlungen und einigen Geldzuwendungen dem Papst die langersehnte Rückkehr in die Stadt ermöglicht hatte. Die Früchte seiner Vereinbarungen mit dem Staufer konnte Eugen III. jedoch nicht mehr selbst ernten, da er im Juli 1153 plötzlich verstarb. Erst seinem zweiten Nachfolger, Papst Hadrian IV. (Nicolaus Breakspear), dem großen Juristen auf dem Papstthron, gelang es, durch energische Maßnahmen in Rom seinen Einfluß wiederum geltend zu machen. Als kurz vor Ostern 1155 ein Kardinalpriester durch Steinwürfe von Anhängern Arnolds von Brescia in Rom, wie es heißt, schwer verletzt wurde, verhängte der Papst erstmals das Interdikt über die heilige Stadt, so daß das bevorstehende Osterfest ohne kirchliche Feierlichkeiten vorüberzugehen drohte. Zur Bedingung für die Aufhebung des Kirchenbannes hatte der Papst die Auslieferung Arnolds erhoben. Dazu kam es zwar nicht, doch Arnold hatte die Stadt unter den gegebenen Umständen heimlich verlassen müssen. Auf seiner Flucht wurde er erst in einem Camaldolenserhospiz in der Toskana gefangengesetzt, um letztlich in die Hände der Visconti von Campanatico zu gelangen. Bei der Begegnung von Friedrich I. und Hadrian IV. forderte der Papst vom König die Gefangennahme und Auslieferung Arnolds entsprechend der im Konstanzer Vertrag getroffenen Vereinbarungen. Dieses Versprechen löste Friedrich Barbarossa bald ein, so daß Arnold von Brescia wenig später vom Papst an seinen Stadtpräfekten übergeben wurde, um vom weltlichen Arm gerichtet zu werden. Von diesem wurde er gehenkt, seine Leiche verbrannt und seine Asche in den Tiber gestreut, damit keine Verehrung an seinem Grab stattfinden könne. Tiefen Eindruck soll es auf alle Anwesenden gemacht haben, wie aufrecht und in welch wahrhafter Frömmigkeit Arnold in den Tod gegangen ist. Eine nachhaltige Reaktion hat sein Tod in Rom und Italien aber offensichtlich nicht ausgelöst, da die Quellen kaum davon Notiz nehmen. Lebhafter war das Echo in Süddeutschland, wo u. a. Gerhoh von Reichersberg, der Propst des gleichnamigen Augustiner-Chorherren-Stifts, der, wie Arnold von Brescia als scharfer Kritiker der durch Besitz und Politik mit dieser Welt verflochtenen Kirche und ihrer Amtsträger hervorgetreten war, seine Stimme erhob und gleichsam einen Nachruf auf Arnold verfaßte. Im Unterschied zu Arnold hatte Gerhoh sich zumindest zu einem Kompromiß bereitgefunden und den Regalienbesitz der Kirche, also das Verfügen der Kirche über die vom König verliehenen Rechte und Einkünfte, anerkannt, auch wenn er nach wie vor dem weltlichen Gebaren des Papsttums distanziert gegenüberstand. Gerhoh hat zwar Arnolds Lehren bekämpft, soweit sie in Verbindung mit der politischen Aktion zu einem unkontrollierten Radikalismus tendierten, aber dieser habe aus gutem Eifer, wenn auch aus mangelhafter Einsicht gehandelt, wenn er die verweltlichte Kirche in die Nähe des Antichristen gerückt habe, wie es Peter Classen in seiner großen Studie über Gerhoh von Reichersberg eindrucksvoll herausgearbeitet hat. Deshalb konnte Gerhoh auch nicht einfach die grausame Hinrichtung Arnolds als eines nach seiner Einschätzung Irrenden hinnehmen, sondern erhob bittere Anklage gegen den Papst und seine Helfer in dieser Sache. So war ein Kritiker beim Tode Arnolds zu seinem Fürsprecher geworden, zumindest soweit es die menschliche Seite betraf.

Anhänger von Arnolds Glaubenslehre oder Häresie hat es auch nach seinem Tod gegeben, wie es die Papstgeschichte (›Historia Pontificalis‹) zu 1163 (›Sekte der Lombarden‹), oder der elsässische Domscholaster und Zisterziensermönch Gunther von Pairis in seinem großen Versepos auf Friedrich I. ›Ligurinus‹ für die 1150er Jahre berichtet, indem er auf das Wirken der „Arnoldisten" in der Lombardei und Alemannien verweist. Bemerkenswerten Einfluß haben sie aber offensichtlich nicht erlangt, wenn auch die politischen und religiösen Turbulenzen der folgenden Jahrzehnte zumal in Oberitalien durchaus nicht geringer geworden sind, aber eben unter anderen Vorzeichen standen.

5. Ausblick

Was ist aus dem Ganzen geworden? War alles nach der Hinrichtung Arnolds und der Rückkehr des Papstes nach Rom wie ein Spuk und böser Traum (von 12jähriger Dauer) vergangen? Ist man nun zur Tagesordnung, zur „Normalität" des päpstlich-adligen Roms einfach zurückgekehrt? Gewiß waren der revolutionäre Elan, die Emotionalisierung der Öffentlichkeit verrauscht, die Straßen wieder ruhig. Aber von einer Beseitigung der kommu-

nalen Idee und ihrer Errungenschaft, besonders des Senats, konnte keine
Rede sein. Im Gegenteil, man gab der kommunalen Selbstbestimmung, was
die sprachliche und symbolische Präsentation anbelangte, erst nach 1155
stärkeren Ausdruck: 1157 wurde an der Porta Metronia der Aurelianischen
Mauer eine Gedächtnistafel angebracht, die unter der wiederbelebten
Formel SPQR eine Anzahl von namentlich genannten Senatoren als Auftrag-
geber der Restaurationsarbeiten verzeichnet: „Wir, die Senatoren, von dem
Ehrfurcht gebietenden, hochherzigen römischen Volk zur Wahrung des Friedens nach innen und außen sowie zur Rechtssicherung für jeden einzelnen in
dem neuerrichteten Konsistorium (Rathaus) auf dem Kapitol jährlich neu bestellt", heißt es selbstbewußt in einem Schreiben von 1160 (Codice diplomatico, Nr. 17, S. 22ff.). Zwei Jahre später, im März 1162, erklärte der Senat
– anläßlich einer Rechts- und Besitzübertragung an benachbarte Kirchen –
die Trajanssäule zu einem Symbol des römischen Volkes, einem Ehrenzei-
chen *(honore publico Urbis)*, das unversehrt zu erhalten sei, solange die Welt
bestehe, und dessen Beschädigung die Todesstrafe und Güterkonfiskation
nach sich ziehe.

Diese ergänzenden Beobachtungen führen auch zu einer besseren Ein-
schätzungsmöglichkeit, inwieweit der römischen Bewegung etwas Irreales
und Phantastisches angehaftet habe. War das nicht alles eine seltsame Mischung von Aggressionen und Traumwelt? Von Aggressionen gegen einen
immer weniger politische Verantwortung tragenden, aber um so bedenken-
loser seinen Einfluß verteidigenden Adel, der die Stadt immer wieder in seine
Fraktionskämpfe hineinzog, Aggressionen auch und besonders einem
Papsttum gegenüber, das immer stärker weltliche Herrschaftsrechte bean-
spruchte und unter dem Stichwort der *libertas ecclesie* diejenige der anderen
eher einschränkte als förderte. Als eine Traumwelt hingegen dürfte auch
manch einem Zeitgenossen die überzogene und zum Teil weltfremd anmutende Berufung auf die Antike erschienen sein. Denn einerseits standen ganz
konkrete, der Stadtentwicklung in Italien durchaus adäquate, politische Forderungen und Ziele auf der Tagesordnung, und andererseits wurden diese
durch die antiken Bezüge und Bilder seltsam verzerrt und übersteigert. Wenn
man allerdings fragt, ob jemals eine rechte Chance für die Verwirklichung des
römischen Kaisergedankens in seiner zugespitzten Form bestanden habe,
dann muß man wohl erkennen, daß hier die Ebene des politisch Möglichen
und Denkbaren deutlich überschritten worden war; denn dies hätte einen
klaren Bruch des Königs und Kaisers mit dem Papsttum und damit des
Grundkonsenses, auf dem diese ganze politische und religiöse Ordnung
konzeptionell beruhte, zur Folge gehabt.

Aber bedeutet dies zugleich, daß die gemäßigten Angebote des Jahres 1149
für den deutschen Herrscher keinerlei Anknüpfungs- und Diskussionspunkte
geboten hätten? Anstatt zu spekulieren läßt sich darauf verweisen, daß

Konrad III. anfangs durchaus zu Verhandlungen auf dieser Grundlage, natürlich bei gleichzeitiger Rücksprache mit dem Papst, bereit war und daß Friedrich Barbarossa 1167 sogar zu einer förmlichen Übereinkunft mit dem römischen Senat und Volk gelangte, nachdem er bereits um die Jahreswende 1158/59 durch eine offizielle Gegengesandtschaft Kontakt mit den Römern aufgenommen hatte. In dem sich lange hinziehenden Kampf mit Papst Alexander III. war es Friedrich I. darum zu tun, das römische Volk für sich und „seinen" Papst (nunmehr Paschalis III.) zu gewinnen und die kaiserliche Hoheit über Rom zu sichern. Das ließ sich nur durch einen förmlichen Vertrag mit dem Senat erreichen, der damit als Partner und als rechtmäßiger Repräsentant der Stadt Rom vom Kaiser anerkannt wurde. Bereits 1156 hatte sich ein allmählicher Annäherungsprozeß zwischen Kaiser und Senat angebahnt, der – abgesehen von einer Unterbrechung im Jahre 1165 – am 29. Juli 1167 zum Abschluß des Pactums (MGH D. F. I. 533) und in den ersten Augusttagen ganz offensichtlich auch zur Ausfertigung der von den Römern verlangten Urkunde, versehen mit dem goldenen Siegel des Kaisers und der bestätigenden und mithaftenden Unterschrift der Reichsfürsten, geführt hatte. Formal handelte es sich dabei um die Fixierung eines gegenseitig geleisteten Eids, mit dem Senat und Volk von Rom dem Kaiser Treue und Ergebenheit sowie Unterstützung bei der Sicherung seiner Herrschaft versprachen. Der Kaiser erkannte hingegen den Senat in seiner rechtlichen und politischen Stellung an und verschaffte ihm damit die langerstrebte Legitimation. Bewußt wurde so die gegen den römischen Stadtadel und den mit diesem verbündeten Papst Alexander III. gerichtete republikanische Bewegung gestärkt, also die römische Mittelschicht gegenüber dem aristokratischen Herrschaftsanspruch gestützt. Der Kaiser gewährte dieser außerdem Zoll- und Abgabenfreiheit im ganzen Reichsgebiet und förderte damit eine neue Entwicklung in Rom, die seit dem Umsturz von 1143/44 zu einer Aktivierung der Kaufmannschaft und des Fernhandels dieser Stadt beigetragen hatte. Gewiß traten Senat und Volk von Rom nun nicht mehr mit dem Anspruch auf, die Kaiserwürde verleihen zu wollen und sich als dritte Kraft neben Kaiser und Papst zu etablieren, aber sie hatten immerhin die 1155 noch verweigerte Anerkennung durch den Kaiser erlangt. In all diesen Jahren blieb Rom im Unterschied zu fast allen anderen italienischen Städten kaisertreu, bis es schließlich 1188 zu einem Arrangement mit dem Papsttum und der Anerkennung der Oberhoheit desselben über Rom kam, die allerdings erst Papst Innozenz III. 1198 voll durchzusetzen vermochte.

VI. Trier/Mainz von ca. 1130 bis 1160/70: Ministerialität und Bürgertum

Communio quoque civium Treveren-
sium, que et coniuratio dicitur, ... aucto-
ritate nostra prorsus interdiximus ...

Die Kommune der Trierer Bürger, die
auch Schwureinung genannt wird, ver-
bieten Wir kraft kaiserlicher Autorität
ganz und gar.

Kaiser Friedrich I., 1161 Sept. 1, MGH DD, Bd. 10,2, Nr. 338, S. 173 ff.

▲ Trierer Neutorrelief aus der Zeit um 1170/1200, das Christus mit dem Hl. Petrus zur Rechten und vermutlich dem Erzbischof Albero zur Linken mit dem Modell des Doms und der Domfreiheit zeigt. Die ursprüngliche Umschrift lautete: TREVERICAM PLEBEM DOMINUS BENEDICAT ET AEDEM; heute befindet sich das Relief im Sitzungssaal des Stadtrates von Trier (Foto: Thomassin, Trier).

Trier im Mittelalter (aus: K. Schulz, Ministerialität und Bürgertum in Trier [= Rheinisches Archiv 66], Bonn 1968). ▶

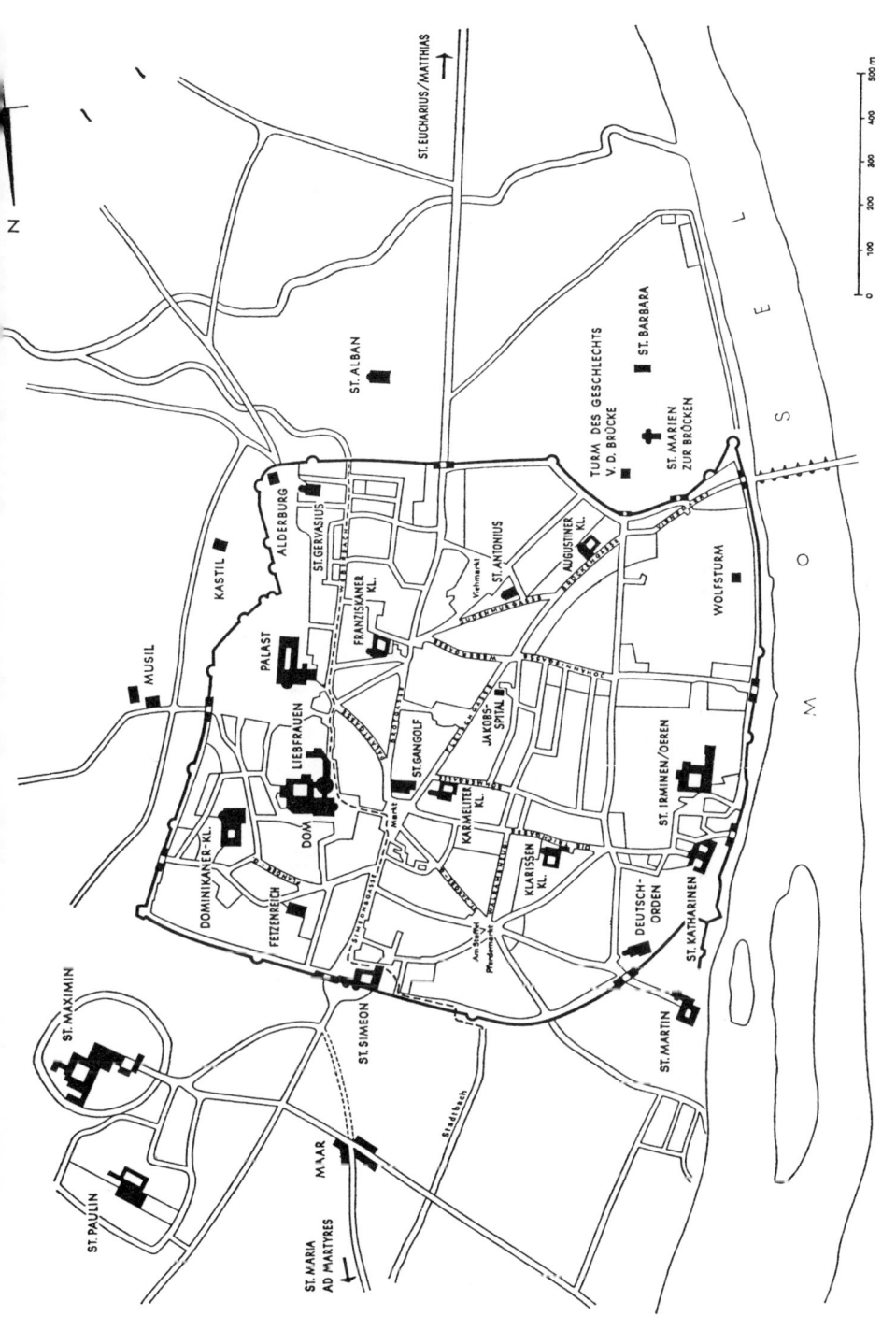

N

ST. EUCHARIUS/MATTHIAS →

ST. ALBAN

ST. BARBARA

TURM DES GESCHLECHTS
V. D. BROCKE

ST. MARIEN
ZUR BRÖCKE

M O S E L

ALDERBURG

ST. GERVASIUS

KASTIL

FRANZISKANER KL.

Vehmarkt

ST. ANTONIUS

AUGUSTINER KL.

MUSIL

PALAST

WOLFSTURM

LIEBFRAUEN

ST. GANGOLF

JAKOBS-SPITAL

DOM

DOMINIKANER-KL.

KARMELITER KL.

ST. IRMINEN/OEREN

FETZENREICH

Markt

KLARISSEN KL.

Am Stein
Pferdemarkt

DEUTSCH-ORDEN

ST. KATHARINEN

ST. SIMEON

ST. MARTIN

ST. MAXIMIN

Stadtbach

MAAR

ST. PAULIN

ST. MARIA
AD MARTYRES →

0   100   200   300   400   500 m

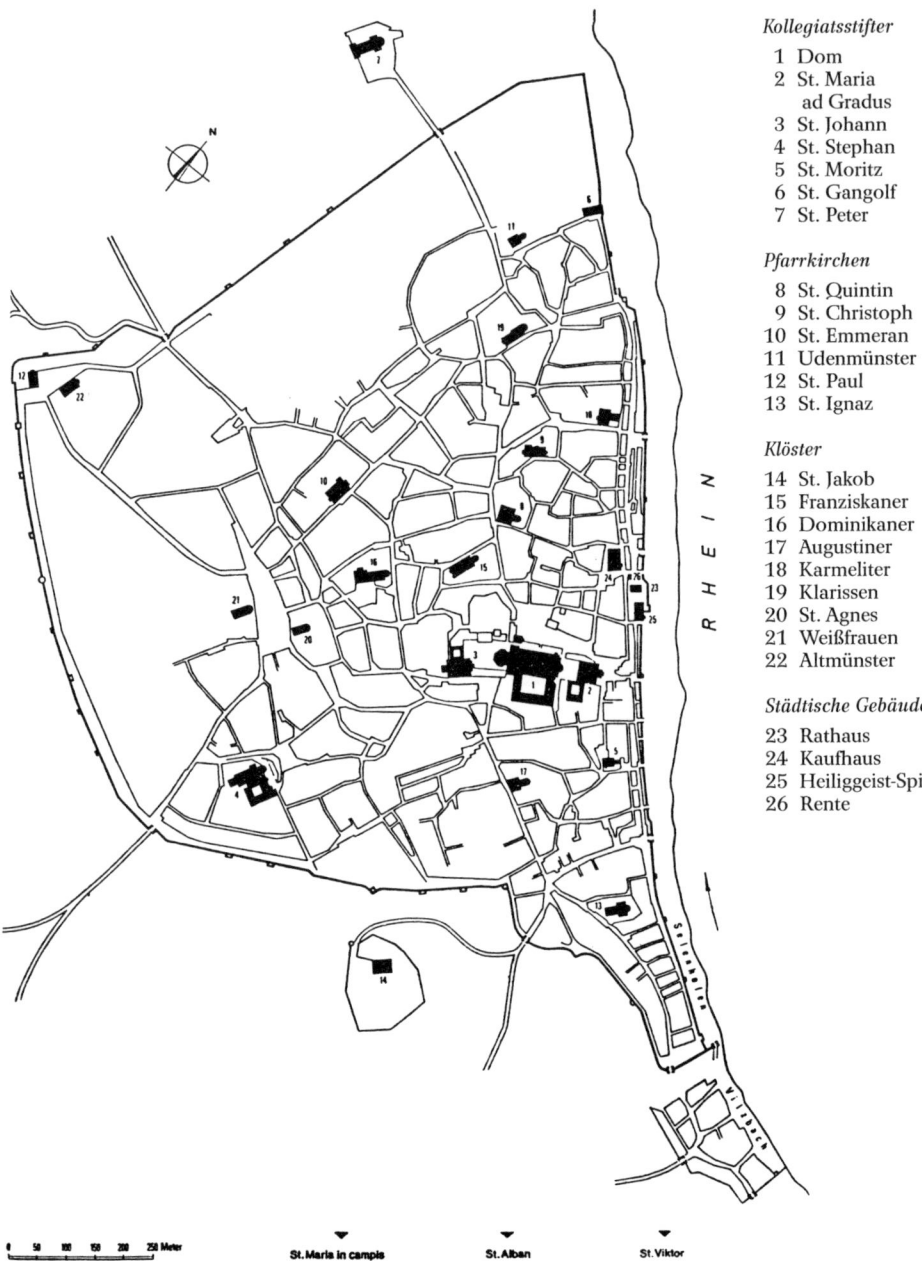

Kollegiatsstifter

1 Dom
2 St. Maria
 ad Gradus
3 St. Johann
4 St. Stephan
5 St. Moritz
6 St. Gangolf
7 St. Peter

Pfarrkirchen

8 St. Quintin
9 St. Christoph
10 St. Emmeran
11 Udenmünster
12 St. Paul
13 St. Ignaz

Klöster

14 St. Jakob
15 Franziskaner
16 Dominikaner
17 Augustiner
18 Karmeliter
19 Klarissen
20 St. Agnes
21 Weißfrauen
22 Altmünster

Städtische Gebäude

23 Rathaus
24 Kaufhaus
25 Heiliggeist-Spital
26 Rente

RHEIN

N

St. Maria in campis   St. Alban   St. Viktor

Mainz im Mittelalter (aus: D. Demandt, Stadtherrschaft und Stadtfreiheit im Spannungsfeld von Geistlichkeit und Bürgerschaft in Mainz [= Geschichtliche Landeskunde 15], Wiesbaden 1977).

Die Kommunebewegung in den beiden rheinischen Metropolen Trier und Mainz, die sich in zum Teil sehr heftigen Formen um die Mitte des 12. Jahrhunderts vollzogen hat, besitzt nicht den gleichen Bekanntheitsgrad wie etwa die zuvor behandelten Beispiele Rom oder Flandern. Aber sie beleuchtet in sehr anschaulicher Weise die endgültige Herausbildung einer städtischen Führungsschicht eigenen Charakters und Selbstverständnisses in einer Zeit starker gesellschaftlicher Umstrukturierung. Dabei handelt es sich im wesentlichen um die Neuorientierung der bischöflichen Ministerialität, die in diesen Städten zugleich eine starke Affinität zu Kaiser und Reich hatte, entweder in Richtung auf die ritterlich-adelige oder die städtisch-bürgerliche Welt. Dieser Differenzierungsprozeß ist zwar wesentlich älter, erfährt aber mit den hier zu beschreibenden Ereignissen eine Zuspitzung, die vieles, was den Umgang mit eigentlich herrschaftlichen Rechten und die Form der politischen Willensbildung betrifft, erst verständlich werden läßt. Es ist für viele Ministeriale gleichsam die Entscheidungsphase, in der die Orientierung zum Adel und seinen Lebensformen oder zur Übernahme der Führungsrolle in den aufstrebenden und sich verselbständigenden Kommunen erfolgte. Jedenfalls zeichnet sich für die stadtgesessenen Ministerialengeschlechter so etwas wie eine Wahlmöglichkeit und auch ein Entscheidungszwang dieser Art ab. Und die Gruppe, die sich der Stadt zuwandte, verstand zweifellos etwas von Recht (Gerichtsbarkeit), Verwaltung und Wirtschaft, also von Politik. Erfahrungen, die man bei dem immer stärker hervortretenden Ziel einer sich weitgehend selbst bestimmenden Stadtgemeinde sehr gut gebrauchen konnte. So profitierten beide Gruppen, die „normalen" Bürger und diese stadtorientierten Ministerialen, voneinander und drückten in gemeinsamen Aktionen der Stadt schließlich ihren Stempel auf.

1. Ausbildung und Verbot der Kommune von Trier

Am 1. September 1161 verbot Kaiser Friedrich I. die auch Schwureinung genannte Trierer Kommune nachdrücklich, und zwar bereits zum zweiten

Mal. Denn bei seinem letzten Besuch in Trier, der um vier Jahre zurücklag, hatte er auf Bitte des um kaiserliche Unterstützung nachsuchenden Erzbischofs eine solche Entscheidung schon einmal getroffen. Dieses Verbot hatte man aber bestenfalls kurzfristig beachtet und schon wenig später die Kommune wieder errichtet, wobei der in der Stadt ebenfalls über gewisse Rechte verfügende Pfalzgraf bei Rhein, der Staufer Konrad, den Trierern seine Unterstützung gewährt hatte. Nun wurde auch er von den auf dem Hoftag unter Vorsitz des Kaisers versammelten Fürsten gezwungen, sein unrechtes Verhalten einzugestehen und eine entsprechende Mitteilung an seine „geliebten Trierer Bürger" herausgehen zu lassen: „Eurer Gemeinde *(universati vestre)* teilen Wir mit, daß mein Herr, der Erzbischof Eurer Stadt vor dem Herrn Kaiser und dem allgemeinen Hoftag schwere Klage darüber erhoben hat, daß Ihr wider seine Ehre und die alten Rechte Eurer Stadt *(contra honorem suum et antiqua iura civitatis vestre)* gewisse neue Gewohnheiten und gewisse ungewöhnliche Rechte einer gewissen Kommune *(novas quasdam consuetudines et quedam iura insolita cuiusdam communionis vobis creaveritis)* Euch geschaffen und zu diesem Eurem Vorhaben in gewissen Fällen sogar Unsere Einwilligung angeführt habt; und so wurde denn diese Klage verhandelt und von allen Fürsten gebilligt, daß Uns in gerichtlicher Anordnung aufgrund kaiserlicher Verfügung und Macht solche Einwilligung gänzlich untersagt wurde" (zitiert nach L. Weinrich, Quellen zur Verfassungsgeschichte, Nr. 69, S. 264/65).

Während Pfalzgraf Konrad die Chance erblickt hatte, durch die Unterstützung der Trierer Kommune seinen Einfluß in der Stadt und zugleich seine territorialpolitische Stellung gegenüber dem Erzbischof zu stärken, sah dieser sich gezwungen, mit Hilfe eines Rechtsentscheids aller Reichsfürsten und nicht allein mit Hilfe des kaiserlichen Verbots wie vor vier Jahren seine Rechte zu verteidigen. Er hatte drei gute Gründe für die Annahme, daß er eine klare Entscheidung zu seinen Gunsten erlangen würde. Der erste und schwerwiegendste Sachzusammenhang bestand darin, daß gerade ein Jahr zuvor durch eine ähnlich gestaltete Coniuratio der Mainzer Erzbischof Arnold von Selenhofen ermordet worden war. Ganz anders, aber ähnlich gravierend war die Erfahrung, die auf den Italienzügen Friedrich Barbarossas mittlerweile fast alle Reichsfürsten gemacht hatten, daß nämlich mit den oberitalienischen Kommunen eine neue selbständige Kraft herangewachsen war, die selbst mit dem Aufgebot des Reichsheeres kaum bzw. letztlich gar nicht in den Griff zu bekommen war. Drittens konnte schließlich Erzbischof Hillin von Trier bei seiner Klage vor dem Reichshoftag davon ausgehen, daß der Kaiser sich seiner Sache schon deshalb annehmen würde, weil dieser bei seiner Italienpolitik auf die militärische Unterstützung nicht zuletzt geistlicher Reichsfürsten angewiesen war. Denn die Belagerung von Mailand war durchaus noch nicht abgeschlossen und der nächste Italienzug stand bevor.

Bezeichnenderweise waren es immer die geistlichen Fürsten, in erster Linie die Erzbischöfe und Bischöfe, die sich einem so starken Druck an der heimischen Front ausgesetzt sahen, daß sie um die Hilfe des Kaisers und der anderen Reichsfürsten nachsuchen mußten. Ein wesentlicher Grund für diesen Sachverhalt lag darin, daß die für die Stadt zuständige Ministerialität politisch und militärisch unzuverlässig geworden war und die Bürger von diesen bisherigen Amtsträgern des bischöflichen Stadtherren nicht mehr in ihre Schranken gewiesen, sondern geradezu zum „Ungehorsam" animiert wurden. Wie fatal eine solche Konstellation wirken konnte, hatte gerade das Mainzer Beispiel gezeigt.

Selbstverständlich war ein derartiger Verhaltenswandel nicht plötzlich eingetreten, sondern in einem längeren Entwicklungsprozeß herangereift, der einen wichtigen Ursachenkomplex in den politischen und geistigen Umbrüchen des Investiturstreits hatte. Dieser Bedingungszusammenhang tritt gerade in den konfliktreichen Ereignissen Triers so anschaulich hervor, daß diese Stadtkommune für das allgemeine Verständnis Wichtiges beizutragen vermag. Dabei lassen sich drei Etappen unterscheiden: 1. Die Formierungsphase im ersten Viertel des 12. Jahrhunderts, bei der es zu einem Zusammenschluß und zur Ausbildung eines Gruppenbewußtseins der Ministerialität in Trier kam. 2. Die Formulierung und Praktizierung des neu gewonnenen politischen Selbstverständnisses etwa zwischen 1125 und 1135 durch diesen Personenkreis und 3. eine allmähliche Gewichtsverlagerung auf die Kommune und Stadtgemeinde in den vierziger und fünfziger Jahren des 12. Jahrhunderts.

Die herausragende Persönlichkeit bei diesem Entwicklungsprozeß war Burggraf Ludwig, der dem führenden Trierer Ministerialengeschlecht von der Brücke (de ponte) entstammte. Seit 1107 hatte er erkennbar die FÜhrung der Trierer Ministerialität übernommen und 1115 seine Position noch dadurch verstärkt, daß er nun das Amt des Kämmerers ausübte. Als er bald danach auch noch die Funktion des Stadtpräfekten und Burggrafen von Trier (burggravius id est praefectus urbis) übernahm, hatte er in der Stadt eine so überragende Machtstellung erlangt, daß die in dieser Zeit vergleichsweise schwachen Trierer Erzbischöfe in seine Abhängigkeit gerieten, wie es der Chronist Balderich in seiner Schilderung der Taten des nachfolgenden Erzbischofs Albero (1131–1152) sehr anschaulich berichtet: „Mit seinen Künsten hatte er (Burggraf Ludwig) den Herrn Erzbischof Gottfried (1124–1127) so von sich abhängig gemacht, daß er sagen konnte, er habe das palatium (Pfalz, Bischofspalast) zu Lehen und alle bischöflichen Einkünfte müßten dorthin gebracht werden. Für den Unterhalt des Bischofs und seiner Kapläne habe er zu sorgen und alle übrigen zum Bistum gehörigen Dinge seien ihm lehnsrechtlich unterstellt. Die Aufgabe des Bischofs sei es dagegen, Messen zu lesen, Kleriker zu ordinieren und Kirchen zu weihen; als sein Recht erklärte er, das Land zu regieren, alle Angelegenheiten im Bistum zu regeln und die Kriegsmannschaft/Ritterschaft zu befehligen. Für die Mahlzeiten des Bischofs lieferte er täglich einen Sester Wein und zwei Sester Bier, während er selbst mit einem ansehnlichen Gefolge wie ein großer Fürst Tafel hielt. Er trat überall mit einer großen Gefolgschaft von Rittern auf und regierte in jeder Weise das ganze Land" (Balderich, Gesta Adalberonis, übersetzt nach Schulz, Ministerialität und Bürgertum in Trier, S. 30, vgl. nun auch die zweisprachige Ausgabe von Kallfelz, Lebensbeschreibungen, S. 576–579).

Damit wird im Grunde genommen die Radikalposition des Investiturstreits bezogen, die die gänzliche Trennung der Temporalia und Spiritualia, der weltlichen von den geistlichen Zuständigkeiten, vorsah und einseitig zum Vorteil der weltlichen Amtsträger auslegte. Denn der Erzbischof erscheint danach nur noch als Inhaber der geistlichen Amtsfunktion, ist seiner Stellung als Reichsfürst also weitgehend beraubt, während Ludwig als Burggraf, Kämmerer und Führer der Ministerialität den ganzen weltlichen Aufgabenbereich in die eigene Verantwortlichkeit übernommen hatte. Natürlich muß man dabei berücksichtigen, daß Balderich, der uns dies alles berichtet, vor allem Wert auf den Kontrast legt, der sich durch die Gegenüberstellung der Regierungszeiten der von Ludwig abhängigen Erzbischöfe Gottfried (1124–1127) und Meginher (1127–1129) sowie der Sedisvakanz (1129–1131) mit dem Pontifikat seines „Helden", Erzbischofs Albero (1131–1152), ergibt; denn dieser habe den anmaßenden Burggrafen fast umgehend in seine Schranken verwiesen und zur Unterwerfung gezwungen. Abgesehen davon, daß dies, wie wir sehen werden, nachweislich so nicht stimmt, wird hier wie auch durch andere Quellenzeugnisse dieser Zeit bestätigt, daß Ludwig und die mit ihm verbündete Ministerialität tatsächlich so etwas wie eine eigene Vorstellung von Zuständigkeit und Herrschaftsausübung entwickelt hatten. Das zeigte sich besonders bei den Wahlverhandlungen, die Ostern 1131 in Anwesenheit Kaiser Lothars in Trier stattfanden und wegen der Uneinigkeit von Geistlichkeit und Laien unterbrochen werden mußten. Als daraufhin elf Mitglieder des Domkapitels im geheimen den Metzer Domherrn Albero zum Erzbischof wählten und damit ansatzweise ein alleiniges Wahlrecht beanspruchten, erklärte Ludwig von der Brücke den Wählern und den diese Wahl unterstützenden Klerikern den Krieg. Er „zerstörte allen Klerikern, die der Wahl nicht widersprechen wollten, das Haus und raubte ihnen allen Besitz. Noch schlimmer: Als hohe Geistliche und Dignitäre aus dem gesamten Bistum nach Metz eilten, um den Gewählten aufzusuchen, fing man sie durch einen Hinterhalt bei der Konzer Brücke ab, raubte ihnen die Pferde und Kleidung und – man kann es nur mit Entrüstung sagen – mißhandelte sogar adelige Personen mit gräßlichen Stößen und Streichen" (Balderich, Gesta Adalberonis, S. 574/75). Was durch diese Ereignisse noch einmal deutlich unterstrichen wird, das ist der in dieser Zeit erhobene Anspruch besonders der stadtgesessenen Ministerialität, an der Wahl des Erzbischofs maßgeblich beteiligt zu sein. Dabei berief man sich auf den Grundsatz der kanonischen Wahl, der Wahl durch Klerus und Volk, wie er als eine der Hauptforderungen des Investiturstreites aufgestellt worden war. Noch einfacher gesagt, handelte man nach dem Grundsatz, daß die Hauptbetroffenen und Hauptinteressierten auch die Hauptbeteiligten sein müßten.

In diesem Zusammenhang berichtet nun Erzbischof Alberos Biograph Balderich auch vom Abschluß einer Coniuratio in Trier. Diese Schwureinung sei von Burggraf Ludwig mit dem Ziel herbeigeführt worden, den schon von Papst Innozenz II. geweihten Erzbischof mit allen Mitteln am Betreten der Stadt zu hindern und ihn notfalls dem Tode zu überantworten *(morti eum traderent)*. Hauptbeteiligt an dieser noch zweimal erwähnten Coniuratio waren zweifellos die Ministerialen, aber ihre beschworene Einung erstreckte sich doch eindeutig auf die ganze Stadt und bezog die übrige Einwohnerschaft mit ein. Der Bericht des Trierer Domkapitels, welches Papst Innozenz über die Wahlvorgänge und die Reaktion darauf informierte, spricht ganz einfach von den Bürgern *(cives)*, die den geistlichen Wählern und den ihnen anhängenden Klerikern an die Kehle gehen wollten. Überhaupt macht der ganze Sachzusammenhang deutlich, daß es hier zu einem Zusammenschluß der Stadtgemeinde Trier unter der Führung der stadtgesessenen Ministerialität mit Burggraf Ludwig von der Brücke an der Spitze gekommen war. Vermutlich war dies noch kein auf Dauerhaftigkeit angelegtes und in rechtsverbindlichen Formen abgeschlossenes Gebilde, sondern eine aus der Situation heraus geborene und für den konkreten Zweck zustande gekommene Absprache, der noch der Charakter der Spontaneität anhaftete. Aber wesentlich war doch, daß solche ad hoc gebildeten „Verschwörungen" wiederholbar waren, wenn man erst einmal die erste und entscheidende Schwelle überschritten und erkannt hatte, was man wollte und was man als Einheit und in Einigkeit vermochte.

Dies sollte sich schon wenige Jahre später erweisen, als es im Jahr 1143 zu militärischen Auseinandersetzungen um die Abtei St. Maximin zwischen Erzbischof Albero und Graf Heinrich von Namur, dem Vogt des Klosters, kam, in die die Stadt hineingezogen wurde. In dieser für sie bedrohlichen Situation sahen sich die Trierer *(Treveri)* veranlaßt, selbst die Initiative zu ergreifen, indem sie einerseits mit dem Bau einer Stadtmauer begannen und andererseits selbständig, und zwar recht erfolgreich, in die Kämpfe eingriffen. Die militärische Führung hatten dabei sicherlich die auf diesem Gebiet besonders erfahrenen Ministerialen inne, aber die offensichtlich gemeinschaftlich und in Eigenverantwortlichkeit vorgenommene Stadtbefestigung läßt doch bereits so etwas wie eine handlungsfähige Stadtgemeinde erkennen. Diesen Eindruck vermitteln jedenfalls die darüber ausführlicher berichtenden ›Gesta Alberonis metrica‹, wenn es darin (S. 241) u. a. heißt, die Trierer hätten ihre

Stadt befestigt und gesichert: *Vallo circumdant vel mura moenia firmant, Custodes vigilesque locant vel lapsa restaurant, Arma parant, sociosque vocant hostemque fatigant.* Im übrigen verdichten sich nun die Zeugnisse über das Vorhandensein einer als Kommune konstituierten Stadtgemeinde, wofür die zum Jahre 1149 bezeugte Existenz eines eigenen Trierer Stadtsiegels ein sicherer Beleg ist. Möglicherweise ist dieses mit 127 mm Durchmesser größte Stadtsiegel auch ein wenig älter, „erhalten" ist es jedoch erst durch die Randspuren, die es auf dem von den Trierer Bürgern mit den Kölnern 1149 abgeschlossenen Zollvertrag hinterlassen hat. Die Frage der ältesten Stadtsiegel und damit das Auftreten der Stadtgemeinde als Rechtsperson ist so interessant für unseren thematischen Zusammenhang, daß wir darauf in Verbindung mit der anschließenden Erörterung der Mainzer Vorgänge zurückkommen werden.

Halten wir vorläufig fest, daß spätestens um 1150 in Trier der Prozeß der Kommunebildung im wesentlichen abgeschlossen war, d. h. einen dauerhaften und rechtsverbindlichen Charakter angenommen hatte, so daß schließlich auf Antrag des Erzbischofs Kaiser Friedrich Barbarossa erstmals 1157 und zum zweiten Mal auf dem Hoftag von 1161 die Trierer Kommune ausdrücklich verbot. Mag sein, daß man sich daraufhin für eine gewisse Zeit in Trier etwas Zurückhaltung auferlegte, lange kann das indessen nicht der Fall gewesen sein; denn bereits 1172 und dadurch indirekt bezeugt 1168 tritt in Trier ein Schöffenkolleg in Erscheinung, das an der Spitze der Stadtgemeinde stand. Gewiß lag das Ernennungsrecht der 14 Schöffen beim Erzbischof als Stadt- und Gerichtsherrn von Trier, von dem Recht der Auswahl wird man Gleiches nicht behaupten können, wurden doch die Schöffen als Vertreter der Bürger angesehen und bezeichnet, auch wenn sie nachweislich zum größten Teil aus der Ministerialität hervorgegangen waren. Es hatte sich also mittlerweile eine einflußreiche städtische Führungsschicht herausgebildet, der der Erzbischof die nunmehr die Stadtgemeinde repräsentierenden Schöffen entnehmen mußte, die er wahrscheinlich zum Zweck der Bestätigung benannt bekam. Immerhin blieb ihm damit noch ein gewisses Einspruchsrecht bewahrt, so daß zunächst keine totale Verselbständigung und Trennung der Bürgergemeinde vom Erzbischof erfolgte. Einen gewissen Kompromißcharakter wies auch die Form des Ernennungsrechts der beiden für die Stadtpolitik Hauptverantwortlichen auf. Während im Falle des Schultheißen der Erzbischof seinen Einfluß stärker zur Geltung bringen konnte, war der Schöffenmeister ein Repräsentant der Stadtgemeinde und ihrer Führungsschicht.

Gerade mit dieser Führungsschicht werden wir uns im folgenden ausführlicher zu beschäftigen haben, denn über ihre Zusammensetzung und Interessenorientierung lassen sich wesentliche Aufschlüsse über den Charakter der kommunalen Entwicklung und die gesellschaftliche Struktur der frühen Stadtgemeinde gewinnen.

2. Die Erhebung der Mainzer gegen den Erzbischof

Betrachten wir jedoch zuvor das andere große Ereignis, das bei den Zeitgenossen weit mehr Aufmerksamkeit fand und die beiden Verbote der Trierer *coniuratio* und *communio* veranlaßt oder wenigstens mitbestimmt haben dürfte. Gemeint ist der langjährige schwere Aufstand der Mainzer gegen ihren Erzbischof, der erst mit der Ermordung Arnolds von Selenhofen im Juli 1160 sein Ende fand. Der kurz vor der Jahrhundertwende geborene Arnold von Selenhofen entstammte einem einflußreichen Mainzer Ministerialengeschlecht, das sich nach dieser Mainzer Vorstadt benannte. Arnold vollzog eine steile Karriere im Reichsdienst. Seit 1128 als Kleriker des Domstifts und Archipresbyter nachweisbar, trat er sogleich mit der Erhebung Konrads III. (1138) in den Dienst des Königtums und wurde zum Leiter der Hofkapelle und zum Propst des Marienstiftes in Aachen bestellt. 1151 erlangte er unter Konrad III. schließlich die Würde des Reichskanzlers und ging als solcher ein Jahr später in den Dienst Friedrich Barbarossas über. Eine seiner ersten Aufgaben, die er in dessen Auftrag wahrnahm, war eine sehr heikle und umstrittene Mission; ging es doch darum, daß er die Rolle des Verteidigers in dem Absetzungsverfahren gegen Erzbischof Heinrich I. von Mainz wahrnehmen sollte, dessen Nachfolger er selbst wurde. Diese Amtsenthebung und das sehr ungewöhnliche Vorgehen Friedrich Barbarossas, immerhin in Absprache mit der Kurie gleich nach der Übernahme der Königsherrschaft, erklärt sich nicht zuletzt aus dem territorialpolitischen Interesse, das die Staufer als Erben der Salier in diesem Mainzer Einflußgebiet verfolgten. Hier war es zu mancherlei Konflikten gekommen, so daß sich Erzbischof Heinrich I., der während des zweiten Kreuzzuges noch das Reichsregiment geführt hatte, der Wahl Friedrichs entgegengestellt und sich auch mit Papst Eugen III. überworfen hatte.

Mit Zustimmung zweier dazu autorisierter päpstlicher Legaten wurde Erzbischof Heinrich im Juni 1153 auf einer Reichs- und Kirchenversammlung bei Worms mit der fadenscheinigen Begründung der Verschleuderung von Kirchengut, das er vom Reiche zu Lehen hatte, abgesetzt. Sein unmittelbarer Nachfolger, Arnold von Selenhofen, wurde von seinen Gegnern daraufhin beschuldigt, eine zwielichtige Rolle als angeblicher Anwalt und Interessenvertreter Erzbischof Heinrichs und zugleich Vertrauter König Friedrichs gespielt zu haben, so daß er von vornherein mit einer oppositionellen Gruppierung rechnen mußte. Sehr bald trat darüber hinaus eine Entfremdung zwischen ihm und dem König bzw. Kaiser ein, da auch Arnold sich veranlaßt sah, die erzbischöfliche Territorialpolitik wieder aufzugreifen. Während Barbarossa 1154/55 mit dem Reichsheer zum ersten Italienzug und zur Kaiserkrönung nach Rom aufgebrochen war, ließ sich der Mainzer Erzbischof in territorialpolitische Auseinandersetzungen mit dem Pfalzgrafen Hermann von

Stahleck verstricken, wobei es auch zum offenen Kampf und zu einer Spaltung der Mainzer Ministerialität kam. Der Kaiser war über den offenen Bruch des für die Zeit des Italienzuges beschworenen Landfriedens empört und verhängte schließlich auf dem Wormser Reichstag zu Weihnachten 1155 über die beiden Rivalen und ihre Anhänger die entehrende Strafe der Harmschar, des Hundetragens in der Öffentlichkeit:

„Auf diesem Reichstag erschienen Erzbischof Arnold von Mainz und der Pfalzgraf Hermann und wurden angeklagt, weil sie in Abwesenheit des Kaisers das Land, wie oben berichtet, durch Plünderung und Brandschatzung beunruhigt hatten; sie wurden beide mit ihren Helfershelfern für schuldig befunden, doch wurde der eine wegen seines hohen Alters und seines sittenstrengen Lebenswandels verschont und aus Ehrfurcht vor seinem bischöflichen Stand, während der andere mit der ihm gebührenden Strafe belegt wurde. Es hat sich bei Franken und Schwaben folgender alte Brauch als Gesetz erhalten: wenn ein Edelmann, ein Ministeriale oder ein Bauer, von seinem Richter derartiger Vergehen für schuldig befunden worden ist, dann muß, bevor die Todesstrafe vollzogen wird, zur Brandmarkung seines Vergehens der Edelmann einen Hund, der Ministeriale einen Sattel von einer Grafschaft bis zur nächsten Grafschaft tragen. Diesem Brauch folgend, zwang der Kaiser den Pfalzgrafen, diesen hohen Reichsfürsten und zehn Grafen, seine Mitschuldigen, eine deutsche Meile weit einen Hund zu tragen. Als dieses strenge Urteil im ganzen transalpinischen Reich verbreitet wurde, befiel alle ein solcher Schreck, daß sie lieber Frieden halten, als sich auf Kriegswirren einlassen wollten" (Otto von Freising, Gesta Friderici, S. 378/379).

Nach dieser Verurteilung traf den Mainzer Erzbischof eine andere schwere Beschuldigung, nämlich die der Plünderung des Domschatzes zur Finanzierung des Krieges, von der er sich nur durch eine Reise nach Süditalien und Rom durch Papst Hadrian IV. freisprechen zu lassen vermochte. Dennoch blieb seine Stellung in Mainz und in dem Territorium umstritten. Die Gründe dafür sind neben den schon genannten Ereignissen besonders in seiner Herkunft und seiner problematischen Personalpolitik zu suchen. Es ist zwar nicht gänzlich singulär, daß der Angehörige eines Ministerialengeschlechtes zu einem geistlichen Reichsfürsten aufstieg, aber der Mainzer Erzstuhl, dem der Vorrang im Reich zukam, war bisher denn doch noch nicht in dieser Weise besetzt worden. Im übrigen war das Ministerialengeschlecht der Selenhofen zwar durchaus angesehen und einflußreich, aber anderen Familien gleicher Herkunft, wie etwa den Bolanden und den Meingoten, eher nachgeordnet. Die daraus erwachsende Rivalität wurde noch dadurch verstärkt, daß Erzbischof Arnold gleich zu Beginn seines Pontifikates Mainzer Schlüsselpositionen, wie die des Vitztums, des Schultheißen und Kämmerers, überwiegend mit Angehörigen seiner Familie neu besetzte. Als er dann in die schon geschilderte kritische Lage geriet und für die Zeit seiner Abwesenheit durch die Teilnahme am zweiten Italienzug eine Vertretung bestellen mußte, machte er den umgekehrten Fehler und ernannte seine schärfsten Widersacher – nämlich Dompropst Burchard von Jechaburg und dessen Neffen, die Söhne des alten Meingot – zu seinen Vertretern in geistlichen und weltlichen Angelegenheiten, in der Hoffnung, so eine Versöhnung mit ihnen herbeiführen zu können.

Noch bevor Arnold von Selenhofen an der Spitze seines von Friedrich Barbarossa angeforderten Heeresaufgebotes sich zum Italienzug auf den Weg machte, war es in Mainz zum offenen Aufruhr über die Frage der Finanzierung des Unternehmens gekommen. Der Erzbischof hatte die Mainzer zusammengerufen und „von den Bürgern, sowohl von den Ministerialen als auch von den anderen Bürgern" (*a Maguntinis civibus tam in ministerialibus quam burgensibus*, Vita Arnoldi III, S. 285) eine Heersteuer verlangt, indem er sie ausdrücklich darauf hinwies, daß er – obwohl er sehr häufig zur Ehre und zum Nutzen der Kirche und der ganzen Stadt und auch in bezug auf den Königshof und die päpstliche Kurie sowie bei der Bekämpfung der Feinde der Kirche große Kosten auf sich genommen hätte – dennoch ihnen nichts abverlangt habe. „Nachdem sie bereits aus der Einsicht der Notwendigkeit heraus freiwillig eine Zusage gegeben hatten, erklärte ein gewisser Ministeriale Arnold, der den Beinamen Rufus – Rot – trug, als an ihn die Aufforderung erging, indem er vor die Versammlung trat, daß gemäß dem von Erzbischof Adalbert den Bürgern erteilten Privileg (1119/1135), das er zitierte, jene rechtmäßig nichts schuldig seien und dem Herrn Bischof gegenüber keine Rechtsverpflichtung dieser Art bestehe. Daraufhin wurde auch von den übrigen Bürgern die Bereitschaft zur Zahlung nicht ohne großen Nachteil für den Bischof widerrufen. Der ehrwürdige Kirchenfürst mußte, da der Aufbruch zum Heereszug unmittelbar bevorstand und er durch Gerichtsverfahren die Schuldigen nicht mehr haftbar machen konnte, die Ahndung einer so großen Rechtsverletzung bis zu seiner Rückkehr von dem Heereszug verschieben" (Vita Arnoldi, S. 625 f.).

Diese Schilderung und zahlreiche weitere Details verdanken wir einem anonym gebliebenen Anhänger und Verehrer des Erzbischofs, der eine umfangreiche Lebensbeschreibung, die ›Vita Arnoldi Archipiscopi Maguntini‹, bald nach dessen – als Martyrium dargestellten – gewaltsamen Tod verfaßt hat. Daneben gibt es noch eine zweite Quelle, die speziell über diese Ereignisse berichtet, aber erst knapp 100 Jahre später niedergeschrieben worden ist, das Chronicon Moguntinum, das auf ein verlorenes Mainzer Annalenwerk zurückgreifen konnte. In diese Gruppe der über die Mainzer Ereignisse ausführlicher berichtenden Quellen sind noch die Annales S. Disibodi (Disibodenbergenses) in ihrer Fortsetzung ab 1148 einzufügen, so daß zusammen mit den anderen zeitgenössischen Berichten, die ein Ereignis wie das der Er-

mordung des Mainzer Erzbischofs nicht unerwähnt lassen, eine vergleichsweise gute Überlieferung vorliegt.

Nachdem es Arnold von Selenhofen nicht ohne Schwierigkeiten, aber ohne
die finanzielle Unterstützung durch die Mainzer Bürger gelungen war, ein
Heereskontingent von 140 gut gerüsteten und ausgestatteten Rittern aufzu-
bieten und dem Kaiser nach Augsburg zuzuführen, treffen wir ihn Anfang
August 1158 zusammen mit vielen anderen Reichsfürsten bei der Belagerung
von Mailand an. Diese Gelegenheit nutzte der Erzbischof, um auf einer Versammlung der Fürsten dem Kaiser seinen Konflikt mit den Mainzern vorzu-
tragen und um eine Rechtsentscheidung nachzusuchen. Hören wir dazu unseren Gewährsmann, den Verfasser die Vita Arnoldi: „Währenddessen wurde
vor dem Kaiser die Frage erörtert, wie mit den Lehen derjenigen zu verfahren
sei, die es zurückweisen, die Heeressteuer zu bezahlen. Und darin stimmten
alle Fürsten überein, daß diesen die Lehen aberkannt werden sollen, bis sie die
Zahlung gemäß Lehnrecht geleistet hätten. Die von ihnen vorgenommene Verweigerung sollten sie durch Ersatz- und Sühnezahlungen gegenüber ihren
Herren öffentlich büßen. Durch die Fürsten wurde dieser Rechtsspruch erteilt
und vom Kaiser und dem ganzen Hoftag bekräftigt" (Vita Arnoldi, S. 628).

Zwar wurde die Mainzer Frage zum Anlaß genommen, aber bei der Entscheidung ging es um ein generelles Problem, und zwar nicht, ob die Mainzer
oder die Bürger einer Stadt an ihren Herrn eine Heeressteuer entrichten
müßten, sondern welche Ausgleichs- oder Ersatzzahlungen die Vasallen leisten müßten, die nicht persönlich (oder in Vertretung) dem Heeresaufgebot
Folge leisteten. Es ist eine Frage des Lehnrechts und nicht der Stadtsteuer, die
hier grundsätzlich zur Diskussion gestellt und entschieden wird. Sie fügt sich
zeitlich wie sachlich sehr gut in den Kontext anderer Entscheidungen dieser
Art ein, wie sie mit dem Lehnsgesetz Friedrich Barbarossas für Reichsitalien
von 1154 und 1158 und mit der sog. ›Constitutio de expeditione Romana‹
für das deutsche Reichsheeresaufgebot für Italien etwa aus der gleichen Zeit
vorliegen. In beiden Fällen wird mit dem Ziel einer möglichst vollständigen
Erfassung der Lehen bzw. der Vasallen eine finanzielle Berechnung der Lei-
stungspflicht und auch der gegebenenfalls aufzubringenden Ersatzzahlung
vorgenommen, womit in das Lehnswesen ein spürbar neues Element ein-
dringt. Natürlich hat dies auch und gerade etwas mit dem aufstrebenden
Städtewesen und Bürgertum zu tun, aber nicht mit den Einwohnern und der
Stadtgemeinde schlechthin, sondern mit den Gruppen vornehmer und einflußreicher Bürger, die Lehen besaßen, also Vasallen waren, aber wenig Neigung zeigten, auch persönlich der Heerfolgepflicht zu entsprechen. Was bot
sich gerade für diesen Personenkreis von Vasallen als Bürgern, den man aus
oberitalienischen Städten noch viel besser kannte, mehr an, als durch Aus-
gleichszahlungen die aus dem Lehen erwachsenden Pflichten einzufordern
bzw. abzugelten?

Es war also vor Mailand durch Kaiser und Reichsfürsten keine Entscheidung gefallen, die dem Mainzer Erzbischof das Recht bestätigt hätte, eine Heeressteuer den Einwohnern von Mainz aufzuerlegen, wie er es vergeblich versucht hatte, sondern generell entschieden worden, daß Vasallen, die nicht dienten, ersatzweise zahlen müßten. Und diese Entscheidung zielte sicherlich im starken Maße auf die mit Lehen ausgestatteten Ritter und Ministerialen in der Stadt, die nicht am Heereszug teilgenommen hatten, aber durchaus zahlungsfähig waren. Insofern betraf dieser Reichsspruch doch vorrangig die Stadt oder die städtische Führungsschicht und beleuchtet einen bemerkenswerten Wandlungsprozeß sowohl hinsichtlich des Lehnswesens als auch der Stadtentwicklung dieser Zeit.

Kurz nachdem diese Entscheidung gefallen war und während die Belagerung von Mailand noch andauerte, war die Nachricht oder das Gerücht eingetroffen, daß die Meingoten und Propst Burchard von Jechaburg eine Verschwörung *(coniuratio)* gegen den abwesenden Erzbischof inszeniert hätten und Klerus und Volk von Mainz ihren Erzbischof Arnold abgesetzt und den Dompropst zum neuen Erzbischof gewählt hätten. Die Annalen von Disibodenberg fassen die Ereignisse so zusammen: „Einige aus dem Mainzer Klerus, nämlich Abt Gottfried von St. Jakob und Burchard, Propst von St. Peter und zugleich alle Stadtbewohner *(urbani)*, die Großen zusammen mit den Kleinen, begannen einen großen Haß gegen ihren Bischof Arnold zu empfinden und riefen wiederholt den Kaiser als Vermittler gegen ihn an; nur die von Selenhofen unterstützten die Partei des Erzbischofs" (Annales Sancti Disibodi, S. 29).

Diese komprimierte Darstellung umfaßt mehrere Etappen, die die Akzentverschiebung von einem allgemeinen Aufstand mehr und mehr hin zu einer kommunalen Erhebung auf breiter Grundlage recht gut erkennen lassen.

Folgen wir also kurz dem Ereignisablauf. Als der Erzbischof, Anfang September 1158 aus Oberitalien zurückkehrend, sich seiner Stadt näherte, traten ihm die aufständischen Mainzer bewaffnet entgegen, hinderten ihn am Überqueren des Rheins und am Betreten der Stadt und verfolgten von nun an den Plan, ihn zu töten, wie unser Anonymus berichtet (Vita Arnoldi, S. 629). Am 8. September gelang dem Erzbischof aber die Einnahme der Stadt, wo er im wesentlichen um einen Ausgleich und die Beruhigung der Verhältnisse bemüht war. Die Hauptakteure, Propst Burchard an der Spitze, sodann der Meingotsohn Embrico, Abt von St. Jakob, Werner von Bolanden sowie zahlreiche Geistliche und Laien, wurden allerdings aus Mainz verbannt und begaben sich zum Kaiser. Als der Erzbischof nun das vor Mailand getroffene Hofurteil mitteilte und die auf die Lehen bezogene Abgabe forderte, stieß er wiederum bei Arnold Rufus und seinen Anhängern auf Widerstand, die ebenfalls an den Kaiser appellierten. Beide Gesandtschaften blieben letztlich ohne Erfolg, wenn auch viel hin und her verhandelt wurde und der Kaiser Schiedsrichter benannte, was nicht zur Festigung oder Stärkung der erzbischöflichen Autorität beitrug.

Damit hatte die erste Phase der Aufstandsbewegung ihr Ende gefunden, nämlich die gemeinsame Verschwörung von Klerus und Volk *(coniuratio cleri et populi)*, die nur über eine begrenzte gemeinsame Interessenbasis verfügte.

Die zweite Phase stand hingegen unter dem Vorzeichen einer kommunalen Erhebung mit der stadtgesessenen Ministerialität an der Spitze. Nachdem die Ausgleichsverhandlungen gescheitert waren, nahm der von den Mainzern gegen den Bischof vorgetragene Angriff so heftige Formen an, „daß sie mit solcher Stärke die Plätze und Häuser der Stadt und alle Straßenkreuzungen sicherten sowie die Bürger selbst bewaffneten, daß gegenüber ihrem Zorn von nun an dem bischöflichen Herrn kein Zugang zur Stadt mehr offenstand. Ihre Erregung steigerte sich derart, daß sie über Gott und den Herrn Bischof mit großem Hochmut und Verächtlichkeit sprachen. Sie eigneten sich seine Machtbefugnisse an und verübten selbstherrlich Unrechtstaten der Verfolgung, Verbannung und viele Übergriffe und legten sich das Recht der Todesstrafe ihm gegenüber zu. Einen Räuber, Tyrannen und Verderber *(pestilentem)* nannten sie ihn oder was sie sonst noch in ihrem blasphemischen Geist zu ersinnen vermochten. Und sie fügten zur Krönung der Beleidigung hinzu, daß, falls der Erzbischof es jemals wagen sollte, in die Stadt zurückzukehren, auch die Fleischer, Bäcker, Gerber, Kürschner, Geldhändler und Wechsler gegen ihn vorgehen würden" (Vita Arnoldi, S. 631).

Mit der Nennung der Handwerker wird die eingetretene Veränderung hinsichtlich des Charakters und der Orientierung der Erhebung deutlich sichtbar. Es war nun die Stadtgemeinde, die das Geschehen bestimmte und eigene Wege ging, während sich die Geistlichkeit von der Aufstandsbewegung getrennt hatte.

Dazu trugen sicherlich auch die Exzesse bei, zu denen sich die Bürger hinreißen ließen, als der Erzbischof im Oktober 1159 in Mainz eine Synode abhalten wollte, auf der die Schuldigen zur Rechenschaft gezogen werden sollten. Ein erster Angriff der Bürger auf den Erzbischof im Dom wurde von dessen Rittern zurückgeschlagen. Als dieser aber nach ihrer Unterwerfung kurzfristig die Stadt verließ, stürmten sie „einmütig mit der Masse des Volkes *(unanimiter cum toto populo)* den Dom, entweihten den Altar, vergriffen sich am Kirchenschatz, verwüsteten und plünderten den Bischofshof und die Häuser der bischofstreuen Geistlichen, zerstreuten Bibliothek und Archiv des Bischofs und versetzten die Stadt in den Verteidigungszustand. All' dies geschehe, so erklärten sie, im Namen des Kaisers" (Vita Arnoldi, S. 633).

Tatsächlich gelangte die ganze Angelegenheit noch einmal vor Friedrich Barbarossa, und zwar in Pavia, wo die große Synode abgehalten wurde, die über die umstrittene Papstwahl entscheiden sollte. Schon von Crema aus hatte der Kaiser den Mainzern ein Schreiben geschickt, mit dem er sich entschieden gegen die Behauptung verwahrte, daß sie auf seinen Wunsch und Befehl gehandelt hätten, vielmehr gebot er ihnen die widerspruchslose Unterwerfung unter die Herrschaftsgewalt des Erzbischofs und die vollständige Wiedergutmachung aller angerichteten Schäden. In Pavia erging dann im Anschluß an die Synode ein förmliches Urteil vom Kaiser und den Reichsfürsten gegen die Mainzer, das neben den im kaiserlichen Schreiben schon enthaltenen Entscheidungen die Strafe der Harmschar (des Hundetragens) oder der Verbannung gegenüber den Hauptverantwortlichen aussprach. Die konkreten Einzelentscheidungen wollte Arnold von Selenhofen dann nach seiner Rückkehr in Mainz selbst treffen. Vor den Toren der Stadt in St. Alban angekommen, wartete er allerdings vergeblich auf die zugesagte Unterwerfung und Entschädigung durch die Stadt. Vielmehr war es hier unter der Führung der Ministerialen Reginbodo von Bingen und Gottfried von Eppstein zu einer neuerlichen Schwureinung und Aufstandsbewegung gekommen, an der die ganze Stadtbevölkerung beteiligt war. Man hatte alle militärischen Maßnahmen zur Verteidigung der Stadt getroffen und war angeblich entschlossen, den Erzbischof zu töten. Als weitere Ausgleichsverhandlungen scheiterten und Arnold von Selenhofen sich daraufhin entschloß, Herzog Heinrich den Löwen und andere Fürsten zur Unterwerfung der Stadt und Bestrafung der Aufständischen herbeizurufen, erkannten die Mainzer den Ernst ihrer Lage und baten durch eine rasch abgefertigte Gesandtschaft den Erzbischof um Gnade und Frieden und versprachen, zu seiner Sicherheit eine Anzahl vornehmer Geiseln zu stellen. Arnold von Selenhofen vertraute nochmals den Versprechungen der Mainzer, obwohl er schon eine Todesahnung hatte, und begab sich in das vor der Stadt gelegene Kloster St. Jakob, um dort die Unterwerfung der Bürger entgegenzunehmen. Während man noch über die Frage der Geiseln verhandelte, rückten schon die bewaffneten Mainzer unter der Führung der Meingoten aus der nahegelegenen Stadt heran. In dem Kampf, der nun entbrannte, gerieten auch die Klostergebäude in Flammen, so daß Arnold von Selenhofen, der in der Klosterkirche Sicherheit gesucht hatte, durch Rauch und Feuer gezwungen wurde, aus der Kirche herauszutreten, wo er sogleich erschlagen wurde. Wie groß der Haß gegen ihn gewesen war, läßt der schimpfliche Umgang mit seinem Leichnam erkennen, den man – nach Aussagen der Vita – unbekleidet auf einem Feld oberhalb des Stadtgrabens drei Tage lang liegen ließ und verspottete. Dorthin „kamen einige übelbeleumdete Frauen, Marktfrauen, die mit Käse, Eiern und Öl handelten, Kauffrauen und öffentliche Dirnen und zerschmetterten mit Steinen die Zähne des toten Bischofs" (Christiani Chronicon Maguntinum, S. 689). Aufschlußreich ist dabei, was die erzürnten Mainzer angesichts der Leiche des Erzbischofs höhnisch fragten: *Vis tu bona mea recipere?* („Willst du immer noch meine Güter einziehen?") *Vis tu filium meum obsidere?*

(„Willst du immer noch meinen Sohn zu Eigentum besitzen / für dich in Anspruch nehmen?" Martyrium Arnoldi, S. 324). In diesen kurzen Formulierungen wird auf sehr anschauliche Weise deutlich, was den Zorn der Mainzer hervorgerufen hatte. Offensichtlich hatte der selbst aus der Ministerialität hervorgegangene Erzbischof persönliche Abhängigkeit sowie Erbabgaben und andere Ansprüche wieder geltend zu machen versucht.

Was waren nun die Folgen dieser ebenso ungewöhnlichen wie angeblich schon seit langem absehbaren Mordtat?

Einen Monat nach dem Geschehen vom 24. Juni 1160 sprachen die in Erfurt versammelten Bischöfe und anderen Reichsfürsten die Exkommunikation über Mainz aus. Die Durchführung des Strafverfahrens behielt sich jedoch der Kaiser vor, der schließlich auf dem Mainzer Reichstag vom 21. März 1163, und zwar ganz im Stile der in Oberitalien gemachten Erfahrungen mit der Kommunebewegung, sein Urteil verkündete: die Aberkennung der städtischen Freiheiten und Gewohnheitsrechte und den Befehl zur gänzlichen Niederlegung der städtischen Befestigungsanlagen. Das darüber hinaus ausgesprochene Verbannungsurteil gegen die Hauptverantwortlichen erübrigte sich entweder, da diese bereits vorher aus der Stadt gewichen waren, oder kam nicht zum Tragen, denn sowohl Propst Burchard von Jechaburg als auch Arnold Rufus waren auch weiterhin in der Stadt anzutreffen. Zweifellos markiert dieses Urteil einen gewissen Rückschlag in der Stadtentwicklung von Mainz, es stellt aber keinen tiefen Einschnitt dar, denn die Stadtmauer wurde von den Bürgern schon gegen Ende des 12. Jahrhunderts neu errichtet, und ihre früheren Rechte haben sie mit einer gewissen Verzögerung auch bald zurückgewonnen. Allerdings war seitdem die hohe Geistlichkeit von Mainz um eine Absicherung ihrer Rechte oder Ansprüche in einem Maße bemüht, daß daraus zahlreiche Konflikte und Hindernisse für die Entfaltung der Stadt erwuchsen.

Ein Ereignis bleibt jedoch noch nachzutragen. Gleich nach der Ermordung Arnolds wählten die Aufständischen – als ob nichts geschehen wäre – einen neuen Erzbischof, nämlich den Zähringer Rudolf, mit dem Beinamen Clobelouch, und präsentierten ihn dem Kaiser. Sie mochten darauf hoffen, Friedrich Barbarossas Zustimmung zu erlangen und ihn mit dieser Kandidatur versöhnlich zu stimmen, da es sich bei dem von ihnen erwählten um einen Verwandten und Vertrauten des Kaisers handelte. Friedrich ließ sich jedoch verständlicherweise auf dieses Manöver nicht ein.

Bemerkenswert ist, mit welcher Selbstverständlichkeit die Mainzer Führungsschicht das Wahlrecht für sich in Anspruch nahm, ohne daß eine irgendwie ins Gewicht fallende Beteiligung des hohen Klerus daran festzustellen wäre. Dieses Vorgehen markiert einen auffallenden Wandel, denn bei der Wahl und Erhebung Erzbischofs Arnold von Selenhofen im Jahre 1153 hatten *clerus* und *populus* von Mainz noch gemeinsam gegen die Ernennung des neuen Erzbischofs durch Friedrich Barbarossa und damit die Verletzung ihres Mitwirkungsrechtes protestiert. Auch der Kaiser war sich bewußt, daß die Mainzer für sich den Anspruch erhoben, in dieser entscheidenden Frage beteiligt oder gar mitentscheidend berücksichtigt zu werden, denn auf dem Wormser Reichstag vom April 1157, bevor er mit dem Reichsheer nach Italien aufbrach, traf er eine ebenso ungewöhnliche wie auffallende Vorkehrung. Er ließ die Mainzer Äbte und Pröpste sowie die vornehmen Ministerialen der Mainzer Kirche (*abbates et prepositi et meliores quidam de ministerialibus Moguntine ecclesie*, Annales Disibodensis, in MGH SS XVII, 29) ein Treuegelöbnis in seine Hände leisten, daß sie im Falle des Todes ihres Erzbischofs keinen anderen wählen würden, wenn der Kaiser nicht daran beteiligt wäre (*ut, cum suus episcopus Arnoldus quovis casu defecisset, alium non eligerent, nisi consilio eorum ipse medius interesset*, Annales Disibodensis, wie oben). Offensichtlich rechnete der Kaiser damit, daß die genannte Gruppierung, nachdem sie sich 1153 klar übergangen fühlte, bei nächster Gelegenheit demonstrativ selbständig handeln würde. Tatsächlich kam es zu einem derartigen Ereignis, allerdings ohne daß der Erzbischof verstorben wäre, denn die aufständischen Mainzer erklärten 1158 ihren Erzbischof für abgesetzt und erhoben Propst Burchard von Jechaburg, den Führer der Erhebung an seiner Stelle (Vita Arnoldi, S. 627 f.). Hatte also zumindest in der Wahlfrage und in der Gegnerschaft zu Erzbischof Arnold bis zu diesem Zeitpunkt eine Gemeinsamkeit zwischen hohem Klerus und stadtgesessener Ministerialität bestanden, so war mit den Ereignissen der beiden folgenden Jahre und der eigenwilligen Neuwahl eines Erzbischofs 1160 das Bündnis dieser aufständischen Führungsgruppe auseinandergebrochen. Von nun an kann man das Verhältnis von Bürgergemeinde zu Domstift und hohem Klerus von Mainz als zumindest gespannt bezeichnen, jedenfalls kam es nie wieder zu solch einer gemeinsamen Handlungsweise. An die Stelle des alten Bündnisses war die *coniuratio* einer sich neu orientierenden Führungsschicht mit dem mittleren Bürgertum in Mainz getreten. Der Bischofsrat, das seit dem Investiturstreit immer klarer hervortretende Gremium von Vertretern des hohen Klerus, des Lehnsadels und vor allem der Ministerialität mit deutlichem Übergewicht derjenigen aus der Stadt Mainz, hatte gleichsam die Grundlage für das Zusammenwirken der an diesem Rat Beteiligten in Fragen, die die Wahl oder Politik eines Erzbischofs betrafen, abgegeben. In dem Maße, in dem sich die Protestbewegung der „Stände" (hoher Klerus, Lehnsadel, Ministerialität) gegen die Politik ihres erzbischöflichen Herren zu einer kommunalen Erhebung wandelte, ging diese Basis verloren. Inwieweit dabei auch eine Abschließungstendenz, ausgehend von der anderen Seite, also besonders des Domstiftes, mit dem Anspruch auf das alleinige Bischofswahlrecht eine Rolle gespielt hat, ist für diese Zeit nicht sicher zu entscheiden, aber doch in die Überlegungen miteinzubeziehen.

Halten wir noch einmal fest, daß in den beiden großen Metropolen Trier und Mainz – aber nicht nur hier – schwere Konflikte ausbrachen, die ihren Ausgang in der Frage nach der Beteiligung der stadtgesessenen Ministerialität an der Wahl des Erzbischofs genommen hatten, um dann in eine breitere kommunale Bewegung in Form einer Schwureinung *(coniuratio)* einzumünden.

3. Charakter der städtischen Führungsschicht

Sicherlich handelte es sich nicht um zufällige Übereinstimmungen in diesen beiden Städten, sondern man wird davon ausgehen müssen, daß ähnliche strukturelle Voraussetzungen bestanden. Das auffallendste und auch wichtigste Element ist dabei die stadtgesessene Ministerialität gewesen. Nun wird die Ministerialität gemeinhin nicht gerade mit der kommunalen Bewegung und der städtischen Freiheit, sondern im Gegenteil mit dem Regiment des Stadtherrn als dessen Amtswalter und Interessenvertreter in Verbindung gebracht. Aber die Forschungsdiskussion seit gut zwei Jahrzehnten hat doch zureichend deutlich gemacht, daß dieses Bild einseitig und in wichtigen Teilen sogar falsch ist. Richten wir den Blick auf Mainz, so wird hier bei der Betrachtung der Urkunden des 12. Jahrhunderts und ihrer Zeugenlisten wie in fast keiner anderen Stadt deutlich, daß für einen großen Teil der stadtgesessenen Dienstmannen die Zugehörigkeit zur Ministerialität und „Bürgerschaft" eine unauflösliche Einheit dargestellt hat und hier eine überaus enge Interessenverknüpfung bestand. Ja, die Bezeichnung *civis* oder sogar *burgensis* in den Diplomen dieser Zeit fand ganz überwiegend nur auf Mainzer Ministerialen Anwendung, die nun einmal als die vornehmsten Bürger dieser Stadt angesehen und angesprochen wurden. Es erfolgte also eine wechselnde begriffliche Zuordnung dieser in politischer Verantwortung stehenden Gruppe zu den *ministeriales* oder *burgenses,* je nachdem, um welche Sachverhalte und Bezüge es sich handelte. Bei Fragen des Lehnrechts, der erzbischöflichen Finanzen oder etwa der Territorialpolitik fungierten sie als *ministeriales,* bei der Wahrnehmung städtischer Angelegenheiten rückten sie mehr und mehr als *burgenses* ins Blickfeld. Schauen wir uns dafür kurz einige Beispiele an. Zwischen 1143 und 1153 schlossen einige Mainzer Ministerialen, die als *ministeriales et concives nostri* bezeichnet werden, einen Erbschaftsvertrag ab; ausgestellt ist die Urkunde von den der Ministerialität zugehörigen *cives Mogontine metropolis,* die auch das Stadtsiegel führten (Mainzer UB, Bd. 2, 1, Nr. 188, S. 350 f.). Es gab also zu diesem Zeitpunkt bereits eine Mainzer Stadtgemeinde, die über ein eigenes Siegel verfügte und in deren Namen eine Urkunde ausgestellt werden konnte. 1155 setzte Erzbischof Arnold den Hafenzoll für Duisburger Kaufleute herab, und zwar „aufgrund des Zeugnisses der ehrwürdigeren und geeigneteren Bürger unserer Stadt" *(testi-*

monio seniorum et idoneorum civitatis nostrae burgensium, Mainzer UB, Bd. 2, 1, Nr. 207, S. 374 ff.). In der Zeugenliste dieser Urkunde wird zwischen *burgenses* und *officiati* unterschieden. Unter der Rubrik *burgenses* treten ausschließlich Angehörige der vornehmen Mainzer Ministerialengeschlechter auf. Außerdem werden hier 15 *officiati*/Amtleute, unter ihnen *Hartlebus omnium prepositus* genannt. Zu diesem Zeitpunkt bestand also in Mainz unter dem Vorsitz eines sogenannten Propstes ein Offizialen- oder Amtleutekolleg. Eine solche Gruppe von Amtsträgern städtischer Belange fand bereits in einer Urkunde Erzbischof Adalberts von 1135 Erwähnung, die hier wie in anderen Fällen auch als erzbischöfliche Ministeriale identifiziert werden können. Sie erlangten zwar nicht die gleiche Bedeutung und Bekanntheit wie die vornehmen Ministerialengeschlechter, die im späten 12. Jahrhundert ritterliche Lebensformen annahmen, sich dann auch *milites* nannten und die Verbindung zum Landadel suchten, waren aber um so stärker mit den städtischen Belangen und dessen Wirtschaftsleben verknüpft. Zwar haben, wie wir der Vita Arnoldi entnehmen konnten, noch bei der Aufstandsbewegung von 1157–1160 diese beiden unterschiedlich strukturierten und orientierten Gruppen der Ministerialität aktiven Anteil genommen, vereinfacht gesagt, die vornehme Ministerialität in Gestalt der Angehörigen der Meingot-Sippe und die „bürgerliche Ministerialität", um den so umstrittenen Ausdruck zu benutzen, in Gestalt des Arnoldus Rufus. Im weiteren Verlauf der Erhebung aber, die dann ja immer mehr einen kommunalen Charakter gewann, machte sich schon eine Differenzierung innerhalb der stadtgesessenen Ministerialität bemerkbar, die dann später in der städtischen Führungsschicht und im Stadtrat greifbar hervortrat. Wie sind nun diese „bürgerlichen Ministerialen" bzw., um den Stein des Anstoßes hinsichtlich der Begriffsbildung zu vermeiden, diese Bürger ministerialischer Herkunft und Stellung, zu charakterisieren? Wir hörten schon, daß zu ihnen besonders die Inhaber städtischer Ämter, die gerade auch das Wirtschaftsleben (Markt, Münze, Zoll) betrafen, zählten. Außerdem waren sie hauptsächlich für die Gerichtsbarkeit zuständig und verfügten somit über die entscheidende Kompetenz in Rechts- und Wirtschaftsfragen, bewegten sich also in dem Bereich, den man gemeinhin den politischen zu nennen pflegt, und das mit Erfahrung und Engagement. Im Zuge der geschilderten Auseinandersetzungen, die bis in die Zeit des Investiturstreites zurückreichen, vollzogen sie immer deutlicher eine Umorientierung, nämlich von abhängigen bischöflichen Amtsträgern zu selbständig im Sinne der Stadtgemeinde agierenden Wortführern der Bürger.

Die anhand der Mainzer Quellenzeugnisse besonders gut überprüfbare Feststellung, daß bei dem Prozeß der Kommunebildung die Ministerialität die Initiative ergriffen und das Heft in der Hand gehabt habe, läßt sich gar nicht so recht mit dem Bild in Übereinstimmung bringen, das die Stadtgeschichtsforschung lange Zeit mit dem Hinweis auf die freien Fernkaufleute und deren bestimmende Rolle vermittelt hat. Entgegen der von Karl Wilhelm Nitzsch bereits 1859 herausgearbeiteten Bedeutung der Ministerialität für die Stadtentwicklung, ist in der deutschen Stadthistoriographie von Georg von Below über Fritz Rörig bis hin zu Hans Planitz ein Gegenbild mit dem Verweis auf das Element der mit den Kaufleuten überkommenen Freiheit entworfen und diesem zu handbuchartiger Verbindlichkeit verholfen worden. An drei zentralen Begriffen läßt sich verdeutlichen, worin die Einseitigkeit und Verständnisschwierigkeiten dieser Forschungsdiskussion zu suchen sind.

Der auf den ersten Blick größte Widerspruch, der dabei in das Blickfeld gerät, ist vielleicht zugleich derjenige, der sich am leichtesten aufklären und aufheben läßt. Gemeint ist das Kontrastbild, das man mit der Gegenüberstellung der Begriffe Kaufmann und Ritter (Ministeriale) vermitteln kann. Was haben denn diese mit Lehen ausgestatteten, ritterlich lebenden und zum Adel tendierenden Ministerialen mit dem Stadtwerdungsprozeß zu tun gehabt, der auf einer ganz andersartigen Wirtschaftsform und Mentalität beruht? Dies ist die ebenso eingängige wie kurzsichtige Argumentation, vor der eigentlich schon die Beispiele der italienischen Stadtkommunen bei aller Unterschiedlichkeit der Voraussetzungen mit ihrer ritterlichen Führungsschicht hätten warnen sollen. Erinnern wir uns erst einmal an die Auseinanderentwicklung der stadtgesessenen Ministerialität in zwei unterschiedliche Gruppierungen. Während die vornehmsten Ministerialengeschlechter mit ihrem elitären Lebensstil von ihren burgartigen Wohntürmen aus hoch zu Roß durch die Stadt zogen und die Beziehung zum Bischof als ihrem Lehnsherren und zum landsässigen Adel als ihren Verwandten zunehmend mehr betonten als ihren Bürgerstatus, rückte die andere – weniger vornehme, aber sehr einflußreiche – Ministerialengruppe in den hier behandelten Städten in die Rolle der Repräsentanten der sich formierenden Bürgergemeinde. Wenn wir vorerst nur nach den wirtschaftlichen Voraussetzungen und Interessen Ausschau halten, die für ihre Rolle maßgeblich und charakteristisch waren, dann lassen sich zwei Elemente hervorheben. Das eine betrifft ihre mit dem Ministerialenstatus verbundene Lehensfähigkeit, die dazu beigetragen hat, daß sie über erhebliche Grundbesitzanteile besonders im zentralen städtischen Bereich, aber auch in der näheren Umgebung der Stadt verfügte. Diese z. T. nur schwer erkennbaren lehnsrechtlichen Bezüge verflüchtigten sich in zunehmendem Maße, so daß dieser Grundbesitz der doppelten Funktion der Vermögensabsicherung und der Betonung des gesellschaftlichen Status diente.

Das zweite Element stellte ihre Zugehörigkeit zu den Münzer- oder Wechslerhausgenossen dar. Auch hier war die Herkunft aus bzw. die Zugehörigkeit zur Ministerialität maßgeblich, und auch hier war das Hinübernehmen der wirtschaftlichen und gesellschaftlichen Vorrangstellung, wie sie aus der Mitgliedschaft zu den Wechslerhausgenossen resultierte, in den bürgerlichen Lebensbereich von entscheidender Bedeutung; denn dieser Rechtstitel verschaffte ihnen ein Vorrecht im Wechsel- und Edelmetallgeschäft und damit verbunden im Geldhandel. Zugleich sicherten sie sich eine gesellschaftliche Sonderstellung über die besonderen Zutrittsbedingungen zu der Genossenschaft und über die eigene Gerichtsbarkeit.

Zum Dritten. Nicht nur im Grundbesitzgeschäft und Geldhandel, sondern auch im Warenhandel entfaltete diese Gruppe spürbare Aktivitäten, was unterstreichen mag, daß das kaufmännische Element zu einem guten Teil in diesem Kreise selbst anzutreffen ist. Gewiß hat es daneben auch andere sogenannte freie Fernkaufleute gegeben, als eigene und politisch gar aktive Gruppe treten sie zumindest in diesen – für die Stadtentwicklung zentralen – rheinischen Bischofsstädten aber nicht entgegen.

Die bisherigen Hinweise auf die wirtschaftliche und gesellschaftliche Orientierung dieser Ministerialengruppen erklärten bis zu einem gewissen Umfang schon den auffallenden Wechsel, den sie als „bischöfliche Beamte" hin zu bürgerlichen Ratsherren vollzogen haben. Es bietet sich geradezu die rhetorische Frage an: Welcher andere Personenkreis in diesen rheinischen Bischofsstädten hätte eigentlich ähnliche Voraussetzungen und Fähigkeiten vorweisen können, um den Prozeß der politischen und gesellschaftlichen Umgestaltung in Gang zu setzen? Die Antwort lautet natürlich, daß diese mit dem städtischen Wirtschaftsleben und fast allen politischen Zuständigkeitsbereichen so eng verflochtenen Ministerialen geradezu dafür prädestiniert waren, das Heft in die Hand zu nehmen; denn sie hatten gelernt, in diesem Rahmen politische Verantwortung zu tragen und über die Zwischenstufe des Bischofsrates schon eine geregelte Form der Mitbestimmung erlangt. Sie hatten die Notwendigkeit und die Chance begriffen, angesichts eines allgemeinen gesellschaftlichen Wandlungsprozesses durch eine entschlossene Umorientierung sich weitgehend aus den bischöflichen Bindungen zu lösen, um gleichzeitig an die Spitze der neuen Entwicklung zu treten. Worauf es bei dieser Betrachtung also entscheidend ankommt, ist, die Differenzierung innerhalb der stadtgesessenen Ministerialität zu berücksichtigen und mehr noch den starken Wandel des einen Teils hin zum bürgerlichen Lebensbereich und einer eigenverantwortlichen Stadtpolitik zu erfassen. Diesen emanzipatorischen Prozeß muß man begriffen haben, um von der irreführenden Vorstellung freizukommen, daß Ministeriale grundsätzlich als Beamte (oder besser Amtsträger) Sachwalter der Interessen des Stadtherren und damit im weiteren Verlauf der Entwicklung ein herrschaftlicher Fremdkörper in der Stadt gewesen wären. Ansonsten würde gleichsam ein starr definiertes Bild von Ministerialität in einem im übrigen ungemein lebendigen Vorgang politischer und gesellschaftlicher Umgestaltung eingebracht.

Für diese Sicht der Dinge ist ein weiteres Attribut, mit dem man die Mini

sterialität zu charakterisieren pflegt, bestimmend gewesen, nämlich die Unfreiheit bzw. die Merkmale der Unfreiheit, mit denen sie weiterhin behaftet
blieben. Deshalb ist es zu einer beliebten Methode geworden, den in vielen
Fällen unübersehbaren Wechsel von Ministerialen in bürgerliche Spitzen-
positionen mit einem Austritt aus der Dienstmannschaft und einem Eintritt
in das Bürgerrecht gleichsam wie einen Vereinswechsel zu charakterisieren.
Aber genausowenig wie die Amtsträgerfunktion eine gleichbleibende Fixierung aufgewiesen hat, ist die Frage der ministerialischen Bindung oder
Unfreiheit eine feste Komponente.

Wie hätten auch die bald zu Schultheißen, Bürgermeistern und Ratsherren
aufsteigenden Ministerialen bzw. Bürger ministerialischer Herkunft als un-
frei gelten können, wenn selbst der in die Stadt entlaufene Bauernknecht
nach Jahr und Tag dort die Freiheit erlangte. Da kann doch mit den Freiheits-
vorstellungen etwas nicht stimmen. Auf der einen Seite ist zu bedenken, daß
mit dem Begriff der ministerialischen Unfreiheit besonders auf die ständische
Qualität, sozusagen auf die adlige Freiheit, abgehoben wird. Dabei sollen
die Defizite, die in dieser Hinsicht gegenüber den Edelfreien, dem freien
Adel, bestanden, umschrieben werden. Auf der anderen Seite ist zu bedenken,
daß bei einer so starken und führenden Einbindung dieser Personengruppen
in den Entwicklungsprozeß der bürgerlichen Freiheits- und Selbstbestimmungsrechte, die im Status der Ministerialität mitschwingende Komponente
der Bindung an den Herren weitgehend auf der Strecke blieb. Der verblei-
bende Rest, der allerdings stärker lehnsrechtlichen Charakter gewinnt, ist für
den gesellschaftlichen und wirtschaftlichen Vorrang dieser Gruppe aber weiterhin von großer Bedeutung geblieben; denn mit der Betonung der alten
Standesrechte (Lehnsrecht/Hausgenossenrecht) sicherten sie sich einen privilegierten Status innerhalb der Stadtgemeinde. Aus deren Sicht bestand die
Gefahr, daß eine so strukturierte Führungsschicht die Tendenz zur Abschließung und zur Ausbildung eines elitären Anspruchs auf die politische Führung
entfalten würde, aber dies ist ein allgemeinerer Trend gewesen, der eine gewisse Entfernung von der ursprünglichen Kommuneidee signalisiert und
später zu mancherlei Protesten und innerstädtischen Konflikten mit entsprechenden Korrekturen Anlaß gegeben hat.

VII. Der lombardische Städtebund von 1167–1183. Eine gesteigerte Form der Kommune?

Denique libertatem tantopere affectant, ut potestatis insolentiam fugiendo consulum potius quam imperantium regantur arbitrio.

Denn sie (die lombardischen Städte) lieben die Freiheit so sehr, daß sie sich jedem Übergriff der Gewalt entziehen und lieber von Konsuln als von Herrschern regieren lassen.

Otto von Freising, Gesta Frederici 2, 14, S. 308/09.

Oben: Mailänder Figurenfries von ca. 1171. Rechte Seite, Wiedereinzug der zum Kampf gerüsteten Mailänder in ihre durch Kaiser Friedrich Barbarossa zerstörte Stadt, angeführt von einem Bannerträger mit der Kreuzesfahne, ursprünglich an der Porta Romana, heute im Museo Civico von Mailand.

Unten: Mailänder Figurenfries von ca. 1171. Linke Seite mit der Darstellung der Geistlichkeit an der Spitze einer Dankprozession Mailänder Bürger.

▲ Inschrift zur Erinnerung an den Wiedereinzug der Mailänder in ihre Stadt im Jahre 1167 und die Wiederaufrichtung ihrer Mauern und Tore im Jahre 1171 (Mailand, Museo Civico, Aufnahme: T. Weber, Berlin).

Städte des Lombardenbundes zur Zeit des Friedens von Konstanz 1183 (aus: A. Haverkamp, Der Konstanzer Friede zwischen Kaiser und Lombardenbund [1183], in: Kommunale Bündnisse Oberitaliens und Oberdeutschlands im Vergleich [= Vorträge und Forschungen 33], hrsg. v. H. Maurer, Konstanz 1987, S. 11–44). ▶

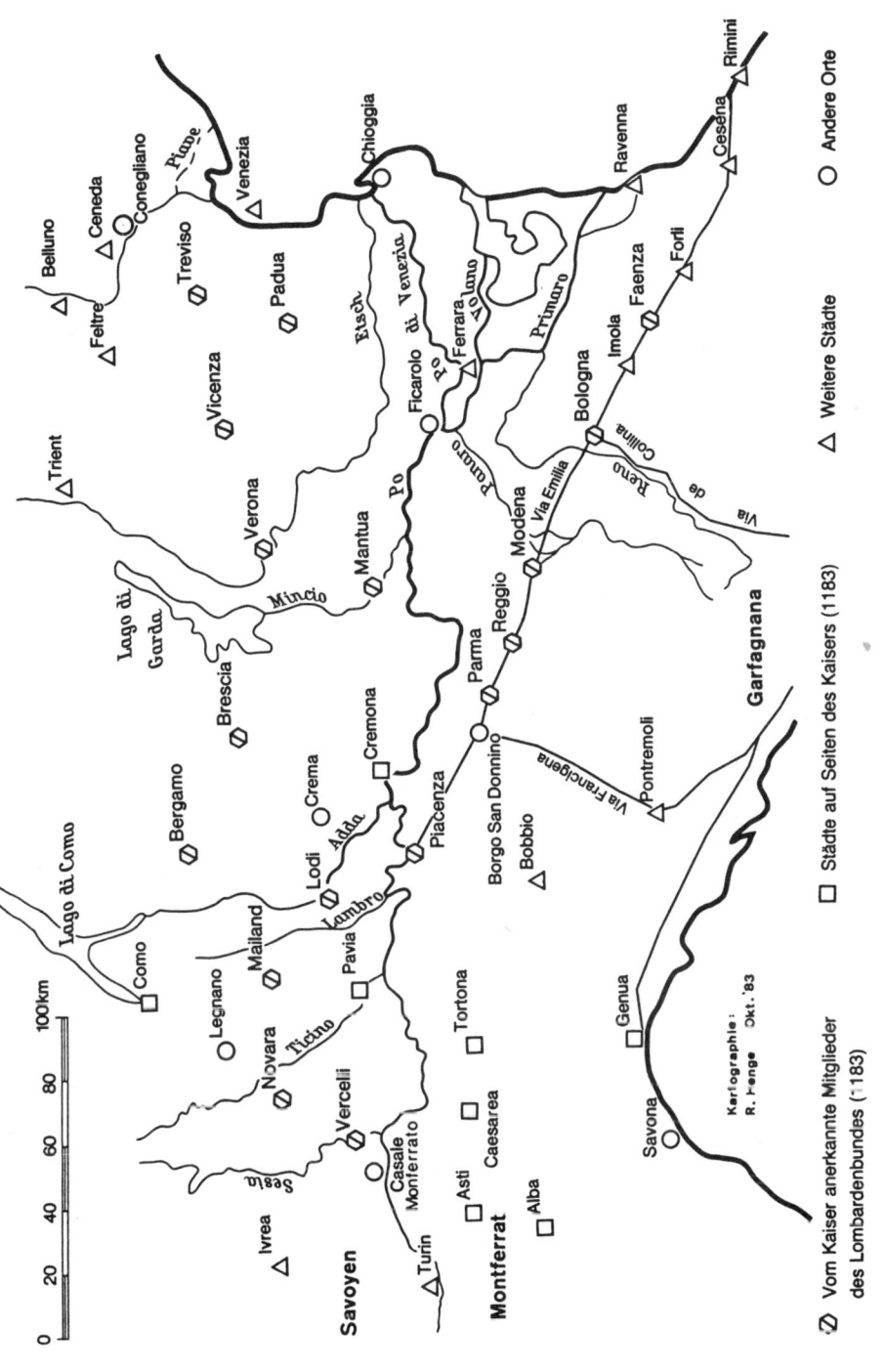

Kartographie:
R. Henge   Okt. '83

⬡ Vom Kaiser anerkannte Mitglieder
des Lombardenbundes (¹183)

□ Städte auf Seiten des Kaisers (1183)

△ Weitere Städte

○ Andere Orte

Am 1. Dezember 1167 wurde von 15 großen oberitalienischen Städten ein Bündnis beschworen, nämlich von Venedig, Verona, Vicenza, Padua, Treviso, Ferrara, Brescia, Bergamo, Cremona, Mailand, Lodi, Piacenza, Modena und Bologna. Es handelt sich um zwei größere Städtegruppen, die sich nach Überwindung mancher Schwierigkeiten förmlich zusammenschlossen. Am Anfang – auch bei der Auflistung der Städte – steht der Veroneser Bund, der schon 1164 unter der Führung von Venedig als antistaufische Koalition entstanden war und vom byzantinischen Kaiser Manuel Komnenos sowie dem normannischen König von Sizilien, Wilhelm I., finanziell unterstützt wurde. Der ursprünglichen Vierergruppe war bald darauf Treviso beigetreten. An der Spitze der lombardischen Gruppe standen die normalerweise miteinander verfeindeten Städte Mailand und Cremona, die nur unter dem Druck der „Fremdherrschaft" des Kaisers schließlich zusammengefunden hatten. Dabei mußte Cremona zum guten Teil die Initiative übernehmen, denn Mailand war nach der Eroberung und totalen Zerstörung durch Friedrich Barbarossa im Jahre 1162 nur noch begrenzt selbständig handlungsfähig. Hören wir dazu den anschaulichen Bericht des Lodeser Anonymus, des wohl zweiten Fortsetzers des aus Lodi stammenden Chronisten Otto Morena: „Die Mailänder wurden nämlich mehr als die übrigen Lombarden dermaßen bedrängt, daß sie meinten, weder irgendwie entrinnen noch leben zu können; darum führten sie ein Gespräch mit den Cremonesen, Bergamasken, Brescianern, Mantuanern und Ferraresen. Sie alle vereinigten sich und berichteten einander die Übel und Nachteile, die ihnen von den Verwaltern und Boten des Kaisers zugefügt worden waren, und stellten fest, es sei besser, in Ehren zu sterben, wenn es denn nötig sei und anders nicht geschehen könne, als in Schimpf und solcher Schande zu leben. Darum schlossen sie sofort ein Bündnis unter allen ... Und sie setzten untereinander einen festen Termin, an dem alle nach Mailand ziehen und die Mailänder in die Stadt bringen und mit ihnen solange in der Stadt bleiben und ihnen bei der Wiederaushebung der Gräben helfen sollten, bis die Mailänder sich zutrauten, sicher aus eigenem Vermögen sich in der Stadt zu behaupten" (Italische Quellen, S. 204/05 und 206/07).

1. Das Zustandekommen der Lega Lombarda und die politische Konstellation der Zeit

Das Bündnis der lombardischen Städte wurde am 8. März 1167 geschlossen und die gemeinsame Rückführung der Mailänder, die vom Kaiser nach der Bezwingung der Stadt im März 1162 in vier offenen Gemeinden angesiedelt worden waren, in ihre zerstörte Stadt erfolgte am 27. April. Bis zum Abschluß des großen Bundes, der Lega Lombarda, am 1. Dezember, waren noch Piacenza und gezwungenermaßen auch Lodi und Parma und danach Novara, Vercelli, Como und Asti sowie zahlreiche Adelsfamilien Oberitaliens hinzugetreten. Kaisertreu blieben nur Pavia, die Markgrafen von Montferrat und die Grafen von Biandrate. So war, während der Kaiser mit dem Reichsheer nach Rom zog, ein großer Städtebund vorgeformt und dann am 1. Dezember beschworen worden, der im wesentlichen durch die gemeinsame Gegnerschaft gegen Friedrich Barbarossa und seine oberitalienische Politik zustande gekommen war und zusammengehalten wurde. Die Lega Lombarda ist also von ihrer Entstehung her gesehen ein primär militärisches Bündnis, wie es auch der Vertrag vom 1. Dezember zum Ausdruck bringt: „Ich schwöre diesen Eid, allen am Bund der Eintracht *(concordia)* beteiligten Städten Hilfe zu leisten gegen jedermann, der sie mit Krieg überziehen oder ihnen Schaden zufügen möchte" (L. A. Muratori, Antiquitates Italicae 4, S. 261/62), so lauten die ersten Worte der Vertragsurkunde. Verräter sollen gemeinsam verfolgt und festgesetzt werden, bei erlittenen Kriegsschäden will man sich gegenseitig helfen. Gefangene Feinde sollen zur Auslösung von Mitbürgern, die man dem Kaiser als Geiseln stellen mußte, nach Bedarf zwischen den Städten ausgetauscht werden. Dem Befehl der Rektoren, die als Vertreter der Städte den Vorstand des Bundes bilden, wird man Folge leisten. Dies ist der Tenor des Eides, den alle männlichen Bewohner (außer Klerikern und Außenstehenden) zwischen 14 und 60 Jahren innerhalb eines Monats in diesen Städten leisten mußten.

Zorn und Haß sowie der aus der Verzweiflung erwachsene Widerstandswille mit der betonten Bereitschaft, lieber den Tod zu erleiden als die Knechtschaft zu erdulden, sind zwar letztlich die entscheidenden Triebkräfte für den Abschluß des Bundes und die Kampfbereitschaft gegen den übermächtig erscheinenden Kaiser, aber man war klug genug, auch andere Faktoren in die Überlegungen und Planungen miteinzubeziehen. Dazu gehört unter anderem die Nachricht von der Katastrophe des deutschen Reichsheeres vor Rom. Was war geschehen? Im Herbst des Jahres 1166 war Friedrich Barbarossa zu seinem vierten Italienzug von Deutschland aus aufgebrochen und hatte bis zum Sommer des Jahres 1167 nicht nur seine Herrschaft in Oberitalien gefestigt, sondern diese bis unmittelbar vor die Tore Roms ausgedehnt. Alles nahm seinen geplanten Verlauf, einschließlich eines glänzenden Siegs über die Römer bei Tusculum, der Eroberung der Leostadt und damit des Zugangs zum Petersdom, in dem nun die Inthronisation von Paschalis III. erfolgen konnte. Mochte es somit scheinen, daß Friedrich Barbarossa sein großes politisches Ziel fast erreicht hatte, nämlich im Einvernehmen mit einem ihm verbundenen Papst seine Herrschaft in gleicher Weise wie in Deutschland auch in Italien direkt und dauerhaft zu etablieren, so ließ eine Malariaepidemie, von der die deutschen Truppen vor Rom in der Augusthitze erfaßt wurden, dieses große politische Konzept in sich zusammenfallen. Viele Fürsten des Reiches und mit ihnen zahlreiche Ritter erlagen in kürzester Zeit der fiebrigen Erkrankung. Der ebenfalls malariageschüttelte Kaiser schleppte sich mit den traurigen Resten des Heeres zurück nach Norditalien. Die Gegner des Kaisers aber deuteten das Ereignis als ein Gottesurteil und wurden mutiger in ihrem Widerstand, allen voran der sich nun endgültig formierende Lombardische Städtebund.

Eine nicht nur moralische, sondern auch tatkräftige Unterstützung erfuhr die Lega Lombarda durch Alexander III., so daß man von einem Bündnis der lombardischen Städte mit dem Papst sprechen kann, wie es bereits in den Abkommen zwischen Papst Hadrian IV. mit den Städten Mailand, Piacenza, Brescia und Crema, sozusagen der Mailänder Städtegruppe, im August 1159 vorbereitet worden war. Alexander III. ist nach seiner 1159 erfolgten Wahl und Erhebung zum Papst vom Kaiser nicht anerkannt, sondern durch dessen konsequente Förderung der sogenannten Gegenpäpste, nämlich Viktor IV. (1159–1164) und Paschalis III. (1164–1168) sowie durch zahlreiche andere Maßnahmen energisch bekämpft worden. Unter dem Vorzeichen der antistaufischen Politik bestand von vornherein ein enges Einvernehmen zwischen dem Papst und den lombardischen Städten, zu einem koordinierten gemeinsamen Handeln kam es jedoch erst seit der Jahreswende 1166/67. Treibende Kraft vor Ort war dabei Galdin, der von Alexander III. im Mai 1166 neu ernannte Mailänder Erzbischof und Legat des Apostolischen Stuhles für die Lombardei, der Anfang September 1167 in Mailand eintraf und sofort politische Aktivitäten für das Zustandekommen der Lega Lombarda entfaltete. Der stärkste demonstrative Ausdruck für dieses enge Bündnis der ungleichen Partner war die Gründung der nach dem Papst benannten Stadt und Bundesfeste Alessandria. Sie erfolgte am 24. April 1168 als Zeichen des neugewonnenen Selbstvertrauens des lombardischen Städtebundes, durchgeführt von Cremona, Mailand und Piacenza, und erwies sich als eine sehr erfolgreiche und den Zusammenhalt stärkende Maßnahme. Als im Frühjahr 1170 bei den Lombarden der keineswegs ganz unbegründete Verdacht aufkam, daß zwischen dem Kaiser und dem Papst geheime Friedensverhandlungen eingeleitet würden, richtete Alexander III., zumal diese Bemühungen mittlerweile gescheitert waren, an die Konsuln der lombardischen Städte seine Bulle ›Non est dubium‹, in der er das gleichgerichtete Interesse von Papsttum und Liga unterstrich, nähmlich die Freiheit der Kirche und der Bürger zu verteidigen und den Frieden wiederherzustellen. Im guten wie im bösen sei man deshalb unaufhörlich miteinander verbunden, und wer es wagen wollte, dieses Band zu lockern oder zu zerreißen, der solle auch aus der kirchlichen Gemeinschaft ausgeschlossen werden und die Vorrangstellung einer Bischofsstadt verlieren.

Die Übereinstimmung in der Zielsetzung, wie sie hier formuliert wird, war von der Sache her natürlich nicht gegeben, dafür waren die Vorstellungen von Freiheit zu unterschiedlich. Man braucht nur an das Verhalten der Päpste gegenüber den kommunalen, auf Selbstbestimmung gerichteten Bestrebungen der Stadt Rom 1150 zu erinnern, um deutlich zu machen, wie grundverschieden letztlich die Konzeptionen beider Bundesgenossen gewesen sind, woran wohl auch beide Seiten nie zweifelten. Dennoch war das Gefühl der Verbundenheit und Gemeinsamkeit sehr groß, trat damit der Papst doch an die Spitze einer starken politischen Bewegung und erfuhr diese mit der Berufung auf den Stellvertreter Gottes auf Erden eine höhere Rechtfertigung, die ihr den Geruch des Aufrührerischen und Eidbrüchigen nahm. Wie es die Situation im Frühjahr 1170 deutlich werden ließ und sich in den Jahren 1175 und 1176 bestätigen sollte, blieb allerdings ein Gefühl des Mißtrauens gegenüber der Verläßlichkeit des Partners, wenn sich die Möglichkeit abzeichnete, unabhängig voneinander eine Verständigung mit dem Kaiser zu erzielen.

Vorerst war jedoch eine eindrucksvolle Koalition zustande gekommen, hinter der auch, wie bereits angedeutet, die „Großmächte" Byzanz und Sizilien standen. Die Grundlage dafür war bereits 1156 und 1158 durch Papst Hadrian IV. geschaffen worden, der erst im Vertrag von Benevent (Juni 1156) eine gegen die kaiserlichen Interessen gerichtete Friedensvereinbarung mit dem normannischen Königreich herbeigeführt und 1158 ein antistaufisches Bündnis zwischen den bis dahin unversöhnlichen Gegnern Byzanz und Sizilien vermittelt hatte. Der byzantinische Kaiser Manuel Komnenos hatte diese gegen Friedrich Barbarossa gerichtete Politik energisch fortgesetzt und in den oberitalienischen Städten Bündnispartner gefunden, die selbst entschlossen waren, den Kampf aufzunehmen. Dabei kamen ihnen die Gelder aus Byzanz sehr zustatten, die vor allem über Venedig vermittelt wurden, bis die Mailänder im Zuge der Wiedererrichtung ihrer Stadt auch selbst Kontakt mit dem byzantinischen Hof aufnahmen und direkte Unterstützung von dieser Seite erfuhren. Daß hinter dieser Koalition in gewisser Weise auch der König von Frankreich stand, sei in diesem Zusammenhang wenigstens erwähnt.

Dennoch ergäbe es ein schiefes Bild, wenn man diese große Mächtekonstellation als den eigentlichen Gegner Friedrich Barbarossas im Kampf um Oberitalien ansehen wollte. Die tragende Kraft war und blieb der lombardische Städtebund selbst und die ihn bedingende und leitende Idee der Selbst bestimmung und Freiheit der Bürger, eine Vorstellung also, der die großen Koalitionspartner eher distanziert oder ablehnend gegenüberstanden.

2. *Die widerstreitenden Vorstellungen und Rechtsstandpunkte*

Unter welchen Voraussetzungen ein solches Verständnis in Oberitalien mit Mailand an der Spitze zur Entfaltung gekommen war, ist im ersten Kapitel erörtert worden. Rund einhundert Jahre waren seitdem vergangen, in denen grundlegend neue Formen politischer Herrschaft mit der Einführung der Konsulats- und seit der Mitte des 12. Jahrhunderts auch z. T. bereits der Podestà-Verfassung entstanden waren, in denen sich eine städtische Gesellschaft mit eigenen Lebensformen und Wirtschaftsnormen ausgebildet hatte und in denen Selbstbewußtsein und Selbstbehauptungswille mittlerweile auf einer starken wirtschaftlichen und militärischen Basis ruhten. Otto von Freising, der schon mehrfach zitierte überragende Chronist seiner Zeit, hat mit seiner vorzüglichen Beobachtungsgabe und Fähigkeit zur Analyse das, was sich seinem Blick in Oberitalien darbot, so zusammengefaßt: „Sie lieben die Freiheit so sehr, daß sie sich jedem Übergriff der Gewalt entziehen und lieber von Konsuln als von Herrschern regieren lassen. Da es bekanntlich bei ihnen drei Stände gibt, nämlich Capitane, Valvassoren und Bürger, werden, um keinen Hochmut aufkommen zu lassen, diese Konsuln nicht aus einem, sondern aus allen Ständen gewählt und damit sie sich nicht zur Herrschsucht verleiten lassen, werden sie fast jedes Jahr ausgetauscht. So kommt es, daß das Land fast vollständig unter Stadtstaaten aufgeteilt ist und daß jeder derselben die Bewohner seines Gebietes mit ihnen zusammenzuleben zwingt, daß man ferner kaum einen Edlen oder Großen von noch so großem Ehrgeiz findet, der sich nicht trotzdem der Herrschaft seines [Stadt-]Staates beugte. Aufgrund dieser Gewalt des Zusammentreibens pflegen sie ihre Territorien ‚Comitate' zu nennen. Damit sie nicht der Mittel entraten, auch die Nachbarn zu unterdrücken, halten sie es nicht für unter ihrer Würde, junge Leute der unteren Stände und auch Handwerker, die irgendein verachtetes mechanisches Gewerbe betreiben, zum Rittergürtel und zu höheren Würden zuzulassen, während die übrigen Völker solche wie die Pest von den ehrenvolleren und freieren Beschäftigungen ausschließen. So kommt es, daß sie an Reichtum und Macht die übrigen Städte der Welt übertreffen" (Otto von Freising, Gesta Frederici, S. 308/09 f.).

An diese pointierte Bemerkung und weitreichende Einsicht schließt Otto von Freising eine Erklärung über die Bedingungen und Konsequenzen dieser Entwicklung an, wenn er fortfährt: „Förderlich war ihnen dabei nicht nur, wie gesagt, ihr tatkräftiger Charakter, sondern auch die Abwesenheit der Herrscher (der deutschen Könige und Kaiser), die sich angewöhnt haben, im transalpinischen Gebiet zu bleiben. " So sei es schließlich dazu gekommen, daß sie weder die Autorität des Herrschers noch die Gesetze achten, also nur noch die Waffen respektieren: „Daraus entsteht ein doppelter Schaden für den Staat: Der Fürst wird genötigt, zur Niederhaltung der Bürger ein Heer aufzustellen, und die Bürgerschaft wird nicht ohne schweren Vermögensverlust zum Gehorsam gegen den Fürsten gezwungen" (S. 310/11).

Diese Konsequenz, nämlich mit militärischen Mitteln der kaiserlichen Herrschaftsautorität und den Gesetzen wieder Respekt und Anerkennung zu verschaffen, mußte aus der Sicht Ottos von Freising zwangsläufig sein; denn als Bischof von Freising und somit als Reichsfürst und zugleich als Halbbruder des verstorbenen Königs Konrads III. und Onkel des derzeitigen Kaisers, also als engstes Mitglied des Herrscherhauses, konnte er es nicht akzeptieren, daß unter Nutzung eines gewissen Machtvakuums und durch Usurpation von Rechten an die Stelle des Kaisers und seiner Amtsträger Kommunen und Konsuln ohne jedliche herrschaftliche Legitimation traten. Andererseits erweckt sein kritischer und um gerechte Bewertung bemühter Bericht durchaus nicht den Eindruck, daß Otto von Freising der Meinung gewesen wäre, die kommunale Entwicklung mit Waffengewalt wieder rückgängig machen zu sollen oder zu müssen. Im Gegenteil, er zollt dieser in mancher Hinsicht Respekt und Anerkennung, nämlich dem durch sie geprägten „tatkräftigen Charakter" der Stadtbewohner, dem auf diesem Wege erlangten „Reichtum" und damit verbunden „der Macht", hinsichtlich der sie alle anderen Städte der Welt überragen, ja selbst ihrem ungemein starken Streben nach Freiheit und Selbstbestimmung. Aber, so möchte man im Sinne Ottos von Freising sagen, es bedarf des Gegengewichts und der Korrektur, es muß das wieder zur Geltung kommen, was nach göttlichem Plan allem übergeordnet ist und allem seinen Platz zuweist, die kaiserliche Autorität. Diese Passagen sind nicht zuletzt deshalb so bemerkenswert, weil hier der Onkel für den Neffen, der Bischof für den Kaiser zu sprechen scheint; denn diese Gedanken könnten in den Grundlinien geradeso aus dem Munde Friedrich Barbarossas stammen.

Diesen Punkt gilt es festzuhalten, aber bei ihm kann man nicht stehenbleiben, genausowenig wie es Otto von Freising in seiner Darstellung der Verhältnisse tut und Friedrich Barbarossa in seiner Politik gegenüber Ober- und Mittelitalien getan hat. Denn zu der eher pragmatischen Überlegung und Entschlossenheit, die lange vernachlässigten, während der Regierungszeit Konrads III. (1138–1152) nie direkt wahrgenommenen Reichsrechte in Italien wieder verstärkt zur Geltung zu bringen, trat ein neues, eher prinzipielles Element, das man mit dem Ortsnamen Roncaglia anzudeuten pflegt. Die Roncaglischen Felder, zwischen Piacenza und Cremona gelegen, waren der Treff- und Sammelpunkt des nach Italien aufgebotenen Reichsheers und der Ort, an dem – zumindest unter Friedrich I. – bedeutende Reichstage auf ita

lienischem Boden abgehalten wurden. Während des ersten und zweiten Italienzuges im Dezember 1154 und besonders im November 1158 fanden hier
die Versammlungen statt, die durch eine neue bzw. erneuerte Rechtsordnung
geregelte Verhältnisse im Sinne des Kaisers schaffen sollten. Dabei wurde
aber nicht, wie man es bisher gewohnt war, Fall für Fall, Kommune für Kommune behandelt, sondern per Definition festgestellt und festgeschrieben,
was grundsätzlich der kaiserlichen Majestät an Rechten zustünde. Friedrich
Barbarossa nutzte dabei die Hilfe der Bologneser Juristen, die seit dem Ende
des 11. Jahrhunderts damit begonnen hatten, das römische Recht wieder zu
studieren und unter Rückgriff besonders auf den Codex Justiani, die „Kaiser-
rechte" im Sinne der römischen Imperatoren zu definieren. So kam 1158
unter Mitwirkung von 28 *iudices,* je zwei aus den 14 in Roncaglia vertretenen oberitalienischen Städten, das berühmte Regalienweistum zustande,
also die Zusammenstellung aller kaiserlichen Hoheitsrechte, einschließlich
des Rechts auf Besteuerung. Damit stand erst einmal fest, daß alle Rechte,
über die die italienischen Städte wie selbstverständlich verfügten, also Gerichtsbarkeit, Markt, Münze, Zoll, Straßen, Wasserwege etc., kaiserlichen
Ursprungs waren.

Konsequenterweise war der nächste Schritt die Überprüfung, wie die
Städte in den Besitz dieser Rechtstitel gelangt waren. Nur diejenige Kommune, die über eine entsprechende königliche oder kaiserliche Verleihungsur-
kunde verfügte, konnte sie auch rechtmäßig für sich in Anspruch nehmen.
Andernfalls fiel das „usurpierte" Recht an den Kaiser zurück und konnte dann
je nach Situation – gegen Zahlung von Pauschalbeträgen für die daraus fließenden Einkünfte – von diesem den Städten wiederum zur Nutzung überlassen werden. Das hatte für den Kaiser den doppelten Vorteil bedeutender
finanzieller Einkünfte sowie den der Sicherung der Hoheitsrechte und der
politischen Einflußnahme. In ähnlicher Weise ließ sich auch mit den politischen Rechten der Konsulatsverfassung verfahren, indem entweder statt
dessen kaiserliche Amtsträger eingesetzt oder diese Organe der Stadtgemeinde gegen Zahlungen vom Kaiser anerkannt wurden. In diesem Punkt
sorgte das ebenfalls in Roncaglia erlassene Landfriedensgesetz für Klarheit,
das unter dem allgemein verbindlichen Prinzip der Friedenssicherung des
Kaisers diesem alle Einwohner Italiens über 18 Jahre durch einen Eid verpflichtete und seiner Gerichtsbarkeit unterordnete und alle kommunalen
Schwureinungen als unrechtmäßig untersagte, so daß die Frage ihrer eventu-
ellen Genehmigung ganz im Ermessen des Kaisers lag, sofern man dem
Gesetzestext folgt.

Das dritte und umfassendste Gesetz, das schon 1154 in Roncaglia in den
Grundzügen fixiert worden war und 1158 in erweiterter und verschärfter
Form verabschiedet wurde, war das Lehnsgesetz, das gerade die Städte in
starkem Maße betreffen mußte. Denn viele der zur Führungsschicht zäh-

lenden Stadtbewohner, Capitane und Valvassoren, aber auch andere Bürger, hatten Lehen inne, teils direkt vom Reich, teils als Aftervasallen (Untervasallen) größerer Herren, die sie, wie es heißt, vielfach „ohne Genehmigung" ihrer Herren verpfändet, verkauft oder als Schuldverschreibungen veräußert hätten, so daß dem Lehnssystem damit die Grundlage entzogen worden sei. In aller Strenge wird unter Androhung der Einziehung des Lehens die Einhaltung der Lehnsverpflichtung gegenüber dem Lehnsherren, also besonders den Erzbischöfen, Bischöfen, Markgrafen und Grafen Oberitaliens sowie ein besonderer Treuevorbehalt gegenüber dem Oberlehnsherrn, dem Kaiser, gefordert.

An Rechtstiteln mangelte es nun wahrlich nicht mehr, um die kaiserliche Herrschergewalt wieder verstärkt zur Geltung zu bringen, die Frage war nur, in welchem Umfang und mit welchen Mitteln Friedrich Barbarossa davon Gebrauch machen würde. Und in diesem Punkt gingen die politischen Vorstellungen weit auseinander. Während die oberitalienischen Städte auch noch beim Abschluß des lombardischen Städtebundes betonten, daß sie die Oberhoheit des Kaisers und seine Rechte anerkennen und achten würden, hatte Friedrich Barbarossa längst eine sehr viel weiterreichende Herrschaftskonzeption entwickelt, nämlich die mit dem Begriff des *honor imperii* auf die Wiederherstellung der Erhabenheit und Würde des römischen Reiches abzielte und bemüht war, besonders über Oberitalien viel unmittelbarer als bisher zu gebieten. Eine nur gelegentlich aktive Einflußnahme, wie sie seine Vorgänger gegenüber Reichsitalien praktiziert hatten, kam demgemäß für Friedrich I. nicht in Frage. Gerade im letztgenannten Sinne verstanden jedoch die oberitalienischen Städte das kaiserliche Herrschaftsrecht, nämlich so wie es seit 100 Jahren bzw. seit der Zeit Heinrichs V. (1105/06–1125) zur Anwendung gebracht worden sei.

Die letztgenannte Bestimmung findet sich im Bündnisvertrag der Lega Lombarda von 1167 und nennt damit das gemeinsame Ziel, welches man mit Hilfe des Bundes erreichen wolle. Aber wieviele erbitterte Kämpfe waren seitdem, also von 1154 bis 1167, um diese Frage schon ausgetragen worden und wieviele sollten bis zum Abschluß des Waffenstillstands von Venedig 1177 und schließlich bis zum Konstanzer Frieden von 1183 noch folgen!

Mit der bewegten Klage, die nicht einmal Beauftragte, sondern zwei einfache Bewohner der Stadt Lodi auf dem Reichstag in Konstanz im Jahr 1153 gegen Mailand erhoben, hatte es in gewisser Weise angefangen. Zur Vergrößerung und Absicherung seines Herrschaftsgebiets hatte Mailand schon 1111 die kleinere Stadt Lodi unterworfen, zerstört und die Bewohner in offenen Siedlungen außerhalb der Stadt angesiedelt. In Lodi war man über diese Nachricht der Beschwerdeführung durch ihre Bürger vor dem Kaiser entsetzt, weil man die Rache der Mailänder mehr fürchtete als auf die Hilfe des Kaisers hoffte. Andere Städte, besonders Pavia und Cremona, trugen ebenfalls Klagen gegen Mailand vor. Der erste Italienzug Friedrich Barbarossas (1154/55) brachte hinsichtlich der Frage der lombardischen Städte aber noch keine wesentlichen Entscheidungen. Immerhin wurde als warnendes Beispiel das mit Mailand verbündete Tortona nach erbittertem Kampf vom Kaiser erobert, „der Plünderung ausgesetzt und dann der Vernichtung und den Flammen preisgegeben" (Otto von Freising, Gesta Frederici, S. 337). Mailand selbst, das zur Rechtfertigung aufgefordert wurde, die gerichtliche Vorladung jedoch nicht beachtete und statt dessen zur Empörung des Kaisers Geldangebote machte, verfiel der Reichsacht, was aber vorerst noch keine Konsequenzen hatte, da erst einmal die Kaiserkrönung und das Verhältnis zu Papst Hadrian IV. und den Normannen in Unteritalien Vorrang hatten. Der zweite Italienzug vom Juni 1158 bis zum Januar 1160 stand dann jedoch ganz im Zeichen Ober- und Mittelitaliens. Die vorausgesandten Vertreter des Kaisers, der Kanzler Rainald von Dassel und Pfalzgraf Otto von Wittelsbach, nahmen den Bewohnern verschiedener italienischer Städte einen Treueid auf den Kaiser ab. Angesichts des eindrucksvollen Heeresaufgebots, das Friedrich Barbarossa in Oberitalien zusammengezogen hatte, verlegten sich die Städte lieber auf das Verhandeln, nur Mailand leistete militärischen Widerstand, mußte aber nach vergleichsweise kurzer Belagerung vor der Übermacht kapitulieren. Die der Stadt auferlegten Bedingungen hatten so etwas wie einen Orientierungswert. Erst einmal mußten nun auch die Mailänder den Treueid leisten, sodann eine hohe Geldbuße von 900 Mark Silber bezahlen, die Regalien dem Kaiser wieder aushändigen, 300 Geiseln stellen, eine kaiserliche Pfalz in der Stadt erneut errichten und auf die Hoheit über Lodi und Como verzichten. „Es war ein großartiges Schauspiel", sagt Otto von Freising von der Unterwerfungs- und Versöhnungszeremonie, die vor dem kaiserlichen Hof inzeniert wurde: „Voran der gesamte Klerus und die Angehörigen des kirchlichen Standes mit ihrem Erzbischof mit vorangetragenen Kreuzen, nackten Füßen und im ärmlichen Gewand, entblößte Schwerter auf dem Nacken tragend" (Otto von Freising, Gesta Frederici, S. 501). Daß Friedrich I. es aber nicht zum Bruch kommen lassen wollte, beweist die Tatsache, daß er der Stadt die Konsulatsverfassung beließ, sich jedoch ein Bestätigungsrecht der Konsuln vorbehielt.

Eine merkliche Verschärfung der Situation erfolgte jedoch, als der Kaiser die Roncaglischen Gesetze in die Tat umzusetzen begann, Legaten in die lombardischen und bald auch toskanischen Städte entsandte, die die jeweilige Rechtslage mit dem vorher absehbaren Ergebnis überprüften und häufig mit kaiserlicher Vollmacht als Rektor oder Podestà die Herrschaft über diese Städte übernahmen und hohe Steuerforderungen geltend machten. Viele Städte unterwarfen sich notgedrungen und sahen zu, wie sie diesen, hoffentlich nur kurzen, Gewittersturm gut überstünden. Mailand und das mit ihm verbündete Crema, eine eher kleine, aber sehr stark befestigte Stadt, leisteten

Widerstand. Erst nach einer monatelangen Belagerung, die sich vom Juli 1159 bis zum März 1160 hinzog und im starken Maße von der alten Rivalin Cremona getragen wurde, konnte Crema bezwungen und daraufhin zur Strafe zerstört werden. Mailand wurde damit um so mehr zum Zentrum und Sammelpunkt der antistaufischen Kräfte. Auslösendes Moment für den offenen Konflikt war dabei der Versuch Friedrich Barbarossas, auch hier einen kaiserlichen Podestà einzusetzen und damit die im Friedensvertrag zuvor zugestandene Konsulatsverfassung aufzuheben. Im März 1160 wurde mit der Belagerung Mailands begonnen und genau zwei Jahre später mit der bedingungslosen Kapitulation abgeschlossen. Die Stadt wurde – von einigen wenigen kirchlichen Bauten abgesehen – dem Erdboden gleichgemacht und die Bevölkerung, wie bereits erwähnt, an vier verschiedenen Orten auf dem Lande angesiedelt. Allerdings hat sich die These, daß sie verknechtet und des Verfügungsrechts über ihren Besitz beraubt worden wäre, als nicht haltbar erwiesen. Aber das Haupt der lombardischen Städte, ihres Freiheitsbewußtseins und Selbständigkeitsstrebens, war – so schien es jedenfalls – nicht mehr existent. Der Kaiser hatte auf der ganzen Front gesiegt, das Kapitel der kommunalen Entwicklung Oberitaliens schien abgeschlossen. Nun erst kam das volle Ausmaß der direkten kaiserlichen Herrschaft mit hohen finanziellen Forderungen zur Geltung. Aber die Reaktion konnte kaum ausbleiben, sowohl im Lande selbst wie auch von außen. Der Abschluß des Veroneser Bundes unter Führung von Venedig im Jahre 1164, dessen zielgerichtete Unterstützung durch Byzanz und auch Sizilien sowie die immer engeren Beziehungen, die Papst Alexander III. zu den oberitalienischen Städten knüpfte, sind dafür der stärkste Ausdruck, bis sich mit den Ereignissen des Jahres 1167 die Situation grundlegend wandelte.

Die Reaktion des Kaisers, dem nach der Katastrophe vor Rom kaum noch Truppen zur Verfügung standen, war im ersten Augenblick überraschend. Er trat nicht den erwarteten schnellen Heimweg an, um später mit neuen Kräften zurückzukehren, sondern ging sofort zum Gegenangriff über, indem er von Pavia aus über die eigentlich verbündeten, inzwischen aber eidbrüchigen Städte – mit Ausnahme von Lodi und auch Cremona – am 21. September 1167 den Bann aussprach und bereits Ende September militärische Maßnahmen ergriff. Dabei stützte er sich auf Ritter aus Pavia, Novara und Vercelli sowie die Markgrafen Wilhelm von Montferrat und Obizo von Malespina sowie den Grafen Guido von Biandrate, mit deren Hilfe jedoch mehr die Gebiete des Gegners verwüstet als militärische Entscheidungen gesucht wurden. Im übrigen gewann der Widerstand schnell an Stärke und die Abfallbewegung vom Kaiser nahm bedrohliche Ausmaße an. Um die Jahreswende wechselten Obizo von Malespina sowie Novarra und Vercelli die Fronten, so daß der Kaiser zusehen mußte, daß er über die Markgrafschaft Montferrat und Savoyen nach Südburgund entweichen konnte. Höhe und Tiefe der

Macht und Würde des Kaisers liegen zeitlich so dicht beieinander, daß man sich den Kontrast kaum größer vorstellen kann: Am 1. August 1167 nach glänzenden Siegen zog der Kaiser als Triumphator in die Peterskirche in Rom mit „seinem" Papst Paschalis III. an der Seite, und Anfang März 1168 erfolgte seine heimliche Flucht aus Susa in der Verkleidung eines Knechts.

3. Organisation und Charakter der Lega

Danach blieb Friedrich Barbarossa bis zum Herbst 1174, also sechseinhalb Jahre, in Deutschland, wo er sich großen politischen Aufgaben zuwandte, so daß der Einschnitt in der Italienpolitik auch von dieser Seite und nicht nur vom Abschluß der Lega Lombarda her gesehen markant war. Um so bemerkenswerter ist es, daß dieses eigentlich zum Zweck des militärischen Abwehrkampfes geschlossene Bündnis, nachdem die verbliebenen kaiserlichen Positionen geräumt waren und eine neue militärische Bedrohung durch das Reichsheer ausblieb, so gut zusammenhielt und sich fortentwickelte. Sollten hier nicht doch noch andere Impulse und Kräfte beteiligt gewesen sein, als sie mit dem Hinweis auf die militärischen bisher anklangen? Bezeichnenderweise ist von einer militärischen Führung, die die Befehls- und Kommandogewalt innegehabt hätte, nirgends die Rede, jedenfalls nicht in den hier zur Diskussion stehenden Bundesvereinbarungen. An der Spitze der Lega Lombarda stehen keine Heerführer, sondern Rektoren, die im wesentlichen aus den Reihen der Konsuln der einzelnen Städte hervorgingen, so daß dem Gremium der Rektoren der Charakter eines obersten Rats zukam, der über die einzelnen Stadtgemeinden und die beschworenen Bündnisverträge zugleich seine Legitimation erhielt. Schließlich ging es darum, «un arduo problema politico da solvere prima ancora che una guerra da vincere», wie Giulio Vismara (Struttura, S. 295) treffend formuliert, wenn er den Vorrang des Politischen vor dem Militärischen im lombardischen Städtebund betont. Als die Ergänzungs- und Erweiterungsbemühungen des Bundes durch den Beitritt von Markgraf Opizo Malaspina sowie die Städte Novara, Vercelli, Como, Asti, Tortona und Allessandria vorläufig zum Abschluß gebracht worden waren, fand am 3. Mai 1168 eine Bundesversammlung in Lodi statt, die mit ihren sehr viel detaillierteren Bestimmungen diesen Charakter deutlich hervortreten läßt. Im Vordergrund des Interesses standen dabei der innere Friede und der Ausgleich zwischen den beteiligten Städten sowie die Stärkung der Kompetenzen und Durchsetzungskraft des Bundesvorstandes, also des Rektorenkollegs. Bei Schuldforderungen im Zusammenhang mit Kreditgeschäften oder Schadenersatzforderungen sollte man sich nur an den Schuldner oder Beschuldigten selbst und nicht auch an dessen Mitbürger durch Zwangspfändung halten, wobei die städtischen Instanzen dem Geschädigten Hilfe zu gewähren hätten. Von einem Bundesmitglied gebannte Personen durften von keinem anderen Bundesmitglied aufgenommen werden oder mußten diese 15 Tage nach Mitteilung des Bannurteils ausweisen. Keinem Bundesmitglied war es gestattet, von sich aus neuere als die in den letzten 30 Jahren festgesetzten Straßengebühren oder Zölle einzuführen. Keine Stadt sollte eigene Absprachen treffen oder eine beschworene Vereinbarung *(sacramentum iubeat)* eingehen gegen das *commune pactum vel concordiam civitatum.* In einem solchen Fall bestand die Pflicht der Unterstützung des in erster Linie betroffenen Bundesmitglieds durch alle anderen, bis man wieder zu Frieden, Eintracht und Recht gelange *(ad pacem et concordiam vel ad iusticiam pervenerit).* Frieden, Eintracht und Recht sind nicht nur in diesem Kontext, sondern im gesamten Bundesstatut die zentralen Begriffe, und zwar nun nicht mehr allein, um dadurch die militärische Stärke zu steigern, sondern auch, um den politischen Zusammenhalt im eigenen, inneren Interesse zu sichern. Das Verbot, Befestigungsanlagen auf dem Hoheitsgebiet einer anderen Stadt anzulegen oder mit abtrünnigen Burgherren Verträge zu schließen, zielte genauso in diese Richtung wie die Bestimmungen, sich in jedem Fall dem Mehrheitsvotum zu unterwerfen.

In den wenigen Monaten, die seit der ersten Erwähnung der Rektoren des Bundes in der Vertragsurkunde vom 1. Dezember 1167 bis Anfang Mai 1168 vergangen waren, hatte dieses Gremium offensichtlich so etwas wie einen Führungsanspruch gegenüber den verbündeten Städten durchgesetzt und damit in den Zuständigkeitsbereich der einzelnen Stadtstaaten eingegriffen, was selbstverständlich ohne den allgemeinen Konsens zu einer derartigen politischen Neustrukturierung nicht möglich gewesen wäre, wenn man an das Potential der hier vereinigten Rivalitäten und Feindschaften denkt. Einschränkungen hinsichtlich der Zollhoheit und anderer Verkehrsabgaben gehörten genauso dazu wie die der auswärtigen Beziehungen und Verträge zur Wahrnehmung eigener militärischer Interessen als auch gesetzlicher und gerichtlicher Kompetenzen durch jede einzelne Stadt. Dies zeigt besonders deutlich das Verbot, an den Kaiser zu appellieren. Damit wurden von dem Kolleg der Rektoren gleich zwei zentrale „Hoheitsrechte" beansprucht. Zum einen erklärten sie sich zur obersten Gerichtsinstanz für die Bundesmitglieder und setzten die bis dahin nie angezweifelte Zuständigkeit des Kaisers außer Kraft. Zum anderen nahmen sie für sich ein Gesetzgebungs und Satzungsrecht in Anspruch, das sie in die Lage versetzte, eine so grundlegende Entscheidung zu „dekretieren" *(decreverunt)* und auch durchzusetzen (L. A. Muratori, Antiquitates Italicae sive Dissertationes, Mailand 1741, ND 1965, Bd. 4, Sp. 261/62). Sie bildeten die Regierung dieses Städtebundes, wie es in dem Eid der Rektoren von 1169 heißt: „Ich schwöre auf die heiligen Evangelien Gottes, daß ich im guten Glauben und in guter Absicht die Menschen dieser Societas, nämlich der Lombardei, der Mark Verona, der Romagna und

Venetiens regieren werde" (ebd., Sp. 269 ff.). Darüber hinaus findet sich in gedrängter Form eine Zusammenstellung der Kompetenzen des Rektorenkollegs. Es entschied über die Neuaufnahme von Mitgliedern in die Gemeinschaft nach dem Maßstab der Nützlichkeit und des Vorteils für diese. Es setzte die Belastungen (Besteuerung) für Personen und von Sachen fest, und zwar den Möglichkeiten der jeweiligen Stadt angepaßt und angemessen, was wohl mit zureichender Deutlichkeit die Finanzhoheit, den vielleicht heikelsten Punkt, betraf. Es fungierte als oberstes Schiedsgericht, vor dem alle dort behandelten Streitigkeiten normalerweise innerhalb von 40 Tagen entschieden und beigelegt werden sollten. Es verstand und bezeichnete sich selbst als *parlamentum*, an dessen Sitzungen der von der Stadt bestimmte Rektor teilnahmepflichtig war, ggf. vertreten durch einen Konsul seiner Stadt. Für Kontinuität im Amt hat dieser insofern selbst zu sorgen, als er sich spätestens acht Tage vor Ende seiner Amtsperiode um die Wahl seines Nachfolgers kümmern sollte. Zweimal wird in diesem kurzen Text betont, daß die Tätigkeit des Rektorenkollegs, besonders was den Umgang mit Geld anbelangt, am gemeinschaftlichen Nutzen orientiert sein müsse. Damit werden zentrale Begriffe und Vorstellungen der Kommune auf die Städtegemeinschaft übertragen, die somit in wesentliche Rechte der einzelnen Kommunen eintritt.

Für die Vorstellungen, die die Zeitgenossen selbst von der Lega Lombarda hatten, ist jüngst durch R. Bordone auf eine interessante Quellengruppe aufmerksam gemacht worden, nämlich die protokollierten Zeugenaussagen bei einem Gebietsstreit zwischen Piacenza und Pavia im Jahre 1184, wobei man auf die Zeit um 1173 zurückschaute. Natürlich war das Bewußtsein von dem militärischen Charakter des Bundes weiterhin präsent, aber die Vorstellung von einem überkommunalen Wesen oder einer gesteigerten Form der Kommune waren ebenfalls stark ausgeprägt. Das regelmäßig einberufene Parlament erschien demgemäß als die Instanz, in der die übergreifenden Angelegenheiten beraten und entschieden wurden. Indem es langsam rechtliche Kriterien entwickelte, mit denen sich die territorialen Streitigkeiten eingrenzen ließen, gewann es zumindest vorübergehend zusätzliche Anerkennung und Durchsetzungskraft. Dennoch hat es sich, wie wir wissen, nicht dauerhaft in dieser Stellung behaupten und der oberitalienischen Städtelandschaft eine neue Struktur geben können.

Mit Bordone/Voltmer sind im Grunde zwei Phasen zu unterscheiden, nämlich die von der Gründung (1167) bis zu den ersten Friedensverhandlungen von Montebello (1175), für die die bisherigen Beobachtungen und Bemerkungen gelten, und die Phase bis zum Abschluß des Konstanzer Friedens (1183), die unter der wachsenden Vorherrschaft Mailands stand. In dieser Zeit verlor das Rektorenkolleg als übergeordnetes Schiedsgericht und Repräsentativorgan an Bedeutung, während Mailand die Führungsrolle übernahm und ein System abgestufter Abhängigkeiten errichtete. Die unterschiedliche Entwicklung erklärt sich bis zu einem gewissen Umfang aus dem Ablauf der Ereignisse. Solange Mailand noch in der Wiederaufbauphase begriffen war und vor allem solange keine aktuelle äußere Bedrohung bestand, konnte das Militärische hinter dem Politischen zurücktreten. Vor allem hatte man aber erkannt, daß militärische Stärke gar nicht zu erlangen und zum Einsatz zu bringen sei, wenn der innere Friede nicht gewährleistet war. Vorrang mußte deshalb die Überwindung der Feindschaften untereinander haben, die man wenigstens bis zu einem gewissen Umfang durch die Anerkennung einer gemeinsamen „Regierung" erlangen konnte. Auch wenn es immer wieder zu Spannungen und Streitigkeiten kam, so wurden nun doch gewisse Grenzen anerkannt, Spielregeln eingehalten und schiedsgerichtliche Urteile gesucht und akzeptiert. Was auf jeden Fall vermieden werden mußte, das war die vom Kaiser oder allen Gegnern der Städte bisher genutzte Chance, die Rivalitäten untereinander den eigenen Zwecken nutzbar zu machen. Von daher erscheint es geradezu zwingend, daß in den zentralen Quellenstücken des Bundes die Sicherung von Concordia, Pax und Justitia nach innen im Vordergrund stand.

Als Friedrich Barbarossa im Herbst 1174 wiederum mit einem Reichsheer heranrückte, zeichnete sich die Gefahr ab, daß die Lega Lombarda an Stärke und Geschlossenheit verlieren würde. Susa wurde vom Kaiser aus Rache erobert und zerstört. Turin, Asti und andere Städte der Region unterwarfen sich ihm, und die mehr oder weniger gezwungenen Bundesmitglieder, wie der Markgraf Wilhelm von Montferrat, die Grafen von Biandrate und die Stadt Pavia, gingen sogleich wieder in das Lager Friedrichs I. über. In der Romagna brachte unterdessen Reichskanzler Christian von Mainz mit einer Abteilung des Reichsheeres den kaiserlichen Einfluß wiederum verstärkt zur Geltung. Aber der heldenhafte Abwehrkampf Alessandrias stärkte noch einmal den Zusammenhalt, bis seit dem Frühjahr 1175 deutlich wurde, daß sich Cremona dem Bund entzog, erst eine neutrale Haltung einnahm, später jedoch offen die Fronten wechselte und zum Kaiser überging, hauptsächlich natürlich aus Feindschaft gegenüber Mailand. Damit war jedoch zugleich das innere Gleichgewicht gestört, das ja gerade auf der versöhnten Rivalität der beiden großen Konkurrenten, auf Mailand und Cremona als Gewicht und Gegengewicht, beruhte.

Den Platz, den Cremona frei machte, nahm nun zusätzlich Mailand ein, wenn auch nicht offiziell, so doch faktisch, wie es die Zusammensetzung des Rektorenkollegs deutlich erkennen läßt. Hatte dieses in seiner Mitgliederzahl immer etwas geschwankt und war nie in dem Sinne vollständig gewesen, daß alle Städte einen Rektor delegierten und gleichberechtigt entschieden hätten, so war doch im wesentlichen an dem Grundsatz festgehalten worden, daß an einem möglichst „neutralen" Ort die beiden Häupter der Lombardei mit einigen Anhängern sowie die anderen Regionen mit den wichtigsten Städten zusammenkommen und zu einer gemeinsamen oder wenigstens klaren mehrheitlichen Entscheidung gelangen sollten. Nun dominierte Mailand in diesem Gremium.

Die wachsende Stärke Mailands hatte aber noch zwei weitere Ursachen. Die erste war natürlich der Sieg von Legnano, worauf sogleich zurückzukommen sein wird, und die zweite das noch neue Instrument der auswärtigen *Podestà* in den wichtigsten Bundesstädten, auf das Alfred Haverkamp jüngst stärker hingewiesen hat. Diese – vielfach zur Überwindung der inneren Spannungen und Streitigkeiten einer Stadt – zeitlich befristete Übertragung der Herrschaft an einen auswärtigen *Podestà* nutzte Mailand im folgenden zur Ausdehnung seines Einflusses planmäßig aus. In enger Kooperation mit seinen beiden engen Verbündeten Brescia und Piacenza konnte sich diese Städtegruppe zur Zeit des Friedens von Venedig (1177), „auf drei, wahrscheinlich sogar vier Mailänder aus der engeren Führungsschicht stützen, die in Vercelli, Parma, Bologna und vermutlich Bergamo das Podestà-Amt innehatten, und darüber hinaus noch auf einen Piacentiner in Treviso ... Da zur selben Zeit ferner die weiteren Bundesstädte Como, Lodi, Novara, Alessandria und Bobbio von Mailand und Piacenza anderweitig abhängig waren, hatte die mailändische Trias sogar im Kreise jener zwanzig Städte eine sichere Übermacht, die ... in Venedig als Bundesstädte aufgeführt wurden" (Haverkamp, Der Konstanzer Friede, S. 25 und ders., La Lega lombarda, bes. die Tabelle im Anhang, S. 178).

Damit sind wir jedoch den Ereignissen der entscheidungsreichen Jahre von 1175 bis 1177 vorausgeeilt. Was war geschehen? Friedrich Barbarossa, der im Herbst 1174 wieder in Oberitalien eingetroffen war, sah seine erste und wichtigste Aufgabe darin, die von dem lombardischen Städtebund zu seinem Nachteil und ihm zum Hohn gegründete und nach seinem päpstlichen Widersacher benannte Stadt Alexandria/Alessandria wieder dem Erdboden gleichzumachen, die vom benachbarten Pavia zwar immer noch als Strohstadt verspottet wurde, an der sich aber das kaiserliche Heer die Zähne ausbeißen sollte. Denn nach sechsmonatiger verlustreicher Belagerung sah sich Friedrich I. im April 1175 veranlaßt, vor dem heranrückenden Entsatzheer der Lombarden seine Truppen von der Stadt abzuziehen. Aber damit war dieses Kapitel längst noch nicht abgeschlossen. Jetzt schien es zu der lange von der Lega Lombarda vorbereiteten militärischen Konfrontation zu kommen. Die Lombarden hatten sich am 14. April 1175 um die vier Carroccii von Mailand (vereinigt mit Lodi), Piacenza (vereinigt mit Parma, Reggio u. Modena), Verona (vereinigt mit Padua, Vicenza u. Treviso) und Brescia (vereinigt mit Bergamo u. Mantua) in der Nähe von Montebello gruppiert und zum Kampf formiert, aber weder der Kaiser noch die Lombarden ließen ihr Heer zum Angriff vorrücken. Statt dessen trat man in Friedensverhandlungen ein, die in recht kurzer Zeit zu einem vorläufigen Abschluß gelangten.

Der sogenannte Vorfrieden von Montebello, bei dem sich die oberitalienischen Städte dem Kaiser unterwarfen, ließ deutlich werden, daß Friedrich Barbarossa nun zu einem Kompromiß, also zum Verzicht auf die konsequente Durchsetzung seines „Programms" von Roncaglia bereit war. Beide Seiten gaben sich das durch einen feierlichen Eid beschworene Versprechen, die Entscheidung einer mit je drei Vertretern besetzten Schiedskommission oder falls diese sich nicht einigen könnte, den Urteilsspruch der mittlerweile zwischen den Fronten stehenden Konsuln von Cremona bedingungslos zu akzeptieren. Tatsächlich hat Cremona auch einen solchen Spruch gefällt, der auf der einen Seite die Forderungen der Lega Lombarda einschränkte, auf der anderen Seite dem Kaiser in besser abgesicherter Rechtsform im wesentlichen nur das konzedierte, was schon seine Vorgänger in Italien beanspruchen konnten. Es waren jedoch nicht die Einzelpunkte, an denen der Friedensvertrag letztlich scheiterte, sondern – neben der Einbeziehung Papst Alexanders III. in die Verhandlungen und Vereinbarungen – vor allem der Fall Alessandrias. Diese Frage hatte Cremona eindeutig zugunsten des Kaisers dahingehend entschieden, daß der alte Zustand wiederhergestellt werden sollte, d. h., daß die Bewohner wieder in ihre Dörfer zurückzuführen und die Stadt und ihre Befestigungen zu zerstören seien. Gegen diese Entscheidung erhob sich in den lombardischen Städten eine Welle der Empörung, die es den Rektoren des Bundes unmöglich machte, ihren in Montebello geleisteten Eid auch einzuhalten. Konnte sie der Kaiser nun auch des Eidbruchs bezichtigen, so half ihm das doch nicht aus seiner mißlichen Lage, denn er hatte im Frühjahr und Sommer 1175 bis auf geringe Reste das Reichsheer in die Heimat entlassen, verfügte also weder über Truppen noch über den Frieden.

Nur stichwortartig kann in diesem Zusammenhang darauf hingewiesen werden, daß sich Friedrich Barbarossa in dieser Situation an Heinrich den Löwen mit der dringlich geäußerten Bitte um Hilfe wandte, die dieser jedoch bei der berühmten Begegnung in Chiavenna zurückwies bzw. mit der Abtretungsforderung der alten Königsstadt und Pfalz Goslar mit dem Rammelsberg und seinen reichen Silbervorkommen beantwortete. Gewiß hätte bei einem positiven Ergebnis im Süden wie im Norden – zumindest vorübergehend – manches anders ausgesehen, so kam es jedoch 1176 zu der militärischen Niederlage Friedrich Barbarossas bei Legnano und 1180 zu dem Prozeß und Sturz Heinrichs des Löwen, Ereignisse, die zweifellos differenzierter zu sehen sind, die aber hier nur eine kurze Erwähnung verdienen.

Hatte Friedrich Barbarossa schon im Herbst 1176 mit Hilfe seiner italienischen Verbündeten die Belagerung von Alessandria wieder aufzunehmen versucht, allerdings nur kurzfristig und ohne jeden Erfolg, so erhielt er im Mai 1176 doch einigen militärischen Zuzug aus Deutschland, besonders von den Erzbischöfen Philipp von Köln und Wichmann von Magdeburg, aber auch anderen geistlichen und weltlichen Fürsten des deutschen Reiches, insge-

samt etwa 2000 Mann. Das war zwar keine sehr beeindruckende Streitmacht, aber in dem festen Glauben an die klare Überlegenheit seiner deutschen Ritterverbände, besonders in offener Feldschlacht, ließ der Kaiser das
Bundesheer der lombardischen Städte, das sich hauptsächlich um den Fahnen-
wagen (Carroccio) Mailands gruppierte, am 29. Mai bei Legnano angreifen.
Der erste Ansturm war überaus erfolgreich, die Ritter der verbündeten Städte
wurden aus dem Feld geschlagen, aber je mehr sich die Deutschen dem Zentrum, dem Carroccio, näherten, um so erbitterter wurde der Widerstand, den
hier die Mailänder, und zwar überraschenderweise besonders die mit Lanzen
ausgerüsteten Fußtruppen leisteten, bis die Deutschen bei starken Verlusten
in die Flucht geschlagen wurden.

Hören wir dazu den viel zitierten Brief, den die Mailänder unmittelbar
nach der Schlacht an das verbündete Bologna als Siegesbotschaft richteten:
„Wir können euch vermelden, daß wir über unsere Feinde einen triumphalen
Sieg errungen haben. Wir haben den Schild des Kaisers, die Fahne, das Kreuz
und die Lanze erobert, viel Gold und Silber in seinen Satteltaschen gefunden
und so viel Beute gemacht, daß man ihren Wert noch gar nicht ermessen
kann. All dies soll jedoch nicht uns gehören, sondern steht, wie wir es wünschen, gemeinsam dem Herrn Papst und den Italienern zu" *(sed ea domini
Pape et Italicorum communia esse desideramus,* Manaresi, Atti, Nr. 102,
S. 143 f.).

Verständlicherweise ist ein so plakatives Zitat für alle möglichen Zwecke
herangezogen und auch mißbraucht worden, vor allem natürlich als Beleg
für das Erwachen eines italienischen Nationalgefühls. Und in der Tat müssen
sich die Mailänder einen positiven Effekt ausgerechnet haben, wenn sie in
dem Augenblick des großen gemeinsam errungenen Sieges den Begriff der
Italiener benutzten und damit ein über das rein militärische Zweckbündnis
hinausgehendes vermeintliches Zusammengehörigkeitsgefühl ansprachen.
Manche italienischen Historiker haben deshalb in Legnano einen nationalen
Triumph Italiens gesehen, wobei moderne nationalstaatliche und demokratische Vorstellungen auf die oberitalienischen Kommunen des 12. Jahrhunderts übertragen wurden. Andere weisen solche Vergleiche entschieden zurück. Auf alle Fälle haben derartige historischen Reminiszenzen bei der
Errichtung eines italienischen Nationalstaates und der „Wiederbelebung"
bürgerlich-demokratischer Traditionen im 19. Jahrhundert eine nicht un-
wesentliche Rolle gespielt (Belege bei Haverkamp, Konstanzer Friede, S. 13/
14 und die Beiträge von M. Fabini u. F. Bocchi in dem Sammelband ›Popolo
e stato in Italia nell'età di Federico Barbarossa. Alessandria e la Lega Lombarda‹). Auch das ist mittlerweile ein Stück Geschichte. Aber bleiben wir in
der Zeit und bei den Ereignissen von 1176 selbst. Man kann leicht nachemp-
finden, wie der als triumphal empfundene Sieg bei den lombardischen
Städten ein berauschendes Gefühl der Gemeinsamkeit aufschäumen ließ.

Und Mailand als der eigentliche Sieger verstand es geschickt, durch Beschei-
denheit dieses Empfinden für sich zu nutzen und den aufkommenden Verdacht und Vorwurf zurückzuweisen, daß es selbst die Führungsrolle oder
sogar die Vorherrschaft gegenüber den anderen Städten anstrebe bzw. bereits
wahrnehme. Es wird eigentlich noch einmal das herausgehoben und beschworen, was bis Montebello und nochmals mit Legnano in den Vordergrund trat, nämlich die Concordia, die Eintracht, das ausbalancierte Miteinander, vermittelt durch das Rektorenkolleg, was aber gerade nach Legnano
an Wirksamkeit und Kraft verlor. Schon wenige Monate später hätte eine
ähnliche Formulierung Mailands vermutlich mehr Verwunderung als Begeisterung ausgelöst. Denn der Riß zwischen den beiden Führungsstädten des
Bundes, Cremona und Mailand, wurde immer deutlicher und schärfer. Hatte
er schon zum Scheitern des Vorfriedens von Montebello beigetragen, so
tendierte Cremona seit dem Sommer 1176 immer offener an die Seite des
Kaisers, erlangte von diesem im Juli ein wichtiges territorialpolitisches Privileg und im Dezember die eidliche Zusage, daß der Kaiser mit der Lega
Lombarda keinen Frieden schließen werde, ohne Cremona darin einzubeziehen. Das mit dem Kaiser verbündete und bei Legnano mitbesiegte Como
wurde zwar wieder in den Lombardenbund gezwungen, dafür trat nun das
bisher zu Mailand haltende Tortona an die kaiserliche Seite. Das mächtige
Venedig war schon seit 1173 eigene Wege gegangen, so daß es nicht weiter
verwunderte, wenn es jetzt engere Kontakte zu Friedrich Barbarossa aufnahm, die im Sommer 1177 zum Abschluß des ›Pactum cum Venetis‹ führten.
Ravenna und Rimini, die bei den Verhandlungen von Montebello noch als
Bundesmitglieder galten, erschienen jetzt ebenfalls im Lager des Kaisers.
Um so stärker war Mailand nun bemüht, einen unter seiner Führung und
Kontrolle stehenden Bund zu formen. Dies führte schließlich dazu, daß bei
den Verhandlungen von Venedig im Jahre 1177 den 20 offiziell der Lega
Lombarda angehörenden Städten eine gleiche Anzahl als kaiserlich gegen-
übergestellt wurde, also wohl bewußt der Eindruck von zwei gleich großen
Städtegruppen vermittelt werden sollte.

Warum hat Mailand die Gunst der Stunde nach Legnano nicht genutzt? Es
mußte doch klar sein, daß sich der Sieg nicht konservieren und auch nicht
wiederholen lassen würde; denn einer ähnlichen militärischen Konfrontation würde der Kaiser vorläufig mit Sicherheit aus dem Weg gehen. Immerhin hatte Cremona noch einmal eine Friedensvermittlung übernommen
und Friedrich Barbarossa praktisch die Bedingungen akzeptiert, wie sie die
Lombarden nach Montebello ihrerseits formuliert hatten, mit Ausnahme der
kaiserlichen Anerkennung von Alessandria als Bundesstadt. Als Grund für
die Zurückweisung dieses Friedensangebots durch die lombardischen Städte
wurde der darin nicht enthaltene Ausgleich mit Papst Alexander III. genannt.
Aber waren nicht schon 1175 Verhandlungen in dieser Richtung aufge-

nommen worden und hauptsächlich an der nun nicht mehr akuten Alessandriafrage gescheitert? Hatte der Kaiser nicht auch jetzt seine Absicht zur Wiederaufnahme solcher Gespräche zu verstehen gegeben, und dennoch wurden die Verhandlungen nicht fortgeführt? Man muß wohl auf Seiten Mailands und der lombardischen Städte die Sorge in Rechnung stellen, daß längere, auf verschiedenen Ebenen geführte Erörterungen Unruhe in die eigenen Reihen bringen und den Zusammenhalt gefährden würden, wie es sich schon im Sommer 1175 gezeigt hatte. In der Tat lag in der Diplomatie, der Flexibilität der Verhandlungsführung und Vertragsvereinbarung, die Schwäche des Bundes und die Stärke des Kaisers. Dieser tat in der heiklen Situation des Herbst 1176, als die Friedensbemühungen gescheitert waren und sich neue militärische Auseinandersetzungen abzeichneten, einen entscheidenden Schritt, indem er sich entschloß, Papst Alexander III., entgegen dem von ihm und den Fürsten auf dem Würzburger Reichstag 1168 feierlich geleisteten Eid, anzuerkennen und in gesonderten Verhandlungen mit diesem zu einer friedlichen Übereinkunft zu gelangen. Die Opfer, die er dafür zu erbringen haben würde, waren zweifellos groß, aber der Gewinn auf der anderen Seite konnte noch gewichtiger ausfallen. Deshalb entsandte der Kaiser nach vorsichtiger erfolgreicher Kontaktaufnahme seine vier engsten Berater und Vertrauten, Christian von Mainz, Wichmann von Magdeburg, Konrad von Worms und den Protonotar Wortwin, nach Anagni, wo sie zum 21. Oktober eintrafen und sogleich vom Papst und den Kardinälen zu den vereinbarten Friedensgesprächen empfangen wurden. Wenn man sich das umfangreiche und komplizierte Vertragswerk, das dabei als Vorvertrag vereinbart wurde, anschaut, dann sind die zwei Wochen, in denen es zustandekam, eine bemerkenswert kurze Zeitspanne, die erkennen läßt, daß beide Seiten zum Abschluß einer entsprechenden Übereinkunft fest entschlossen waren. Der Kaiser erkannte Alexander III. als rechtmäßigen Papst an und verzichtete damit auf die weitere Unterstützung seines päpstlichen Kandidaten Kalixt III., der mit einer Abtei abgefunden werden sollte. Weiterhin versprach er die Rückerstattung aller Rechte und Besitzungen an die römische Kirche, vor allem die Überlassung der Mathildischen Güter. Außerdem verpflichtete er sich, einen Friedensschluß mit den Lombarden und dem Königreich Sizilien anzustreben und ggf. durch ein Schiedskollegium zustandezubringen. Dafür erklärte sich der Papst bereit, den Kaiser vom Bann zu lösen, erkannte die in der Zwischenzeit im deutschen Reich getroffenen kirchenpolitischen Entscheidungen mit wenigen Ausnahmen an und bekundete seine Entschlossenheit, durch das päpstliche Friedensgebot und die Einberufung eines Konzils den allgemeinen Frieden zu vermitteln.

Aus der Sicht der lombardischen Städte erschien dieser in aller Stille und Schnelle geschlossene Vorvertrag von Anagni wie ein Verrat. Was man um jeden Preis bisher verhindert hatte, war nun eingetreten, nämlich die Trennung der Verbündeten. Der Papst wurde zwar nicht müde, den noch unverbindlichen Charakter der Absprachen zu betonen, aber Friedrich Barbarossa ließ überall die Kunde von einem mit dem Papst fest vereinbarten Frieden verbreiten, sicherlich auch mit dem politischen Kalkül, das ohnehin aufgekommene Mißtrauen zwischen den Verbündeten weiter zu schüren. So sahen sich die Lombarden plötzlich gezwungen, in Friedensverhandlungen einzutreten, die im wesentlichen nur noch sie selbst betrafen. Nicht mehr sie waren es, die Forderungen stellten, sondern sie mußten auf gewisse Vorgaben reagieren. Von den Friedensbedingungen, wie sie sie nach Legnano dem Kaiser präsentiert hatten, war nun nicht mehr die Rede, jedenfalls nutzte der Kaiser den gewonnenen Handlungsspielraum, um davon wieder abzurücken. So war kein Friedensvertrag zu erzielen. Aber durch Vermittlung des Papstes kam doch wenigstens ein Waffenstillstandsvertrag zustande, der am 24. Juli 1177 in Venedig beschworen wurde, während mit einem feierlichen Akt der Versöhnung der Friede zwischen Papst und Kaiser wiederhergestellt wurde. Der mit den Lombarden geschlossene Waffenstillstand lautete auf sechs Jahre, während mit Sizilien eine Frist von 15 Jahren vereinbart worden war. Bis zu diesem Zeitpunkt blieben stillschweigend auch die Mathildischen Güter im kaiserlichen Verfügungsrecht.

4. Selbstverständnis der Lega: Libertas und Patria

Wenn auch die Verhandlungen zwischen dem Kaiser und dem Lombardischen Städtebund vorläufig noch zu keinem Ergebnis führten, so sind sie für unseren thematischen Zusammenhang dennoch von hohem Interesse, weil sie den Anlaß und die Notwendigkeit ergaben, auf Seiten der Lombarden die gemeinsame Position und das eigene Selbstverständnis nochmals zu überdenken und zu artikulieren. Einen ausführlichen Bericht darüber verdanken wir Romoald von Salerno, der mit den ehemaligen Fürsten von Salerno verwandt war und dem normannischen Fürstenhaus entstammte. Er erlangte 1154 das Erzbistum Salerno und übernahm eine Vermittlerrolle zwischen dem Papsttum und den Königen von Sizilien. So vertrat er auch zusammen mit dem Grafen Roger von Andria seinen König (Wilhelm II. von Sizilien) bei den Friedensverhandlungen in Venedig (Ferrara) im Jahre 1177. Aufgrund seiner Stellung als Erzbischof und seiner Funktion als königlicher Gesandter hat er an allen wichtigen Ereignissen und Verhandlungen teilgenommen; dennoch ist bei der Wiedergabe wörtlicher Reden seine literarische Neigung in Rechnung zu stellen. Insgesamt bietet die Chronik des Romoald ein interessantes und ausführliches Quellenzeugnis für die Unterhandlungen in Venedig, besonders zwischen den Vertretern des Kaisers und denen der lombardischen Städte in den Grundsatzfragen.

Die ersten Ausführungen galten der Begegnung des Papstes mit den Gesandten der Lega Lombarda und damit dem Problem der Gemeinsamkeit und der Vertragstreue untereinander. Schöne Worte sind es, die Romoald den Papst in dieser Situation zu den Lombarden sprechen läßt, die mit „Begeisterung, Treue und Ehrerbietung" für den festen Bestand der Kirche und die Freiheit Italiens mannhaft gekämpft hätten und ohne deren Zustimmung der vom Kaiser angebotene Frieden nicht angenommen werden konnte, „damit Ihr ebenso, wie Ihr Bundesgenossen in der Bedrängnis wart, auch Teilhaber der Freude wäret" (Romoald von Salerno, S. 316/17). Überzeugen konnte das wohl niemanden, zu deutlich war die Sprache der politischen Ereignisse und Veränderungen.

Die städtischen Delegierten antworteten in einer Weise, die gleich in mehrfacher Hinsicht aufhorchen läßt: „... Die Verfolgung, die der Kaiser Euch und der Kirche zufügte, kennen wir besser durch die Tat als durch die Rede ... Zuerst nämlich ertrugen wir seinen Angriff, zuerst warfen wir uns seinem Rasen *(furor)* entgegen, und daß er der Zerstörung Italiens und der Unterdrückung der Freiheit der Kirche nicht näherkommen könne, verhinderten wir durch den Wall unserer Leiber und Waffen. Um der Ehre und Freiheit Italiens willen und um die Würde der römischen Kirche zu bewahren *(nos pro honore et libertate Italie et Romane ecclesie dignitate servanda ...)*, wollten wir den Kaiser mitsamt seinen Schismatikern weder aufnehmen noch auf ihn hören ... Und so, verehrungswürdiger Vater, ist es wohl angemessen ..., daß Ihr den Euch vom Kaiser angetragenen Frieden nicht nur nicht ohne uns annehmen, sondern auch nicht anhören dürft. Denn derselbe trug uns oft einen Frieden ohne die Kirche an, und wir nahmen ihn nicht an; er wollte Eintracht mit uns ohne Euch schließen, und wir ließen es nicht zu; lieber nämlich wollen wir in Einheit mit der Kirche in Krieg mit ihm geraten, als getrennt von der Kirche seinen Frieden halten" (Romoald von Salerno, S. 316/17 und 318/19).

Die Antwort der Lombarden begnügte sich nicht mit diesem kleinen, ihnen aber offensichtlich wichtigen Seitenhieb, sondern ging darüber hinaus in das Grundsätzliche. Dafür waren mehrere Gründe vorhanden. Einerseits schien der Friede absehbar und von daher war es naheliegend, sich noch einmal Rechenschaft über einen jahrelangen Kampf abzulegen, der hohen Einsatz und viele Opfer gekostet hatte. Andererseits gaben die Abfallbewegung von der Lega Lombarda und der Streit zwischen den alten Verbündeten guten Anlaß, auf die krassen Unterschiede zwischen dem Opportunismus der Abtrünnigen und den hohen Idealen, die man selbst verteidigte, aufmerksam zu machen. Vor allem standen aber die vermutlich schwierigen Verhandlungen mit dem Kaiser bevor, die sehr schnell wieder auf die Fragen von Recht und Legitimität zu sprechen kommen würden. Hier galt es vorzubauen und vorzubeugen – und dies ist in eindrucksvoller Weise gelungen. Der verdeckte oder offene Vorwurf, daß es nur um die Behauptung der eigenen Selbständigkeit und Vorteile ginge, und zwar im Grunde genommen jedes einzelnen Stadtstaates, mußte vom Tisch oder doch wenigstens gegenüber den übergeordneten Prinzipien in den Hintergrund gedrängt werden. Aber auch ohne diese zweckorientierte Überlegung bot es sich an, besonders auf das Bündnis mit dem Papsttum abzuheben, das den Lombarden eine höhere Legitimität verschaffen mußte. Denn nicht zuletzt – so argumentierten sie – ging es um die Freiheit der Kirche und nicht um begrenzte eigene Interessen, um derentwillen sie Gut und Leben gewagt hatten. Bewußt wird mit der „libertas ecclesie" der zentrale Begriff des Investiturstreites aufgegriffen, um die Art und Größenordnung des Abwehrkampfes anzudeuten und zugleich auf die Tradition und Funktion hinzuweisen, die die lombardischen Kommunen wie vor hundert Jahren nun wiederum dabei wahrgenommen haben.

Neu ist hingegen das Begriffspaar von *honor et libertas Italie*, das in vielerlei Variationen aufgegriffen wird. Natürlich zielte man damit auf die Betonung der großen gemeinsamen Sache, die die kommunale Ebene deutlich übersteige und dem Ganzen eine höhere Wertigkeit verleihe. Mochte auch die politische Realität, die hinter dem Begriff und Appell „Italia" stand, gering gewesen sein, so wurde doch damit ein offensichtlich allgemein nachempfundener hoher politischer Wert angesprochen. Denn schließlich mußten diese Töne verstanden werden und etwas zum Schwingen bringen, wenn sie so in das Zentrum der grundsätzlichen Argumentation gerückt wurden. Die Freiheit Italiens und die Freiheit der Kirche, die es gegen einen gebannten Kaiser zu verteidigen galt, umschlossen, so viel stand für die Lombarden unumstößlich fest, ein Widerstandsrecht, das den angeblichen kaiserlichen Rechtstiteln deutlich übergeordnet war. Hören wir sie noch einmal mit den Worten Romoalds: „Eure Heiligkeit sollte aber wissen und die kaiserliche Gewalt deutlich erkennen, daß wir mit Dank den Frieden des Kaisers vorbehaltlich der Ehre Italiens *(salve Italie honore)* empfangen und seine Gnade, wenn unsere Freiheit uneingeschränkt bleibt, wünschen. Was ihm Italien seit alters her schuldet, erbringen wir gerne, und wir verweigern ihm nicht die alten Gerechtsame; unsere Freiheit indessen, die wir von unseren Vätern, Großvätern und Urahnen nach Erbrecht übernommen haben, geben wir auf keinen Fall auf" (Romoald von Salerno, S. 318/19). War zuvor recht abstrakt von der Ehre und Freiheit Italiens die Rede, so wird sie nun inhaltlich näher bestimmt. Es handelt sich um die Freiheit der Bürger und die Selbstbehauptung und Selbstbestimmung der Städte. Man hatte zwar keine neue überraschende „staatliche" Konzeption von Italien vor Augen, wohl aber verband sich mit diesem so viel bemühten Italienbegriff die Vorstellung von der Ehre und Freiheit der Städtegemeinschaft und nicht der jeweils einzelnen Stadt. Noch einfacher und deutlicher gesagt: Italien war danach die

beschworene Gemeinschaft der Städte, die sich zur Verteidigung der (stadtbürgerlichen) Freiheit zusammengeschlossen hatten.

Zu einer erneuten grundsätzlichen Stellungnahme sahen sich die Vertreter
der Lega Lombarda durch die herausfordernden Bemerkungen veranlaßt, die
Erzbischof und Reichskanzler Christian von Mainz als Vertreter des Kaisers
bei den Friedensverhandlungen in Venedig vortrug, indem er drei Möglichkeiten nannte: Das Regalienweistum von Roncaglia zu akzeptieren, sich
einem neuen Urteil dieser Art zu unterwerfen oder aber das zu leisten, was
Kaiser Heinrich IV. (1056/66–1106) von ihnen gefordert und erhalten
hatte. Nochmals lohnt es sich, die Lombarden mit ihren – wenn auch nicht –
eigenen, so doch wohl den Kern der Sache wiedergebenden Worten zu
hören: „Daraufhin antwortete der Mailänder Richter Gerhard Pesta für die
Seite der Lombarden: ‚Wir sind fürhwahr bereit, dem Kaiser, wo immer er
uns auch ruft, als dem Herrn Recht zukommen zu lassen; doch da dieses
Recht nicht das eines einzelnen Menschen, sondern vieler ist, nicht einer einzelnen Stadt, sondern mehrerer, fordern wir entsprechend dem Gewicht der
Fälle Aufschub, um umfassender über das zu beraten, was uns vorgeschlagen
wurde, und an einem geeigneten Ort und zu passender Zeit zu einem gemeinsamen Richter zu kommen, um Antwort zu geben. Was Du aber sagtest, daß
nämlich zu Roncaglia von den Bologneser Richtern gegen uns ein Urteil er-
gangen sei, stellen wir völlig in Abrede, dies war kein Urteil, sondern ein kaiserlicher Befehl'" (Romoald von Salerno, S. 324/25). Er wies weiter darauf
hin, daß viele Städte in Roncaglia nicht vertreten gewesen wären und gegen
Abwesende kein rechtskräftiges Urteil hätte ergehen können. Der Rückgriff
auf Heinrich IV. sei ganz unakzeptabel, da keiner mehr sagen könne, was das
bedeute und beinhalte. Im übrigen wäre Heinrich IV. kein Herr, sondern ein
Tyrann gewesen, dessen Taten nicht als Maßstab dienen könnten. Hingegen
seien die lombardischen Städte bereit, dem Kaiser das an Abgaben zu leisten,
was sie seinen Vorgängern Heinrich V., Lothar III., Konrad III. und ihm
selbst erbracht hätten. Ansonsten bleibe die Möglichkeit, auf den Schieds-
spruch der Cremonesen zurückzugreifen.

Wie es schon andeutungsweise bei früheren Anlässen geschehen war, wird
hier nun sehr klar zwischen dem von den Bologneser Richtern und Juristen
gewiesenen und dem vom Kaiser gesetzten Recht auf der einen Seite und
dem gewachsenen Recht, dem Gewohnheitsrecht, auf der anderen Seite unterschieden. Für die Lombarden konnte in diesem Fall nur das Gewohnheitsrecht die einzige akzeptable Rechtsgrundlage sein, da ansonsten eine mehr
als hundertjährige Stadtentwicklung in ihren rechtlichen Grundlagen in
Frage gestellt worden wäre und worden ist. Und es ist als ein bemerkenswerter Erfolg ihrer Argumentation und ihres Widerstands anzusehen, wenn
Christian von Mainz als kaiserlicher Unterhändler als dritte von drei Möglichkeiten diese Rechtsauffassung schließlich anerkannte, dabei allerdings

auf Heinrich IV. zurückverwies, um höhere Forderungen stellen zu können. Nun standen sich aber nicht mehr zwei Rechtsprinzipien unvermittelt gegenüber, sondern es war eine gemeinsame Grundlage gefunden worden, auf der man verhandeln konnte. Daneben spielten allerdings auf kaiserlicher Seite immer wieder „roncalische" Gedanken und Argumente eine Rolle. Aber der „pragmatischere" Rechtsstandpunkt der Lombarden hatte demgegenüber merklich an Boden gewonnen.

Die Lega Lombarda hatte zweifellos hinzugelernt und ging mit einem gut begründeten und in sich geschlossenen Konzept, das auch auf Außenstehende überzeugend wirken mußte, in die Verhandlungen, indem sie sich auf die Freiheit der Kirche und auf *honor et libertas Italie* berief und für sich das denkbar höchste Widerstandsrecht in Anspruch nahm. Bei alledem trat der Gedanke des Städtebundes immer klarer hervor, daß man schließlich nicht um einzelne Vorteile oder gar die Vorteile einzelner feilsche, sondern eine Städtegemeinschaft repräsentierte, die, zur Sicherung des Friedens und zur Wahrung des Rechts der Väter begründet, eine höhere Einheit als die einer Interessenvertretung darstelle.

Auch von daher mußte die Anerkennung der Lega Lombarda durch den Kaiser für sie von großer Bedeutung sein, was bei den Verhandlungen von Montebello schon indirekt geschehen war und mit dem Waffenstillstandsvertrag von Venedig nun auch direkt erfolgte. Der schließlich am 30. April 1183 in Piacenza beschworene und am 25. Juni 1183 in Konstanz ratifizierte Friedensvertrag nahm die kaiserliche Anerkennung des Lombardenbundes, der von den genannten Mitgliedern auf 30 Jahre beschworen werden sollte, ausdrücklich in die Vertragsbedingungen auf.

Bemerkenswerterweise konnten beide Seiten mit dem Ergebnis zufrieden sein. Denn die Städte hatten ihre Freiheiten und Rechte – einschließlich der Selbstbestimmung – behauptet und der Kaiser seine – wenn auch deutlich abgeschwächten – Ansprüche rechtlich absichern und seine Einkünfte merklich erhöhen können. Von einer Durchsetzung des Programms von Roncaglia war allerdings nicht mehr die Rede. In der heiklen, die Verhandlungen so lange belastenden Streitfrage der Anerkennung oder Beseitigung Alessandrias war ein Kompromiß gefunden worden, den Vertreter dieser Stadt mit dem Kaiser bereits im März 1183 in Nürnberg vereinbart hatten. Danach sollten alle Einwohner Alessandrias die Stadt verlassen und auf das Land zurückkehren, um dann von einem kaiserlichen Gesandten wieder in die Stadt geführt zu werden, um diese nun nominell neu zu gründen und ihr statt des päpstlichen, den kaiserlichen Namen Caesarea zu verleihen. Aber die Umbenennung war letztlich nicht durchsetzbar.

Der erste lombardische Städtebund, wie er in Unterscheidung zum sogenannten zweiten, im Jahr 1226 gegen Kaiser Friedrich II. geschlossenen Bund dieser Städte bezeichnet wird, stellte ein durchaus neuartiges Gebilde dar, das aus der besonderen politischen Situation heraus entstanden war und mit deren Ende auch de facto wieder verschwand. Zwar gab es auch vorher – seit der Wende vom 11. zum 12. Jahrhundert – schon Städtebünde, die aber meist nur zwischen zwei oder doch vergleichsweise wenigen Partnern abgeschlossen worden waren und ein begrenztes, meist sehr konkretes Ziel verfolgten. Auf diese Vorstufen und Unterschiede zur Lega Lombarda hat Gina Fasoli in ihrem bekannten Aufsatz zu dieser Thematik aufmerksam gemacht. Vergleichende Aspekte besonders zu späteren Städtebünden (2. Lombardenbund – Schweizerische Eidgenossenschaft/Talgemeinden im Süden – Rheinischer Städtebund von 1254–1257) wurden 1983 vom Konstanzer Arbeitskreis für mittelalterliche Geschichte diskutiert.

Das Neuartige und Außergewöhnliche der Lega Lombarda, wie es schon den Zeitgenossen bewußt war, lag ganz offenkundig darin, daß die selbstbewußten lombardischen Städte nun nicht mehr nur gegen ihren Stadtherrn, sondern gegenüber der kaiserlichen Herrschergewalt ein wohlbegründetes Widerstands- und Selbstbehauptungsrecht beanspruchten und ihre Vorstellungen von Selbstbestimmung und Freiheit mit politischen und militärischen Mitteln letztlich auch durchzusetzen vermochten, so daß damit erstmals ein politisch ganz anders und neuartig strukturierter „Herrschaftsraum" großer wirtschaftlicher Stärke Anerkennung fand. Dabei hatte der Kommunegedanke von der konzeptionellen Seite her wie auch in der konkreten politischen Ausformung eine bemerkenswerte Steigerung erfahren, der dieses „Niveau" allerdings nur solange zu halten vermochte, als der Außendruck übermächtig, die politische Existenz als Kommune generell in Frage gestellt war.

VIII. London 1191–1216

Communia est tumor plebis, timor regni, tepor sacerdotii.

Die Kommune ist ein Krebsgeschwür des Volkes, ein Schrecken des Königreiches, eine Geringschätzung des Klerus.

Richard von Devizes, De Rebus Gestis, S. 416.

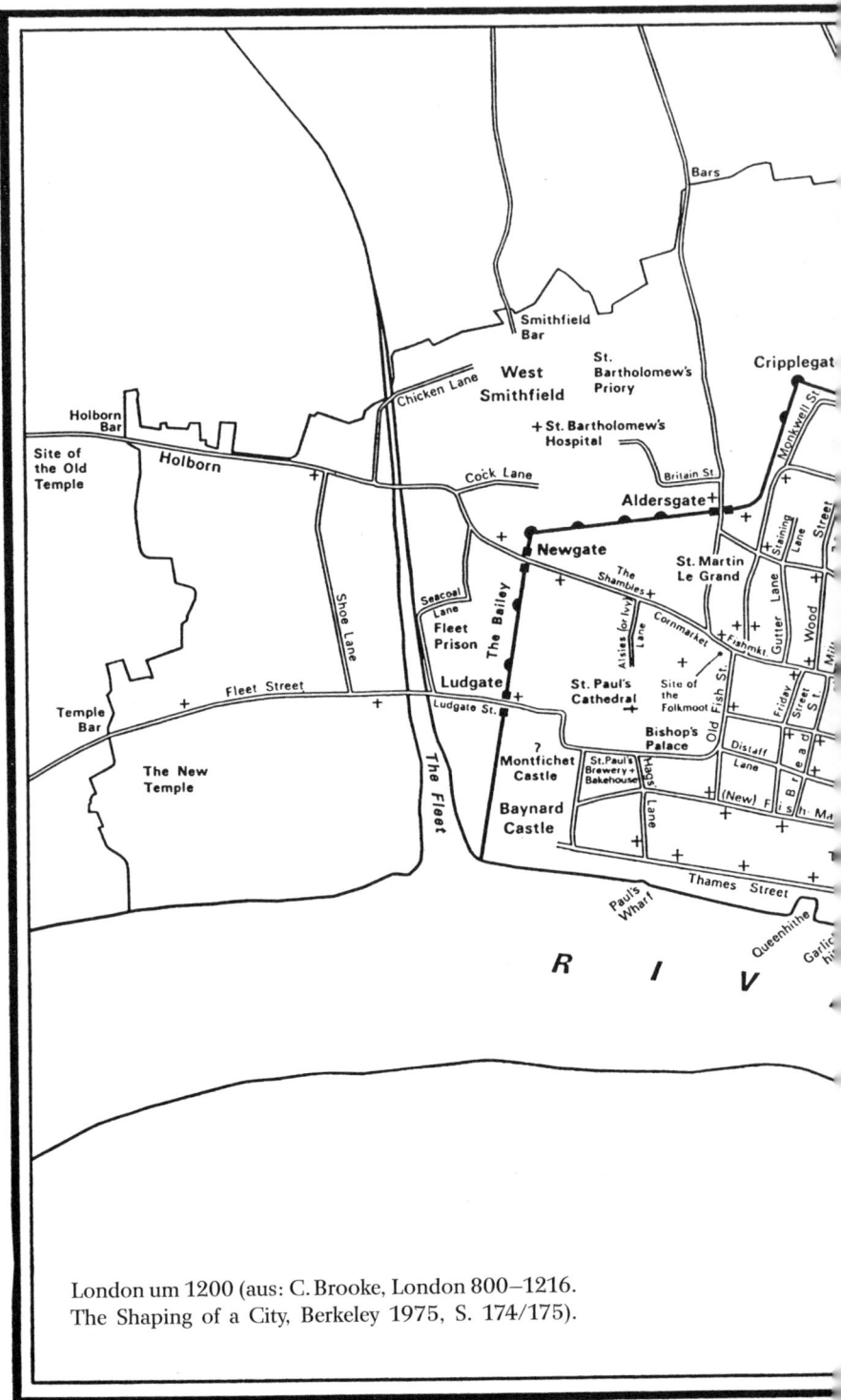

London um 1200 (aus: C. Brooke, London 800–1216.
The Shaping of a City, Berkeley 1975, S. 174/175).

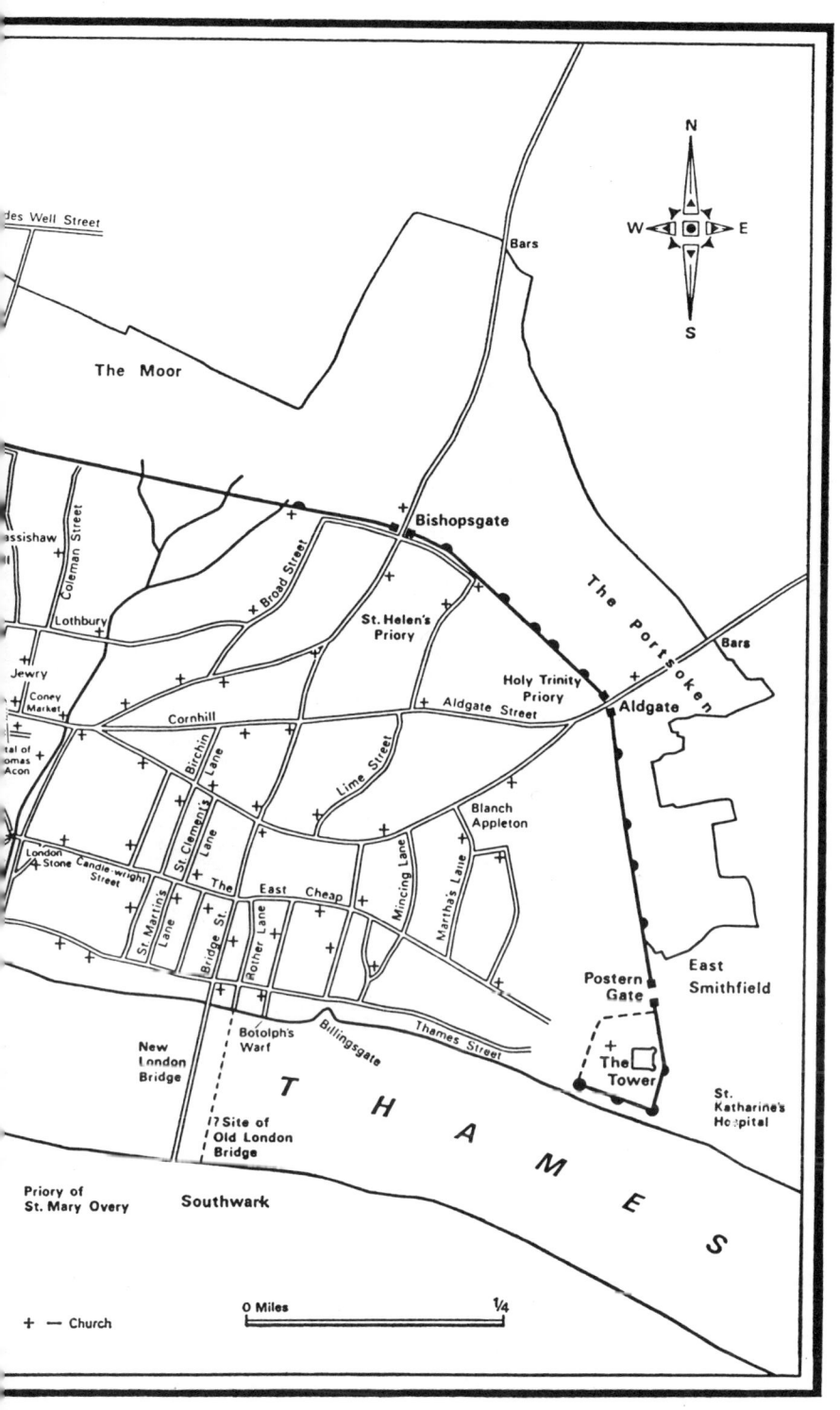

des Well Street

N
W E
S

Bars

The Moor

assishaw

Bishopsgate

Coleman Street

Broad Street

St. Helen's
Priory

Lothbury

The Portsoken

Holy Trinity
Priory

Jewry

Aldgate Street

Aldgate

Bars

Coney
Market

Cornhill

tal of
omas
Acon

Birchin Lane

Lime Street

Blanch
Appleton

St. Clement's Lane

London
Stone

Candle-wright
Street

The

East Cheap

Mincing Lane

Martha's Lane

St. Martin's Lane

Bridge St.

Rother Lane

East
Smithfield

Postern
Gate

New
London
Bridge

Botolph's
Warf

Billingsgate

Thames Street

The
Tower

St.
Katharine's
Hospital

? Site of
Old London
Bridge

T H A M E S

Priory of
St. Mary Overy

Southwark

+ — Church

0 Miles   ¼

Siegel der Barone von London, 1219?. Dargestellt ist der Hl. Paulus mit dem Schwert und dem Königsbanner, zu seinen Füßen die Stadt London. Die Themsestadt wird eingerahmt vom Tower und von Baynard's Castle, im Zentrum die Türme von St. Paul's Cathedral. Auf der Rückseite (nicht abgebildet) sind Londoner Bürger kniend im Gebet vor dem Hl. Thomas Becket zu sehen (aus: Age of Chivalry. Art in Plantagenet England 1200–1400, hrsg. v. J. Alexander u. P. Binski, Ausstellungskatalog London 1987, Nr. 193, S. 273).

Die Daten 1189/91 und 1215/16 stellen für die Geschichte Englands zwei markante Einschnitte dar: Sie bezeichnen den Tod Heinrichs II. und den Herrschaftsantritt von Richard Löwenherz (1189) auf der einen und den Abschluß der Magna Charta (1215) sowie den Tod Johann Ohnelands (1216) auf der anderen Seite. Wenn diese Ereignisse gleichzeitig als Grenz- und Orientierungspunkte für die kommunale Entwicklung gewählt werden können, dann deutet dieses Faktum darauf hin, daß wir es bei der Kommunebildung Londons mit einem politischen Vorgang zu tun haben, der über den Rahmen der Stadt hinausweist. Denn die Übereinstimmung der kommunalen Daten mit denen der langen Krise des Königreiches England ist während dieser drei Jahrzehnte natürlich keine zufällige, so daß man überspitzt formulieren könnte, die Schwäche des Königtums sei die Chance der Kommune gewesen. Hier wird deutlich, daß die Stadt London eine Entwicklungsstufe erreicht hatte, die es ihr erlaubte, die Chancen zielstrebig zu nutzen, die die große politische Konstellation ihr bot, und auch manche Entscheidungen allgemeinen und grundsätzlichen Charakters mitzuprägen. Gewiß ist London als politisch aktive Stadtgemeinde nicht erst in dieser Zeit hervorgetreten, aber die Veränderungen, die hier sichtbar werden, sind doch so einschneidend, daß demgegenüber ältere Ansätze kommunaler Entwicklung nur den Charakter von Vorboten haben. Die Etappen dieser Entwicklung lassen sich in vier Schritten von der normannischen Eroberung Englands im Jahre 1066 bis zum Tode Heinrichs II. 1189 kurz nachzeichnen.

Der Prozeß der Stadtwerdung von 1066 – 1189

Auch wenn London in dem berühmten zur Bestandsaufnahme des Königreiches angelegten Doomsday Book unberücksichtigt bleibt und somit die ältere Struktur der Stadt auf diesem Wege nicht erfaßbar ist, wissen wir dennoch aus späteren Zeugnissen, daß es schon vor der normannischen Zeit eine *Folkmoot* genannte Volksversammlung und ein *Husting* genanntes Stadtgericht mit Verwaltungsaufgaben gegeben hat. Anläßlich der militärischen

Auseinandersetzungen von 1066 erfahren wir darüber hinaus, daß die Londoner unter der Führung eines königlichen Amtsträgers ein eigenes militärisches Aufgebot stellten und daß nach der verlorenen Schlacht von Hastings die „besten Männer" *(principes)* der Stadt mit Wilhelm dem Eroberer Verhandlungen über die Zukunft Londons führten. In den folgenden Jahrzehnten ist London von den normannischen Königen durch zwei massive Befestigungsanlagen eingerahmt worden, und zwar durch die Burg Baynard Castle am westlichen Stadtrand und den Whitetower, dem mächtigen Kernstück der später zum Tower of London ausgebauten Gesamtanlage an der Ostseite der Stadt. Damit unterlag London einer stärkeren königlichen Aufsicht. Die zentrale militärische und gerichtliche Organisation, wie sie nun von den normannischen Königen stärker zur Geltung gebracht wurde, ließ die Einheit in der Vielfalt dieser Stadt deutlicher hervortreten. Denn die *Soke* genannten Immunitäten, also die privilegierten Sonderrechts- und Gerichtsbezirke großer kirchlicher Institutionen und adeliger Herren, aber auch einzelner, z. T. in Gilden organisierter Personengruppen, hatten bislang das Stadtbild Londons wie einen Fleckenteppich erscheinen lassen. Spiegeln die Sokes stärker das Eigenleben kleinerer, weitgehend selbständiger Rechtsbezirke wider, so war die zweite Untergliederung der Stadt in 24 Wards ein Element, auf dem die Gesamtgemeinde Londons aufbaute. Diese Wards dienten als Nachbarschaftsverbände einerseits militärischen Zwecken, aus denen das städtische Aufgebot hervorging. Andererseits fungierten sie als Steuerbezirke. Außerdem waren sie zuständig für die Überwachung städtischer Verordnungen und verfügten zu diesem Zweck auch über eigene Amtsträger, Büttel und Konstabler, und eine auf diese Fälle beschränkte Gerichtsbarkeit. Jeder Ward stand ein Aldermann vor, und das Kollegium der Alderleute bildete zumindest später das Husting, das zentrale Stadtgericht. Diese über die Alderleute vermittelte Verbindung zwischen Wards und Stadtgemeinde wurde dadurch noch intensiviert, daß aus ihren Reihen auch der *Sheriff* und später sogar der *Mayor* sowie normalerweise die anderen Repräsentanten der Kommune hervorgingen. Institutionell war also schon vieles vorgeformt, was in der kommunalen Phase dann mit neuem politischen Leben gefüllt wurde.

Der nächste markante Einschnitt in der kommunalen Entwicklung der Stadt ist durch das große – inzwischen umstrittene – Privileg Heinrichs I. von 1130/33 gekennzeichnet. Zu seinen zentralen Bestimmungen zählte das Recht der Wahl des Sheriffs und königlichen Justitiars durch die Bürger sowie die Fixierung des jährlichen Steuerbetrages auf 300 Pfund, der durch die Bürger selbst aufzubringen war. Dies bezog sich außer auf die Stadt auch auf die umliegende Grafschaft Middlesex, die in Zukunft als eine zusammengehörige Einheit betrachtet wurden, was übrigens auch das Jagdrecht der Londoner in dieser Grafschaft einschloß. Außerdem wurde die Befreiung von auswärtigen Gerichten und vom Zweikampf als Gottesbeweis ausgesprochen und statt dessen der besondere Reinigungseid der Londoner – auch vor dem königlichen Gericht – anerkannt. Darüber hinaus entband der König die Londoner unter anderem von dem Schoß, dem Dänengeld und der Mordbuße und garantierte ihnen, sie von weiteren Einquartierungs- und Gastungsforderungen zu verschonen. Schließlich erklärt er die Londoner Kaufleute und deren Waren in ganz England einschließlich der Häfen für zoll- und abgabenfrei. Durch die in den Pipe Rolls registrierten Zahlungen, die die Londoner für das Privileg geleistet hatten, ist zwar gesichert, daß sie ein solches von Heinrich I. erhalten und auch die freie Wahl des Sheriffs und besonders eines städtischen Justiziars zugestanden bekommen hatten, aber einige der weiteren Bestimmungen sind doch so großzügig und so umfassend, daß Zweifel an der Originalität des Textes aufgekommen sind. Dies betrifft besonders die sogenannte *Farm* (Firma), d. h. die Fixierung und gleichzeitige Reduzierung des jährlich an die Krone zu leistenden Steuerbetrages der Londoner Gemeinde auf dreihundert Pfund statt der üblichen Abgabe von mehr als fünfhundert Pfund.

Zwar hat es schon unter den ersten beiden normannischen Königen eine so bemessene Steuersumme gegeben und in den Thronwirren um 1141 sowie schließlich im Zuge der Kommunebildung 1189/91 ist dieser Betrag ebenfalls nachzuweisen, aber die Festschreibung auf diesem vergleichsweise niedrigen Niveau durch das Privileg Heinrichs I. ohne besondere Not ist eher unwahrscheinlich. Des weiteren findet der Katalog städtischer Freiheitsrechte, wie er uns hier entgegentritt, in diesem Umfang weder durch den auf die Unterstützung der Londoner stark angewiesenen Stephan von Blois noch in der Urkunde Heinrichs II. von 1155 oder in den späteren Privilegien von Richard I. und Johann I. eine Bestätigung. Nicht einmal die sog. *Libertas Londoniensis*, eine Kompilation der Londoner „Freiheiten" wohl aus den Jahren zwischen 1130/33 und 1155, reicht mit ihren großzügigen Bestimmungen an diejenigen des königlichen Freibriefes von 1130/33 heran, der also möglicherweise echte und hinzugefügte Elemente in sich vereinigt. Dennoch ist dieses Privileg ein sprechendes Zeugnis für die Vorstellung von bürgerlicher Freiheit und sollte schließlich bei der Durchsetzung der Magna Charta von 1215 eine wichtige Rolle spielen, aus deren zeitlichem Umfeld übrigens auch die Überlieferung dieser Urkunde und die der Libertas Londoniensis stammt.

Inwieweit die Stadt schon selbständig handlungsfähig war, läßt sich besonders in den von ihr ergriffenen Maßnahmen beim Herrschaftsantritt von Stephan von Blois im Jahr 1135 sowie anläßlich der schweren Herrschaftskrise von 1141 ablesen. In beiden Fällen waren die Londoner – vertreten durch ihre Führungsgruppe, aber auch unter Anteilnahme des Volkes – eine den Gang der Ereignisse stark mitbestimmende Kraft. In beiden Fällen haben sie daraus aber noch keinen erkennbaren dauerhaften Gewinn für die Stadtgemeinde und ihre Verfassung ziehen können. 1135 verhalfen sie Stephan von Blois gegen Kaiserin Mathilde, Tochter und einzige verbliebene Erbin Heinrichs I., zum Thron, indem sie ihm kurz nach seiner Landung in England entgegenzogen, ihn feierlich in die Stadt einholten, Vereinbarungen zur Königswahl trafen und mit dem König ein von beiden Seiten beschworenes Bündnis eingingen. Damit hatten sie sich zusammen mit dem Episkopat zum Königsmacher aufgeworfen.

Eine noch einflußreichere Rolle sollten sie beim erneuten Kampf um die Krone, auf dem Höhepunkt der „Anarchie" im Jahr 1141 spielen. Als König Stephan nach einer militärischen Niederlage bei Lincoln in die Gefangenschaft Mathildes geraten war, sollte auf einer nach Winchester einberufenen Reichsversammlung die Königin nun endlich zur allseits anerkannten Herrin von England und der Normandie erhoben werden. „Als alle Anwesenden", so berichtet der die Londoner Verhältnisse sehr gut überblickende Chronist Wilhelm von Malmesbury, „diesen Vorschlag entweder nur mit verhaltenem Beifall oder mit Schweigen entgegennahmen, erklärte der päpstliche Legat: Die Londoner, die wegen der Bedeutung der Stadt in gewisser Weise die Vornehmsten in England *(qui sunt quasi optimates in Anglia)* sind, möchten wir gerne durch unsere Boten umgehend herbeirufen ..." (William of Malmesbury, S. 576/77). Am 9. April 1141 erschienen die Londoner und erklärten, nachdem sie in die Konzilsversammlung geführt worden waren, daß sie als Beauftragte der Kommune der Londoner, wie man sie zu nennen pflege, keine Streitfragen entscheiden, sondern nur Bitten vortragen könnten, daß nämlich der Herr König aus der Haft befreit werde. Dies forderten daraufhin nachdrücklich auch alle jene Barone, die schon seit längerem in deren beschworene Gemeinschaft aufgenommen worden waren, von dem Legaten, dem Erzbischof und dem anwesenden Klerus. Schließlich erkannte die Kommune von London, da sie hoffte, so zur Beilegung der langjährigen Konflikte zu gelangen, Mathilde als Königin von England an. Hohe Geldforderungen der Königin an die Stadt und ihr überhebliches Auftreten gegenüber den nachgeordneten Bürgern führten aber schnell zu einem Stimmungsumschwung und zu einer öffentlichen Erhebung, so daß Mathilde die Stadt verlassen mußte und Stephan von Blois von den Londonern von nun an konsequent als rechtmäßiger König unterstützt wurde. Dennoch sah dieser offensichtlich keine Veranlassung, seinen wichtigsten Helfern in der tiefsten Krise seiner Herrschaft Dankbarkeit und Entgegenkommen zu erweisen. Im Gegenteil, die von der Stadt selbst erstrebte Sheriffs- und Justitiarswürde vergab er an ihren größten Feind, den Towerkommandanten und Inhaber zahlreicher benachbarter Grafschaften, Gottfried von Mandeville. Der politische Einfluß, den die organisierte Stadtgemeinde zu dieser Zeit bereits ausübte, ist also nicht zu übersehen, was ihr aber offensichtlich noch fehlte, waren Stabilität und die zielgerichtete Entschlossenheit, die Gunst der Stunde zu dauerhaften Vorteilen zu nutzen. Bald nach dem Herrschaftsantritt Heinrichs II. im Jahr 1154, durch den der lang ersehnte Frieden im Innern des Reiches wieder hergestellt wurde, erhielten die Londoner ein königliches Privileg (1155), das ihnen manche gerichtlichen, prozeßrechtlichen und vor allem wirtschaftlichen Vorteile, aber keine Selbstbestimmungsrechte gewährte. Unter der Hand entwickelte sich der kommunale Gedanke jedoch fort, wie es etwa daran abzulesen ist, daß die *Soke* genannten Immunitäten in der Stadt an Zahl und Bedeutung stark zurückgingen und das Husting, die zentrale städtische Gerichts- und Beratungsversammlung, ein größeres Gewicht erhielt. Auch stammten jetzt die von Hause aus königlichen Amtsträger in der Stadt aus den führenden stadtgesessenen Familien und nicht mehr aus fremden Adelsgeschlechtern. Heinrich II. sah sich offensichtlich veranlaßt, in diesem Punkt auf die Interessen Londons Rücksicht zu nehmen, indem er der Stadt – besonders in den Jahren 1157 bis 1169 – in gewisser Weise ein Präsentationsrecht einräumte.

Darüber hinaus profitierte die kommunale Entwicklung von dem starken wirtschaftlichen Aufschwung, den London während der Herrschaft Heinrichs II. erfuhr. Nun wurde es für das riesige Angevinische Reich, das mittlerweile auch den ganzen Westen und Süden Frankreichs umfaßte, zu einer Art Metropole, in der sich königliche „Behörden" fest etablierten und große am politischen Einfluß interessierte Kronvasallen Residenzen unterhielten. Hinzu traten lebhafte Handelsverbindungen besonders mit der Gascogne und dem Poitou, die die älteren intensiven Beziehungen mit der großen Städtelandschaft von Flandern, Nordfrankreich und der Normandie ergänzten. Der Warenverkehr in das Rheinland und von dort bis nach Südosteuropa erhielt nun eine spürbare Intensivierung, was sich etwa in den beiden Ordonnanzen widerspiegelt, die Heinrich II. 1157 zugunsten der Kölner Kaufleute in London erließ. Wenn darin neben anderen Handelsvorteilen auch von deren Haus in London, der Guildhall, die Rede ist, dann wird damit erstmals der eine Kristallisationskern, um den sich die Deutsche Hanse in London gruppieren sollte, erwähnt. Insgesamt bekam London einen internationalen Charakter, sowohl in der Politik als auch als Handels- und Geldplatz. Weithin sichtbares Zeugnis für diesen Aufschwung und die daraus erwachsenden Initiativen sollte bald die imposante neue Brückenkonstruktion über die Themse werden, mit der man 1176 begann. Ein Zeitgenosse, William Fitz-Stephen, war von dieser Entwicklung so beeindruckt, daß er eine überaus plastische Darstellung vom London der 1170er Jahre verfaßte: „Unter den vornehmsten Städten der Welt ist die Stadt London, Sitz des englischen Königtums, eine der berühmtesten nicht zuletzt aufgrund des hier anzutreffenden Wohlstands und der weitgespannten Handelsbeziehungen. Höher als alle anderen erhebt sie ihr Haupt. Ausgezeichnet durch ein angenehmes Klima, durch die Beständigkeit im christlichen Glauben, die Stärke ihrer Mauern, ihre natürliche Lage, das Ansehen ihrer Bürger, die Ehrenhaftigkeit ihrer Frauen ist die Stadt beschwingt bei ihren Festen und stolz auf ihre edlen Repräsentanten" (Chronicles of London, ed. v. C. L. Kingsford).

2. Die Bildung der Kommune und ihre institutionelle Verfestigung

Mit dem Tode Heinrichs II. 1189 und dem Herrschaftsantritt von Richard Löwenherz vollzog sich auch in der Geschichte Londons ein markanter Einschnitt, allerdings nicht in der Weise, daß sich die Politik des Sohnes gegenüber den Städten im allgemeinen und der Metropole im besonderen grundlegend gewandelt hätte. Im Gegenteil, die ablehnende Haltung gegenüber kommunalen und bürgerlichen Verselbständigungsbestrebungen war beiden Herrschern bei allen Unterschieden im Temperament und in der politischen Orientierung gemeinsam. Wenn sich dennoch so deutlich ein Bruch abzeichnete, dann lag das vorrangig darin begründet, daß Richard für seine Kreuzzugspläne und anderen überseeischen Unternehmungen sehr viel Geld benötigte und deshalb mehr und mehr auf die Finanzkraft der aufstrebenden Städte angewiesen war. Dies konnte unter den gegebenen politischen Bedingungen, d. h. der dauernden Abwesenheit des Königs auf der einen Seite und des wachsenden Selbstbewußtseins der Städte auf der anderen, nicht ohne Konzessionen abgehen. Wenn der königstreue große Chronist dieser Zeit, Richard von Devizes, vom König den Ausspruch kolportiert, er würde London gern verkaufen, wenn er nur einen Käufer fände, dann spiegelt sich in diesem Wort wohl beides wider, nämlich die Vorrangigkeit der Geldsorgen dieses Königs sowie seine tiefe Abneigung gegen eine sich aus seiner Sicht überheblich gebärdende städtische Krämermentalität. Insofern steht ein weiteres berühmtes Zitat desselben Geschichtsschreibers, daß nämlich weder Heinrich II. noch König Richard – wäre er im Lande – der Stadt London selbst für tausend mal tausend Silbermark das Recht zur Kommunebildung zugebilligt hätte, durchaus nicht in Widerspruch zu dieser angeblichen Bemerkung des Königs. Mit der Nennung dieser schier unvorstellbaren Summe will unser Gewährsmann letztlich nur die Diskrepanz zwischen der Politik- und Herrschaftsvorstellung des Königs und der tatsächlich eingesetzten Entwicklung zum Ausdruck bringen.

Was war geschehen? In den beiden Jahren vom Herrschaftswechsel bis zum ereignisreichen Herbst 1191 waren in bezug auf London zwei Veränderungen eingetreten, die sich quellenmäßig über die Art der von der Stadt geleisteten Zahlungen indirekt erschließen lassen.

1. Der jährliche Steuerbetrag war von etwa 500 Pfund in den Jahren vor 1189 auf 300 Pfund Sterling reduziert, sozusagen in einen fixierten, nun-

mehr durch die Stadt selbst einzutreibenden Betrag umgewandelt
worden.
2. Die beiden für die Steuererhebung zuständigen Sheriffs wurden nicht
mehr vom König bzw. seinen Vertretern ernannt, sondern von der Stadtgemeinde gewählt.

Diese noch ohne großes Aufsehen eingetretenen Entwicklungen sollten
sich als wichtige Voraussetzungen für die Anerkennung der Kommune erweisen, die letztlich im Rahmen größerer politische Ereignisse und Turbulenzen zustande kam.

Während sich der König auf dem Weg ins Heilige Land befand, spitzten
sich die Gegensätze und Rivalitäten um die Wahrnehmung seiner Herrschaftsgewalt merklich zu, was London naturgemäß in das Zentrum des Geschehens rücken ließ. Wilhelm von Longchamps, Vertreter des Königs, und
als Kanzler von England mit Sitz im Tower von London, ließ diesen durch die
Aushebung von tiefen Gräben, die geflutet wurden, zu einer unbezwing-
baren Wehranlage innerhalb der Stadt ausbauen. Gegen ihn formierte sich
eine Adelsopposition, an deren Spitze sich der jüngere Bruder des Königs,
Johann, Graf von Mortain, stellte, und die den Erzbischof von Rouen, Walter
von Coutanzes, an die Stelle des königlichen Kanzlers setzen wollte.
Nachdem man von Richard Löwenherz auf seiner Zwischenstation auf Sizilien die erbetene Übertragung der Siegelführung auf den Erzbischof von
Rouen erlangt hatte, war eine gewisse Legitimation dafür gegeben, um nun
in London zur Tat zu schreiten. Was man zur Durchführung des Vorhabens
aber brauchte, das war die Zustimmung und Unterstützung durch die Stadt
selbst. Auch hier war es zur Bildung von zwei Parteien gekommen, wie es uns
von den beiden wichtigsten Chronisten dieser Ereignisse, Benedikt von Peterborough und Giraldus Cambrensis, anschaulich berichtet wird. Als sich die
Lage schon spürbar zugespitzt und der Kanzler sich in den Tower zurückgezogen hatte, versuchte dessen Kontaktmann zur Bürgergemeinde, Heinrich
von Cornhill, die in der Guildhall einberufene Bürgerversammlung mit eindringlichen Worten zu beschwören, an dem vom König eingesetzten Kanzler
festzuhalten und sich nicht auf die abenteuerliche Politik einer Verschwörer-
gruppe einzulassen. Nachdem er die noch über seine Rede diskutierende
Versammlung verlassen hatte, schwang sich Richard Fitz-Rainer zum Fürsprecher der Gemeinde auf und erklärte, daß es der Stadt zu großem Schaden
und Nachteil gereiche, wenn man dem Bruder und Erben des Königs die
Stadt verschließen und diesen sich zum Feinde machen würde. Das aus-
schlaggebende Argument jedoch, das die Gemeinde mit fliegenden Fahnen
ins gegnerische Lager übergehen ließ, war aber ganz offensichtlich die
Chance, die sich ihr hier bot. Denn in dieser Stunde war sie gleichberech-
tigter Partner der aus dem Königsbruder und den Großen des Landes bestehenden Gruppierung. Mit ihr schloß sie ein auf Gegenseitigkeit beruhendes

eidliches Bündnis, eine *coniuratio;* von ihr wurde sie als *communa* förmlich anerkannt und bestätigt, wie es auf einer zu diesem Zweck einberufenen Versammlung der Bürgerschaft am nächsten Morgen in feierlicher Weise vollzogen wurde. Johann, der Bruder des Königs, und der neuernannte Kanzler beschworen zusammen mit den Bischöfen, Grafen und Baronen *communam Lundoniarum* (Benedict of Peterborough, in: Chronicles, S. 213), die ihrerseits vorbehaltlich ihres König Richard geleisteten Eides dem Königsbruder und seinem Anhang Unterstützung und Anerkennung als König für den Fall zusagte, daß sein Bruder kinderlos versterben sollte, also eine Eventualdesignation vornahm.

Das Ziel des Bündnisses und damit die konkrete Funktion der Kommune war schnell erreicht, denn mit der Öffnung der Stadt für Johann und seine Verbündeten und der bald darauf erfolgten Absetzung des bisherigen Kanzlers war ja der Umschwung vollzogen, den man hatte erreichen wollen. Sieht man einmal von dem in diesem Zusammenhang neu geschaffenen Amt des *Mayors* ab, wovon noch die Rede sein wird, dann könnte man den Eindruck gewinnen, daß man in der Stadt wieder zur Tagesordnung übergegangen sei.

Dieser äußere Eindruck geht jedoch am Kern der Sache vorbei. Zweifellos gibt es mehrere Wesensmerkmale einer Kommune, das hervorstechendste – hier wie in anderen Fällen – ist jedoch das eigenständige über den lokalen Rahmen hinausgreifende politische Handeln im Namen einer oder durch eine beschworene Gemeinde. Dies war es in erster Linie, was Richard von Devizes (De rebus gestis Ricardi primi, Rolls Series 82, 3 S. 416) meinte, als er voller Empörung formulierte: *communia est tumor plebis, timor regni, tepor sacerdotii* („Die Kommune ist ein Krebsgeschwür des Volkes, ein Schrecken des Königreiches, eine Geringschätzung der Priesterschaft"). Darin kommt vor allem das Entsetzen zum Ausdruck, daß eine neuartige, nichtherrschaftliche Kraft ein Mitsprache- und Mitentscheidungsrecht in wichtigen politischen Fragen für sich in Anspruch nahm. Mochte auch das mit der förmlichen Anerkennung der Kommune verbundene Bündnis mit den Großen des Reiches zweckgebunden und damit zeitlich und sachlich begrenzt gewesen sein, so war doch nicht damit zu rechnen, daß die Kommune selbst sich wieder stillschweigend auflösen würde. Diesen Umstand reflektierte die Absichtserklärung der Londoner für eine mögliche Königserhebung Johanns, die ja schon weit in die Zukunft vorgriff. Mit der Londoner Kommune hatte zumindest in Umrissen eine neue politische Kraft Gestalt gewonnen, mit der fortan besonders in Krisenzeiten und Konfliktfällen als mit einem selbständigen Faktor zu rechnen war, wie wir es im Zusammenhang mit der Königserhebung Johanns 1199 und den Etappen, die zur Magna Charta 1215 führten, sehen werden.

Was aber hatte sich an der Stadtverfassung konkret geändert? Das neue Bild wird erst in den schwierigen Verhandlungen deutlicher, die man in

London nach der Gefangennahme von Richard Löwenherz und den damit verbundenen Lösegeldforderungen im Jahre 1193 führen mußte. In dieser politisch verwirrten Situation sah man sich in der Stadt veranlaßt, eine klare Position zu beziehen. Die Stadtgemeinde leistete dem gefangenen König einen Treueid und benutzte die Gelegenheit, den kommunalen Gedanken darin einzufügen und mitbeschwören zu lassen: Die *communitas* sei zu wahren, den Entscheidungen und Befehlen des Bürgermeisters *(maior)* sowie der Schöffen *(skivini/échevins)* und anderer guter Leute *(probi homines)* Folge zu leisten und die Freiheiten der Stadt zu sichern (Round, Commune of London, S. 235/36). Die verfassungsmäßigen Begriffe, die hier mit Bezug auf die Kommune Anwendung finden, geben Anlaß, nach Vorbildern in der Normandie und Nordfrankreich Ausschau zu halten, die schon eine längere kommunale Entwicklung aufzuweisen hatten, denn die in London und seinem Umfeld bis dahin nicht bekannten Bezeichnungen *maior* und *échevin* sind mit ziemlicher Sicherheit aus diesem Raum entlehnt.

Das direkte Vorbild für diese neuen Verfassungselemente, so hat es Round in seinem klassischen Werk über die Londoner Kommune etwas überakzentuiert herausgearbeitet, war Rouen, wo es eine unter der verantwortlichen Führung von Mayor und Schöffen stehende Kommune nachweislich seit Beginn der 1180er Jahre gab. Vermittler dieser Begriffe und Vorstellungen könnte auch Walter von Coutanzes, Erzbischof von Rouen und neuer Justitiar und Kanzler, gewesen sein, der ja zusammen mit Johann Ohneland die Londoner Kommune beschworen hatte. Eine noch größere Rolle in dieser vermittelnden Funktion dürfte sein Bruder Roger Fitz-Reinfred als enger Vertrauter von Henry Fitz-Alwin, des Mayors von London, also des Repräsentanten der neuen kommunalen Stadtverfassung, gespielt haben. Allerdings hatte man nur die Begrifflichkeit einer anzustrebenden Stadtverfassung entlehnt, wie sie mit Rouen vor Augen stand. In der Sache wies London jedoch eine durchaus eigenständige Entwicklung auf. Ein Schöffenkolleg, dem ein Mayor vorstand, hatte es in London nie gegeben, wohl aber ein Gremium, das man mit diesem entlehnten Begriff bezeichnen könnte, das Husting. Das erst im Zuge der Kommunebildung von 1189/91 geschaffene Amt des Mayors stellte eine neue, eigene Repräsentanz in der politischen Führung der Londoner Stadtgemeinde dar. Zeitlich parallel dazu war, wie gesagt, der Charakter des Londoner Sheriffsamtes verändert worden, denn in den Pipe Rolls von 1190/91 heißt es, daß die beiden Sheriffs nun als Vertreter der Bürger über den reduzierten und pauschalisierten jährlichen Steuerbetrag abrechneten. Somit ergibt sich das Bild einer stufenweisen Entwicklung, die mit dem Jahr des Herrschaftsantritts Richards I. einsetzt. Ab 1189 war die Londoner Stadtgemeinde durch ihre beiden eigenen Sheriffs vertreten und wies auch nach außen hin eine gewisse Selbständigkeit auf. Mit den Ereignissen von 1191 fand die Kommune dann ihre politische Anerkennung durch die Großen des Landes und die Vertreter des Königs.

Bei dieser Gelegenheit dürfte auch das neue Amt des Mayors geschaffen worden sein, welcher allerdings erst 1193 als solcher in dem *sacramentum commune* erwähnt wird. Dabei erscheint er in einer Art Doppelrolle, nämlich zugleich als Repräsentant der Bürger und als Amtsträger des Königs. Er ist es, dem an erster Stelle der „Bürgereid" zu leisten ist. Andererseits fungiert er als einer der Verantwortlichen im Königreich England für die Erhebung der Lösegeldzahlung für den gefangenen König. Die enge politische Verbindung zum Königtum wird also gerade über dieses Amt gewahrt, so daß sein Inhaber bemüht sein mußte, sowohl das Vertrauen der Stadtgemeinde wie auch des Königs zu erlangen. Dem ersten Amtsinhaber Henry Fitz-Alwin ist dies offensichtlich in vorzüglicher Weise gelungen. Er war der einzige Mayor, der sein Amt auf Lebenszeit, nämlich bis 1212, ausübte und damit in dieser Zeit des politischen und verfassungsmäßigen Umbruchs einen Faktor der Stabilität darstellte. Entsprechend dem Verständnis der sich fortentwickelnden Kommunalverfassung war es nur konsequent, daß das Amt des „Bürgermeisters" der jährlichen Neuwahl unterworfen wurde, wie es 1215 schließlich von König Johann anerkannt und rechtlich fixiert, wenn auch noch nicht konsequent praktiziert wurde. Denn auch danach gab es noch Amtsperioden von zwei bis drei Jahren. Dem Mayor nachgeordnet waren die beiden Sheriffs, die zusammen mit anderen verdienten Amtsleuten, die in dem Eid von 1193 in irreführender sprachlicher Entlehnung als Schöffen und *probi homines* bezeichnet werden, das beratende Gremium der Gemeinde unter Vorsitz des Mayors bildeten. Dieses Gremium ging auf den alten *court of Husting*, den zentralen Gerichtshof und Treffpunkt der Stadtrepräsentanten zurück. Das Husting war eigentlich der gräfliche Gerichtshof, der *shire court of London* gewesen. Dabei handelt es sich um einen Begriff, der der skandinavischen Welt der Wikingerzeit entstammt, und sich sprachlich vom „house thing", also dem Kernbereich genossenschaftlicher Versammlungen, herleitet. Das Londoner Husting ist indirekt schon seit der zweiten Hälfte des 10. Jahrhunderts, spätestens aber seit 1032 bezeugt, und gewann mit dem großen Privileg Heinrichs I. für London von 1130 einen dauerhaften Charakter mit festen Aufgaben. Nunmehr wurde geregelt, daß das Husting jeden Montag tagen und die Aufgaben wahrnehmen sollte, die bisher dem *shire court* zustanden. Hinzu trat im Laufe des 12. Jahrhunderts der wachsende Komplex der mit dem Handel und Geschäftsleben zusammenhängenden Fragen.

Dieser rasche Zuwachs an Aufgaben und die Bildung der Kommune 1189/91 trugen dazu bei, daß das alte Husting sein Gesicht veränderte. An die Stelle des Sheriffs trat der Mayor als Vorsitzender, die Beratungen ließen sich nicht mehr auf eine Sitzung pro Woche beschränken, sondern erhielten den Charakter einer fortlaufenden Amtsführung im städtischen Rathaus, der *guildhall*. Man sah sich sogar veranlaßt, einen zweiten Geschäftsbereich in Gestalt des *court of Mayor* zu errichten, der vor allem die zahlreicher werdenden Fragen des Handels, des Hafens und der fremden Kaufleute in seine Zuständigkeit übernahm. Alle diese Einzelelemente waren also bereits vorhanden, fügten sich jedoch erst durch ihre Verschmelzung zu einem Ganzen und damit zu einem neuen Gebilde. Das wohl in diesem Zusammenhang geschaffene Londoner Stadtsiegel trägt die Umschrift *sigillum baronum Londoniensium* und meint damit wohl die Mitglieder des alten Hustings in seiner neuen Gestalt als Ratsgremium. Die erste klare Nachricht über die Zusammensetzung und Funktion des Stadtrats ist aus dem Jahre 1200/01 überliefert, in der es heißt, daß in diesem Jahre 25 Vertreter aus dem Kreise der *discretioribus civitatis* gewählt wurden, um zusammen mit dem Mayor den Rat der Stadt zu bilden *(pro consulendo civitatem)* (Round, Commune of London, S. 237). Bereits die Zahl 25 läßt einen Kenner der Londoner Stadtgeschichte aufhorchen, denn sie ist aus älteren Zusammenhängen – wenn auch in anderen Bezügen – durchaus bekannt. Auch die Zahl der Alderleute, die den Ward genannten Stadtbezirken vorstanden und dabei auch die zahlreichen Soke genannten Immunitäten, über Fragen der Verteidigung und des militärischen Aufgebots, der Steuererhebung und der Durchsetzung von Ordnungs- und Polizeimaßnahmen miterfaßten und somit in den städtischen Rechts- und Lebensbereich eingliederten, betrug 24 bzw. 25. Aber es ist nicht allein diese Zahl, die die Vermutung aufkommen läßt, daß die Alderleute sowohl im alten Husting als auch im neuen Stadtrat vertreten waren, es sind auch die Namen von einzelnen Alderleuten oder ganzen Familienclans, die uns in diesem zentralen Gremium der Stadt wiederbegegnen. Und nicht nur das, es sind in gleicher Weise die Ex-Sheriffs, die ebenso vielfach Alderleute gewesen waren, die wir hier antreffen.

Es waren also in erster Linie die alten königlichen Amtsträger, die über lange Erfahrung in der selbständigen Regelung gemeindlicher Angelegenheiten verfügten und dabei den Blick immer mehr von der herrschaftlichen zur kommunalen Seite hin verlagert hatten. Wenn sie auch nach der förmlichen Errichtung der Kommune ihre Legitimation nun primär von der Gemeinde herleiteten, so ließen sie die Bindungen zum Königtum doch durchaus nicht abreißen, ja legten in gewisser Weise sogar Wert auf diese doppelte Orientierung, die ihnen einen vorteilhaften, wenn auch nicht ungefährlichen Schwebezustand ermöglichte. Ihre Verbindung zur Gemeinde bestand im Folkmoot, der alten allgemeinen Londoner Volksversammlung, die durch das Läuten der Glocken von St. Pauls einberufen wurde, und zwar angeblich seit der Zeit König Arthurs. Im 12. Jahrhundert bestanden drei feste Termine pro Jahr, nämlich zur Michaelsmesse zwecks Bestätigung der beiden neugewählten Sheriffs, zu Weihnachten, um die Einhaltung der Ordnung-

und Polizeibestimmungen für die Wards zu überprüfen, und zu Mittsommer, um die Feuerordnung zu bekräftigen. Aber die Gesamtgemeinde konnte natürlich auch zu besonderen Anlässen einberufen werden, wie es – um das herausragendste Beispiel zu nennen – am 8. Oktober 1191 geschah, als der Königsbruder Johann und die Barone Englands vor dem versammelten Folkmoot von London feierlich die Kommune beschworen.

3. *Zur sozialen Gliederung der Stadtbevölkerung Londons*

Wenn mit diesen knappen Hinweisen auf die alten Institutionen der Stadt und ihren inneren Wandel im Zuge der Kommunebildung ein Einblick in die verfassungsmäßige Entwicklung vermittelt worden ist, so wurden bisher die dahinter stehenden Gruppen und ihre Interessen nur in Umrissen sichtbar. Erst die Zuspitzung innerstädtischer Differenzen, wie sie durch die hohen finanziellen Belastungen und die politischen Verwicklungen entstanden war, ließ die sozialen Spannungen klarer zu Tage treten. In diesem Zusammenhang ist der 1193 von der Gesamtgemeinde geleistete Treueeid, der sich einerseits an den in der Gefangenschaft befindlichen König wendet, andererseits die neuen verfassungsmäßigen Einrichtungen der Stadtgemeinde einschließlich der Führungsschicht in Gestalt der *probi homines* zum Adressaten hat, ein sprechendes Zeugnis für das Bemühen, durch sehr kräftige politische Akzente den Zusammenhalt der noch jungen Stadtgemeinde auch in dieser stürmischen Phase zu sichern. In erster Linie ging es dabei natürlich um Geld, und zwar um Beträge, wie sie die Stadt bisher noch nicht annähernd zu leisten gehabt hatte, denn die Forderungen, die der Kaiser und auf diesem Wege auch der Herzog von Österreich für die Freilassung des schon seit dem Dezember 1192 erst bei Wien und dann auf dem Trifels in der Rheinpfalz gefangengehaltenen König als Lösegeld erhoben, waren von der atemberaubenden Summe von 100 000 auf 150 000 Mark Silber erhöht worden. Gleichzeitig versuchte Johann Ohneland durch Verhandlungen mit dem Kaiser die Freilassung seines gefangenen Bruders zu verhindern, um selbst die Herrschaft übernehmen zu können. Daß auch die französische Krone bei diesen Ereignissen nicht tatenlos zusah, läßt sich leicht ermessen. Die damit zusammenhängenden Fragen und Probleme wurden natürlich in London verhandelt und in den verschiedenen Kreisen der Bevölkerung durchaus unterschiedlich diskutiert und bewertet. Was die politische Führungsschicht anbelangt, so ist uns der Bericht von einer Versammlung überliefert, die einen schon verschwörerischen Charakter aufwies und in so erregter und zugespitzter Atmosphäre verlief, daß ein Protokoll über die Äußerungen aufgenommen wurde. Neben so drastischen Bemerkungen wie derjenigen, daß der König dort bleiben möge, wo er sei, also in der Haft des Kaisers, formu-

lierte Robert Brand das Verständnis mindestens eines Teils der Londoner Führungsschicht in dem gern zitierten Ausspruch: „Wer auch immer kommen
mag, die Londoner werden niemals einen anderen König haben als ihren
Mayor!" (Weinbaum, Verfassungsgeschichte, S. 48, Anm. 2). Der Zeuge, der
diese Äußerung dem königlichen Gerichtshof weitermeldete, war der Bruder
Richard Fitz-Osberts, in dessen Haus das geheime Treffen stattfand. Es handelte sich um William Fitz-Osbert, genannt Langbart (Longbeard), Angehöriger einer der ältesten und einflußreichsten Geschlechter Londons, der möglicherweise als Kreuzfahrer in engeren Kontakt zum König gekommen war.
Die Tatsache, daß William Fitz-Osbert das im Hause seines Bruders Gehörte
den königlichen Instanzen weitermeldete, macht auf der einen Seite sein
enges Verhältnis zum König deutlich, zeigt auf der anderen aber genauso die
kritische Distanz zu seinen Standesgenossen. Wie weit er sich schließlich von
diesen entfernen sollte, wird aus den dramatischen Ereignissen des Jahres
1196 deutlich, als es zu massiven innerstädtischen Auseinandersetzungen
kam, die noch durch die finanziellen und politischen Belastungen der Auslösung des gefangenen Königs im Jahre 1194 resultierten. In diesem Fall sind
uns zwei ausführliche, aber in der Tendenz entgegengesetzte Chronikberi-
richte überliefert, die diesem Konflikt doch einen so hohen Stellenwert bei-
messen, daß sie ihn vom Umfang der Berichterstattung her in die vorderste
Linie der politischen Ereignisse rücken. Ein entschiedener Anhänger der städtischen Führungsschicht war Gervasius von Canterbury, während Roger von
Hoveden voller Sympathie und Verständnis die Position des Londoner
Volkes und seines Sprechers und Führers, William Fitz-Osberts, vertrat. Für
das Bild Londons in dieser turbulenten Zeit sind diese beiden Berichte so aufschlußreich, daß sie hier etwas ausführlicher zur Sprache kommen mögen.
Gervasius, Mönch der Christchurch von Canterbury, Verfasser der ab 1188
immer selbständiger werdenden ›Chronica‹ von England sowie der ›Gesta
Regum‹, spricht von einer *seditio pessima*, einem abscheulichen Aufstand,
der durch die Umtriebe eines Mannes namens Wilhelm in der Stadt ausgebro-
chen sei (Rolles Series 73, 1, S. 532). Dieser sei zwar ärmlich, aber von außer-
gewöhnlicher Beredsamkeit gewesen und habe mit solcher Hartnäckigkeit
das Volk gegen die Führungsschicht aufgehetzt, daß es schließlich ihm als
ihrem Wortführer folgte und mehr Gehorsam schenkte als dem Bürgermei-
ster. So sei es dahin gekommen, daß alle Bürger gegeneinander Hinterlist
und Gehässigkeit ersannen, so daß die Gefahr eines Umsturzes in der Stadt
immer bedrohlicher geworden sei. Deshalb hätten sich die Reichen und
Mächtigen in der Stadt Tag und Nacht mit Waffen und Schutzmannschaften
versehen, um nicht vom aufgehetzten Volk getötet zu werden. Als sich dessen
Zorn zu einer solchen Raserei steigerte, daß es – durch Wilhelm Langbart veranlaßt – zu Mordtaten kam, mußte dieser schließlich mit einigen Gefährten
in einem bei der Kirche St. Mary-le-Bow gelegenem Turm Zuflucht suchen.

Der als Justitiar des Königs für die Stadt verantwortliche Erzbischof von Canterbury, Hubert, habe, unterstützt von den Großen des Landes, daraufhin Gegenmaßnahmen ergriffen, um das drohende Unheil von der Stadt abzuwenden. Er entsandte Boten, die William und seine Verschwörer aufforderten, den Turm und die Kirche zu verlassen, und sich gegen das Versprechen, das Leben zu bewahren, der Gerichtsbarkeit der Kirche zu stellen. Diese Aufforderung habe Wilhelm jedoch im Vertrauen auf die Volksgunst zurückgewiesen. Daraufhin forderte der Erzbischof von Canterbury die Londoner Bürger zur Wahrung des Friedens und der Treue gegenüber dem König sowie zur Stellung von Geiseln auf und besetzte anschließend die Straßen der Stadt mit einem beträchtlichen militärischen Aufgebot, damit die Bürger die getroffenen Vereinbarungen nicht brechen und die Durchsetzung behindern könnten. Am 6. April 1196 wurden Turm und Kirche in Brand gesteckt, Wilhelm mit seinen Gefährten gefangengenommen und beim Tower dem Erzbischof übergeben. Nach seiner Verurteilung durch das Stadtgericht wurde er mit den Füßen an dem Schweif eines Pferdes festgebunden und vom Tower bis in die Stadtmitte und dann zur Richtstätte bei den Ulmen (Smithfield) geschleift und dort zusammen mit seinen Kampfgenossen erhängt. Danach aber verbreitete sich in der Stadt sehr rasch das Gerücht, daß sich an seinem zurückgelassenen Leichnam Wunder ereignen würden, was jedoch sogleich ein Ende nahm, als man dort Wachen aufstellte und nächtliche Besucher mit Schlägen vertrieb.

Unser zweiter Gewährsmann, Roger von Hoveden, ein Vertrauter König Heinrichs II. und Richards I., der eine, besonders für die Jahre 1192 bis 1201, sehr informative Chronik Englands verfaßte, läßt nicht nur die Ereignisse und die Person Wilhelms in einem ganz anderen Licht erscheinen, sondern nennt vor allem Gründe, die zu dem Aufstand geführt haben. „Häufiger als üblich", so heißt es bei ihm, „sind den Londonern wegen der Gefangenschaft des Königs und anderer Ereignisse nicht gerade bescheidene Hilfsgelder abverlangt worden, die die Reichen, um ihre eigenen Geldbeutel zu schonen, nur von den Armen bezahlen lassen wollten. Als dies jedoch Wilhelm mit dem Barte, Sohn des Osbert, als ein rechtskundiger und der Gerechtigkeit verpflichteter Mann durchschaute, machte er sich zum Anwalt der Armen und verlangte, daß jeder nach seinen finanziellen Möglichkeiten zu der städtischen Zahlungsverpflichtung herangezogen werde. Deshalb begab er sich über das Meer zum König und erlangte von diesem ein Schutzversprechen für sich und das Volk. Darüber geriet der Justitiar des Königs, Hubert Walter, Erzbischof von Canterbury, so in Zorn, daß er befahl, jeden aus dem einfachen Volk Londons, den man außerhalb der Stadt antreffe, gefangenzunehmen. Tatsächlich wurden auf seinen Befehl hin in der Mitte der Fastenzeit auf der Messe von Stanford einige Londoner Kaufleute inhaftiert. Als auch Wilhelm Langbart verhaftet werden sollte, tötete dieser den damit beauftragten Bürger und floh mit einigen Gefolgsleuten in den besagten Turm bei der Kirche St. Mary-le-Bow." Die Schilderung seines weiteren Schicksals stimmt mit der von Gibraldus Cambrensis dann weitgehend überein. Nur wird abschließend betont, daß sich die Anhänger Wilhelms der Gnade des Königs unterworfen hätten.

Nach diesem Bericht war also die Art der mit der Lösegeldforderung für den König verbundenen Abgabenerhebung der konkrete Anlaß des Konfliktes, die Frage also, ob alle gleichmäßig oder die Reicheren entsprechend ihrer Vermögenslage sehr viel stärker herangezogen werden sollten. Darüber hinaus bestand eine in größeren Teilen der einfachen Bevölkerung Londons weit verbreitete Mißstimmung gegenüber der als Willkür empfundenen Herrschaft der Führungsschicht, die sich mit dem Justitiar des Königs in Gestalt des Erzbischofs von Canterbury und anderen Baronen und Vertretern des hohen Klerus zusammengetan hatten, während Wilhelm Langbart und die einfache Bevölkerung die direkte Beziehung zum König suchten. Diese enge Verbindung, in der die Londoner Geschlechter, die nun das Geschehen in der Stadt und auch darüber hinaus bestimmten, zu den „Großen" des Königreiches, besonders des weiteren Londoner Umfelds, standen, hatte Tradition und sollte in den kommenden Konflikten auch später noch eine wichtige Rolle spielen. Sie ergab sich nicht zuletzt aufgrund verwandtschaftlicher und lehnsrechtlicher Beziehungen, zumindest einiger Londoner Familien, wie etwa derjenigen der Cornhills. Bereits einer der vier in der Pipe Roll von 1129/30 genannten Sheriffs, nämlich Ralf, Sohn des Harlewin, ist dazuzurechnen. Er war der Onkel von Gervasius von Cornhill, der also durch seine Mutter über eine enge Verbindung zu der politischen Führung der Stadt verfügte. Er heiratete Agnes, Tochter des Eduard von Cornhill, eines wohlhabenden Adligen, dessen Namen er annahm. Gervasius selbst wurde in der Zeit von König Stephan Richter in London, dann Sheriff der Stadt von 1155–57 und 1160/61, Sheriff von Surrey 1163–82 und Sheriff von Kent 1168–77. In der letztgenannten Amtsfunktion traf er im Dezember 1170 mit Thomas Becket zusammen, mit dem er in den 1120er Jahren in London aufgewachsen war. In dieser Zeit war Gilbert Becket, der Vater von Thomas, Sheriff der Stadt. Gervasius von Cornhill war sowohl in London wie auch auf dem Lande begütert. Im städtischen Wirtschaftsleben trat er besonders durch Geld- und Kreditgeschäfte hervor, während wir von Handelsaktivitäten zumindest nichts erfahren. Den Spuren des Vaters folgte besonders sein Sohn Henry, erst als Sheriff von Surrey (ab 1182), dann als Londoner Sheriff zusammen mit Richard Fitz-Rainer während der turbulenten Jahre der Kommunebildung. 1191 war er Vorsteher der königlichen Münze und Wechselbank. Auch im 13. Jahrhundert sind Mitglieder der Familie Cornhill als einflußreiche Grundbesitzer sowohl in der Stadt wie auf dem Lande anzutreffen, so daß die gleichzeitige Zugehörigkeit zur führenden Bürgerschicht, zum

Landadel und zu dem Kreis der königlichen Amtsträger für sie charakteristisch gewesen zu sein scheint.

Die vergleichsweise gut bekannte Familiengeschichte der Cornhills des 12. Jahrhunderts kann zwar nicht als typisch gelten für die Londoner Führungsschicht insgesamt, wohl aber für einige andere schon in dieser frühen Phase herausragende Geschlechter Londons, neben den Martel und Eigthpence vor allem für die Buccuinte, die in mehreren Generationen bis zum Ende des 12. Jahrhunderts das Sheriff- und Richteramt in London ausübten und mit Geldgeschäften hervortraten, dabei aber weiterhin auf die Verbindung zum Adel Wert legten.

Ein weiterer gruppenbildender Faktor war das Kolleg der *Alderleute*, das seit 1127 nachweisbar ist, und zwar mit zwei Vertretern des Münz-, Wechsel- und Kreditgeschäfts, daneben möglicherweise einen Kanoniker von St. Paul. Von wenigen Ausnahmen abgesehen, treten die Alderleute des 12. Jahrhunderts nicht als Kaufleute im Warenhandel, sondern eher im Geld- und besonders im Immobiliengeschäft hervor. In diesem Zusammenhang ist daran zu erinnern, daß in den Briefen und Urkunden dieser Zeit als Repräsentanten der Kommune Mayor und Barone genannt werden und das Londoner Stadtsiegel die Umschrift *Sigillum Baronum Londoniensium* trägt. Zwar ist der Begriff der Barone nicht besonders präzise, aber das Charakteristische für sie war vielfach die Mischung aus Stadtbezogenheit und dem Gefühl der Verantwortlichkeit für die Kommune mit der Betonung ihrer adelsähnlichen Stellung mit engen Beziehungen zu den Geschlechtern der Umgebung Londons.

Der Begriff der Barone kann außer auf diese städtische Führungsschicht allerdings auch in einem weiteren allgemeineren Sinn benutzt werden, wie es William Fitz-Stephen in seiner Beschreibung der Stadt London von 1170–1183 tut, wenn er feststellt: „Die Einwohner anderer Städte werden Bürger genannt, die Londoner aber heißen Barone" (Wilhemus filius Stephani; Vita Sancti Thomas, Rolls Series 67,3, S. 4). Zum Jahre 1253 notiert Matthäus Paris in seiner Chronica maiora: „Die Londoner Bürger pflegen wir wegen der Würde der Stadt und der alten Freiheit der Bürger Barone zu nennen" (Matthaeus Parisiennsis, ›Chronica maiora‹, ed. by H. L. Luard, ND 1964, Rolls Series 57,5, S. 367), was ebenfalls eine ziemlich breite Begriffsanwendung bedeuten würde. Dafür hat man mehrere Erklärungen herangezogen. So sei ein Kaufmann, der dreimal auf eigene Rechnung übers Meer gefahren ist, in den Genuß des Thegnrechts gekommen, und thegn und baro wurden im 12. Jahrhundert gleichgesetzt. Dies würde es auch verständlich machen, warum neben den Londonern gerade die Bürger der Cinque Ports, also von Hastings, Dover, Romney, Hythe und Sandwich sowie der anderen Kanalhäfen Rye, Winchelsea und Pevensey, ebenfalls Barone genannt wurden. Da sich auf den Siegeln dieser Hafenstädte zum Teil die Umschrift *barones domini regis* findet, ist hier die Nähe zum Königtum als das eigentlich verbindende Element anzusehen. Diese Annahme trifft, wie wir gesehen haben, in besonderer Weise auf die ganz überwiegende Zahl der Alderleute Londons und deren Familienverbände zu, auf die der Baron-Titel in erster Linie Anwendung findet.

Wenn man nun versucht, eine Antwort auf die Frage zu finden, wie denn eigentlich die Opposition, das „aufständische Volk von London" strukturiert und organisiert gewesen sein mag, dann ist erst einmal an die Gliederung in die 24 Wards zu erinnern, aus denen sich das Stadtgebiet London zusammensetzte. Dabei denkt man in der Konfliktsituation besonders an ihre ursprünglich militärische Aufgabe, aber zweifellos auch an ihre Funktion als Steuerbezirke, denn um die Steuerfrage ging es ja bei diesen Konflikten. Zwar gehörten viele, wenn auch nicht alle Alderleute der städtischen Führungsschicht an, und das Kolleg der im Husting vertretenen 24 Alderleute bot vermutlich einen Anknüpfungspunkt für das um die Wende vom 12. zum 13. Jahrhundert deutlicher in Erscheinung tretende Ratsgremium, aber die Rolle der Wards läßt sich nicht nur über ihre Alderleute verstehen, sondern auch und gerade als ein gewisses Gegengewicht gegenüber einer sich verselbständigenden Führungsschicht. Das andere Element, das im Laufe des 12. Jahrhunderts an Bedeutung gewann, war das Gildewesen. Die älteste und durch die kontroverse Forschungsdiskussion zweifellos bekannteste Londoner Gilde ist die *guild of cnihtas/cnihtenguild (knightsguild)*, deren Rechte zwar über König Eduard den Bekenner und Knut den Großen bis auf König Edgar zurückreichten, die aber letztmals anläßlich der Gründung und Ausstattung des Heilig-Geist-Stiftes Aldgate durch Königin Mathilde (um 1127) Erwähnung findet. Der Begriff des *cnihtas/knight* weist zwar eine große Offenheit auf, aber dennoch dürfte diese Gilde eher mit der späteren Führungsschicht als mit gewerblichen Gruppen in Verbindung zu bringen sein. Vielleicht leitet sich von daher auch die Bezeichnung des „Rathauses" der Stadt London als *Guildhall* her, das diese vermutlich seit 1127 trägt, denn welche andere Gilde konnte um diese Zeit sonst noch namengebend gewirkt haben?

Gewerbegruppen treten in London erstmals zum Zeitpunkt eben dieser letzten Erwähnung der *cnihtenguild* in Erscheinung, nämlich 1130 mit der Webergilde, 1155/56 finden die Bäcker erstmals als organisierte Gilde Erwähnung, und in dieser Zeit müssen sich auch die Fischhändler und Sattler zusammengeschlossen haben. Die erste umfassende Liste Londoner Gilden ist der Pipe Roll von 1179/80 zu entnehmen, in der 19 Gilden, die zum König in einer Beziehung standen, Erwähnung finden. An erster Stelle rangiert die der Goldschmiede, für die die hohe Bußgeldleistung von 45 Mark verzeichnet ist. Insgesamt umfaßt diese Liste eine bunte Mischung von Gruppierungen ganz unterschiedlichen Charakters. Neben Handwerksgilden erscheinen darin Bruderschaften mit vornehmlich religiös-charitativen Auf-

gaben (Spital und Kirche) und Nachbarschaftsverbände besonders im Umfeld der London Bridge mit dem Ziel des Neubaus der Brücke. Im übrigen
finden hier auch die wichtigen Kaufleutegilden Erwähnung, neben den Gold-
schmieden, die – bedingt durch den Umgang mit Edelmetallen und dem
Münzgeschäft – eher den Charakter von Finanziers als den von Handwerkern aufwiesen, nämlich die Pfefferhändler sowie die Tuch- und Seiden-
warenkaufleute. Gerade diese Vielfalt spiegelt recht präzise das wider, was die
Quellen mehrfach als den *populus* von London bezeichnen, der zwar noch
keine eindeutige organisierte Gestalt angenommen hat, aber durchaus schon
in der Lage war, seinen Protest anzumelden und in die Politik einzugreifen.

Die an der Wende vom 12. zum 13. Jahrhundert erst in Umrissen sichtbar
werdende gesellschaftliche Struktur und Gruppenbildung beinhaltet für den
Stadtwerdungsprozeß Dynamik und Konfliktstoff zugleich. Ob im Zusammenhang mit der Bestätigung der Kommune 1191, dem Bürgereid von 1193
oder den Ereignissen von 1196, immer wieder gelangt das latente Spannungsverhältnis, das zwischen dem mittleren, stärker an Gewerbe und Fernhandel orientierten Bürgertum, und der mehr mit dem Adel verbundenen
politischen Führungsschicht bestand, zum Ausbruch. Die punktuelle Schwä-
chung, die die Stadt damit erfuhr, wurde zweifellos mehr als ausgeglichen
durch den Gewinn an politischer Flexibilität und an Offenheit hinsichtlich
politischer Entscheidungen. Diese politisch-soziale Konstellation wurde
nochmals sehr deutlich im Konflikt von 1206 sichtbar, nachdem die Stadt
London für die Bestätigung städtischer Vorrechte und Freiheiten, besonders
der Sheriffswahl und der fixierten Jahressteuer, hohe Zahlungen an den
König geleistet hatte und mit weiteren ungewöhnlichen Geldforderungen
von dieser Seite anläßlich des Krieges mit Frankreich konfrontiert worden
war. Wiederum ging es um die Verteilung der finanziellen Belastung auf die
verschiedenen sozialen Gruppen, wiederum suchte die politisch zwar noch
einflußlose, wirtschaftlich aber stark aufwärts strebende Mittelschicht die
Verbindung zum König, der die sich hier bietende Chance nicht ungenutzt
ließ und als Schiedsrichter seinen Einfluß auf die Stadt zu stärken versuchte.
In dem an die Barone von London gerichteten Schreiben des Königs vom
4. Februar 1206 heißt es, daß zwar viel Geld für den König in der Stadt erhoben worden sei, daß aber kaum etwas an ihn gelangt sei, ja sogar der Verdacht auf Unregelmäßigkeiten bestehe. Um die Mißbräuche zu beseitigen
und den inneren Frieden wiederherzustellen, solle ein neues Gremium von
24 besonders Rechtschaffenen, Erfahrenen und Zuverlässigen gewählt und
mit der Untersuchung der Vorkommnisse unter der Leitung der beiden dafür
ernannten königlichen Reiserichter beauftragt werden. Die neugewählten
24er, die den Treueid leisteten, ohne Ansehen der Person ihr Amt gerecht auszuüben und keinerlei Zahlungen entgegenzunehmen, standen zweifellos in
der noch jungen Verfassungstradition der Stadt, bildeten also das Ratsgre-

mium der 24 bzw. 25, wenn man den Mayor an der Spitze dazurechnet. Die Zusammensetzung und Orientierung des Kollegs war jedoch in dieser Situation eine andere. Es repräsentierte zweifellos stärker die Gesamtgemeinde, vermutlich auf der Grundlage der Gliederung der Stadt in die Ward genannten Bezirke. Dabei ist ausdrücklich von einer Wahl und nicht von der Einberufung eines schon bestehenden Kollegs die Rede.

4. London, die Magna Charta Libertatum (1215) und die Königsfrage (1216/17)

Die langwierigen militärischen Auseinandersetzungen, die Johann um das große Erbe seines Vaters führte, waren bereits 1204 mit dem Verlust der Normandie, Maines und des Anjou negativ verlaufen. Die großen neuen Kraftanstrengungen, mit denen das Verlorene wiedergewonnen werden sollte, endeten ebenfalls in zwei entscheidenden Niederlagen, besonders in der Schlacht von Bouvines am 27. Juli 1214, in der die mit König Johann verbündeten Truppen unter der Führung Kaiser Ottos IV. von König Philipp II. (Augustus) von Frankreich vernichtend geschlagen wurden. Hinzu kamen die ebenso gravierenden Auseinandersetzungen mit Papst Innozenz III., die den 1209 gebannten König schließlich 1213 zwangen, das Königreich England vom Papst zum Lehen zu nehmen. Der wachsende Unmut und Widerstand gegenüber diesem König und seiner Politik formierte sich in erster Linie in London, sowohl als politischer Metropole als auch als aufstrebende Bürger- und Handelsstadt. So kann denn auch die Verschwörung der englischen Barone, durch die Johann Ohneland schließlich 1215 zur Gewährung der Magna Charta gezwungen wurde, nicht ohne den engen Bezug zur Stadt London gesehen werden, und zwar in dreifacher Hinsicht, nämlich: 1. im Vorbildcharakter Londons, 2. in der personellen Verquickung und 3. nicht zuletzt in dem Verfügen über die Stadt selbst als des entscheidenden politischen Zentrums. Was den Vorbildcharakter anbelangt, so ist wohl mit Recht darauf hingewiesen worden, daß die Form, in der die Barone eine Schwurvereinigung gegen den König eingingen, dem Londoner Modell verpflichtet gewesen sein dürfte, und dies nicht nur über die Begriffe der *coniuratio* und *communitas,* sondern ganz konkret in der Bildung eines 25er Gremiums, das dann in dem berühmten Titel 61 der Magna Charta auch seine rechtliche Verankerung als Kontrollinstanz des Königtums fand. Diesem Gremium der 25 Barone gehörte, um sogleich die personelle Frage anzusprechen, auch der Mayor von London an. Wortführer dieser Oppositionsbewegung war neben Stephan Lengdon, dem Erzbischof von Canterbury, der die Entwicklung aus dem Hintergrund lenkte, der Herr von Baynards Castle, Robert Fitz-Walter, in dieser Funktion Bannerträger und Anführer des Militäraufgebots der Stadt

London und mit den Geschicken der Stadt aufs engste verbunden. Wer schließlich in diesem Streit obsiegen würde, der König oder die verbündeten Barone, hing letztlich davon ab, wem es gelingen würde, die Stadt London hinter sich und in seine Hand zu bringen.

Es ist zweifellos kein Zufall, daß einen Tag vor den entscheidenden Ereignissen der König den Londoner Baronen ein Privileg erteilte, durch das ihnen die jährliche Neuwahl des Mayors zugebilligt wurde. Da diese jährliche Neuwahl des Repräsentanten der Stadtgemeinde das stärkste Indiz für die Verwirklichung der kommunalen Verfassung darstellt, kommt dem königlichen Diplom so etwas wie ein Signalcharakter zu. Zugleich erlaubt es, nähere Einsichten in das Spiel der konkurrierenden Kräfte zu gewinnen. Während der König seine Urkunde an die Barone Londons richtete, also in erster Linie wohl sie in diese Kompetenz einwies, entstand offenbar zeitlich parallel dazu ein Katalog von neun Forderungen der Londoner, der den Grundsatz propagierte: *De maiore habendo, de anno in annum, per folkesmot, et quod primum iuret* (Bateson, London Municipal Collection, S. 726). Die jährliche Neuwahl des Mayors war hier nicht mehr als Möglichkeit, sondern als Grundsatz formuliert, vor allem aber waren als Wähler nicht die Barone, sondern das Folkmoot, die Versammlung der gesamten Bürgergemeinde, vorgesehen. Welche Interessen hier ihren Niederschlag fanden, ist dem kleinen Nachsatz zu entnehmen, der besagen will, daß der gewählte Mayor zuerst und vorrangig der Stadtgemeinde und dann erst dem König seinen Eid zu leisten habe.

Diese Verhandlungen mit dem König wurden vorläufig jedoch dadurch unterbrochen, daß die Großen Londons die aufständischen Barone in die Stadt hineinließen, und zwar so unauffällig wie möglich, da die Londoner Bevölkerung dieser Entscheidung eher ablehnend gegenüberstand, jedenfalls zu einer so entschlossenen Abkehr vom König noch nicht bereit schien. Der bisherige Mayor, Roger Fitz-Alan, wurde durch Serlo le Mercer, der auch dem Kolleg der 25 Barone angehörte, im Amt ersetzt und die militärische Sicherung der Stadttore den Baronen übergeben. Schließlich wurde zwischen diesen und den Londonern eine Schwurvereinigung und ein Bündnis dahingehend abgeschlossen, nur gemeinsam und in Übereinstimmung untereinander mit dem König eine Friedensvereinbarung zu treffen. Angesichts dieser Situation sah sich Johann Ohneland zu Verhandlungen am Ufer der Themse bei Runnymede nahe Windsor (15. 6. 1215) genötigt, deren Ergebnis seine Zustimmung zu der Magna Charta war, die er noch im Juni zu siegeln versprach. In ihr finden wichtige, wenn auch durchaus nicht alle Forderungen des Neun-Punkte-Katalogs der Stadt Berücksichtigung. An erster Stelle stand die der freien und der städtischen Zuständigkeit unterworfene Themseschiffahrt, der im Titel 33 der Magna Charta immerhin in der Weise entsprochen wurde, daß alle Fischwehre aus der Themse und dem Medway entfernt werden sollten, um damit die unbehinderte Schiffahrt zu gewährleisten. Diese Zusage blieb natürlich hinter der Londoner Wunschvorstellung der Kontrolle der Themseschiffahrt zurück. Noch größer ist der Unterschied zwischen der Forderung, alle außerordentlichen königlichen Abgabeerhebungen *(tallagia)* von der städtischen Zustimmung abhängig zu machen, und dem Zugeständnis im Titel 12 der Magna Charta, in dem ein solches Recht den Londonern nur für die königlichen Hilfsgelder *(auxilia)* wie auch den Baronen für das ganze Königreich eingeräumt wurde. Der sich anschließende Artikel 13 der Magna Charta garantierte der Stadt London die alten Freiheiten und Gewohnheitsrechte zu Lande und zu Wasser, was im Nachsatz verallgemeinert und auf alle anderen Städte, Burgflecken, Gemeinden und Hafenplätze ausgedehnt wurde. Diese sehr pauschale und unverbindliche Erklärung läßt ebenfalls die Differenz sichtbar werden, die gegenüber den Wünschen und Vorstellungen der Stadt bestand. Vermutlich im Vorfeld der Ereignisse von 1215 war nämlich bereits eine Materialsammlung zusammengestellt worden, die alles das enthielt, was die Stadt London unter ihrer Freiheit verstand und gesichert wissen wollte, angefangen von dem besagten Privileg Heinrichs I. über die Libertas Londoniensis bis hin zu den Eiden und Rechtsverleihungen aus der Zeit Johanns Ohneland. Dieser berühmten Sammelhandschrift – im British Museum unter der Registratur Ms Add 14252 überliefert und unter dieser Bezeichnung in die Fachliteratur eingegangen – verdanken wir überhaupt unsere Kenntnis mehrerer zentraler Rechtsdokumente zur Londoner Stadtgeschichte.

Vergleicht man die in der gedrängten Form des Neun-Punkte-Katalogs offensichtlich im Zusammenhang mit der Magna Charta formulierten Vorstellungen der Londoner sowie die in der Sammelhandschrift zusammengestellten Rechtsgewohnheiten und in älterer Zeit verliehenen Rechtstitel mit den Bestimmungen, die in die Magna Charta mit deutlichem Bezug auf London tatsächlich Eingang gefunden haben, so kann man das Ergebnis nur als enttäuschend bezeichnen, zumal in den späteren revidierten Fassungen der Magna Charta von 1216/17 und 1225 weitere Einschränkungen erfolgt sind. Allerdings betont eine solche Gegenüberstellung zu stark die Einzelaspekte und birgt die Gefahr in sich, das Gesamtphänomen aus dem Auge zu verlieren, nämlich die bemerkenswerte Tatsache, daß die Stadt London überhaupt zu den Verhandlungs- und Vertragspartnern zählte und mit wesentlichen Punkten des neugewonnenen politischen und wirtschaftlichen Selbstverständnisses in die Magna Charta Aufnahme gefunden hat. London hatte so einen festen Platz im neugestalteten Verfassungsgefüge des Königreichs England zugewiesen bekommen. Wenn die englische Regierung während des Zweiten Weltkriegs ein Exemplar der Magna Charta auf einem Kriegsschiff in die Vereinigten Staaten in Sicherheit brachte, und wenn der US-Senat 1950 eine amtliche Veröffentlichung mit der kommentierenden Begründung vornahm, daß es sich bei der Magna Charta um "one of the cornerstones of our democratic ideology and way of life" (zit. nach A. Erler, Magna Charta Libertatum, in: HRG 3, Sp. 149) handele, so wird in dieser Formulierung – ob bewußt oder unbewußt – sicherlich der Anteil Londons, das heißt des bürgerlichen Elementes, mitgedacht. Gewiß stehen bei dieser Bewertung die Titel der Magna Charta im Vordergrund, die – modern gesprochen – den Parlamentarismus (*Commune consilium regni*, Titel 12), die Unantastbarkeit der persönlichen Rechte (Titel 20, 21 und 39) und das Widerstandsrecht (Titel 61) beinhalten. Darüber hinaus vermittelt die Magna Charta mit den Bestimmungen über Handelsfreiheit, den Schutz der fremden Kaufleute, die unbeeinträchtigte Schiffahrt auf der Themse und allen anderen Flußläufen des Landes, die Vereinheitlichung des Maß- und Gewichtssystems in Orientierung an Londoner Normen sowie die bürgerlichen Freiheiten und Gewohnheitsrechte eine Vorstellung von dem, was der Senat der Vereinigten Staaten insgesamt in der Magna Charta gesehen haben mag, wenn er den Bezug zu unserem "way of life" herstellte. Daß man ansonsten sehr viel vorsichtiger und skeptischer geworden ist, was die Heranziehung der Magna Charta als grundlegendes Dokument für die Entwicklung hin zur modernen demokratischen Gesellschaft anbelangt, sei nur zur Vermeidung von Mißverständnissen wenigstens kurz angefügt.

Wichtiger für unseren Zusammenhang sind die konkreten politischen Folgen, die nicht zuletzt durch den Versuch König Johanns, mit Hilfe des Papstes die Vereinbarung für ungültig erklären zu lassen, ausgelöst wurden, da der König damit den Titel 61, den Widerstandsparagraphen, in Kraft setzte. Daß dieses königliche Vorgehen bei den Baronen und der Stadt zu scharfen Reaktionen führen würde, war eigentlich leicht abzusehen, zumal London weiterhin in den Händen der Opposition verblieben war. Man beschloß die Absetzung König Johanns und trug an Prinz Ludwig von Frankreich das Angebot und die Aufforderung heran, sich um den englischen Königsthron zu bewerben. Wenn diese Kandidatur auch letztlich nicht zum Erfolg führte, und Ludwig nach dem Frieden von Kingston gegen die Zahlung von erheblichen Erstattungsgeldern England im Herbst 1217 wieder verließ und statt dessen der unmündige Heinrich III. allgemeine Anerkennung fand, so änderte dies doch nichts an dem für unseren thematischen Zusammenhang besonders interessanten Punkt, daß sich die Stadt London erneut zum Königsmacher aufgeworfen hatte. Der Wortführer dürfte zwar Robert Fitz-Walter gewesen sein, der ja auch die Oppositionsbewegung der Barone stark geprägt hatte. Aber die Londoner nahmen doch selbst einen spürbaren Einfluß auf den Lauf der Dinge. Der Mayor der Stadt mit vier einflußreichen Bürgern an der Seite stellte 1000 Mark Silber zur Finanzierung der militärischen Maßnahmen des französischen Prinzen zur Verfügung, und nach seiner Landung im Mai 1216 wurde dieser in die Stadt London geleitet, wo ihm die Bürgerschaft in der St.-Pauls-Kathedrale feierlich huldigte. Im Verhältnis zum Königtum konnte London vor allem in Gestalt seiner Großen und Barone auf eine lange Tradition zurückblicken, nämlich bis auf 1066, als die *principes* der Stadt mit Wilhelm dem Eroberer über die Übergabe der Stadt und die Anerkennung des Königs verhandelt hatten. Über die Ereignisse der Jahre 1135 und besonders 1141, als es um die Anerkennung und Bestätigung der Königsherrschaft von Stephan von Blois gegangen war, bis hin zum Jahre 1191, als Johann und die mit ihm verbündeten Barone Englands die Kommune von London beschworen hatten, läßt sich die Entwicklung dieser Beziehung verfolgen. Besonders die Vorgänge von 1191 machten deutlich, welches Gewicht den Londonern in der Frage der Königserhebung beigemessen wurde. Natürlich ging es dabei um die Rolle Londons als Hauptstadt. Da diese aber nun einmal eine bürgerliche Gemeinde war, wurde von daher ein neues Element in die Königswahl hineingebracht und verankert.

Nicht nur räumlich und zeitlich, sondern auch aufgrund der überaus engen wirtschaftlichen Verbindungen, dürfte bei der erneuten Frage der Königswahl den Londonern das Beispiel der Kölner Bürger vor Augen gestanden haben. Diese waren bei der Doppelwahl von 1198 und damit bei dem für die deutsche Geschichte so einschneidenden Thronstreit (1198–1214) in bemerkenswerter, von den Zeitgenossen stark beachteter Weise als Königsmacher hervorgetreten, nämlich bei der Wahl und Erhebung des Welfen Otto IV. in Konkurrenz zu dem bereits von einem Teil der Reichsfürsten gewählten Staufer Philipp von Schwaben. Sehr pointiert drückt diesen Sachverhalt z.B. König Johann von England in einem Schreiben an die Kölner vom Frühjahr 1203 aus: „Mehr wird er (König Otto) ... zu Eurer Ehre gewähren, wenn seiner Erhebung das gewünschte Ziel durch Euch zuteil wird, von denen sein ganzes Schicksal in Reihenfolge und Fortgang seinen Anfang genommen hat" (... *a quibus totius eius series et processus sumpsit initium*, Hansisches UB 1, S. 33, Nr. 63). Sowohl der englische König als auch der Papst und neben diesen auch manche Chronisten gingen also davon aus, daß die Königserhebung Ottos IV. in starkem Maße von den Kölner Bürgern mitbestimmt worden sei. In ihren Worten bekundet sich die Einsicht, daß es nicht nur auf die anerkannten Wahlberechtigten, sondern mehr noch auf die politische Initiative und Entschlossenheit ankomme. Die Stadt Köln betrieb dabei Interessenpolitik, ihr Engagement für Otto IV. war durch die engen Verbindungen zum mit den Welfen verwandten englischen Königshaus und der Beherrschung des England-Flandern-Handels geprägt.

Wie wir gesehen haben, traten Gedanken und Forderungen dieser Art in Verbindung mit politischen Bewegungen in den Städten des 12. und beginnenden 13. Jahrhunderts in verschiedenen Regionen und in vielerlei Gestalt auf, konnten sich aber letztlich nicht durchsetzen, vielleicht auch deshalb nicht, weil man aus städtischer Sicht der Autonomie den Vorrang vor einem

denn doch nur begrenzten Mitbestimmungsrecht in einem größeren Herr-
schaftsverband gab.

Inwieweit fällt London mit seinem Anspruch auf Mitwirkung an der Königswahl und Einbeziehung in die Magna Charta aus dem Rahmen der Stadtentwicklung Englands, bleibt sein Stadtwerdungsprozeß singulär oder weist
er doch typische Züge auf? Gewiß ist seine Rolle als Hauptstadt und Metropole des Königreichs so prägend, daß durch die Einbeziehung in die großen
politischen Ereignisse auch seine Stadtentwicklung selbst Besonderheiten erkennen läßt. Aber die Gemeinsamkeiten mit anderen englischen Städten
treten doch ebenso deutlich hervor. Ganz offenkundig ist dies der Fall, wenn
andere Städte direkt auf Londons Rechte Bezug nehmen, so Winchester, das
die Londoner Gewohnheiten übernahm, oder Canterbury, das 1155/58 eine
dem Londoner Privileg nachgestaltete Urkunde erhielt. Besonderes Interesse
verdient der Vergleich mit Oxford. Fast gleichzeitig mit der Anerkennung der
Londoner Kommune im Oktober 1191 präsentierte sich auch Oxford in
nachdrücklicher Weise als eigenständige und rechtsfähige Stadtgemeinde.
Die *cives de Oxenefordie de Communi Civitatis et de Gilda Mercatoria* stellten
im Juli jenes Jahres unter Rückgriff auf eine Urkunde von 1147 ihrerseits als
eigene Rechtsinstanz für die Oxforder Domstift eine Urkunde aus, und zwar
communi consilio Civitatis et communali sigillo, also mit gemeindlichem Rat
und Siegel. Bei dem Siegel handelt es sich um das älteste nachweisbare Stadtsiegel Englands; es trägt die das eigene Verständnis klar zum Ausdruck brin-
gende Umschrift *Sigillum Commune Omnium Civium Civitatis Oxenefordie*.
Alle an der Rechtshandlung beteiligten Personen werden sodann namentlich
aufgeführt, nämlich an der Spitze nach dem Dekan der Oxforder Kirche zwei
Aldermänner *(aldermanni)* gefolgt von zwei *pretores* (Vorstehern in der Gerichtsbarkeit). Insgesamt handelt es sich um 63 Personen und die ganze
Kommune der Stadt Oxford *(et totum Commune Civitatis Oxonefordie)*, wie
es abschließend heißt (Quellentexte bei R. H. C. Davis, S. 53 ff.). Zwischen den die Kommune repräsentierenden Zeugen und der Gilde der Kaufleute bestand offensichtlich weitgehende Identität, so daß hier der in der
Theorie oft postulierte, ansonsten aber kaum nachweisbare Fall vorliegt, daß
die Kommune tatsächlich aus der Kaufmannsgilde hervorgegangen, ja weitgehend personengleich mit dieser gewesen ist. Denn Häupter der Gilde und
Kommune zugleich waren die beiden Alderleute und Prätoren. Diese Verbindung ging auf eine ältere Tradition zurück. Schon König Heinrich II. hatte
1155 den Oxfordern bestätigt, daß keiner, der nicht der Gilde angehöre – mit
Ausnahme des Jahrmarkts zu Mittsommer (St. Benedikt) – dortselbst Handel
und Gewerbe treiben dürfe. Im übrigen wurde den Oxfordern bei dieser Gelegenheit sogar das Recht zugebilligt, zusammen mit den Londonern an
der Königskrönung teilzunehmen und auf das Londoner Gewohnheitsrecht
zurückzugreifen.

Eine weitere Gemeinsamkeit ist darin zu suchen, daß für fast alle englischen Städte die Selbstbestimmung über die Erlangung des Rechts der *farm/ firma*, also der selbständigen Steuererhebung bei fixierten Beträgen, und der Wahl des Reeve oder Sheriffs in die Wege geleitet wurde. Verbunden war damit in manchen Fällen – so in Oxford – die Bestätigung der Rechte der Kaufleutegilde, eine Komponente, die für London entfällt. Gemeinsam ist den englischen *borroughs* aber wiederum der Fortschritt in der kommunalen Entwicklung während der Herrschaft von Richard Löwenherz und von Johann Ohneland, also während der Jahre 1189 bis 1216, nicht zuletzt bedingt durch den hohen Finanzbedarf dieser Könige. Hatte Heinrich II. noch 1170 und 1176 die Kommuneentwicklung in Gloucester und York unterbunden und mit Strafe belegt, so kam sie nun an vielen Plätzen zum Zuge. Aber ähnlich wie in London, wo ein selbstgewählter Stadtrat nur vorübergehend auftrat und die jährliche Wahl des Mayors erst unter den besonderen Voraussetzungen des Jahres 1215 durchsetzbar war, blieb das Ausmaß der politischen Selbstbestimmung vorerst begrenzt und auch weiterhin letztlich der königlichen Kontrolle unterworfen. Der Spielraum der Eigenverantwortlichkeit der sich selbst bewußt gewordenen Bürgergemeinden war aber in diesen drei Jahrzehnten merklich größer geworden.

IX. Marseille

cum ... in consilio generali civitatis Massilie, in aula viridi palatii comunis Massilie coram consiliariorum et in capitum mi(ni)steriorum ad sonum campane, more solito, congregata ... lecta et recitata ... dictum consilium predicta omnia et singula pro se et tota universitate et comunitate Massiliae ... laudavit aprobavit et confirmavit.

Nachdem auf einer in gewohnter Weise durch Glockengeläut einberufenen Ratsversammlung der Stadt Marseille, in der Halle des neu errichteten Palastes der Kommune von Marseille, vor den Ratsherren und Vertretern der Gewerbe alle diese Angelegenheiten vorgetragen worden waren, bestätigte und erklärte der Stadtrat alle vorgenannten Dinge für sich, die Allgemeinheit und die Kommune von Marseille für rechtskräftig.

Vertrag zwischen der Marseille und Barral von Baux vom 25./26. Mai 1247, in: V. L. Bourilly, Essai, S. 179 ff. Nr. 38.

Marseille um 1660, nach einem Stich von Caspar Merian (aus Martin Zeillers Topographia Galliae, Frankfurt 1661). Marseille ist noch im mittelalterlichen Zustand zu sehen; im Vordergrund auf dem Hügel die befestigte Abtei St. Victor.

MARSEILLE.

Stadtplan von Marseille um 1423 (nach B. Roberty, in: Histoire du Commerce de Marseille, Bd. 2, bearb. v. E. Baratier u. F. Reynaud, Paris 1951 [Anhang]).

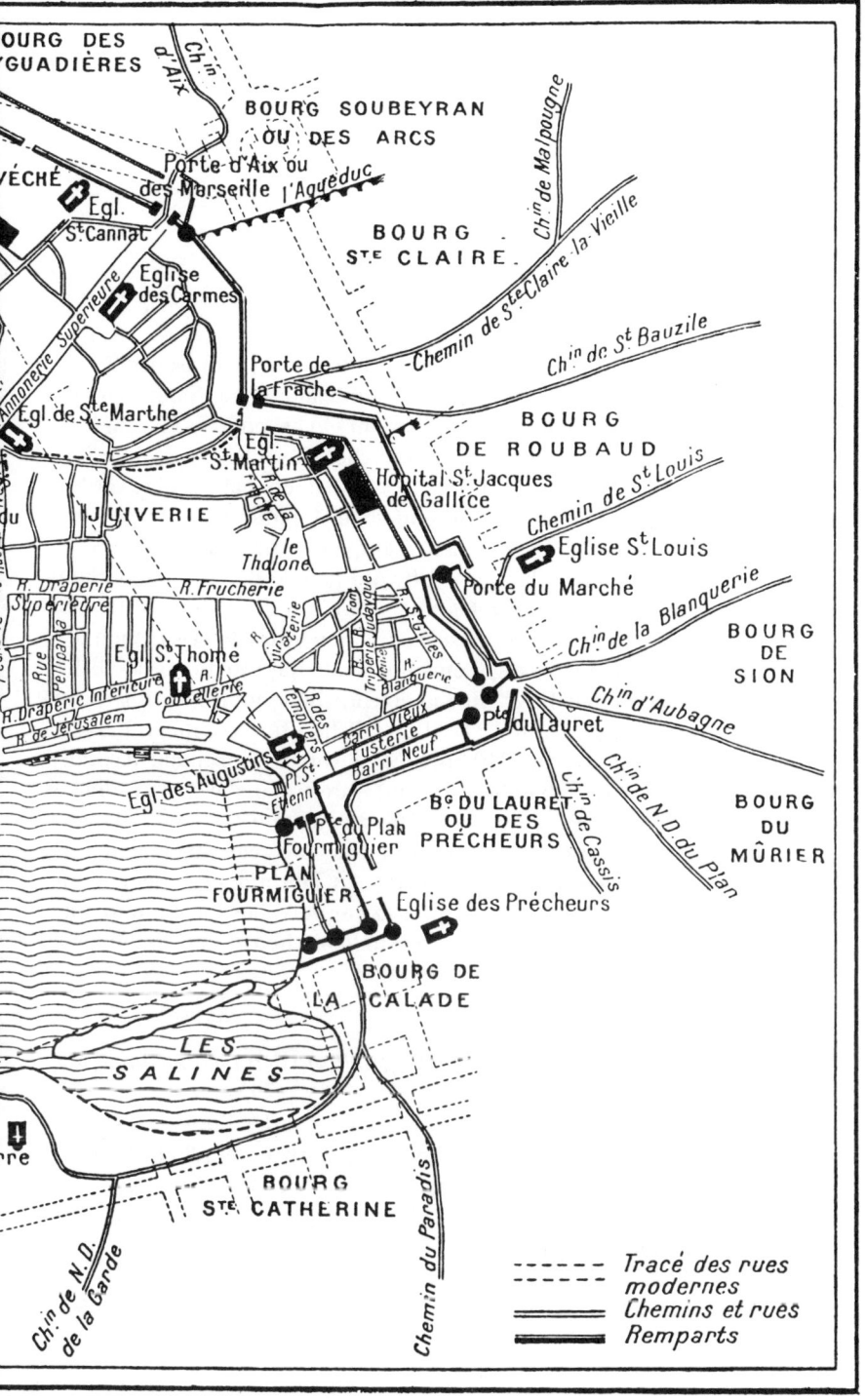

BOURG DES
YGUADIÈRES

Ch^in d'Aix

BOURG SOUBEYRAN
OU DES ARCS

Ch^in de Malpougne

VÉCHÉ

Egl.
St Cannat

Porte d'Aix ou
des Marseille l'Aqueduc

BOURG
STE CLAIRE

Ch^in de Ste Claire la Vieille

Eglise
des Carmes

Aumonerie Supérieure

Egl. de Ste Marthe

Porte de
la Frache

Chemin de Ste Claire la Vieille

Ch^in de St Bauzile

BOURG
DE ROUBAUD

Egl.
St Martin

Rue de la
Thalone

Hopital St Jacques
de Gallice

Chemin de St Louis

du

JUIVERIE

Eglise St Louis

R. Draperie
Supérieure

R. Frucherie

Porte du Marché

Ch^in de la Blanquerie

BOURG
DE
SION

R. Pêcherie

Rue
Felliparia

Egl. St Thomé

R.
Couvellerie

Tripier Juhaïque

Blanquerie

R. Draperie Inférieure

R. de Jerusalem

R. des Templiers

Pt. St
Etienne

Barri Vieux
l'Usterie

Barri Neuf

Pt du Lauret

Ch^in d'Aubagne

Ch^in de N.D. du Plan

BOURG
DU
MÛRIER

Egl. des Augustins

Pt du Plan
(Fourmiguier)

Bg DU LAURET
OU DES
PRÊCHEURS

Ch^in de Cassis

PLAN
FOURMIGUIER

Eglise des Prêcheurs

BOURG DE
LA CALADE

LES
SALINES

erre

BOURG
STE CATHERINE

Ch^in de N.D.
de la Garde

Chemin du Paradis

Tracé des rues
modernes
Chemins et rues
Remparts

Namen wie Avignon, Tarascon, Arles, Aix-en-Provence und Marseille vermitteln sogleich das Bild bemerkenswerter mittelalterlicher Städte, die die Provence noch heute räumlich gliedern und ihr ein besonderes Gepräge verleihen. Wie erklärt es sich angesichts eines solchen Eindrucks, daß diese Städtelandschaft, von der manche Historiker sogar meinen, daß sie eine Vermittlerfunktion zwischen dem frühzeitig entfalteten Städtewesen Mittel- und Oberitaliens und den Städten am Rhein wahrgenommen habe, hier erst als letztes Beispiel zur Sprache kommt? Obwohl gerade der aus Italien kommende Gedanke der Konsulatsverfassung schon um die Mitte des 12. Jahrhunderts in den wichtigen burgundischen Städten Wurzeln geschlagen und wenig später möglicherweise sogar entsprechende Impulse in nordöstlicher Richtung weitervermittelt hat, fällt die eigentliche kommunale Phase mit ihren spürbaren politischen und gesellschaftlichen Implikationen der Provence erst in die Zeit von etwa 1210 bis 1250. Zwar machen einige Besonderheiten, die für diese Landschaft bestimmend waren, manches verständlicher und können die verzögerte Entwicklung bis zu einem gewissen Umfang erklären. Ingesamt aber wird am Beispiel Marseille noch einmal deutlich, daß sich der Stadtwerdungsprozeß bis weit in das 13. Jahrhundert hinein mit unterschiedlichen Ergebnissen erstreckte, und zwar durchaus nicht nur in nördlichen Regionen, sondern auch in dem den italienischen Städten in mancher Hinsicht so verbundenen südlichen Burgund.

1. Die politischen und wirtschaftlichen Voraussetzungen

Fragt man nach den Etappen der Entwicklung in der Provence, so wird man sehr rasch auf einen markanten Einschnitt verwiesen, nämlich auf das Jahr 972, als es nach der große Empörung auslösenden Gefangennahme des verehrten Abtes von Cluny, Majolus, einem burgundisch-provencalischen Heer mit Unterstützung einer byzantinischen Flotte gelang, Fraxinetum (Fréjus nahe St. Tropez), den befestigten Stützpunkt der Sarazenen, zu erobern. Seit 888/89 waren von dieser arabischen Bastion aus zahlreiche

Raubzüge in die Provence und nach Piemont/Savoyen durchgeführt worden, so daß nicht nur die Siedlungen an der ligurischen Küste, sondern auch die Handelswege und Städte entlang der Rhone wie auch an der Route hin zu den Westalpenpässen in ihrer Entwicklung stark beeinträchtigt wurden. Es ist davon auszugehen, daß erst gegen Ende des 10. Jahrhunderts der wirtschaftliche Aufschwung einsetzte, mit dem man gemeinhin die Neugestaltung des abendländischen Städtewesens verbindet.

Unsere Kenntnis von der Entwicklung der Provence im 11. Jahrhundert im allgemeinen und ihrer Städte im besonderen ist recht gering, sind wir doch im wesentlichen auf die nüchternen Informationen angewiesen, die uns die aus dieser Zeit erhaltenen Schenkungsurkunden für die großen Kirchen des Raumes vermitteln. Auf diesem Wege können wir wenigstens die Namen der wichtigsten Grafen der Provence, nämlich diejenigen Wilhelms des Befreiers und seiner Nachkommen, ermitteln, die eine stark lehnsrechtlich fundierte Oberherrschaft über die Provence zu begründen und vorerst auch zu behaupten vermochten. Die Zugehörigkeit zum Königreich Burgund dagegen, das 1032 an Konrad II., den deutschen König und Kaiser, gelangt war, blieb bis zur Herrschaft Friedrich Barbarossas in der zweiten Hälfte des 12. Jahrhunderts ohne größere Bedeutung. Lediglich die Herrschaftslegitimation und das Verfügungsrecht über die königlichen Domänen und Hoheitsrechte ließen sich die Grafen bzw. – wie sie sich bald nannten – Markgrafen der Provence vom Kaiser bestätigen. Im übrigen machten sie mit Hilfe des Lehnrechts einen Herrschaftsanspruch über die Kirche geltend, der mit dem Investiturstreit jedoch in eine Krise geriet und ihre Position schwächte. Ähnliches läßt sich auch für die Vizegrafen von Marseille feststellen, die im 11. Jahrhundert nicht nur die Stadt, sondern eine weit darüber hinausreichende Region mit ihrem verzweigten Familienclan beherrschten, aus dem anfangs auch die Erzbischöfe von Marseille bestellt wurden. Diese Form der Familienherrschaft fand mit der Kirchenreform des ausgehenden 11. Jahrhundert gleichfalls ihr Ende. Neben den genannten drei Herrschaftsträgern, nämlich Graf, Vizegraf und Erzbischof, erlangte das große Kloster St. Victor auch für die Stadt Marseille im Laufe des 11. Jahrhundert eine eigenständige Bedeutung. Schon im Jahre 1005 gelang es dieser Abtei als einem bedeutenden Zentrum der Mönchs- und Ordensreform, die Befreiung von der bischöflichen Zuständigkeit zu erlangen, und bis zur Mitte des Jahrhunderts an die 60 Priorate allein in der gesamten Provence zu errichten. Diese Ausbreitung der geistlichen Zuständigkeit erfolgte natürlich nicht ohne eine Besitzausstattung, die – wie wir sehen werden – auch weit über die Provence hinausreichte und die der Stadt Marseille manche wirtschaftlichen Impulse vermittelte. Vizegraf, Erzbischof und Abt von St. Victor sind für die weitere Stadtentwicklung von Marseille maßgebliche Faktoren, deren Zuständigkeit sich auch in der Topographie der Stadt widerspiegelt. Während die sogenannte Oberstadt erzbischöflich war – später noch in sich geteilt in den domstiftischen *(Pré-voté)* und den bischöflichen Bezirk –, unterstand die Unterstadt mit dem Hafenbereich dem Vizegrafen. Die Einfahrt zum Hafen und den südlich des Hafens gelegenen Bezirk einschließlich der Salzgärten beherrschte die Abtei St. Victor.

War mit dem Investiturstreit und der Kirchenreform bereits eine spürbare Umgestaltung der älteren Herrschaftstrukturen einhergegangen, so erfuhr das Wirtschaftsleben im gesamten Mittelmeerraum und damit auch in den Küsten- und Rhonestädten der Provence durch den ersten Kreuzzug und seine Folgeerscheinungen entscheidende neue Impulse. Diese wirkten zwar in erster Linie auf die lebhaften Wirtschaftsbeziehungen zur Levante, aber in diesem Zusammenhang erfolgte auch im gesamten westlichen Mittelmeerbecken gleichzeitig mit der Ausweitung der besonders von den italienischen Seestädten ausgehenden Handelsbeziehungen eine Zurückdrängung der arabischen Dominanz. Die selbständige Beteiligung an diesen neuen weiträumigen wirtschaftlichen Aktivitäten tritt für Marseille und die Rhonestädte vorerst nicht sichtbar hervor. Die Handelsprivilegien, die den Kaufleuten von Marseille angeblich 1136 und 1152 von den lateinischen Königen von Jerusalem erteilt worden waren, haben sich als Fälschungen erwiesen. Originalurkunden, die den Marseillern eigene Handelsniederlassungen in Tyrus und Akkon verbrieften, sind erst von 1187 und vor allem von 1190 überliefert, als Guy von Lusignan 18 Marseiller Kaufleuten und Seefahrern für ihre Verdienste bei der Belagerung und Eroberung der Stadt Akkon dort ein eigenes Stadtviertel als *Fondouk* genannte Handelsniederlassung überließ. König Johann von Brienne bestätigte und erweiterte 1213 dieses Privileg, nun jedoch gegenüber der Kommune, die mit bedeutsamen Vorrechten ausgestattet wurde. Umgekehrt hatten die Ritterorden der Templer und Johanniter schon um 1180 Konvente in Marseille errichtet, so daß spätestens seit dem letzten Viertel des 12. Jahrhunderts vielfältige Beziehungen zwischen Marseille und dem Heiligen Land bestanden.

Ein wichtiger Grund für diese vergleichsweise späte, erst in der zweiten Hälfte des 12. Jahrhunderts stärker hervortretende Handelsaktivität von Marseille und auch Arles bzw. Avignon ist in dem Vorsprung zu suchen, den nicht zuletzt Genua und Pisa in dieser Hinsicht erlangt hatten. Außerdem hatte sich frühzeitig St. Gilles in der Rhonemündung zu einem Pilgerzentrum und wichtigen Hafenplatz emporgeschwungen, der nicht nur als Etappenstation des Mittelmeerhandels fungierte und damit den Entfaltungsspielraum von Marseille einschränkte, sondern auch den immer wichtiger werdenden Handelsweg über die Rhone hin zu den Messen der Champagne, also zwischen Nord- und Südeuropa, dominierte.

In die Rolle eines wichtigen Umschlagplatzes auf dem Weg nach Norden rückte seit dem Ende des 12. Jahrhunderts langsam Arles hinein, das darüber hinaus über eigene interessante Exportprodukte seines Hinterlandes, wie Salz, Wolle und Vermillon (Zinnoberrot), verfügte. Zur gleichen Zeit stieg Marseille zu dem berühmten Mittelmeerhafen auf, als der er seit dem Aufbruch von Richard Löwenherz und dem Kreuzfahrerheer zum dritten Kreuzzug in den ersten Augusttagen des Jahres 1190 allgemein bekannt geworden ist. Die frühen über die Küstenschiffahrt hinausreichenden Unternehmungen sind anfangs durch die Fernbesitzungen von St. Victor angeregt worden, das sowohl auf Sardinien wie in Katalonien begütert war. Nach manchen Rivalitäten mit Genua erlangte Marseille dann z. T. im Bunde mit Pisa einen immer größeren eigenen Einfluß im westlichen Mittelmeerraum, auf den Balearen (Palma) bis hin zur nordafrikanischen Küste (Tunis, Bougie/Bejaia und Ceuta) sowie in Süditalien (Gaeta, Neapel, Messina, Syrakus und Trapani), wo auch Kaiser Friedrich II. der aufstrebenden Hafen- und Handelsstadt wichtige Privilegien erteilte.

2. Entstehung und Bedeutung des Konsulats

Die Städteregionen, die eine lebhafte kommunale Bewegung hervorgebracht haben, verfügen in aller Regel auch über eine darauf bezugnehmende Chronistik, die oft ein anschauliches Bild von den Umbrüchen dieser Zeit vermittelt. Entsprechende Quellenzeugnisse suchen wir für die Provence des 12. Jahrhunderts vergeblich, vielleicht gerade deshalb, weil es die konfliktreiche Auseinandersetzung in dieser Form hier nicht oder noch nicht gegeben hat. Dafür tritt in allen wichtigen Städten der Provence dasjenige Element als frühestes in Erscheinung, das man eigentlich als das Ergebnis kommunaler Bewegungen erwartet, nämlich der Konsulat, der Stadtrat. Für Arles, um das wohl interessanteste Beispiel der frühen Entwicklungsphase zu nennen, ist er für 1131 bezeugt: *Anno primo consulatus arelatensis*, heißt es in einer Urkunde dieses Jahres (zitiert nach E. Engelmann, Städtische Volksbewegung, S. 95, Anm. 20). Damit ist ausnahmsweise einmal das Gründungsjahr, die genaue Entstehung der Konsulatsverfassung genannt, die hier wie die Rechnung nach Herrscherjahren zur Datierung der Urkunde mit herangezogen wird. Ebenfalls im Jahre 1131 lassen sich Konsuln für Béziers, ein Jahr später für Narbonne und 1136 für Avignon nachweisen. Entsprechende Belege finden sich 1150 für Tarascon und indirekt bezeugt 1152 für Toulouse.

Der erste Beleg, der sich für einen Konsulat in Marseille beibringen läßt, stammt erst aus dem Jahre 1176, was allerdings auf einem Zufall der Überlieferung beruhen kann. Hatte die ältere Spezialliteratur bis hin zu Raoul Busquet, dem neben V. L. H. Bourilly bekanntesten Stadthistoriker von Marseille, auch die Stadt Marseille in die Gruppe der frühen Konsulatsbeispiele eingereiht, da in den beiden Privilegien der Könige von Jerusalem für Marseille 1136 und 1152 die *comune* als Empfänger genannte wird (Bourilly, Essai, Nr. 1, S. 23 f. und Nr. 2, S. 25 f.), so ist mit der Erkenntnis, daß es sich bei diesen Texten um spätere Fälschungen handelt, eine derartige Datierung hinfällig. Aber ist eine Koppelung von Kommune und Konsulat, wie sie hier vorgenommen wird, überhaupt zulässig? Sicherlich will Busquet mit seinen Bemerkungen nicht behaupten, daß mit jeder Kommune auch ein Konsulat verbunden gewesen sein müsse, vielmehr unterstellt er stillschweigend, daß die für die Provence bezeugten Konsulate die Existenz von Kommunen voraussetzen und in diesen ihre rechtliche und politische Grundlage und Legitimation hätten. Somit würden die für echt angesprochenen Privilegien für Marseille die Gemeinde als die eigentliche Rechtsperson ansprechen und damit auf den daraus zu erschließenden Konsulat verweisen.

Bei dieser engen Verknüpfung der beiden Elemente kann sich Busquet zumindest auf zwei Autoritäten der französischen Stadtgeschichtsschreibung berufen, nämlich auf Charles Petit-Dutaillis und Roger Grand. Hatte Petit-Dutaillis herausgearbeitet, daß jede beschworene Einigung, die alle Gemeindemitglieder zu Hilfe und solidarischem Handeln verpflichtete, als Kommune zu charakterisieren sei, so hatte Grand diese These dahingehend konkretisiert, daß gerade diese Voraussetzungen auch auf die Städte der Provence und des Languedoc zuträfen, also von der umfassenderen Definition Petit-Dutaillis' her als Kommune zu bestimmen wäre: „Die Konsulate der zentralen und südlichen Regionen sind in Wirklichkeit Kommunen, die auf einem Eid begründet sind, der ihre Einwohner so stark und feierlich einigt, wie die geschworenen Kommunen; verfassungsmäßige Unterschiede zu suchen, wäre völlig verfehlt" (R. Grand; La genèse, S. 149).

Im Vordergrund steht der Eid, der sowohl für die Kommune als auch für den Konsulat konstitutiv ist und die Gemeinsamkeit vermittelt. Im Falle von Arles, das in Ergänzung zu dem Beispiel von Marseille ohnehin heranzuziehen ist, ist in der Tat ein solcher Eid aus der frühen Phase der Entwicklung, nämlich den Jahren 1142–1155 überliefert, der hier, wenn auch verkürzt, einmal im Wortlaut wiedergegeben sei:

„Im Namen des Herrn Jesus Christus bestimmen Wir, Raimund, Erzbischof von Arles, ... daß in der Bischofsstadt und der Vorstadt von Arles ein guter, rechtmäßiger und angemessener Rat errichtet werde, vorbehaltlich der Herrschaftsrechte der großen und kleinen Herren, die an dem gegenwärtigen Konsulat teilhaben oder in Zukunft daran teilhaben werden, so daß jeder Gerechtigkeit erlange aus den Händen der Konsuln unter Berücksichtigung der Statuten und der guten Gewohnheiten" (M. Ch. Giraud, Essai sur l'histoire du droit, Bd. 2, S. 1). Dieser Stadtrat soll aus zwölf Konsuln bestehen, nämlich vier Rittern, vier Vertretern aus der Vorstadt *(burgum)* sowie je zwei aus der Marktsiedlung *(mercatum)* und dem Borriacum genannten Stadtteil.

Neben der Regierungsgewalt steht diesem Gremium die Gerichtsbarkeit einschließlich der Regelung der Erbangelegenheiten zu.

Jeder gewählte Konsul leistete den feierlichen Eid, nach bestem Ermessen und zum Allgemeinwohl zu handeln und sich gegebenenfalls der Mehrheitsentscheidung der anderen Ratsmitglieder unterzuordnen.

Diejenigen, die in den Zuständigkeitsbereich des Konsulats eintreten, was nicht ohne Zustimmung des Erzbischofs und der Konsuln geschehen darf, werden folgenden Eid leisten: „Ich beschwöre diesen Konsulat für fünfzig Jahre nach bestem Vorsatz und bester Einsicht sowie die Unterordnung unter die Konsuln. Wenn ich zum Konsul gewählt werden sollte, werde ich das Amt nicht zurückweisen. Dazu helfe mir Gott und seine heiligen Evangelisten" (M. Ch. Giraud, Essai sur l'histoire du droit, Bd. 2, S. 1).

Nach Aussage dieses Textes ist die Konsulatsverfassung zwischen dem Erzbischof sowie den Rittern und den Vornehmen (probi homines) der Stadt vereinbart worden. Ganz ähnlich wurde auch die Zusammensetzung und die Entscheidungskompetenz des Rates geregelt: Die ritterlichen Vertreter entstammten vornehmlich der bischöflichen civitas, also dem alten Zentrum der Stadt, und sind vermutlich dem Bischof auch lehnsrechtlich verbunden gewesen, während die probi homines eher in den angrenzenden Teilstädten zu suchen sind.

Wegen der weitreichenden konsularischen Entscheidungskompetenz, vor allem hinsichtlich der Gerichtsbarkeit, war das Zusammenwirken mit dem Erzbischof vorgesehen, dessen Rat zu hören war. Gewählt wurde dieses Gremium nicht von der Stadtgemeinde, sondern durch ein gesondertes Wahlkollegium, das sich aus Mitgliedern des Gesellschaftskreises zusammengesetzt haben dürfte, aus dem auch die Konsuln selbst hervorgingen. Die Stadtgemeinde, und zwar dauerhaft Ansässige wie neu hinzukommende Fremde, wurde zu einem Eid auf den Konsulat verpflichtet. Damit ist formal tatsächlich eine eidliche Verbindung hergestellt, aber der Unterschied, der in diesem Punkte gegenüber einer geschworenen Einigung im Sinne einer coniuratio und einer fest konstituierten communio besteht, ist doch unübersehbar. Als eigenständige Kraft tritt die Stadtgemeinde weder von der Sache noch vom Begriff her in Erscheinung. Vielmehr scheint der frühe Konsulat in diesen provencalischen Städten eine in Absprache mit dem Erzbischof geregelte Teilherrschaft übernommen zu haben. Gewiß war diese Regelung Ausdruck des gewonnenen politischen und wirtschaftlichen Einflusses und Selbstverständnisses der nun formiert auftretenden Führungsschicht, der Rat aber eben noch nicht das Organ einer organisierten Gemeinde. Zugleich wird der Einfluß sichtbar, den die oberitalienischen Stadtkommunen mit ihrer fortgeschrittenen Verfassungsentwicklung hier ausgeübt haben, ohne daß mit dem Institut auch die dahinterstehende politische und gesellschaftliche Struktur übernommen worden wäre.

Die schon auf Augustin Thierry zurückreichende Unterscheidung zwischen den Städten der Kommune im Norden Frankreichs und dem Konsulat im Süden ist also für die frühe Entwicklungsphase um die Mitte des 12. Jahrhunderts trotz aller Vergröberung immer noch hilfreich, wenn man vor allem die zeitliche Begrenzung konsequent im Auge behält. Im 12. Jahrhundert befanden sich die Städte der Provence in einer Aufbau- und Ausbauphase, in der die Aktivitäten primär nach außen in die Weite des Mittelmeerraumes gerichtet waren, während man im Innern die Einführung des „modernen" Instituts des Konsulats vorerst als ausreichend empfand. Seit der Wende vom 12. zum 13. Jahrhundert sollte die Frage der Kommunebildung dafür um so vehementer in Angriff genommen werden. Was waren dafür die Voraussetzungen?

3. Das Ringen um die Kommune

Schon vor der Mitte des 11. Jahrhunderts waren die wesentlichen Herrschaftstitel der Provence durch Heirat an die Grafen von Toulouse gelangt, die ihren Machtschwerpunkt im Bereich von Arles errichteten. Ihre großen Widersacher im Süden der Provence wurden die Grafen aus dem Hause Barcelona, die 1112 durch die Eheschließung von Graf Raimund Berenger mit Douce, einer Erbin aus dem angestammten provencalischen Grafengeschlecht Wilhelms des Befreiers, ihre Besitzungen und ihren Einfluß erheblich ausweiten konnten.

Nach manchen Auseinandersetzungen kam es am 15. September 1125 zur Teilung der bis dahin als unteilbar geltenden Grafschaft. An die Grafen von Toulouse gelangte das Gebiet nördlich der Durance sowie einige Ländereien rechts der Rhone bei Argence und Beaucaire, während die Grafen von Barcelona das riesige, aber weniger fruchtbare und schwächer besiedelte Territorium zwischen Rhone, Durance, Alpen und Meer zugesprochen bekamen. Ein eigenständiges Gebilde stellte im nördlichen Gebiet weiterhin die Grafschaft von Forcalquier dar, die sich von Cavaillon im Südwesten bis zum Gebirgszug von Chabrev im Nordosten erstreckte, während im Süden verschiedene Herren weitgehende Selbständigkeit und territoriale Gebietshoheiten erlangt hatten. Zu diesen zählten die Erzbischöfe von Arles, besonders aber die Herren von Baux und auch die Vizegrafen von Marseille.

Fortwährende lokale und regionale Machtkämpfe, meist getragen durch die Herren von Baux, prägten lange Zeit das Bild dieser Landschaft. Diese Auseinandersetzungen spitzten sich ab 1166/68 auf den Gegensatz zwischen Alfons II. (als Graf der Provence = Alfons I.), König von Aragon und Graf von Barcelona (Süd-Provence), und Raimund V., Graf von Toulouse (Nord-Provence), zu. In diesen Konflikt wurden – von Pisa und Genua einmal ganz abgesehen – auch die verschiedenen Großmächte einbezogen, so vor allem Kaiser Friedrich Barbarossa, der durch die Heirat mit Beatrix, der Erbtochter des Königreiches Burgund, verstärkt seinen Einfluß zur Geltung brachte und sich 1178 in Arles krönen ließ, aber auch das Papsttum sowie die Könige von Frankreich und England.

Marseille wurde unweigerlich in diese Kämpfe verwickelt, da der Vicomte ein treuer Gefolgsmann von Alfons I. war, den Raimund V. dadurch zu bekämpfen versuchte, daß er ein Bündnis mit Genua schloß (1174). Darin übereignete er dieser expansiven Hafenmetropole die südliche Mittelmeerküste einschließlich Marseille und vereinbarte mit ihr die gemeinsame Zerstörung des Hafens von Marseille. Dazu kam es letztlich zwar nicht, aber die Beeinträchtigungen für das Wirtschaftsleben waren doch erheblich, zumal der Vicomte der Stadt, Hugues-Geoffroi, zweimal in Gefangenschaft geriet (1174–1176 und 1178–1185) und nur gegen hohe Lösegeldzahlungen freikam. Nach seinem Tod im Jahre 1188 folgte ihm sein Bruder Raimund-Geoffroi, genannt Barral, der in seinen wenigen Herrschaftsjahren zu großer Popularität und hohem Ansehen gelangte. Er versammelte um sich und seine wegen ihrer Schönheit weit berühmte Gattin Adelais de Porcelet oder Roquemartine eine glänzende höfische Gesellschaft, zu der u. a. die Troubadoure Peire Vidal und Folquet von Marseille zählten. So fällt es nicht schwer, sich das Marseille von 1190 als eine Stadt vorzustellen, die von einem regen kulturellen und geistigen Leben erfüllt war, eine weit ausgreifende Handelspolitik im Mittelmeerraum mit eigenen Niederlassungen betrieb und ihrerseits viele Fremde anzog, seien es Kreuzfahrer und Pilger auf dem Weg in das Heilige Land oder seien es die Ritter- und Spitalorden mit ihren reichen Gründungen in dieser nun wichtigsten Hafenstadt Südfrankreichs.

Ein markanter Einschnitt in der Stadtgeschichte von Marseille erfolgte 1192 durch den frühzeitigen Tod Barrals, der seine Herrschaft in engem Einvernehmen mit der Stadtgemeinde und den Repräsentanten von Marseille ausgeübt hatte. Anspruch auf das Erbe erhob Hugues des Baux, der mit Unterstützung Alfons I., Graf der Provence und König von Aragon, die Kontrolle über diesen Mittelmeerhafen erlangen wollte. Zustatten kam ihm dabei die Eheschließung mit Barrale, der einzigen Tochter des letzten Vicomtes von Marseille, aufgrund der er über ein unangefochtenes Erbrecht verfügte. Diese Regelung war jedoch ohne die Beteiligung der Bürger von Marseille erfolgt, die sich übergangen fühlten und befürchteten, durch dieses Bündnis des Vizegrafen mit dem König von Aragon in weiterreichende Konflikte verwickelt zu werden. Unter der tatkräftigen Führung ihres vornehmen Mitbürgers Hugues Fer schlugen sie das Heer Alfons I. zurück. In dieser Situation erinnerten sie sich des jüngeren Bruders des verstorbenen Vizegrafen Barral, namens Roncelin, der allerdings bereits Mönch in dem Kloster von Saint Victor in Marseille geworden war. Als die Absicht der Stadtgemeinde, Roncelin wieder in das weltliche Leben zurückzuführen und ihn zum Vizegrafen zu erheben,

bekannt wurde, fürchteten die Mönche um das reiche Erbe ihres Klosterbru-
ders und versuchten den Plan der Relaizisierung dadurch zu konterkarieren,
daß sie ihn zum Abt wählten und im Kloster festhielten. Das Volk von Marseille stürmte jedoch Saint Victor und führte Roncelin zum Hôtel Barral, dem
Amtssitz des Vizegrafen, um ihm dort zu huldigen. Außerdem veranlaßte
man ihn, die Schwester König Peters von Aragon zu heiraten. Der Haupt-
drahtzieher dieser politischen Manöver und Wortführer der Gemeinde war
der schon genannte Hugues Fer, der unter Barral die Rolle des Stellvertreters
des Vicomtes innegehabt hatte. Zwar tritt Roncelin in zahlreichen Vertrags-
dokumenten, die besonders im ersten Jahrzehnt des 13. Jahrhunderts im
Namen von Marseille ausgestellt wurden, als das eigenverantwortlich handelnde Oberhaupt der Stadt hervor, tatsächlich aber war er eine Marionette
in den Händen von Hugues Fer und dessen Mitstreitern. Von kirchlicher Seite
war man in den Jahren 1207–1211 mit der Strafe des Interdikts gegen den Vicomte und seine Anhängerschaft in der Stadt vorgegangen. Lange Zeit hatte
man keinen Erfolg erzielt, aber im Oktober 1211 leistete Roncelin schließlich
Gehorsam und kehrte ins Kloster zurück. Damit stellte sich die Frage der Ansprüche auf die Rechtstitel und Besitzungen, über die Roncelin als Erbe des
Vicomtes von Marseille verfügte, erneut. Allerdings hatte sich inzwischen die
Interessenkonstellation geändert, denn nun meldeten nicht nur der Erzbischof als Stadtherr und die Klostergemeinschaft von Saint Victor Erbrechte
an, sondern auch die Stadtgemeinde verfügte mittlerweile über eine Anzahl
von Rechtstiteln, die sie auf dem Wege der Verpfändung und des Kaufs erworben hatte. Der immer in Geldnöten befindliche Roncelin hatte nämlich
zwischen 1205 und 1208 seine anteiligen Rechte am Hafen verpfändet,
seinen Weinzoll verkauft und seinen Anteil am Marktrecht und an der Gerichtsbarkeit an die Stadt veräußert. Nun bestand die Gefahr, daß alle diese
Erwerbungen verloren gingen und eine mit großem Einsatz betriebene städtische Politik von mehr als fünfzehnjähriger Dauer mit einem Federstrich revi-
diert würde. In dieser Situation der Jahreswende von 1211/12 scheute die
Stadt jedoch aus guten Gründen vor dem offenen Konflikt mit der Kirche zurück. Angesichts des großen Truppenaufgebots, das sich für die Durchführung des von Papst Innozenz III. proklamierten Albigenserkreuzzuges in
dem benachbarten Languedoc konzentrierte, bestand nämlich das Risiko,
daß dieses Heer auch gegen eine sich der Kirche widersetzende Stadt Marseille geführt werden könnte. Statt dessen suchte man von beiden Seiten
nach einem Kompromiß, der keine Beseitigung, wohl aber eine gewisse Kontrolle der inzwischen eingetretenen kommunalen Entwicklung durch die
Kirche erlaubte. Vermittelt durch den Erzbischof von Narbonne als päpstli-
chem Legaten, wurde im April 1212 zu diesem Zweck eine Heilig-Geist-Bruderschaft in Marseille errichtet, die als Spitalbruderschaft zwar primär der
Krankenbetreuung verpflichtet war, deren Rolle jedoch in unserem Zusam-

menhang vorrangig im politischen Bereich zu suchen ist. Es ist eine ungewöhnliche und eigenwillige Konstruktion, die man dabei ins Auge faßte. Was
man vermeiden wollte, war die anstoßerregende Rechtsform des sich verselbständigenden Konsulats, der sich auf die *communitas* gründete. Die Bruderschaft, die in diesem Falle wohl die gesamte Stadtgemeinde im engeren Sinn
umfassen sollte, blieb hingegen in den Bereich der Kirche eingebunden, so
daß man zugespitzt von einer Integration des Kommunegedankens in die
kirchliche Gemeinschaft sprechen kann.

Was genau besagt das durch den päpstlichen Legaten ausgefertigte Statut?
Es ist die Bestätigung eines Entwurfes, den die Bürger von Marseille selbst
konzipiert hatten. Darin garantierten sie dem Bischof, dem Domstift und
allen geistlichen Personen in der Diözese, wie auch den Herren in der Stadt
und im Territorium von Marseille Schutz und Sicherheit ihrer Person und
Rechte. Die Bruderschaft leistete also ein feierliches Sicherheitsversprechen,
das alle Mitglieder verpflichtete, gegen Rechtsverletzungen dieser Art selbst
einzuschreiten und sie zu ahnden. Um diese Funktion wahrnehmen zu
können, verfügte die Bruderschaft über eine eigene Gerichtsbarkeit, die auf
dem Gedanken des inneren Friedens und der internen Konfliktlösung in der
Genossenschaft basierte. Übergeordnet blieb jedoch die Gerichtsbarkeit des
Erzbischofs, des Domstifts und des Vicomtes von Marseille. An der Spitze
der Bruderschaft stand ein Kolleg gewählter Rektoren, das bei der Wahrung
des Friedens und der Rechtssicherheit die ganze bruderschaftliche Gemeinde
zur Unterstützung aufrufen konnte. Die Rektoren hatten darüber hinaus das
Recht und die Pflicht, zur Beratung wichtiger Angelegenheiten (*ad eorum col-
loquium vel consilium*, Bourilly, Essai, S. 49 f. Nr. 10) die übrigen Mitbrüder
zusammenzurufen. Zu dieser allgemeinen Versammlung waren in jedem Fall
auch Bischof und Dompropst von Marseille einzuladen. Die hier zu fäl-
lenden Entscheidungen über neue Bestimmungen oder Satzungen erfolgten
nur „mit Zustimmung der heiligen Kirche, des Bischofs und Dompropstes
von Marseille sowie des päpstlichen Legaten" (Bourilly, Essai, S. 49 f. Nr. 10).
Neben diesen ganz primär die Kommune betreffenden Regelungen nehmen
sich die religiös karitativen Elemente der Bruderschaft vergleichsweise be-
scheiden aus und umfassen vor allen Dingen knappe Bestimmungen über
Almosenwesen, Unterstützung in Notfällen, Bestattungen und Fürbitten.

Eine gänzliche Neuerung stellte die Heilig-Geist-Bruderschaft in Marseille
zwar nicht dar, denn sie war als eine bürgerliche Gründung bereits im Jahre
1188 entstanden und hatte die personelle Kontinuität in der Führungsgruppe gewahrt. Ihr Charakter hatte sich mit der neuen Aufgabenzuweisung
und – damit verbunden – mit dem massenhaften Beitritt im Jahre 1212 jedoch deutlich verändert. So versuchte die Bruderschaft sogleich in die Funktionen einzutreten, die nachweislich seit 1194 die *consules* für die *universitas
Massiliae* als Richter, als Verantwortliche für die Stadtwirtschaft und den

Hafen sowie als Bevollmächtigte beim Abschluß von Verträgen mit auswärtigen Herren und Städten wahrgenommen hatten. Sie versuchte, die Politik der Erlangung städtischer Rechte auf dem Wege der Kreditgewährung, der Pfandnahme und des Kaufs fortzusetzen und auszugestalten, wie es der im März 1213 zwischen dem Vizegrafen und den Vertretern der Stadtgemeinde Marseille geschlossene Vertrag besonders anschaulich zeigt. Denn nun waren es die namentlich genannten Rektoren der Heilig-Geist-Bruderschaft, die *pro tota communitate et universitate Massilie* (Portal, La République Marseillaise, S. 334–336, Nr. 9) für 600 Pfund von Roncelin den achten Teil seiner Herrschaftsrechte und Besitzungen in und bei der Stadt erwarben. Ein Jahr später schlossen sie ein Bündnis mit Arles, wobei sie ihre Zuständigkeit sorgfältig umschrieben, nämlich für die Bruderschaft (wohl den weiteren Kreis der Führungsschicht umfassend), für alle der Jurisdiktion der Bruderschaft unterstehenden Einwohner *(pro omnibus de jurisdictione eiusdem confratrie presentibus et futuris)* und schließlich für die Gesamtheit *(pro tota universitate)* der Einwohnergemeinde von Marseille (Portal, La Répulique Marseillaise, S. 336–343, Nr. 10). Es handelte sich um einen Vertrag gegenseitiger Hilfeleistung besonders bei den Handelsunternehmungen in der Ferne, aber auch der Gewährung von Zoll- und Handelsvorteilen in der jeweiligen Partnerstadt. Diese beiden Abschlüsse mögen als Beispiele für eine Reihe ähnlicher Vereinbarungen dienen, mit denen die Rektoren der Heilig-Geist-Bruderschaft in den Jahren von 1212 bis 1217 für die Stadtgemeinde größere Selbstbestimmungsrechte und weitreichende Handelsfreiheiten zu gewinnen suchten. Wie erfolgreich sie auf lokal-städtischer Ebene dabei waren, zeigt die Tatsache, daß sie bis zum April 1216 knapp ein Drittel der vicomtalen Rechte in Marseille mit großem finanziellen Aufwand erworben hatten und sich anschickten, diese Position weiter auszubauen.

Aber im September 1215 verstarb Roncelin im Kloster von St. Victor, und der Abt machte sogleich den Anspruch auf dessen Erbe geltend, indem er sich auf das im Jahre 1212 zugunsten des Klosters ausgestellte Testament Roncelins berief. Diesen Versuch, die Stadtentwicklung der letzten zwei Jahrzehnte rückgängig zu machen und eine Stadtherrschaft der Kirche zu errichten, konnten die Bürger nicht hinnehmen. Die Chance, die kirchlichen Ansprüche abzuweisen, bot sich ihnen in Gestalt von Graf Raimond VI. von Toulouse, der im Zuge des ersten Albigenserkreuzuges seiner Herrschaft entsetzt worden war und 1215 auf dem 3. Laterankonzil vergeblich eine Revision dieses Urteils angestrebt hatte. Als der Graf zusammen mit seinem Sohn Raimond VII. im Frühjahr 1216 auf dem Rückweg von Rom im Hafen von Marseille anlandete, trafen zwei Partner zusammen, die beide zur Behauptung bzw. Wiedererlangung ihrer Rechte gegenüber der Kirche fest entschlossen waren und sich von ihren Mitteln und Möglichkeiten her gesehen bestens ergänzten. Die Rektoren der Bruderschaft des Heilig-Geist-Spitals von Marseille leisteten dem Grafen sowohl diplomatische wie militärische Hilfe, so etwa bei der Belagerung und Eroberung von Beaucaire im Sommer 1216. Dafür erhielten sie von seiten des Grafen Sicherheitsgarantien und Handelsfreiheiten zugestanden, die ihre Position auch in Marseille deutlich zu festigen schienen. Mit dem starken Partner an ihrer Seite wagten sie nun auch den radikalen Schritt der kommunalen Erhebung, der anfangs noch den Charakter einer unkontrollierten Protestbewegung aufwies, bald aber eine klare Zielrichtung gewann.

Eine Bulle von Papst Honorius III. vom 27. Februar 1217 beschreibt diesen Vorgang der Usurpation von Rechten sowie der Bedrohung der Kirche durch die entzürnten Bürger von Marseille folgendermaßen: „Papst Honorius an die Rektoren und das Volk von Marseille im Geist des wohlmeinenden Rats. Aus Marseille kündet der Ruf des Bösen, daß nicht nur die triefende Entzündung der Augen, sondern die Seuche der häretischen Bosheit den ganzen Körper befallen habe. Da Ihr bei der Zerstörung Eures guten Rufes und Eures Wohles nicht bedenken wollt, mit welcher Hingabe der Herr Jesus Christus seine Braut, die Kirche von Marseille, Eure Mutter, liebt, die Ihr wie undankbare Söhne zurückstoßt, oder gar wie Stiefkinder und Fremde mit hochgerecktem Hals und stolzem Nacken schamlos und gewalttätig zu verfolgen Euch nicht scheut, müßt Ihr befürchten, wenn Euch nicht durch Reue und Buße die Gnade Gottes zuteil wird, daß gleich Ninive Eure Stadt – wie Sodom und Gomorrha – vom Zorn Gottes vernichtet wird. Schwerer Klage unseres ehrwürdigen Bruders, des Bischofs, und unserer geliebten Söhne, des Propstes Hugo und des Domkapitels von Marseille, haben wir entnehmen müssen, daß Ihr jene bösartig verfolgt und Euch ihre Besitzungen und übrigen Güter gewaltsam angeeignet, neue Zölle und Abgaben entgegen dem geltenden Recht und entgegen den Statuten des allgemeinen Konzils am Ufer, im Hafen, auf den öffentlichen Straßen und dem städtischen Markt sowohl in der Unter- *(burgum)* wie Oberstadt *(civitas)* von den Leuten der Kirche erhoben habt. Die heiligen Orte des Herrn habt Ihr wie Feinde des rechten Glaubens verletzt und Euch dem manifesten Verdacht des Übels der Häresie ausgesetzt, indem Ihr den heiligen Stätten und den Dienern Christi Schmähungen und ungeheures Unrecht zugefügt habt. Neulich habt Ihr Euch sogar zu einer solchen Raserei hinreißen lassen, wie wir vom Bischof, Propst und Domstift leidvoll erfahren mußten, daß Ihr einige Presbyter, Diakone und andere Kleriker, die mit den heiligen Gewändern bekleidet waren und Kreuze und Abendmahlskelche in den Händen trugen, gewaltsam bis hin zum Blutvergießen angegriffen habt. Mehr noch, Ihr habt die Kreuze zerbrochen und auf den Boden geworfen, die zur heiligen Eucharistie gehörigen Dinge angesichts des Kruzifixes verschüttet und zertreten, die heiligen Kleider zerrissen und Euch nicht gescheut, die Kirche des heiligen Laurentius, in der der Gottesdienst gefeiert wurde, im Angesicht Gottes und der

Gefahr für Eure Seelen ruchlos zu entweihen. Und mit alledem noch nicht zufrieden, habt Ihr die genannten Kleriker, nämlich den Bischof und die Domherren, wie auch deren Leute in vielfältiger Weise angegriffen und geschädigt" (Gallia Christiana Novissima 2, Nr. 217). Nur entschlossene Umkehr, Buße und volle Schadensersatzleistungen könnten die Stadt vor der verdienten schweren Strafe bewahren, so schließt der Papst sein mahnendes Schreiben an die Bürger von Marseille. Der massive Vorwurf der Häresie macht deutlich, daß er in den Ereignissen durchaus nicht nur eine politische Bewegung erblickt. Angesichts des Albigenserkreuzzugs und der systematischen Ketzerverfolgung, war die hier erhobene Drohung nicht zu überhören.

Aber man ließ sich nicht abschrecken. Vielmehr gelang mit Hilfe dieses „revolutionären" Elans sogar das, womit schon lange geliebäugelt worden war, nämlich der Anschluß der erzbischöflichen und domstiftischen Oberstadt an die Unterstadt mit dem Hafen, die die kommunale Entwicklung bisher weitgehend allein getragen hatte. Dieser Zusammenschluß gefährdete die Stellung des Erzbischofs und der Kirche von Marseille mehr als alle bisherigen Konflikte, die sich weitgehend auf die ohnehin sehr selbständige Unterstadt beschränkt hatten. Entsprechend scharf fielen die Reaktionen von kirchlicher Seite aus. Papst Honorius schaltete sich sogleich in die Vorgänge ein und forderte vollständige Unterwerfung und Wiedergutmachung. Als dies nichts fruchtete, ließ er durch seinen Legaten im Sommer 1218 das Interdikt über die Stadt verhängen und den Ausschluß der Heilig-Geist-Bruderschaft aus der kirchlichen Gemeinschaft verfügen.

Damit war allerdings keine größere Wirkung zu erzielen, denn des Instituts der Heilig-Geist-Bruderschaft bedurfte eine selbstbewußte Kommune nicht. Mit dem Verbot entfiel zwar die kirchliche Anerkennung im Sinne des Kompromisses von 1212, aber die Handlungsfähigkeit der zwölf Rektoren im Namen der Stadtgemeinde wurde davon nicht beeinträchtigt. Sie agierten nunmehr unabhängig von der Einrichtung der Bruderschaft auf gemeinsamen Beschluß der durch das Glockengeläut zusammengerufenen Ratsleute und der Vorsteher der Zünfte im Namen der Gesamtheit *(tota universitas)* der Bürger und Einwohner *(cives et habitatores)* von Marseille, wie es uns anläßlich des am 27. August 1218 mit Nizza vereinbarten Bündnisvertrages überliefert ist (Bourilly, Essai, S. 83–86, Nr. 20). Verfassungsmäßig läßt sich also zwischen dem älteren engeren Rat *(conseil secret)* der aristokratischen Konsuln bzw. Rektoren, dem neuen erweiterten Ratsgremium der Kaufleute und Gewerbetreibenden sowie der *parlamentum* genannten allgemeinen Bürgerversammlung, die in unregelmäßigen Abständen alle Familienoberhäupter zwecks öffentlicher Zustimmung in entscheidenden Fragen zusammenrief, unterscheiden.

4. Die politischen und sozialen Gruppierungen

Die Organisation der Kommune von Marseille wurde somit auf eine erweiterte Grundlage gestellt, denn die Vertreter der Gewerbegruppen *(mi[ni]steria)* wurden in die Verantwortung miteinbezogen und an den Entscheidungen beteiligt.

Wer waren diese Häupter der Gewerbe, die *capita mi(ni)steriorum?* Es mußten Leute sein, die seit mindestens drei Jahren in Marseille lebten und ein Vermögen von über 50 Pfund nachweisen konnten. Neben den Handwerkern im eigentlichen Sinne gehörten dazu Advokaten, Notare sowie die Vertreter der „Gewerbe des Meeres", wie Schiffseigner und -ausrüster sowie Reeder samt der dazugehörigen Spezialgewerbe.

Dieser wohl 1216 gebildete „Rat der 100", der wenig später auf 183 Mitglieder erweitert wurde, ergänzte sich, was seine aristokratischen Vertreter anbelangt, durch Kooptation. Die Vorsteher der Gewerbe hingegen gingen aus diesen selbst hervor und wählten jeden Sonntag sechs aus ihrer Mitte für den Wochendienst. Dieses nahezu perfekt erscheinende Bild von einer Kommune, die von dem gehobenen, organisierten Mittelstand nicht nur mitgetragen, sondern auch wesentlich mitbestimmt wurde, ist in zweierlei Hinsicht einzuschränken. Der eine Aspekt betrifft ihre räumliche Ausdehnung. Diese griff zwar, wie es immer betont wird, über die Hafenstadt (Unterstadt) hinaus und bezog den *districtus* genannten Einflußbereich vor der Stadtmauer mit ein, die Vereinigung mit der Oberstadt vermochte man aber nicht zu behaupten. Schon 1218 trat diese in Verhandlungen mit dem Erzbischof ein und unterwarf sich 1219 dessen stadtherrlichen Ansprüchen, worüber am 23. Januar 1220 zwischen dem Erzbischof und der Unterstadt ein förmlicher Vertrag geschlossen wurde. Der andere Aspekt betrifft ihre Kurzlebigkeit. Zwar erlangten die Rektoren der Kommune von Marseille in den Jahren von 1216 bis 1218 wichtige neue Besitzungen und Rechtstitel, wie etwa das Münzrecht, mußten sich aber 1220 ebenfalls mit dem Erzbischof und dem Kloster von Saint Victor arrangieren.

Der Gedanke der kommunalen Selbständigkeit war damit aber nicht erloschen, denn bereits ein Jahr später führte die Unterstadt von Marseille ein neues Verfassungs- und Herrschaftsinstrument ein, nämlich den *Podestà.* Nach italienischem Vorbild und aufgrund der Erfahrungen, die die befreundete Kommune Arles ein Jahr zuvor mit diesem Institut gemacht hatte, entschloß sich nun auch Marseille, einen solchen fremden, also nicht in die lokalen Spannungen einbezogenen, professionellen Politiker anzuwerben und diesem befristet für ein Jahr die Herrschaftsvollmachten primär der Exekutive zu übertragen. Unterstützt wurde der *Podestà* durch zwei in seinem Gefolge befindliche oberste Richter sowie zwei Ritter und deren Begleitpersonen zu seiner persönlichen Sicherheit. Diese Neuerung bewirkte nun auch

gewisse Veränderungen auf kommunaler Seite. Das Gremium der Rektoren
blieb zwar bestehen, aber als quasi gegengewichtliche Instanz gegenüber
dem *Podestà* erschienen nun die sogenannten *Syndici* als Repräsentanten der
organisierten Stadtgemeinde.

Das konstante Element bei dieser Umgestaltung der Verfassung war letztlich die alte Führungsschicht, die sich in ihren wichtigsten Vertretern bis
Mitte des 12. Jahrhunderts zurückverfolgen läßt. Das, was sie von anderen
Gruppen in der Stadt abhob, war ihr aristokratischer Lebensstil, den sie als
Ritter und Herren praktizierten und demonstrierten. Dahinter verbarg sich
eine lange lehnsrechtliche Tradition ihrer Familien, durch die sie als Vasallen
besonders des Vicomtes und des Erzbischofs von Marseille auch in die politische Verantwortung für die Geschicke der Stadt eingebunden waren. Diese
Tradition erfaßt aber nur eine Seite ihres Charakters und Selbstverständnisses. Die andere Seite ist ihre enge und engagierte Verflechtung mit dem
städtischen Wirtschaftsleben, so daß nur aus der Kombination beider Pole,
der Herkunft und der wirtschaftlichen Orientierung, ihre politische Handlungsweise eine zureichende Erklärung findet.

Als ein aufschlußreiches Beispiel für diese Führungsschicht läßt sich das
Geschlecht der Anselme oder Fer heranziehen, das bereits in der ersten
Hälfte des 12. Jahrhunderts in herausragender Stellung faßbar wird. Guillaume Anselm hatte die Tochter des Burggrafen von Saint Marcel geehelicht
und damit in das vicomtale Geschlecht eingeheiratet. Sein Sohn Anselm, der
unter den 1178 erstgenannten Konsuln von Marseille erscheint, wird in
seiner Stellung dadurch zusätzlich gekennzeichnet, daß Papst Lucius III. ihn
1182 darum bat, das Kloster Saint Victor bei der Lösung aus hoher Verschul-
dung zu unterstützen. 1205 kaufte er den zehnten Teil der Rechte am Hafen
zurück, die der Vicomte Roncelin an den Juden Botin verpfändet hatte. Wenige Jahre später erwarb er für die gewaltige Summe von 19 000 Sous den
achten Teil des Weinzolls von Marseille. Sein Bruder war der vielgenannte
Hugues Fer, der als Vertreter *(viguier)* des Vicomtes auftrat und der Wortführer der Stadt in den entscheidenden Auseinandersetzungen um Roncelin
von etwa 1200 bis 1215 war. Die Anselme oder Fer, die an der Spitze der
Heilig-Geist-Bruderschaft standen, traten besonders im Kredit- und Geldge-
schäft hervor und setzten diese Mittel auch für politische Zwecke ein, um
über das Instrument der Kreditgewährung und Pfandnahme entscheidende
Rechte für die Kommune zu erwerben.

Neben ihnen und in ähnlich einflußreicher politischer Position agierten
die de Manduel, ebenfalls ein Geschlecht, das schon im 12. Jahrhundert
faßbar ist und die typisch ritterlich-lehnsrechtliche Herkunft aufweist. Auch
sie waren zugleich große Kaufleute und Bankiers. Die aufeinanderfolgenden
Brüderpaare Bernard und Jean-Étienne bzw. Bernard und Jean de Manduel
(1200–1264) sind mit ihren Kapitaleinsätzen und Wechselbriefen an zahlrei-

chen großen Handelsplätzen bezeugt, so in Syrien, besonders in Nordafrika (in Bougie/Bejaja und Ceuta), in Spanien, auf Mallorca und Sizilien, aber auch rhoneaufwärts, auf den Messen der Champagne (besonders in Provins) sowie in England. Auch bei ihnen ist die enge Verquickung von Geschäft und Politik zu konstatieren. Sie setzten sich intensiv für die Sache der Kommune ein, die sie immer führend mitgestalteten und mit aller Kraft bis 1264 gegen Karl von Anjou verteidigten, wofür sie nach der Niederlage der Stadt als Hauptakteure und Verschwörer hingerichtet wurden.

Für diese alte Führungsschicht war es charakteristisch, daß sie in stärkerem Maße ihr Kapital von Marseille aus zum Einsatz brachte, worin sie sich von den Marseiller Fernhandelskaufleuten unterschied. Versucht man mit A. Sayous etwas idealtypisch zwischen dem *commerçant capitalist* und dem *commerçant voyageur* zu differenzieren, so ist die zweite Gruppe weniger am politischen Geschäft in Marseille beteiligt, was sich zum Teil auch aus der Dauer ihrer durch den Fernhandel bedingten Abwesenheit erklärt. Ein aufschlußreiches Beispiel für einen *commerçant voyageur* stellt Pierre Guillaume Bellaiue dar, der Handelsbeziehungen im Dreieck von Sizilien, Syrien und Nordafrika unterhielt. Über seine im Jahre 1248 nach Akkon angetretene Handelsfahrt gibt uns ein Notariatsvertrag detaillierte Auskunft. Er läßt erkennen, daß eine große Zahl von kapitalkräftigen Marseiller Bürgern mit mehr oder weniger hohen Einlagen und auch mit zum Absatz bestimmten Handelswaren an diesem Unternehmen beteiligt waren. Zweifellos spielte der Faktor der Risikostreuung für diese Person eine große Rolle, aber es wird zugleich sichtbar, daß ihre Aktivitäten und Interessen anders gelagert waren als die der alten Geschlechter. Während für diese die Verquickung von Geldgeschäften und Politik typisch war, die auf einer Familientradition basierte, welche die öffentliche Einflußnahme und das Prestige in der Stadt selbst zum Wertmaßstab und Ziel hatte, ist die Triebkraft für den in weiträumigen Beziehungen tätigen Kaufmann dagegen stärker in der Aussicht auf Gewinn, dem spekulativen Erfolg und dem „Abenteuer" zu suchen. Hinsichtlich seiner Heimatstadt war dieser stärker an Stabilität und Ruhe interessiert und stand den dortigen politischen Konflikten eher fremd gegenüber.

Diese Gegenüberstellung weist zwar eine eigentlich unzulässige Zuspitzung auf, denn einerseits konnte die wirtschaftliche Orientierung schon innerhalb einer einzigen Familie in beide Richtungen gehen und andererseits mußte der Rat einer stark expandierenden Hafenstadt wie Marseille deren auswärtige Beziehungen ständig im Auge behalten und fördern. Zur Vermittlung des Verständnisses für das Spannungsverhältnis, das zwischen dem jahrzehntelangen Ringen um die Kommune und dem Aufbau eines großräumigen Handelsnetzes im Falle von Marseille bestand, kann diese Gegenüberstellung dennoch hilfreich sein. Denn sie läßt den Interessenzwiespalt erahnen, der zwischen dem ständigen politischen Konflikt in der Heimat-

stadt und der dadurch bedingten Unsicherheit und Gefahr für die Außenbeziehungen bestand. Der Ausgleich, den man in dieser Frage suchte und vorübergehend fand, war das Institut des ortsfremden und mit weitgehenden
Vollmachten ausgestatteten *Podestà*.

Fast alle nach Marseille berufenen *Podestà* waren italienischer Herkunft.
Drei kamen aus Mailand, je einer stammte aus Bologna und Pavia. Lediglich
Geoffroi Reforciat, ein Angehöriger des vicomtalen Geschlechts von Marseille, machte von dieser Regel eine Ausnahme. Seine Amtszeit im Jahre
1223/1224 zeichnete sich durch besondere Aktivitäten aus, denn 1223
schlossen sich die Einwohner der Oberstadt zu einer Bruderschaft zusammen, wählten Konsuln und entzogen sich so der erzbischöflichen Gerichtsbarkeit und Zuständigkeit mit dem Ziel, die Einheit der Stadt als Gesamtkom-
mune wiederherzustellen. Dieses Vorhaben scheiterte zwar im ersten Anlauf,
gelangte nach einer erneuten Erhebung Ende des Jahres 1224 aber zur Ausführung und hatte trotz päpstlichen Verbots und kaiserlicher Ächtung bis
zum Juli 1226, als die gewaltige Streitmacht des französischen Königs im
Rhonetal vorrückte, Bestand.

5. Die Kämpfe um die Behauptung der Kommune

Sehr erfolgreich war man unterdessen auch in anderer Hinsicht. Im Fe-
bruar 1224 überließ die Abtei St. Victor der Kommune der Unterstadt die
Ausübung der ihr aus dem Erbe von Roncelin zugefallenen vicomtalen
Rechte auf die Dauer von sechs Jahren für den verhältnismäßig niedrigen Betrag von 500 Sous pro anno. Im Mai 1224 verkauften die Erbtöchter des
alten vicomtalen Geschlechts, Barrale und Adalacie, gemeinsam mit ihren
Ehemännern, Hugues und Raimond des Baux, ihre zusammen neun von 24
Anteilen an den vicomtalen Rechten in Marseille und Umgebung für eine
Summe von 40 000 Sous und eine Pension von 5000 Sous über zehn Jahre
hinweg an die Kommune. Weitere vier Anteile wurden knapp zwei Jahre
später hinzuerworben, bis die Kommune der vicomtalen Stadt gegen Mitte
des Jahres 1226 20 der 24 Anteile käuflich erworben und die restlichen vier
von St. Victor gegen Pacht überlassen bekommen hatte. Sie war damit im
wahren Sinne des Wortes zur Stadtherrin geworden.

Auch außenpolitisch hatte man sich in der Zwischenzeit vielseitig abgesichert. Mit dem Erwerb von Burg Brégancon, Anteilen an der Burg Saint-
Marcel, Rechten in Hyères, an der Burg Saint-Geniès bei Caronte und der Ile
de Caronte sowie des Port de Bouc hatte man sich die wichtigen Zugänge zur
Stadt und in deren Umfeld gesichert. Zu den älteren Bündnisverträgen mit
Arles und Nizza waren solche mit Avignon und dann auch mit Grasse hinzu-
gekommen. Im September 1225 bestätigte Graf Raimond VII. von Toulouse

alle Privilegien und Rechte der Stadt; vier Monate später erkannte Raimond Berenger V., Graf der Provence, die Kommune von Marseille und ihre Erwerbungen an und vesprach ihr militärische Unterstützung im Konfliktfall. Ein militärischer Beistandsvertrag wurde auch mit Raimond von Baux geschlossen.

Allein, das alles war kein Gegengewicht gegenüber dem gewaltigen Heer von 50 000 Rittern, das König Ludwig VIII. von Frankreich zusammenzog, um es erst in die Provence und dann gegen das Languedoc zu führen. Er hatte sich zu dieser aufwendigen Bekämpfung der Albigenser erst entschlossen, nachdem ihm Papst und Bischöfe des Südens zugesagt hatten, daß die Kosten vollständig aus dem Kirchenvermögen aufgebracht werden würden und aller Besitz Raimonds VII., des Grafen von Toulouse, sowie aller anderen überführten Häretiker in seine Verfügungsgewalt übergehen würde. Der Graf von Toulouse, mit dem Marseille seit längerem verbündet war, versuchte vergeblich, sein Schicksal durch die Unterwerfung unter das Konzil von Bourges abzuwenden, das seine Absetzung aussprach. Das mit dem Grafen verbündete, eigentlich zum deutschen Reich gehörige Avignon wurde nach längerer Belagerung vom königlichen Heer erobert, was zur freiwilligen Unterwerfung auch von Orange, Arles, Tarascon und Beaucaire führte. Aber die Isolierung und Bedrohung wurde für Marseille noch sehr viel handgreiflicher, denn Graf Raimond Berenger V. hatte ein Bündnis mit der Kirche und dem König von Frankreich geschlossen und vom Kaiser die Belehnung mit der Grafschaft der Provence und das Recht zur Aufhebung aller unrechtmäßigen Kommunen erhalten. Mit diesem verbündete sich Raimond von Baux gegen Marseille. Hugues des Baux und seine Frau Barrale erlangten vom Kaiser sogar die Annullierung des Verkaufs ihrer vicomtalen Rechtstitel an die Stadt, für die sie 40 000 Sous erhalten hatten, um sie schließlich im Februar 1229 an die Abtei von Saint Victor zu übertragen.

Erneut schien alles, was die Kommune Marseille über viele Jahre hinweg mit großem finanziellen Aufwand errungen hatte, sich in nichts aufzulösen. Aber die Stadt setzte sich zur Wehr, stellte die Zahlungen an St. Victor ein, kaufte die klösterlichen Schuldscheine auf und lehnte entschlossen die vom Bischof von Antibes und Abt von Thoronet getroffene schiedsgerichtliche Entscheidung in dieser Sache ab. Die Folge war die neuerliche Verhängung von Interdikt und Bann über die Stadt am 6. April 1229.

Dieses Vorgehen löste einen haßerfüllten Aufstand gegen die Kirche aus: Die Besitzungen von St. Victor vor der Stadt wurden verwüstet, die klösterlichen Salinen am Hafen und die Mühlen an der Huveaune sowie der Tholonnée, das vom Abt neu errichtete Zollbüro am Hafen, zerstört. Ebenso griff man die erzbischöfliche Oberstadt an, verjagte die kirchlichen Gesandten und untersagte den Vertretern der Kirche von Marseille das Betreten der Hafenstadt, so daß für das Kloster St. Victor und die erzbischöfliche Kirche eine

Art mehrmonatiger Belagerungszustand eintrat. Ein Wechsel erfolgte erst,
als Erzbischof Pierre de Montlaur, ein erbitterter Gegner der Kommune,
Ende August 1229 verstarb und an seine Stelle Benoit d'Alignon trat, der sich
unverzüglich um Ausgleichsverhandlungen bemühte. Im Januar 1230 kam
es zum Abschluß des Friedensvertrages. Die Stadt erkannte die erzbischöflichen Rechte an und verpflichtete sich zu einer Schadensersatzzahlung von
15 000 Sous. Für die besonders schwer geschädigte Abtei St. Victor wurde
durch die Vermittlung des Erzbischofs nur die Wiederherstellung des Ver-
tragsverhältnisses von 1224 vereinbart, also die Verpachtung der vicomtalen
Rechte an die Kommune für 500 Sous jährlich für die Dauer von weiteren
sechs Jahren bestätigt, was die Nachzahlung der ausstehenden Pachtbeträge
für die beiden vergangenen Jahre implizierte. Von einiger Bedeutung war die
Veränderung in der Stadtverfassung, nämlich der Verzicht auf das in der politischen Interessenwahrnehmung sehr konsequente Institut des *Podestà* und
die Rückkehr zur Regierung der durch den Stadtherrn vereidigten Rektoren,
immerhin unter Beibehaltung der *Syndici*.

Eine wesentliche Kraft war bei dieser Vereinbarung allerdings unberücksichtigt geblieben: Raimond Berenger V., Graf der Provence, der beim Herannahen des französischen Königs sogleich in dessen Lager übergewechselt
war und die mit Marseille getroffenen Bündnisvereinbarungen mißachtete.
Nun forderte er von der Stadt die Unterwerfung unter seine Herrschaftsrechte, Lehnshuldigung, Teilung der Einkünfte und die Aushändigung der die
Zugänge von Marseille beherrschenden Befestigungsanlagen. Als die Verhandlungen nicht vorankamen, setzte er sich in der bischöflichen Oberstadt
fest und versuchte durch das Ausnutzen innerer Gegensätze die Kommune zu
destabilisieren. Angesichts dieser Bedrohung gelangte man jedoch zur alten
Ge- und Entschlossenheit zurück, sicherte die Zugänge zur Stadt und behauptete sich gegenüber der dann durch den Grafen vorgenommenen Belagerung. Welcher andere Bündnispartner bot sich in dieser Situation mehr an
als Graf Raimond VII. von Toulouse, der Rivale Raimond Berengers im
Kampf um die Grafenwürde, der zwar seine Besitzungen und Rechte in
Nîmes und Beaucaire abgesprochen bekommen hatte, aber neben seiner ihm
noch verbliebenen tolosanischen Hausmacht über vielfältige Sympathien
und Unterstützung in der Provence verfügte. So kam es im November 1230
zum Vertrag, in dem Marseille Raimond VII. als Grafen der Provence anerkannte, wofür dieser sich zur Verteidigung der Stadt verpflichtete und einen
Stellvertreter mit der Wahrnehmung seiner Rechte in Marseille beauftragte.
Die Selbständigkeit der Kommune blieb dabei weitgehend unangetastet,
und auch der Einfluß, den Raimond Berenger V. bis dahin durch die in der
Stadt eingesetzten oder aus dem Bürgertum zu ihm übergegangenen Partei-
gänger, die sogenannten *Mascarats* (die Maskierten/schwarz Gefärbten)
auszuüben versucht hatte, wurde durch deren Ausweisung und Güterkonfis-

kation vorübergehend beseitigt. Allerdings ließen sie sich zum Teil in der Oberstadt nieder und wurden wenige Jahre später auch wieder in der Unterstadt zugelassen (Vertrag vom 3. August 1233). Sie stellten ein latentes Konfliktpotential dar und spiegelten die für manche Kommunen typische und gefährliche Fraktionsbildung wider.

Während des ganzen Jahrzehnts der dreißiger Jahre dauerten diese Konflikte, verbunden mit manchen militärischen Scharmützeln, an. Obwohl durch Intervention des Königs von Frankreich 1241 ein allgemeiner Friede vereinbart wurde, nahm Marseille – gezwungen durch die politischen Umstände – erst 1243 Verhandlungen mit dem Grafen der Provence auf, zu dessen Anerkennung die Stadt sich schließlich durchringen mußte. Dieser konnte allerdings seine Herrschaftsrechte in Marseille selbst nicht ausüben, denn er verstarb bereits 1245. Erbin der Grafschaft wurde damit seine noch unverheiratete Tochter Beatrix, die verständlicherweise von vielen Seiten umworben wurde, und schließlich – am 31. Januar 1246 in Aix-en-Provence – dem Bruder des französischen Königs, Karl von Anjou, zur Frau gegeben wurde. Vorerst blieb Marseille seiner bisherigen Politik treu, hielt also seine engen Beziehungen zu Raimond VII. aufrecht. Als Karl von Anjou zum Kreuzzug aufbrach und 1250 in Gefangenschaft geriet, erneuerten die Städte der Rhone ihre kommunale Verfassung und schlossen sich zu einem Defensivbündnis zusammen. Mit dem Tode Raimond VII. im Jahre 1249 verlor Marseille dann auch jegliche nominelle Herrschaft und wurde zu einer autonomen Kommune. Diese aus der Sicht der Städte vorteilhafte Konstellation änderte sich aber überraschend schnell, als Karl von Anjou schon im Oktober 1250 wieder die Provence erreichte und die miteinander verbündeten Städte Arles und Avignon im April und Mai 1251 zur Unterwerfung zwang. Marseille, das sich unterdessen auf eine Belagerung und militärische Auseinandersetzung vorbereitete, fand sich wohl oder übel doch zu Verhandlungen bereit, die am 26. Juli 1252 in Aix-en-Provence zum Abschluß gelangten. Die Stadt erkannte den Grafen als ihren Herrn an und akzeptierte, daß dieser dort durch einen Regenten und Richter vertreten sei, verpflichtete sich zu einer begrenzten und genau bemessenen militärischen Hilfe und zur Zahlung der Hälfte ihrer aus hoheitlichen Rechten fließenden Einkünfte an den Grafen, Ansonsten behielt die Stadt ihre Verfassung sowie ihre politische und militärische Eigenständigkeit bei, jedoch mit Ausnahme des *Podestà*, der ein Jahr später durch einen Rektor ersetzt wurde, der aber seinerseits – wie der *Podestà* – die beiden obersten Richter an seiner Seite hatte.

1255 schien sich für die Stadt nochmals eine Chance auf Wiedererlangung ihrer Autonomie zu eröffnen, als König Alfons (X.) von Kastilien staufische Erbrechte in der Provence geltend machte und mit der Stadt Marseille einen Bündnisvertrag abschloß. Nachdem der Kastilier sich im März 1256 von den

staufertreuen Pisanern, denen sich Marseille anschloß, zum römischen
König und Kaiser hatte erheben lassen und im Jahr 1257 – wenn auch in um-
strittener Wahl – tatsächlich zum deutschen König gewählt worden war und
damit kaiserliche Rechte für sich beanspruchen konnte, wurde Marseille, so
mochte es für einen Augenblick scheinen, kaiserliche Stadt – Reichsstadt. Verständlicherweise war Karl von Anjou jedoch nicht bereit, diese überraschende Entwicklung hinzunehmen. Diesmal trug er aber keinen Angriff von
außen vor, sondern inszenierte einen Umsturz von innen, und zwar mit Hilfe
des Tuchhändlers Raoulin von Aix, der eine gut organisierte Gruppe von
Anjou-Anhängern um sich geschart hatte, mit denen er anläßlich der Neube-
setzung des Rektorenamtes am 8. Mai 1257 erfolgreich den geplanten Aufstand durchführte. Der daraufhin mit Karl von Anjou geschlossene Vertrag
stellte eine Unterwerfungsurkunde dar: Beseitigung der Kommune, Einset-
zung eines Statthalters, der durch einen von diesem bestellten Stadtrat unterstützt wurde, Ausschaltung der Gewerbe aus dem politischen Leben, Übertragung aller Einkünfte innerhalb der Stadt und aller städtischen Besitzungen
außerhalb von Marseille an den Grafen, das waren die zentralen Bestimmungen. Der Graf unterstützte jedoch seinerseits die Wirtschafts- und Handelsinteressen der Stadt bis hin in das Heilige Land. Sahen also gewisse Han-
delskreise in der inneren Ruhe und der äußeren Entfaltungsmöglichkeit den
eigentlich erstrebenswerten Zustand und in dem Grafen den Garanten einer
solchen Entwicklung, so waren die Vertreter des spätestens seit der Jahrhundertwende energisch verfochtenen Kommunegedankens zwar besiegt, aus
der Stadt vertrieben und ihrer Besitzungen für verlustig erklärt worden, aber
ihr politisches Ziel hatten sie deshalb längst noch nicht aufgegeben. In zwei
großen Aufständen, die sie in die Stadt hineintrugen, stellten sie – u. a. im
Bündnis mit den Herren von Baux, dem Königshaus von Aragon und Beatrix
von Savoyen, Witwe von Raimond Berenger V., von Ende 1261 bis November 1262 und erneut von September 1263 bis zum Dezember 1264 das
alte Verfassungs- und Sozialgefüge – einschließlich der Mitbestimmung der
Gewerbe und der Vereinigung der beiden Teilstädte – wieder her. Letztlich
unterlagen sie aber der stärkeren Macht der Anjou, mit der Marseille dann in
die Kämpfe um das Königreich Sizilien und darüber hinaus im Mittelmeerraum in vielfältiger Weise verknüpft wurde.

6. Bewertung und Einordnung

Marseille ist das aufgrund seiner Größe, der Weite seiner Handelsbeziehungen und der Energie des politischen Wollens herausragende Beispiel der
provencalischen Städtegruppe, die hier ansonsten nur gelegentlich in das
Blickfeld gerückt ist, für die aber insgesamt der kommunale Gedanke eine

starke Triebkraft ihres politischen Handelns über mehr als ein Jahrhundert hinweg dargestellt hat.

Bei der vergleichenden Einordnung des Beispiels dieser Städteregion gewinnt man den Eindruck, daß in der Provence die Dinge gleichsam auf den Kopf gestellt worden seien: Das, was gemeinhin am Ende der Entwicklung stand, bildete hier den Anfang, nämlich der Konsulat, und das, was ansonsten die politischen Voraussetzungen ausmachte, folgte erst mit einer größeren zeitlichen Verzögerung nach, nämlich die Kommune. Während die städtischen Konsuln seit den 1130er Jahren in Erscheinung traten, kann von einer lebendigen und selbständigen Kommune in den provencalischen Städten kaum vor der Jahrhundertwende die Rede sein. Als Erklärung bietet sich die Vermutung an, daß die provencalischen Städte mit der Einführung des Konsulats nach italienischem Vorbild lediglich den Begriff kopierten, ohne über die Grundlagen und inhaltliche Substanz dafür zu verfügen. Wollte man den Konsulat um die Mitte des 12. Jahrhunderts in der Provence kurz charakterisieren, so könnte man ihn als eine zu einem Eigenbewußtsein gelangte aristokratische Führungsgruppe beschreiben, die sich noch stärker aus ihren Beziehungen zum bischöflichen und vicomtalen Stadtherren heraus als aus ihrer Anbindung an die Stadtgemeinde verstand. Es hat den Anschein, als ob man sich vorerst mit dem Vorhandensein einer modernen Institution zufriedengab und die noch embryonal anmutende Gemeindebildung sich durch diese Form der politischen Führung angemessen vertreten sah. In der Tat war das politische und wirtschaftliche Engagement, das diese aristokratische Führungsschicht für die Belange der Stadt an den Tag legte, recht eindrucksvoll, was sich in dem hohen finanziellen Einsatz bei dem Ankauf der wesentlichen Rechtstitel dokumentierte.

In diesem Zusammenhang sollte sich die Vielzahl der konkurrierenden Herrschaftsansprüche in den Städten zugleich als Chance und als Handicap für die Kommune erweisen. Die Chance lag in der Aufsplitterung der Macht und der Zuständigkeitsverhältnisse sowie in der Ausnützung herrschaftlicher Konkurrenz durch die Stadt, das Handicap in dem hydraartigen Nachwachsen immer neuer Ansprüche der Herren an die Stadt, die letztlich nie zu befriedigen waren. Gerade diese Unsicherheit in der Behauptung bereits erlangter Rechte trug aber maßgeblich zur Politisierung auch weiterer Bevölkerungskreise und damit zur Kommunebildung bei. In den besonders turbulenten Jahren zwischen etwa 1210 und 1230 richtete sich diese „Volksbewegung" mit großer Heftigkeit in erster Linie gegen die Kirche, in Marseille vertreten durch den Erzbischof, das Domkapitel und das Kloster St. Victor. Inwieweit hier eine mehr als nur indirekte Verbindung zu den von der Kirche als äußerst gefährlich eingeschätzten und durch die Albigenserkriege militärisch bekämpften häretischen Strömungen bestand, ist hier nicht näher zu analysieren. Fest steht jedoch – erinnert sei an den Brief von Papst

Honorius III. an die Bürger von Marseille –, daß der Vorwurf der Häresie bei den heftigen Konflikten in der Stadt deutlich erhoben wurde. Offensichtlich wurde damit nur ein Signal der Warnung und Abschreckung gegeben und zugleich die Sorge vor einer Fortentwicklung hin zu Ketzerei zum Ausdruck gebracht. Jedenfalls ist die Kirche von Marseille weder vorher noch hinterher so massiv in das Kreuzfeuer bürgerlicher Kritik geraten wie im ersten Drittel des 13. Jahrhunderts. Ein interessantes Einzelphänomen stellt dabei die Heilig-Geist-Bruderschaft von Marseille dar, die 1212 zur kommunalen Organisation umgebildet wurde, sich aber rasch soweit verselbständigte, daß sie 1218 durch den Erzbischof als eine gefährliche Fehlentwicklung aufgehoben wurde. Sehr aufschlußreich ist in dieser Hinsicht die Parallelisierung, die zwischen Bruderschaft, Verschwörung und Konsulat in verschiedenen provencalischen Friedensordnungen und Synodalbeschlüssen dieser Jahre vorgenommen worden ist: „item, statutum est, ut coniurationes vel conspirationes vel confratria vel consulatus non fiant, in civitatibus vel castris vel villis, sine voluntate et consensu expresso dominorum ipsorum locorum; et si contra fierit pax assisteret dominis sicut dictum est, contra eos" („weiterhin wurde entschieden, daß Schwureinungen, Verschwörungen oder Bruderschaften und Konsulate weder in Städten noch in Burgflecken oder Dörfern bestehen dürfen, ohne den Willen und die ausdrückliche Zustimmung der Herren der entsprechenden Plätze. Wenn dagegen gehandelt wird, steht – wie vereinbart – den Herren das Instrument der Friedenswahrung diesen gegenüber zur Verfügung" [Friedensordnung Graf Raimond Berengers V. vom 12. April 1222, in: Recueil des actes des comtes de Provence 2, Nr. 57]).

Vergleicht man die Ereignisse in Marseille mit dem Prozeß der Kommunebildung in anderen europäischen Städteregionen, so ist nicht nur der vergleichsweise späte, sondern auch der ungewöhnlich lange und harte Kampf, der hier um die Kommune geführt wurde, auffallend. In Marseille ist schon bald kein ereignisbedingtes, aus einer konkreten Situation heraus erfolgendes Aufbegehren oder Agieren wie bei manchen frühen Kommunebewegungen mehr zu beobachten, sondern ein zielgerichtetes politisches Handeln mit einem langen Atem zu konstatieren. Warum es trotz dieser Entschlossenheit dennoch zu keinem dauerhaften Erfolg der Kommunebewegung in der Provence kam, läßt sich weitgehend mit dem Hinweis auf die Stärke des Hauses Anjou und des dahinter stehenden französischen Königtums beantworten. Aber es macht sich hier auch eine eigene Schwäche bemerkbar, die gerade dann sichtbar wird, wenn man den Vergleich mit den lombardischen Städtebünden wagt. Über gewisse Ansätze haben die Bemühungen um Gründung eines eigenen provencalischen Städtebundes nicht hinausgeführt, so daß die erforderliche gegenseitige Stützung bei der entscheidenden Konfrontation mit Karl von Anjou nicht wirksam werden konnte.

Schlußbetrachtung und Ausblick

Wollte man das Ergebnis der Untersuchung in einem plakativen Satz zusammenfassen, so ließe sich folgende Feststellung treffen: Auf älteren Grundlagen aufbauend bildete sich in einem komplizierten Prozeß vom 11. bis zum 13. Jahrhundert in weiten Teilen Europas das Bürgertum als eine neue politische und gesellschaftliche Kraft heraus, die bei allen herrschaftsräumlichen und kulturellen Unterschieden so viele Gemeinsamkeiten besaß, daß sie als ein die abendländische Welt prägendes Spezifikum angesehen werden kann. Was ist aus alldem geworden, welche Bedeutung hat dieses städtische Bürgertum für die weitere Entwicklung erlangt?

Würde man mit Marseille als der letzten Fallstudie das Buch beenden, so könnte der Eindruck entstehen, daß das Thema damit auch erschöpft sei, die Kommune mit ihrer militärischen Niederschlagung in der zweiten Hälfte des 13. Jahrhunderts ihr Ende gefunden habe. Aber Marseille und die anderen Städte der Provence können in ihrem politischen Schicksal durchaus nicht als repräsentativ angesehen werden, im übrigen lebten auch hier manche kommunalen Elemente fort. Ein Gegenbeispiel bietet Straßburg durch den Sieg über den bischöflichen Stadtherrn in der Schlacht bei Hausbergen im Jahre 1262. Noch bekannter jedoch ist der militärische Erfolg der Kölner über ihren Erzbischof im Jahre 1288 in der Schlacht von Worringen. Damit gelangte nach einer mehr als 200jährigen, konfliktreichen Auseinandersetzung mit den Stadtherrn (man denke an den Aufstand der Kölner gegen Erzbischof Anno im Jahre 1074) die kommunale Verfassung zum Durchbruch. Zwischen diesen extremen Polen von Sieg und Niederlage gibt es natürlich das breite Spektrum der Kompromisse, also des geregelten Nebeneinanders von stadtherrlicher, landesherrlicher oder königlicher Autorität einerseits und kommunaler Selbstbestimmung andererseits. Das galt – stark vereinfacht gesagt – für die *bonnes villes* der französischen Krone, für englische Städte kommunaler Prägung oder auch kleinere und mittelgroße Reichsstädte, soweit sie dem Einfluß des deutschen Königs in seiner Eigenschaft als Landesherrn unterlagen.

Wie einleitend bereits betont wurde, ist es in vielen Fällen gar nicht zu konfliktreichen Erhebungen kommunalen Charakters im 11.–13. Jahrhundert ge-

kommen. Vielmehr erfolgte, zum Teil nach vorausgegangenen Verhandlungen mit dem Stadtherrn, die Bestätigung der Kommune. Bei städtischen
Neugründungen wurde zwecks Steigerung der Attraktivität oftmals von vornherein unter Gewährung persönlicher Freiheitsrechte und freier Grundbesitz-
rechte die Existenz einer politischen Gemeinde konzediert. Allerdings
blieben daneben manche Territorialstädte in herrschaftlicher Abhängigkeit,
auch wenn der Stadtgemeinde gewisse Privilegien erteilt wurden.

Aber auch dort, wo es über den Konflikt zum Ausgleich und schließlich zur
Anerkennung der Kommune durch den Stadtherrn kam, waren dessen Herrschaftsrechte nicht ausgelöscht. Am sichtbarsten spiegelte sich der übergeordnete Anspruch im Huldigungseid wider, der in der Regel anläßlich des
Herrscherwechsels von der Stadtgemeinde geleistet wurde. Bezeichnenderweise machte diese nun jedoch die Huldigung und Eidesleistung von Bedingungen abhängig. Man hatte sie zu einem Rechtsakt ausgebildet, der auf dem
Grundsatz der Gegenseitigkeit beruhte. Keine förmliche Anerkennung des
Herrn ohne vorausgegangene Bestätigung der Privilegien! Wie es die durch-
geführten Fallstudien zeigen, war gerade diese Frage in fast allen Fällen
Hauptelement und Stoßrichtung der Kommunebewegung gewesen. Erinnern wir uns an einige der herausragenden Beispiele: In Mailand machte die
frühkommunale Bewegung die Anerkennung des Stadtherrn von der Bestätigung ihrer eigenen Rechte abhängig und verknüpfte bei den religiös und
politisch geprägten Auseinandersetzungen des Investiturstreits die Bewilli-
gung des Einzugs und der Huldigung *(adventus, ingressus)* mit der von ihr
geforderten Mitwirkung an der Wahl des neuen Erzbischofs.

In Flandern vermochten 1127/28 die wichtigsten Städte durch ihr ent-
schlossenes Handeln die Erhebung des neuen Grafen an ihre Zustimmung
zu knüpfen und von daher die grundlegenden Kommuneprivilegien zu erlangen. Besonders extrem erscheint der Fall Rom, wenn auch die hier ange-
strebte Interdependenz von Kaiserwahl durch die stadtrömische *communitas*
auf der einen Seite und der kaiserlichen Anerkennung der Kommune auf der
anderen Seite in dieser zugespitzten Situation keine Verwirklichung fand.
Erinnern wir uns schließlich auch daran, daß die schweren Konflikte um den
lombardischen Städtebund nicht zuletzt durch einen Kompromiß beigelegt
werden konnten, indem als Gegengewicht für die kaiserliche Anerkennung
der *Lega Lombarda* ein lockerer Untertaneneid der oberitalienischen Stadtkommunen geleistet werden mußte. Auch in England sind ähnliche Vorgänge
zu beobachten, denn bei den Verhandlungen um die Magna Charta vermochte London bis zu einem gewissen Umfang eigene Vorstellungen und
Ansprüche dieser Art in das Vertragswerk einfließen zu lassen.

Der im Zuge der Kommunebewegung zum Teil sehr energisch vorgetragene Anspruch der Städte, die Wahl und Erhebung des Herrschers mit-
zubestimmen, ließ sich allerdings nur in besonderen Konfliktsituationen

realisieren und blieb auf einige herausragende Beispiele zwischen dem ausgehenden 11. und beginnenden 13. Jahrhundert beschränkt.

War, so könnte man aus einem entgegengesetzten Blickwinkel heraus fragen, die Leistung des Huldigungseides gegenüber dem Stadtherrn, Bischof, Landesherrn oder König, nicht doch sichtbarer Ausdruck der herrschaftlichen Einbindung der Kommune, selbst wenn diese die besagten Vorleistungen einzufordern vermochte? In der Tat ist trotz aller Einschränkungen am Anspruch und Grundsatz der fürstlichen Stadtherrschaft letztlich dauerhaft festgehalten worden.

Aber die Bürger leisteten nicht nur den Huldigungseid, sondern vorrangig einen Bürgereid. Wilhelm Ebel hat in seinem großen Werk zu dieser Thematik den Bürgereid als „Geltungsgrund und Gestaltungsprinzip des deutschen mittelalterlichen Stadtrechtes" bezeichnet. Er wurde der Stadtgemeinde als eigenständige Rechtsperson bzw. dem Stadtrat als deren Organ geleistet und war demnach stärkster Ausdruck eines eigenständigen Rechtsbewußtseins. Jährlich dokumentierte sich so in den Schwörtagen aufs neue das kommunale Eigenverständnis, das ständiger Erneuerung und Bestätigung bedurfte, also durchaus nicht als eine einmalig fixierte Verfassungsform begriffen wurde. Es war die selbstübernommene Verpflichtung zu Gehorsam gegenüber den gewählten Organen und zur Anerkennung der Normen des gemeinen Wohls und Nutzens, die die Bürgergemeinde konstituierten. Ernst Pitz hat in einer eindringlichen kleinen Studie auf diese und darüber hinausführende Zusammenhänge hingewiesen: „Nicht die Außenbeziehungen der Stadtpersönlichkeit zum Stadtherrn (charakterisiert durch den Huldigungseid), sondern das Binnenverhältnis zwischen den Bürgern und den sie repräsentierenden Organen bot(en) Gierke und Ebel den Anhaltspunkt, um mittelalterliches Stadt- und modernes Staatsbürgerrecht miteinander zu verbinden. Denn nur der Rat, nicht aber der Stadtherr war auf das städtische Gemeinwohl als Staatsziel verpflichtet" (Pitz, Untertanenverband, S. 278).

Bestimmender als das Verhältnis der Städte zu ihrem jeweiligen Herrn sind vom ausgehenden 13. Jahrhundert bis ins 15. Jahrhundert hinein die politischen und gesellschaftlichen Umbrüche auf der innerstädtischen Ebene gewesen. Es handelt sich dabei um die Ereignisse, die man früher gern mit dem unangemessenen Begriff der „Zunftrevolution" charakterisiert hat, heute dagegen eher mit dem auch nicht unproblematischen Terminus der „Bürgerkämpfe" beschreibt. Man hat diese Umwälzungen geradezu als eine zweite Kommunebewegung begriffen, in der die eigentliche Idee erst an ihr Ziel gelangt sei. Gemeint ist die im Begriff ja schon enthaltene Grundvorstellung, daß die Stadtgemeinde, nunmehr häufig in Zünfte als politische Einheiten gegliedert, sich selbst bestimmte und nicht mehr der patrizischen Bevormundung unterlag. Auch in diesem Fall erscheint es wenig angebracht, darüber zu streiten, ob man diese Umgestaltung als Demokratisierung bezeichnen sollte, weil es dabei letztlich noch immer um den unangemessenen Vergleich mit der Gegenwart geht. Bezogen auf den kommunalen Gedanken des Mittelalters ist in der Tat erst in dieser Entwicklungsphase manches von dem verwirklicht worden, das von der Idee her schon vorgegeben war.

Mit der Ausgestaltung der Stadt im Spätmittelalter gelangte diese Entwicklung an Grenzen, vor allem was die Handlungsfähigkeit der Stadtgemeinde angesichts der Belastungen durch soziale Spannungen und militärische Konflikte betraf. Deutlicher wird dies noch, wenn man den Blick auf die Kleinräumigkeit und Isoliertheit der städtischen Gebilde richtet. Trotz der Aufnahme quasi staatlicher Zielsetzung durch die Stadtgemeinde, wie sie schon Otto von Gierke zu Recht betont hat, entwickelte die mittelalterliche Stadt nur selten eine über sie selbst hinausreichende Integrationskraft, besonders wenig im deutschen Raum, aber auch in Italien und Flandern nur ansatzweise. Statt dessen begann sich seit dem 15./16. Jahrhundert allenthalben der frühmoderne Staat zu etablieren und zu festigen. Stichworte wie Territorialstaat und Absolutismus sowie Obrigket und Untertan mögen schlaglichtartig verdeutlichen, welchen Veränderungen auch das Städtewesen vom 16. Jahrhundert bis zur Französischen Revolution unterworfen war. Den ersten markanten Einbruch stellte der von Kaiser Karl V. erlassene Augsburger Religionsfrieden dar, der den Territorialfürsten gleichsam die staatsrechtliche Grundlage für die Einbindung der Städte in ihre herrschaftliche Zuständigkeit vermittelte. Noch nachhaltigere Konsequenzen hatten die Ereignisse und Folgen des Dreißigjährigen Krieges, wenn auch mit starken regionalen Abweichungen. Im Zuge dieser Entwicklungen des 16. und 17. Jahrhunderts hatten sich auch die Räte derjenigen Städte, die eine weitgehende Selbständigkeit behaupten konnten, stärker zur Obrigkeit gewandelt und den Versuch unternommen, die Bürger in die Rolle von Untertanen zu drängen.

Zwar wurden in vielen Fällen nominaliter die alten kommunalen Einrichtungen belassen, realiter stellten sie jedoch kaum mehr als leere Hülsen dar und wurden in den meisten Städten durch staatliche Zuständigkeiten und Behörden weitgehend ersetzt. Dies betraf besonders Außenpolitik, Militärwesen und Gerichtsbarkeit. Zweifellos waren von diesem Prozeß die Territorialstädte stärker betroffen, aber auch von den Reichsstädten oder Freien Reichsstädten gelang es nur wenigen, Ansprüche und Eingriffe „staatlicherseits" abzuweisen und ihre Eigenständigkeit im vollen Umfang zu behaupten. Allerdings bedarf dies stark vergröbernde Bild einiger wichtiger Korrekturen und Aufhellungen. Geradezu als Reaktion auf diese Entwicklung kam es um die Wende vom 16. zum 17. Jahrhundert in Städten mit einer lebendigen Tradition der Bürgergemeinde zu Protest- und Aufstandsbewegungen, die z. T. auch zu einer theoretischen Konzipierung des eigenen Verständnisses und Anspruches führten.

Wenn diese Unruhen, die einerseits auf die Veröffentlichung der alten Privi-

legien und andererseits auf die Legitimierung des Stadtrates durch die Bürgergemeinde abzielten, keinen dauerhaften politischen Erfolg hatten, so war
doch im Bewußtsein und in der konzeptionellen Ausformung eher eine Ver-
stärkung der kommunalen Idee zu registrieren (H. Schilling). Hier bildete
sich die Theorie der gemischten Verfassung aus, mit der Vorstellung des Stadtrates als Obrigkeit auf der Grundlage der Bürgergemeinde (O. Brunner, Sou-
veränitätsproblem). Um die Alternative der Entwicklungsmöglichkeit zu erfassen, bedarf es nur eines erinnernden Hinweises auf die Niederlande und
die Schweiz, die mit der zum Fürstenstaat und Absolutismus parallelen
Ausbildung von Republiken so etwas wie ein Gegenbild darstellten.

Insgesamt ist aus der stadtbürgerlichen Tradition gewiß mehr als aus der
der absoluten Monarchie in das abendländische Staatswesen des 19. Jahrhunderts eingeflossen.

Dabei richtet sich der Blick besonders auf Frankreich. Im Grunde genommen hat bisher nur Charles Petit-Dutaillis in seinem grundlegenden
Werk über ›Les communes françaises‹ (1947), den Versuch unternommen,
das Schicksal der Stadtkommune über das Mittelalter hinaus bis hin zur Französischen Revolution zu verfolgen. Den Tenor seiner beiden umfangreichen,
auf diese Zeit bezogenen Schlußkapitel bringen die gewählten Überschriften
zum Ausdruck, wenn er das 16. und weite Teile des 17. Jahrhunderts mit ›Sur-
vivance des communes. Mort de quelques-unes‹ und die Zeit vom Sonnen-
könig bis zur Französischen Revolution mit ›Fin des communes françaises‹
betitelt. Bedeutete dies nun zugleich das Ende der kommunalen Idee? Keineswegs, denn auf der einen Seite erfolgte seit der Wende vom 17. zum
18. Jahrhundert eine lebendige Entfaltung des Bürgertums, die sich nun allerdings besonders im gesellschaftlichen und geistig-kulturellen Bereich aus-
drückte. Auf der anderen Seite brachten Französische Revolution und Frei-
heitskriege politische Ideen hervor, die bewußt, z. T. in romantisierender
Form, auf das mittelalterliche Bürgertum und den kommunalen Gedanken
zurückgriffen. Sie erlangten jedoch dadurch einen neuen Inhalt, daß sie nun
auf den Staat und seine neu zu gestaltende Gesellschaft Bezug nahmen und
damit von der städtischen auf die staatliche und nationale Ebene übertragen
wurden.

War auch die kommunale Verfassung in der politischen Wirklichkeit der
frühneuzeitlichen Entwicklung stark zurückgedrängt worden oder zugrunde
gegangen, so war das im 18. Jahrhundert wiedererwachte Interesse an dem
Kommunegedanken des 11./12. Jahrhunderts – etwa bei Montesquieu und
den Enzyklopädisten – durchaus nicht nur antiquarischer Art. In dem Vor-
wort zum 11. Band der ›Ordonnances des Rois de France‹ hatte Bréquigny bereits 1769 ein ebenso präzises wie engagiertes Bild der Kommune entworfen.
Der anonyme Verfasser des Artikels ›Commune‹, der 1789 im IX. Band der
›Encyclopédie méthodique‹ erschien, beschreibt die Kommune als eine Ver-

einigung der Bürger zum Kampf gegen die Tyrannei. In Deutschland nahm im 18. Jahrhundert Justus Möser in gewisser Weise eine Vermittlerrolle zwischen historischer Tradition und politischer Konzeption ein und verband damit emanzipatorische Vorstellungen. Sein Streben richtete sich auf die Wiederherstellung eines selbstbewußten, genossenschaftlich organisierten Bürger- und Bauernstandes, der über Eigentum und Eigenverantwortung verfügte und dessen „gemeine bürgerliche Ehre" und „gemeine Freiheit" zur Triebkraft für den neuen bürgerlichen Staat werden sollte.

Auf Vorstudien des 18. Jahrhunderts, eigene Erfahrungen der Revolutionszeit und auf seine engen Kontakte zu Saint-Simon konnte A. Thierry (1795–1856) Bezug nehmen, als er seit 1820 in seinen Artikeln zur französischen Geschichte die historische Rolle des Dritten Standes darzulegen begann und dabei wie selbstverständlich auf die «révolution communale» des 11./12. Jahrhunderts zurückgriff. Für ihn war „die Erhebung der Kommune eine wahre soziale Revolution, Vorspiel aller weiteren, durch die allmählich der Dritte Stand aufgestiegen sei, sie war die Wiege unserer modernen Freiheit" (Vorrede zu ›Dix ans‹ [1834], Œuvres 6, S. 3).

Thierry hat, wie es Klaus Schreiner in einer sehr aufschlußreichen Studie herausgearbeitet hat, mit dieser Interpretation der Französischen Revolution und ihrer Grundlagen nachhaltigen Einfluß ausgeübt, besonders auf Karl Marx und Max Weber. Marx schrieb am 27. Juli 1854 an Friedrich Engels: „Was er (Thierry) gut entwickelt und betont, ist der konspirative und revolutionäre Charakter der Munizipalbewegung im zwölften Jahrhundert" (Der Briefwechsel zwischen Friedrich Engels und Karl Marx 1844 bis 1883, hrsg. von August Bebel und Eduard Bernstein, Bd. 2, Stuttgart 1919, S. 35 f.). In diesem Punkt übereinstimmend, betont Max Weber den revolutionären Charakter der Kommune und damit verbunden den grundlegenden Unterschied der mittelalterlich-okzidentalen Stadt gegenüber dem Städtewesen anderer Zeiten und Regionen, die somit eine der Grundvoraussetzungen für die moderne politische Entwicklung darstelle.

Auch in Italien griff man seit der Wende vom 18. zum 19. Jahrhundert mit Entschlossenheit auf das Mittelalter, besonders das 12. Jahrhundert, zurück, das die Möglichkeit zu bieten schien, den begeisternden Gedanken der Freiheit mit dem der *patria* (nunmehr verstanden als Nationalstaat) zu verbinden. Bereits im Manifest der Confoederatio Cispadana (südliche Poebene) vom Oktober 1796 berief man sich auf die „Unsterbliche Lega Lombarda", die sich schon im 12. Jahrhundert, beseelt vom neuen Gedanken der Freiheit, mit Erfolg der Unterdrückung durch einen Despoten (Friedrich Barbarossa) erwehrt habe. Diese Gedanken hatte der Dichter Saverio Bettinelli (1718–1808) in seinem berühmt gewordenen Werk ›Il Risorgimento d'Italia dopo il mille‹, das bereits 1775 und in neuer Auflage 1786 erschienen war, populär gemacht: „Unsere Städte sind Schritt um Schritt zu einer solchen Freiheit ge-

langt, daß sie die Kraft und den Mut verspürten, sich Kaiser Friedrich Barbarossa entgegenzustellen, ... bis es schließlich gelang, das neue republikanische System in den berühmten Frieden von Konstanz von 1183 für fast ganz
Italien zu verankern" (Opere, Venezia 1799, t. VII, pp. 168 f.). Große Verbreitung fand dieses Bild von der Lega Lombarda durch den unverdächtigen, da
in Genf geborenen Jean Charles Léonard Simonde de Sismondi (1773–
1842), den Verfasser der ›Histoire des Républiques Italiennes du Moyen Age‹
(Paris 1807–1818, Neuausgabe 1826). Er erblickte die Sternstunde der italienischen Nation nicht so sehr im Glanze der Renaissance als vielmehr in
der Größe des Zeitalters der Kommunen, das seinen Höhepunkt in dem Frei-
heitskrieg der Lega Lombarda und in der Konförderation von Stadtrepu-
bliken gehabt habe. Dies waren jedenfalls die historischen, wenn auch stark
romantisierenden Bilder, die für das Risorgimento, den Kreis um den Concilia-
tore und die Liberalen maßgeblich wurden. Deswegen urteilte auch Benedetto
Croce, die Lega Lombarda sei nicht ein, sondern *der* Mythos des Risorgimento gewesen, in dem die epische Legende der ersten Hälfte des 19. Jahrhunderts Italiens kulminiere. Die Lega Lombarda wurde «il centro della
storia d'Italia, il punto focale», in dem Vergangenheit, Gegenwart und Zukunft sich unauflöslich miteinander verknüpften, wie es Mario Fubini auf der
800-Jahr-Feier von Alessandria 1968 formulierte.

In Deutschland wurde in der großen, kontovers geführten Debatte des ausgehenden 19. Jahrhunderts um die Grundlagen des Staates den neuen Entwicklungen des hohen Mittelalters ein zentraler Platz und Interpretationswert zuerkannt. Es ist dabei an die Namen Otto von Gierke, Karl Wilhelm
Nitzsch, Karl Lamprecht und Gustav Schmoller auf der einen Seite zu denken
sowie auf der anderen vor allem auf Georg von Below, aber auch Rudolf
Sohm und Friedrich Keutgen zu verweisen.

Während die erstgenannte Gruppe für das Mittelalter das Bild eines gleichberechtigten Nebeneinanders genossenschaftlich-gemeindlicher und herrschaftlicher Strukturen zeichnete, versuchte Georg von Below als Wortführer
der anderen Gruppe bereits für das hohe Mittelalter quasi staatliche Strukturen öffentlich-rechtlichen Charakters zu reklamieren. Daß solche historische Debatten nicht ohne Bezug zum politischen Gegenwartsverständnis
der Jahrhundertwende waren, versteht sich von selbst; denn es war zweifellos ein grundlegender Unterschied, ob man die mittelalterliche Stadt als
ein staatlich integriertes und privilegiertes Gebilde begriff oder als eine auto-
nome Rechtsbildung auf der Grundlage der Gemeinde. Für unseren thematischen Zusammenhang ist in dieser Diskussion besonders auf Otto von
Gierke hinzuweisen, dessen Staatslehre, wie es E.-W. Böckenförde (S. 147)
formulierte, in dem „Gedanken der organischen Staatspersönlichkeit als der
Versöhnung von Herrschaft und Genossenschaft, von Einheit und Freiheit"
gipfelt. In seinem 1868 erschienenen Hauptwerk über „das deutsche Genos-

senschaftsrecht" erfaßte Gierke die historischen Grundlagen der modernen, seine eigene Zeit prägenden Entwicklung auf der Grundlage der mittelalterlichen Stadtfreiheit. Er sprach der Zeit des 11./12. bis 15. Jahrhunderts einen genossenschaftlichen Charakter zu, der nach der herrschaftlich geprägten Phase der Frühneuzeit (1500-1800) unter veränderten Vorzeichen wieder zum Durchbruch gelangt sei. Dementsprechend unterschied er, wie es O. G. Oexle sehr klar herausgearbeitet hat, drei Epochen des europäischen Vereinigungswesens: Erstens die Zeit der freien Einung des Mittelalters, die letztlich auf germanische Ursprünge zurückging und im 12. Jahrhundert zur vollen Entfaltung gelangte und bis zum Ende des 15. Jahrhunderts andauerte; zweitens die Zeit der obrigkeitlich bestimmten Korporationen der Frühen Neuzeit von 1500 bis 1800 und drittens schließlich die neue Form des Genossenschaftswesens in Gestalt von Assoziationen, die sich seit dem Beginn des 19. Jahrhunderts entwickelt hatte. Die Assoziationen, knüpften zwar in einigen Elementen an die freien Einungen des Mittelalters an, wiesen aber in viel stärkerem Maße eine politische und interessenorientierte Struktur (Zweckverbände) auf, wie sie in den verschiedenen Formen der Vereins- und schließlich der Parteien- und Gewerkschaftsbildung hervortrat.

Gierkes bedeutendster Schüler war der Staatsrechtler und demokratische Politiker Hugo Preuß (DDP), der den Gedanken des genossenschaftlich strukturierten Staates vertrat und die kommunale Selbstverwaltung im Sinne des Freiherrn von Stein engagiert befürwortete. Als sogenannter „geistiger Vater der Weimarer Reichsverfassung" von 1919 hat er einige seiner Gedanken auch politisch umzusetzen versucht. In der Einleitung zu seiner Geschichte der ›Entwicklung des Deutschen Städtewesens‹ faßt er sein Grundverständnis folgendermaßen zusammen: „Die mittelalterliche Stadt ist die Keimzelle des modernen Staates; sie zeigt mitten im Ständewesen des Mittelalters die charakteristischen Züge modernen Staatswesens in ihren ersten Ansätzen …", denn beide Gebilde (sowohl mittelalterliche Stadt als auch moderner Staat) bauten auf der korporativen Organisation der Bevölkerung auf territorialer Grundlage des Gebietes auf, was die „innere Einheitlichkeit der Nationalstaaten urbaner Kultur" erkläre (S. 5). Dies träfe – laut Preuß – nur begrenzt auf Deutschland zu, da hier die Territorialisierung im Sinne von Zersplitterung und Dominanz des Adels das urbane Prinzip nicht zur vollen Entfaltung habe kommen lassen. Erst mit Gründung des Deutschen Reiches 1871 sei eine dem urbanen Genossenschaftswesen verwandte „korporative Organisation einer Volksgesamtheit" (S. 7) zum Durchbruch gelangt.

Der wesentliche Impuls in diese Richtung war jedoch bereits mit der Städteordnung des Freiherrn von Stein vom 19. November 1808 gegeben worden. Fast einhundert Jahre später urteilte der in der Frage der städtischen Selbstverwaltung engagierte Hugo Preuß: „Die korporative Organisation der Staatsverfassung begann mit der Neubildung der korporativen Stadtverfassung, die Urbanisierung des Staates mit der Reurbanisierung der Stadt. Das ist die gewaltige Bedeutung der Steinschen Städteordnung" (Die Entwicklung des deutschen Städtewesens, S. 225). Dabei ist aber nicht zu übersehen, daß mit den neuen Städteordnungen den Stadtgemeinden staatlicherseits zwar Selbstverwaltungsaufgaben, aber weniger Selbstbestimmungsrechte zugewiesen wurden und diese eine kontrollierte Funktion im Staatsgefüge wahrzunehmen hatten.

Aus anderem Blickwinkel gelangte jüngst Hans-Peter Schneider überzeugend zu einem ähnlichen Ergebnis. Danach habe der Prozeß der Verstaatlichung des Stadtbürgers endgültig erst in der ersten Hälfte des 19. Jahrhunderts stattgefunden, während man für die zweite Hälfte dieses Jahrhunderts eher eine „Verbürgerlichung des Staates" beobachten könne. Denn nun drangen Stadt- und Bildungsbürgertum massiv in die Bereiche der Verwaltung, des Rechtswesens und der Justiz ein und erfüllte sie mit dem Geist des Bourgeois, des „modernen Wirtschaftsmenschen" (W. Sombart, Der Bourgeois).

Insgesamt wird man festhalten können, daß in dem langen Ringen um die Neugestaltung von Staat und Gesellschaft, wie es seit der Französischen Revolution das ganze 19. Jahrhundert hindurch ausgetragen wurde, ältere gewachsene und neu hinzutretende Elemente eine unauflösliche Verbindung eingegangen sind und ein neues Bürgertum hervorgebracht haben, das seine Ursprünge nicht zuletzt in der kommunalen Bewegung des 11.–13. Jahrhunderts hat.

Beides, die lange Tradition des städtischen Bürgertums und die Neugestaltung der bürgerlichen Gesellschaft seit der Wende vom 18. zum 19. Jahrhundert unter staatlichen Vorzeichen muß man zusammen sehen, um sowohl Kontinuitäten als auch den mit der Französischen Revolution erfolgten Umbruch verstehen zu können. Wenn man bedenkt, wie weit wir uns in der heutigen modernen Industriegesellschaft vom Mittelalter entfernt haben, wie viele Wertvorstellungen und Verhaltensweisen jedoch aus der gewachsenen städtischen Gesellschaft und urbanen Kultur heraus bis in die Gegenwart fortwirken, dann läßt sich ermessen, daß man bei einer Einschätzung der historischen Bezüge die Akzente sehr leicht in die eine oder andere Richtung verschieben kann. Natürlich ist die moderne europäische Staatenwelt als das mühsam entstandene Ergebnis zu begreifen, das, ausgehend von Französischer Revolution und Liberalismus, über Nationalstaatbildung, Weltkriege und Industrialisierung einer tiefgreifenden Umwandlung und Fortentwicklung unterworfen war. Zugleich läßt sich aber auch darauf aufmerksam machen, daß die bestehende Europäische Gemeinschaft wohl nicht zufällig im Kern gerade die Staaten umfaßt, die im Hochmittelalter ein Bürgertum hervorgebracht haben, wie es mit diesem Buch vorgestellt worden ist.

Literatur

Einleitung

Bréquigny, L. F. de: Recherches sur les communes. Préface du t. 11 des «Ordonnances des rois de France», Paris 1769.

Coornaert, Emile: Les ghildes médiévales, in: Revue historique 199 (1948), S. 22–55 und 208–243.

Dilcher, Gerhard: Die Entstehung der lombardischen Stadtkommune (= Untersuchungen zur deutschen Staats- und Rechtsgeschichte N. F. 7), Aalen 1967.

Dollinger, Philippe, P. Wolff und S. Guenée: Bibliographie d'histoire des villes de France (= Publ. de la Commission internationale pour l'histoire des villes), Paris 1967.

Dopsch, Heinz: Freiheit und Unfreiheit. Zur Dynamik der mittelalterlichen Gesellschaftsentwicklung, in: Geschichte des Mittelalters. Gesellschaftsprozeß als Leitthema des Unterrichts, hrsg. von C. Lückerath und U. Uffelmann, Düsseldorf 1982, S. 23–54.

Droege, Georg: Die städtische Kommunalbewegung im Rahmen der hochmittelalterlichen Freiheitsbewegung, in: Westfälische Forschungen 22 (1969/70), S. 42–49.

Duby, Georges: Les laics et la paix de Dieu, in: Ders., Hommes et structures du moyen âge. Recueil d'articles, Paris 1973, S. 227–240.

Ebel, Wilhelm: Der Bürgereid als Geltungsgrund und Gestaltungsprinzip des deutschen mittelalterlichen Stadtrechts, Weimar 1958.

Elenchus fontium historiae urbanae, edd. C. van de Kieft et J. F. Niermeyer, Bd. 1, Leiden 1967.

Ennen, Edith: Gesammelte Abhandlungen zum europäischen Städtewesen und zur rheinischen Geschichte, 2 Bde., Bonn 1977 und 1987.

–: Frühgeschichte der europäischen Stadt, 3. Aufl., Bonn 1981.

Espinas, Georges: Recueil de documents relatifs à l'histoire du droit municipal en France dès origines à la Révolution, T. 1–3, Paris 1934–1943.

Fasoli, Gina, F. Bocchi: La città medievale italiana, Florenz 1973.

Font y Rius, José-M.: Les villes dans l'Espagne du moyen âge. L'histoire de leurs institutions administratives et judicaires, in: La ville I (= Recueils de la Société J. Bodin 6), Brüssel 1954, S. 263–295.

Fried, Johannes: Über den Universalismus der Freiheit im Mittelalter, in: HZ 240 (1985), S. 313–361.

Grand, Roger: La genèse du mouvement communal en France, in: Revue historique de droit français et étranger 51 (1942), S. 149–173.

–: Etymologie et acception première du mot communia, in: Revue historique de droit français et étranger (1948).

Gautier-Dalché, Jean: Les mouvements urbains dans le nordouest de l'Espagne au XIIe siècle. Influences étrangères ou phénomènes originaux?, in: Cuadernos de Historia. Anexos de la revista Hispania 2 (1968), S. 51–64.

Goehrke, Carsten: Die Sozialstruktur des mittelalterlichen Novgorod, in: Untersuchungen zur gesellschaftlichen Struktur der mittelalterlichen Städte in Europa (= Vorträge und Forschungen 1), Konstanz/Stuttgart 1966, S. 357–378.

Goetz, Hans-Werner: Gottesfriede und Gemeindebildung, in: ZRG GA 105 (1988), S. 122–144.

Grundmann, Herbert: Freiheit als religiöses, politisches und persönliches Postulat im Mittelalter, in: HZ 183 (1957), S. 23–53.

Handbuch der Geschichte Russlands, Bd. 1: bis 1613, hrsg. von M. Hellmann, G. Schramm und K. Zernack, Stuttgart 1981.

Harding, Alan: Political Liberty in the Middle Ages, in: Speculum 55 (1980), S. 423–443.

Haverkamp, Alfred: Die „frühbürgerliche" Welt im hohen und späten Mittelalter, in: HZ 221 (1975), S. 571–602.

Heer, Friedrich: Aufgang Europas. Eine Studie zu den Zusammenhängen zwischen politischer Religiosität, Frömmigkeitsstil und dem Werden Europas im 12. Jahrhundert, 1949.

Heers, Jacques: Le clan familial au Moyen Age. Etude sur les structures politiques et sociales des milieux urbains, Paris 1974.

Hoffmann, Hartmut: Gottesfriede und Treuga Dei (= Schriften der MGH 20), Stuttgart 1964.

Johansen, Paul: Novgorod und die Hanse, in: Städtewesen und Bürgertum als geschichtliche Kräfte (= Gedächtnisschrift F. Rörig), hrsg. von A. von Brandt und K. Koppe, Lübeck 1953, S. 121–148.

Kaiser, Reinhold: Bischofsherrschaft zwischen Königtum und Fürstenmacht. Studien zur bischöflichen Stadtherrschaft im westfränkisch-französischen Reich im frühen und hohen Mittelalter (= Pariser Historische Studien 17), Bonn 1981.

–: Selbsthilfe und Gewaltmonopol. Königliche Friedenswahrung in Deutschland und Frankreich im Mittelalter, in: Frühmittelalterliche Studien 17 (1983), S. 55–72.

Keller, Hagen: Adelsherrschaft und städtische Gesellschaft in Oberitalien, 9. bis 12. Jahrhundert (= Bibliothek des Deutschen Historischen Instituts in Rom 52), Tübingen 1979.

Keutgen, Friedrich: Urkunden zur städtischen Verfassungsgeschichte, Berlin 1899, ND Aalen 1965.

Le Goff, Jacques: Les premières institutions urbaines, in: Histoire de la France urbaine, Bd. 2, hrsg. von Jacques Le Goff, 1980, S. 143–181.

Leuschner, Jörg: Novgorod. Untersuchungen zu einigen Fragen seiner Verfassungs- und Bevölkerungsstruktur (= Giessener Abhandlungen zur Agrar- und Wirtschaftsforschung des europäischen Ostens 107), Berlin 1980.

Les libertés urbaines et rurales du XIe au XIVe siècle. Colloque international, Spa 5.–8. IX. 1966 (= Pro Civitate. Collection Histoire, sér. 80, Nr. 19), Brüssel 1968.

Luchaire, Achille: Les communes françaises à l'époque des capétiens directs, Paris 1890.

Michaud-Quantin, Pierre: Universitas. Expressions du mouvement communautaire dans le Moyen-Age latin (= L'église et l'état au Moyen Age 13), Paris 1890.

Mitteis, Heinrich: Über den Rechtsgrund des Satzes „Stadtluft macht frei", in: Festschrift Edmund E. Stengel zum 70. Geburtstag, Münster/Köln 1952.

Mollat, Michel, Ph. Wolff: Ongles bleus, Jacques et Ciompi. Les révolutions populaires en Europe aux XIVe et XVe siècles, Paris 1970.

Die erste Novgoroder Chronik nach ihrer ältesten Redaktion (Synodalhandschrift) 1016–1333/1352, hrsg. und übers. von J. Dietze, München 1971.

Petit-Dutaillis, Charles: Les communes françaises. Caractères et évolution des origines au XVIIIe siècle, Paris 1947.

Pirenne, Henri: Les villes et les institutions urbaines, 2 Bde., Paris 1939.

Pitz, Ernst: Europäisches Städtewesen und Bürgertum. Von der Spätantike bis zum hohen Mittelalter, Darmstadt 1991.

Planitz, Hans: Zur Geschichte des städtischen Meliorats, in: ZRG GA 67 (1950), S. 147–175.

–: Die Handfeste von Huy von 1066, der älteste städtische Freiheitsbrief im deutschen Reich, in: Rheinische Kulturgeschichte in Querschnitten aus Mittelalter und Neuzeit, hrsg. von Gerhard Kallen, Bd. 3: Zwischen Rhein und Maas, Köln 1942, S. 63–68.

–: Kaufmannsgilde und städtische Eidgenossenschaft in niederfränkischen Städten im 11. und 12. Jahrhundert, in: ZRG GA 60 (1940), S. 1–116.

–: Die deutsche Stadt im Mittelalter von der Römerzeit bis zu den Zunftkämpfen, Graz/Köln 1954.

Quellen zur deutschen Verfassungs-, Wirtschafts- und Sozialgeschichte bis 1250, hrsg. u. übers. v. L. Weinrich (= Ausgewählte Quellen z. dt. Geschichte des Mittelalters. Freiherr-vom-Stein-Gedächtnisausgabe 32), Darmstadt 1977.

Renouard, Yves: Les villes d'Italie de la fin du Xe siècle au début du XIVe siècle, nouv. ed. par Philippe Braunstein, Bd. 1, Paris 1969.

Reynolds, Susan: Kingdoms and Communities in Western Europe, 900–1300, Oxford/New York/Toronto 1984.

Rörig, Fritz: Wirtschaftskräfte im Mittelalter. Abhandlungen zur Stadt- und Hansegeschichte, hrsg. von Paul Kaegbein, Weimar 1959, ND Wien/Köln/Graz 1971.

Schmoller, Gustav: Deutsches Städtewesen in älterer Zeit, Bonn/Leipzig 1922.

Schulz, Knut: Von der familia zur Stadtgemeinde, in: Die abendländische Freiheit vom 10. bis zum 14. Jahrhundert, hrsg. von. J. Fried (= Vorträge und Forschungen 39), Sigmaringen 1991, S. 461–484.

–: Wahlen und Formen der Mitbestimmungen in der mittelalterlichen Stadt des 12./13. Jahrhunderts, in: Wahlen und Wählen im Mittelalter, hrsg. von R. Schneider und H. Zimmermann (= Vorträge und Forschungen 37), Sigmaringen 1990, S. 323–344.

Sestan, Ernesto: La città comunale italiana dei secoli XI–XIII nelle sue note caratteristiche rispetto al movimento communale europeo, in: Miscellanea historiae ecclesiasticae. XIe congrès international des sciences historiques, Stockholm 1960 (= Bibliothèque de la Revue d'Hist. Ecclésiastique 38), Löwen 1961.

Die Städte Mitteleuropas im 12. und 13. Jahrhundert, hrsg. von F. Vercauteren, R. Laufner, W. Rausch (= Beiträge zur Geschichte der Städte Mitteleuropas 1), Linz 1963.

Stephenson, Carl: Borough and Town. A Study of Urban Origins in England, Cambridge 1933.

Stoob, Heinz: Forschungen zum Städtewesen in Europa, Bd. 1: Räume, Formen und Schichten der mitteleuropäischen Städte. Eine Aufsatzfolge, Köln/Wien 1970.

Studien zu den Anfängen des europäischen Städtewesens. Reichenau-Vorträge 1955– 1956 (= Vorträge und Forschungen 4), Lindau/Konstanz 1958, 4. Aufl. Sigmaringen 1975.

Tait, James: The Medieval English Borough. Studies on its Origins and Constitutional History, Manchester 1936.

Tellenbach, Gerd: Libertas, Kirche und Weltordnung im Zeitalter des Investiturstreits (= Forschungen zur Kirchen- und Geistesgeschichte 7), Stuttgart 1936.

Töpfer, Bernhard: Volk und Kirche zur Zeit der beginnenden Gottesfriedensbewegung in Frankreich (= Neue Beiträge zur Geschichtswissenschaft 1), Berlin 1957.

Vermeesch, Albert: Essai sur les origines et la signification de la commune dans le nord de la France (XIe et XIIe siècles), Heule 1966.

La ville, Bd. I: Institutions administratives et judiciaires (= Recueils de la Société J. Bodin 6), Brüssel 1954.

La ville, Bd. II: Institutions économiques et sociales (= Recueils de la Société J. Bodin 7), Brüssel 1955.

Volpe, Gioacchino: Questioni fondamentali sull'origine dei communi italiani, in: Medioevo italiano, Florenz 1961.

Voltelini, Hans von: Der Gedanke der allgemeinen Freiheit in den deutschen Rechtsbüchern, in: ZRG GA 57 (1937), S. 182–209.

Waley, Daniel: Die italienischen Stadtstaaten, München 1969.

Weber, Max: Die Stadt, in: Archiv f. Sozialwissenschaft und Sozialpolitik 47 (1921), S. 621–772.

Werner, Ernst: Stadtluft macht frei. Frühscholastik und bürgerliche Emanzipation in der 1. Hälfte des 12. Jahrhunderts (= Sitzungsber. d. Sächs. Akad. d. Wiss. zu Leipzig, phil. hist. Kl. 118,5), Berlin 1976.

Winterfeld, Luise von: Gottesfrieden und deutsche Stadtverfassung, in: HGbll. 52 (1927), S. 8–56.

–: Nochmals Gottesfrieden und deutsche Stadtverfassung, in: ZRG GA 54 (1934), S. 238 ff.

Zernack, Klaus: Die burgstädtischen Volksversammlungen bei den Ost- und Westslaven. Studien zur verfassungsgeschichtlichen Bedeutung des Vece (= Giessener Abhandlungen zur Agrar- und Wirtschaftsforschung des europäischen Ostens 33), Wiesbaden 1967.

I. *Mailand im 11. Jahrhundert (1035/37–1042/45–1056/75):*
Anfänge der Kommune und die Pataria

a) Quellen

Acta imperii selecta. Urkunden deutscher Könige und Kaiser, hrsg. von J. F. Böhmer, Innsbruck 1870.

Arnulfi gesta archiepiscoporum Mediolanensium usque ad a. 1077, edd. L. C. Bethmann u. W. Wattenbach, MGH SS VIII, S. 1–31.

Benzonis Episcopi Albensi ad Heinricum IV. Imperatorem libri VII, ed. H. Pertz, MGH SS XI, S. 591–681.

Bonizonis episcopi Sutrini Liber ad amicum, ed. Ph. Jaffé, MGH Libelli de Lite imperatorum et pontificum saeculis XI. et XII. conscripti, Bd. I, S. 568–620.

Gesta episcoporum Cameracensium, ed. L. C. Bethmann, MGH SS VII, S. 393–525.

Gli atti privati milanesi e comaschi, 4 vol., edd. G. Vittani, C. Manaresi und C. Santoro, Mailand 1933–1969.

Landulfi (senioris) historia Mediolanensis usque ad a. 1085, edd. L. C. Bethmann u. W. Wattenbach, MGH SS VIII, S. 32–100.

Landulfi (iunioris) de S. Paulo historia Mediolanensis a. 1097–1137, edd. L. C. Bethmann u. Ph. Jaffé, MHG SS XX, S. 17–49.

Lombardische Urkunden des 11. Jahrhunderts, hrsg. von A. Hortzschansky, M. Perlbach, Halle 1890.

Vita Anselmi episcopi Lucensis auctore Bardone presbytero, ed. R. Wilmans, MGH SS XII, S. 1–135.

Vita sancti Arialdi auctore Andrea abbate Strumensi, ed. F. Baethgen, MGH SS XXX,2, S. 1047–1075.

Wipo, Gesta Chuonradi imperatoris, in: Die Werke Wipos, 3. Aufl. ed. H. Bresslau, MGH SSrG 61, S. 1–62; lat. Text u. dte. Übersetzung bearb. von W. Trillmich, in: Quellen des 9. und 11. Jahrhunderts zur Geschichte der Hamburg. Kirche und des Reiches (= Ausgewählte Quellen z. dt. Geschichte des Mittelalters. Freiherr vom Stein-Gedächtnisausgabe 11), S. 505–613.

b) Darstellungen

Angemüller, E.: Geschichte der Verfassung Mailands in den Jahren 1075–1117 nebst einem Anhang über das Consulat zu Cremona, Halle 1881.

Banti, O.: 'Civitas' e 'commune' nelle fonti italiane dei secoli XI e XII, in: Critica storica 9 (1972), S. 568–584.

Barni, G.: Dal governo del vescovo a quello dei cittadini; Milano verso l'egemonia, in: Storia di Milano 3, Milano 1954, S. 3–236.

Bernheim, E.: Mittelalterliche Zeitanschauungen in ihrem Einfluß auf Politik und Geschichtsschreibung, Tübingen 1918.

Borst, A.: Die Katharer (= Schriften der MGH 12), Stuttgart 1953.

Brezzi, P.: I comuni cittadini italiani. Origine e primitive constituzione, Mailand 1940.

Brown, M.: Movimenti politico-religiosi a Milano ai tempi della Pataria, in: Archivio Storico Lombardo 58 (1931), S. 227–278.

Capitani, O.: Storiografia e riforma della chiesa in Italia (Arnolfo e Landolfo seniore di Milano), in: La storiografia altomedievale (= Settimane di Studio del Centro Italiano di Studi sull'Alto Medioevo 17), Spoleto 1970, S. 557–629.

Cowdrey, H. E. J.: The papacy, the patarenes and the church of Milan, in: Transactions of the Royal Historical Society 18 (1968), S. 25–48.

Dilcher, G.: Die Entstehung der lombardischen Stadtkommune (= Untersuchungen zur deutschen Staats- u. Rechtsgeschichte NF 7), Aalen 1967.

–: Bischof und Stadtverfassung in Oberitalien, in: ZRG GA 81 (1964), S. 225–266.

Erdmann, C.: Die Entstehung des Kreuzzugsgedankens (= Forschungen zur Kirchen- u. Geistesgeschichte 6), Stuttgart 1935, ND Darmstadt 1955.

Fasoli, G.: Le autonomie cittadine nel medioevo, in: Nuove questioni di storia medio-vale, Mailand 1964, S. 145–176.

Frugoni, A.: Due schede: «Pannosus» e «patarinus», in: Bolletino dell'Istituto Storico Italiano per il Medioevo 65 (1953), S. 129–135.

Goetz, J.: Kritische Beiträge zur Geschichte der Pataria, in: Archiv f. Kulturgeschichte 12 (1916), S. 17–55 u. 164–194.

Goetz, W.: Die Entstehung der italienischen Kommunen im frühen Mittelalter (= Sitzungsber. d. bayer. Akad. d. Wiss., phil.-hist. Kl. 1944, 1), München 1944.

Golinelli: La Pataria, 1984.

Gritsch, H.: Die Pataria von Mailand (1057–1075), in: Innsbrucker Hist. Studien 3 (1980), S. 7–42.

Grundmann, H.: Religiöse Bewegungen im Mittelalter (= Historische Studien 267), Berlin 1935, 2. Aufl. Darmstadt 1961.

Hegel, K. v.: Geschichte der Städteverfassung von Italien, 2 Bde., Leipzig 1847, ND Aalen 1964.

Keller, H.: Adelsherrschaft und städtische Gesellschaft in Oberitalien (9.–12. Jh.) (= Bibliothek des Deutschen Historischen Instituts in Rom 52), Tübingen 1979.

–: Einwohnergemeinde und Kommune: Probleme der italienischen Stadtverfassung im 11. Jahrhundert, in: HZ 224 (1977), S. 561–579.

–: Die soziale und politische Verfassung Mailands in den Anfängen des kommunalen Lebens. Zu einem neuen Buch über die Entstehung der lombardischen Stadtkommune (= Gerhard Dilcher), in: HZ 211 (1970), S. 34–64.

–: Pataria und Stadtverfassung, Stadtgemeinde und Reform: Mailand im „Investiturstreit", in: Investiturstreit und Reichsverfassung (= Vorträge u. Forschungen 17), Sigmaringen 1973, S. 321–350.

–: Die Entstehung der italienischen Stadtkommunen als Problem der Sozialgeschichte, in: Frühmittelalterliche Studien 10 (1976), S. 169–211.

–: Der Übergang zur Kommune: Zur Entwicklung der italienischen Stadtverfassung im 11. Jahrhundert, in: Beiträge zum hochmittelalterlichen Städtewesen, hrsg. v. B. Diestelkamp (= Städteforschung A 11), Köln/Wien 1982, S. 55–72.

Krüger, A.: Die Pataria in Mailand, in: Jahresberichte des königlichen Friedrich-Gymnasiums Breslau, Breslau 1873/74.

Mirbt, C.: Die Publizistik im Zeitalter Gregors VII., Leipzig 1894.

Peyer, H.C.: Stadt und Stadtpatron im mittelalterlichen Italien. Wirtschaft – Gesellschaft – Staat (= Zürcher Studien zur allgemeinen Geschichte 13), Zürich 1955.

Previté-Orton, C.W.: The Italian Cities till c. 1200, in: Cambridge Medieval History 5 (1929), S. 208–241.

Renouard, Y.: Les villes d'Italie de la fin du Xe au début du XIVe siècle, 2. Aufl., Paris 1969.

Schwartz, G.: Die Herkunft des Namens Pataria, in: Archiv f. Kulturgeschichte 12 (1916), S. 402–410.

Sestan, E.: La città comunale italiana dei secoli XI–XIII nelle sue note caratteristiche rispetto al movimento comunale europeo, in: XIe Congrès Internat. des Sciences Historiques, Rapports III, Moyen Age, Stockholm 1960, S. 75–95.

Siegwart, J.: Die Pataria des 11. Jahrhunderts und der heilige Nikolaus von Patara, in: Zs. f. Schweizerische KG 71 (1977), S. 30–92.

Solmi, A.: Il comune nella storia di diritto, Mailand 1921.

Tabacco, G.: Vescovi e comuni in Italia, in: I poteri temporali dei vescovi in Italia e Germania nel Medioevo (= Annali dell'Istituto storico italo-germanico, Quaderno 3), Bologna 1979, S. 253–282.

Tellenbach, G.: Libertas. Kirche und Weltordnung im Zeitalter des Investiturstreites, Stuttgart 1936.

Violante, C.: La società milanese nell'età precomunale (= Biblioteca Universale Laterza 11), Bari 1953 (3. Aufl. 1981).

–: La Pataria milanese e la riforma ecclesiastica I. Le premesse (1045–1057) (= Istituto Storico Italiana per il Medio Evo – Studi Storici – Fasc. 11–13), Rom 1955.

Visconti, A.: Note per la storia della società milanese nei secoli X e XI, in: Archivio storico lombardo 61 (1934), S. 289–329.

Waley, D.: Die italienischen Stadtstaaten, München 1969.

Werner, E.: Ein dogmatischer Grenzfall religiöser Volksagitation: Die Mailänder Pataria. Reform, Häresie oder kommunale Bewegung?, in: Pauperes Christi. Studien zu sozialreligiösen Bewegungen im Zeitalter des Reformpapsttums, Leipzig 1956, S. 111–164.

–: Patarenós – Patarini: Ein Beitrag zur Kirchen- und Sektengeschichte des 11. Jahrhunderts, in: Vom Mittelalter zur Neuzeit. Zum 65. Geburtstag von Heinrich Sproemberg, hrsg. v. H. Kretzschmar, Berlin 1956, S. 404–419.

–: Häresie und Gesellschaft im 11. Jahrhundert (= Sitzungsber. d. sächs. Akad. d. Wiss. zu Leipzig, 117,5), Berlin (Ost) 1975.

II. Die nordfranzösische Kommunebewegung: Laon und Cambrai

a) Quellen

Annales Cameracenses, auctore Lamberto Waterlos – 1099–1170, ed. G.H. Pertz, MGH SS XVI, S. 509–554.

Benton, John F.: Self and Society in Medieval France. The Memoirs of Abbot Guibert of Nogent, edited with an introduction, New York 1970.

Documents relatifs aux rapports de l'évêque et de la commune de Laon, publ. par
L. Broche, in: Revue historique de droit français et étranger 25 (1901).

Le droit coutumier de Cambrai I et II, publ. par E. M. Meiers u. A. S. de Brécourt
(= Rechtshistorisches Institut Leiden, Serie II, 12), Haarlem 1933/55.

Gesta episcoporum Cameracensium, ed. L. C. Bethmann, MGH SS VII, S. 393–
525.

Gesta episcoporum Cameracensium continuata, ed. G. Waitz, MGH SS XIV, S. 183–
253.

Guibert de Nogent: De vita sua sive Monodiae – Histoire de sa vie, publ. par Georges
Bourgin (= Collection de textes pour servir à l'enseignement de l'histoire), Paris
1907.

–: Autobiographie. Introduction, édition et traduction par Edmond-René Labande
(= Les classique de l'histoire de France au Moyen Age 34), Paris 1981.

Luchaire, A. (Hrsg.): Louis VI. le Gros. Annales de sa vie et de son règne (1081–1137)
avec une introduction historique, Paris 1890.

Ordonnances des rois de France de la troisième race, publ. par L. F. de Brequigny, 22
Bde., bes. Bd. XI., Paris 1723–1849.

Recueil de documents relatifs à l'histoire municipale en France, dès origines à la Révolution. Artois, publ. par G. Espinas, 3 Bde., Paris 1934–1943.

Suger de St. Dénis: La vie de Louis le Gros, suivie de la vie de Louis VII., publ. par Aug.
Molinier (= Collection de textes pour servir à l'enseignement de l'histoire), Paris
1887.

–: La vie de Louis le Gros. Editée et traduite par Henri Waquet (= Les classiques de
l'histoire de France 11), Paris 1964.

b) Darstellungen

Barthélemy, D.: Les deux âges de la seigneurie banale. Pouvoir et société dans la terre
des sires de Coucy (mil. XIe–mil. XIIIe siècle), Paris 1984.

Becker, Alfons: Studien zum Investiturproblem in Frankreich. Papsttum, Königtum
und Episkopat im Zeitalter der gregorianischen Kirchenreform (1049–1119), Saar-
brücken 1955.

Bloch, Marc: Liberté et servitude personelles au Moyen-Age, in: Anuario de derecho
español 10 (1933), S. 19–115.

Boulet-Sautel, Marguerite: L'emancipation urbaine dans les villes du centre de la
France, in: La ville I (= Recueils de la Société J. Bodin 6), Brüssel 1954, S. 371–
406.

Broche, Lucien: Histoire des institutions communales de Laon. Positions de thèses de
l'École des Chartes, 1901.

Bur, Michel (Hrsg.): Histoire de Laon et du Laonnois (= Pays et Villes de France),
Toulouse 1987.

Cauchie, A.: La querelle des investitures dans les diocèses de Liège et de Cambrai,
2 Bde., Löwen/Paris 1891.

Dolbeau, F.: Deux nouveaux manuscrits des ›Mémoires‹ de Guibert de Nogent, in:
Sacris Erudiri 26 (1983), S. 155–175.

Esmein, A.: Cours élémentaire de l'histoire du droit français. 14e édition mise à jour
par R. Génestal, Paris 1921.

Espinas, Georges: Les origines du droit d'association dans les villes de l'Artois et de la
Flandre française jusqu'au début du XVIe siècle, 2 Bde., Lille 1941–42.

Ganshof, F. L.: Etude sur les ministeriales en Flandre et en Lothringie, Brüssel 1926.

Hoffmann, Hartmut: Gottesfriede und Treuga Dei (= Schriften der MGH 20), Stuttgart 1964.

Kaiser, Reinhold: Laon aux XIIe et XIIIe siècles. A propos d'un livre récent, in: Revue
du Nord 56 (1974), S. 421–426.

–: Das Geld in der Autobiographie des Abtes von Nogent, in: Arch. f. Kulturgesch. 69
(1987), S. 289–314.

Körner, Theodor: Juramentum und frühe Friedensbewegung (10.–12. Jahrhundert)
(= Münchener Universitätsschriften. Juristische Fakultät. Abhdl. z. rechtswiss.
Grundlagenforschung 26), Berlin 1977.

Labande, L. H.: Histoire de Beauvais et de ses institutions communales jusqu'au commencement du XVe siècle, Paris 1892.

Laviette, M.: Laon. Berceau des libertés communales, Melun 1964.

Lestocquoy, Jean: Patriciens du Moyen-Age. Les dynasties bourgeoises d'Arras du XIe
au XVe siècle, Arras 1945.

Lodge, E. C.: The communal movement, especially in France (= Cambridge Medieval
History 5), Cambridge 1929.

Lot, Ferdinand: L'évolution des communes françaises à propos d'un livre récent, in:
Revue historique 47 (1949).

Luchaire, Achille: Les communes françaises à l'époque des Capétiens directs, 2. Aufl.,
Paris 1911.

Martinet, Suzanne: Montloon, reflet fidèle de la montagne et des environs de Laon de
1100 à 1300, Laon 1972.

Misch, Georg: Die Autobiographie des Abtes Wiberts von Nogent, in: Dt. Vjschr. f.
Literaturwiss. u. Geistesgesch. 3 (1925), S. 566–614.

–: Geschichte der Autobiographie, Bd. III, 2, 1, Frankfurt a. M. 1959.

Moreau, E. de: Histoire de l'église en Belgique dès origines aux débuts du XIIe siècle,
3 Bde., Brüssel 1940–1945.

Petit-Dutaillis, Charles: Les communes françaises. Caractères et evolution des origines au XVIIIe siècle, Paris 1947.

Pierrad, P.: Les diocèses de Cambrai et de Lille, Paris 1978.

Pirenne, Henri: L'histoire urbaine du nord de la France de la fin du XIe siècle, 1935.

Reinecke, Wilhelm: Geschichte der Stadt Cambrai bis zur Erteilung der Lex Godefridi
(1227). Marburg 1896 (mit Quellenanhang).

Rolland, Paul: Les origines de la commune de Tournai. Histoire interne de la seigneurie épiscopale tournaisienne, Brüssel 1931.

Strubbe, E. J.: La Paix de Dieu dans le nord de la France (= Recueils de la société
J. Bodin 14), Brüssel 1962.

Thierry, Augustin: Lettres sur l'histoire de France, 1820, 11. Aufl., Paris 1860 (lettres
XVI–XVIII betreffen Laon).

–: Essai sur l'histoire de la formation et de progrès du Tiers État suivi de fragments du
recueil des monuments inédits de cette histoire, Bd. 2, 3. Aufl., Paris 1853.

Töpfer, Bernhard: Die Anfänge der Treuga Dei in Nordfrankreich, in: Zs. f. Geschichtswiss. 9 (1961), S. 876–893.

Trenard, Louis (Hrsg.): Histoire de Cambrai. Collection. Histoire des Villes du Nord/Pas-de-Calais 2, Lille 1982.

Vercauteren, F.: Étude sur les civitates de la Belgique seconde, contribution à l'histoire urbaine du nord de la France, de la fin du IIIe à la fin du XIe siècle. Mémoires couronnés par l'Académie royale de Belgique, Brüssel 1934.

Vermeesch, Albert: Essai sur les origines et la signification de la commune dans le nord de la France (= Études presentées à la Commission Internationale pour l'Histoire des Assemblées d'États 30), Heule 1966.

Verriest, Leo: Les luttes sociales à Tournai. Mémoires de l'Académie royale de Belgique, 2e série, t. IX, 1912.

Viollet, Paul: Histoire des institutions politiques et administratives de la France, 3 Bde., bes. Bd. 1, Paris 1890–1893.

–: Les communes françaises au Moyen Age, Paris 1900.

III. Königtum, Bischöfe und die Anfänge der kommunalen Bewegung am Rhein: Worms und Köln (1073/74–1114)

a) Quellen

Lampert von Hersfeld: Annalen, hrsg. v. W. D. Fritz und A. Schmidt (= Ausgewählte Quellen z. dt. Geschichte des Mittelalters, Freiherr vom Stein-Gedächtnisausgabe 13), Berlin 1962.

Quellen zur Geschichte Kaiser Heinrichs IV. – Die Briefe Heinrichs IV. – Das Lied vom Sachsenkrieg – Brunos Sachsenkrieg – Das Leben Kaiser Heinrichs IV., neu übersetzt von F. J. Schmale u. I. Schmale-Ott (= Ausgewählte Quellen z. dt. Geschichte des Mittelalters, Freiherr vom Stein-Gedächtnisausgabe 12), Darmstadt 1963.

Quellen zur Geschichte der Stadt Köln, 6 Bde., bearb. von L. Ennen u. G. Eckertz, Köln 1863–1880.

Die Regesten der Erzbischöfe von Köln im Mittelalter. Bd. I: 313–1099, bearb. von F. W. Oediger, Bonn 1954–61, Bd. II (1100–1205), III,1 (1205–1261), bearb. von R. Knipping, Bonn 1901–1913.

Regesten zur Geschichte der Mainzer Erzbischöfe, hrsg. von J. F. Böhmer und C. Will, 2 Bde., Innsbruck 1877/1888, ND Aalen 1966.

Kölner Schreinsurkunden des 12. Jahrhunderts, Quellen zur Rechts- u. Wirtschaftsgeschichte der Stadt Köln, hrsg. von R. Hoeniger, 2 Bde., Bonn 1884–1894.

Urkunden zur Geschichte der Stadt Speyer, hrsg. von A. Hilgard, Straßburg 1885.

Urkundenbuch zur Geschichte der Bischöfe von Speyer, hrsg. von F. X. Remling, 2 Bde., Mainz 1852/1853, ND Aalen 1970.

Mainzer Urkundenbuch, Bd. I: Die Urkunden bis zum Tode Erzbischof Adalberts I. (1137), bearb. von Manfred Stimming, Darmstadt 1932, Bd. II/1.2: Die Urkunden seit dem Tode Erzbischof Adalberts I. (1137) bis zum Tode Erzbischof Konrads (1200), bearb. von Peter Acht, Darmstadt 1968/71.

Urkundenbuch der Stadt Worms, Bd. 1 u. 2, hrsg. von H. Boos (= Quellen zur Geschichte der Stadt Worms 1 und 2), Berlin 1886/90.

Die Kölner Zunfturkunden nebst anderen Kölner Gewerbeurkunden bis zum Jahre 1500 (= Publikationen der Gesellschaft für rheinische Geschichtskunde 22), 2 Bde., hrsg. von Heinrich von Loesch, Bonn 1907.

b) Darstellungen

Below, Georg von: Der Ursprung der deutschen Stadtverfassung, Düsseldorf 1892, ND Leipzig 1968.

Beyerle, Konrad: Die Entstehung der Stadtgemeinde Köln, in: ZRG GA 31 (1910), S. 1–67.

Boos, Heinrich: Geschichte der rheinischen Städtekultur von ihren Anfängen bis zur Gegenwart mit besonderer Berücksichtigung der Stadt Worms, 4 Bde., Berlin 1897–1901.

Borchers, Hertha: Untersuchungen zur Handels- und Verkehrsgeschichte am Mittel- und Oberrhein bis zum Ende des 12. Jahrhunderts, Diss. Marburg masch. 1952.

Bosl, Karl: Die Reichsministerialität der Salier und Staufer (= Schriften der MGH 10, T. 1 u. 2), 2. Aufl., Stuttgart 1968/69.

–: Die „familia" als Grundstruktur der mittelalterlichen Gesellschaft, in: Zs. f. Bayer. LG 38 (1975), S. 403–424.

Büttner, Heinrich: Die Bischofsstädte von Basel bis Mainz in der Zeit des Investitur- streites, in: Investiturstreit und Reichsverfassung, hrsg. von Josef Fleckenstein (= Vorträge und Forschungen 17), Sigmaringen 1973, S. 351–361.

Dasberg, Lea: De 'Lex familiae Wormatiensis ecclesiae' en de herkomst van de midde- leuwse koopman, in: Tijdschrift voor geschiedenis 71 (1958), S. 243–249.

Deeters, Joachim: Die Kölner Coniuratio von 1112, in: Köln, das Reich und Europa. Abhandlungen über weiträumige Verflechtungen der Stadt Köln in Politik, Recht und Wirtschaft im Mittelalter (= Mitteilungen aus dem Stadtarchiv von Köln 60), Köln 1971, S. 125–148.

Demandt, Dieter: Stadtherrschaft und Stadtfreiheit im Spannungsfeld von Geistlich- keit und Bürgerschaft in Mainz (11.–15. Jahrhundert) (= Geschichtliche Landes- kunde 15), Wiesbaden 1977.

Doll, Anton: Zur Frühgeschichte der Stadt Speyer. Eine topographische Untersu- chung zum Prozeß der Stadtwerdung vom 10. bis 13. Jahrhundert, in: Mitt. d. Hist. Vereins d. Pfalz 52 (1954), S. 133–200.

Ennen, Edith: Erzbischof und Stadtgemeinde in Köln bis zur Schlacht von Worringen (1288), in: Bischofs- und Kathedralstädte des Mittelalters und der frühen Neuzeit, hrsg. von F. Petri, Köln/Wien 1976, S. 28–46.

Falck, Ludwig: Mainz im frühen und hohen Mittelalter (Mitte 5. Jahrhundert bis 1244) (= Geschichte der Stadt Mainz 2), Düsseldorf 1972.

Flink, Klaus: Köln, das Reich und die Stadtentwicklung im nördlichen Rheinland (1100–1250), in: Bll. f. dt. Landesgesch. 120 (1984), S. 155 ff.

Groten, Manfred: Die Kölner Richerzeche im 12. Jahrhundert. Mit einer Bürgermei- sterliste, in: Rhein. Vjbll. 48 (1984), S. 34–85.

Gugumus, J. E.: Die Speyerer Bischöfe im Investiturstreit. Forschungen zum Problem über das Verhältnis von Kirche und Staat im ausgehenden 11. Jahrhundert, in: Archiv f. mittelrhein. KG 3 (1951), S. 77–144 und 4 (1952), S. 45–78.

Jakobs, Hermann: Stadtgemeinde und Bürgertum um 1100, in: Beiträge zum hochmittelalterlichen Städtewesen, hrsg. von B. Diestelkamp (= Städteforschung A 11), Köln/Wien 1982, S. 14–54.

Keutgen, Friedrich: Untersuchungen über den Ursprung der deutschen Stadtverfassung, Leipzig 1895.

Koebner, Richard: Die Anfänge des Gemeinwesens der Stadt Köln, Bonn 1922.

Kottje, Raimund: Zur Bedeutung der Bischofstädte für Heinrich IV., in: Hist. Jb. 97/98 (1978), S. 131–157.

Lau, Friedrich: Entwicklung der kommunalen Verfassung und Verwaltung der Stadt Köln bis zum Jahre 1396 (= Preisschriften der Mevissen-Stiftung 1), Bonn 1898, ND Amsterdam 1969.

Lewald, Ursula: Köln im Investiturstreit, in: Investiturstreit und Reichsverfassung, hrsg. von J. Fleckenstein (Vorträge und Forschungen 17), Sigmaringen 1973, S. 373–393.

Loesch, Heinrich von: Die Grundlagen der ältesten Kölner Gemeindeverfassung, in: ZRG GA 53 (1933), S. 89–207.

Merzbacher, Friedrich: Bischof und Stadt in der Mainzer Geschichte, in: Annalen mittelrhein. KG 14 (1962), S. 31–43.

Metz, Wolfgang: Städte am Mittelrhein als Stützpunkte salischer Reichspolitik, in: Geschichtliche Landeskunde 7, Wiesbaden 1972, S. 34–50.

Peters, Wolfgang: Zum Alter der Kölner Richerzeche, in: JbKGV 59 (1988), S. 1–18.

–: Coniuratio facta est pro libertate. Zu den coniurationes von Mainz, Köln und Lüttich in den Jahren 1105/06, in: Rhein. Vjbll. 51 (1987), S. 303–312.

Planitz, Hans: Die deutsche Stadtgemeinde, in: ZRG GA 64 (1944), S. 1–85.

Rütimeyer, Elisabeth: Stadtherr und Stadtbürgerschaft in den rheinischen Bischofsstädten. Ihr Kampf um die Hoheitsrechte im Hochmittelalter (= VSWG, Beiheft 13), 1928.

Schulz, Knut: Zensualität und Stadtentwicklung im 11./12. Jahrhundert, in: Beiträge zum hochmittelalterlichen Städtewesen, hrsg. von B. Diestelkamp (Städteforschung A 11), Köln/Wien 1982, S. 73–93.

–: Das Wormser Hofrecht und die rechtlich-sozialen Probleme der Grundherrschaft des 10. und 11. Jahrhunderts, in: Hoseishi Kenkyu 24 (1974), S. 195–207.

Stehkämper, Hugo: Die Stadt Köln in der Salierzeit, in: Die Salier und das Reich, hrsg. von S. Weinfurter, Bd. 1–3, Bd. 3: Gesellschaft und ideengeschichtlicher Wandel im Reich der Salier, Sigmaringen 1991, S. 75–153.

Steinbach, Franz: Der Ursprung der Kölner Stadtgemeinde, in: Rhein. Vjbll. 19 (1954), S. 273–286.

Voltmer, Ernst: Reichsstadt und Herrschaft. Zur Geschichte der Stadt Speyer im hohen und späten Mittelalter (= Trierer Historische Forschungen 1), Trier 1981.

Winterfeld, Luise von: Neue Untersuchungen über die Anfänge des Gemeinwesens der Stadt Köln, in: VSWG 18 (1925), S. 1–25.

–: Gottesfrieden und deutsche Stadtverfassung, in: HGbll 52 (1927), S. 8–56.

IV. Flandern 1127/1128: Brügge/Gent und St. Omer

a) Quellen

Actes du comtes de Flandre, 1071–1128, Hrsg.: F. Vercauteren, Brüssel 1938.

Alpertus Mettensis (Alpert von Metz): De diversitate temporum, hrsg. von A. Hulshof, Amsterdam 1916.

Les coutumes de la gilde marchande de Saint-Omer, hrsg. von G. Espinas und H. Pirenne, in: Le Moyen Age, 2ᵉ Série 5 (1901), S. 187–196.

Elenchus fontium historiae urbanae, hrsg. von C. van Kieft und J. F. Niermeyer, Leiden 1967.

Galbert van Brugge, grafelijk secretaris: De moord op Karel de Goede. Dagboek van de gebeurtenisen in de jaren 1127–1128, hrsg. von R. C. Caenegem u. A. Demythenaere, Antwerpen 1978 (niederl. Übersetzung mit ausführlicher Einleitung).

Hermann von Tournai: Liber de restauratione S. Martini Tornacensis, edd. G. Waitz, MGH SS XIV, S. 274 ff.

De multro traditione et occisione gloriosi Karoli comitis Flandriarum (Histoire du meutre de Charles le Bon, comte de Flandre, 1127–1128), par Galbert de Bruges suivie de poésies latines contemporaines publiées d'après les manuscripts par H. Pirenne (= Collection des textes pour servir à l'enseignement de l'histoire 10), Paris 1891.

The murder of Charles the Good count of Flandre by Galbert of Bruges, hrsg. von J. B. Ross, New York 1960 (engl. Übersetzung mit ausführlicher Einleitung).

Privilèges et chartes de franchises de Flandre, hrsg. von G. Espinas, Ch. Verlinden, J. Buntinx, 2 Bde., Brüssel 1959–1961.

Suger von St. Denis, Vita Ludevici Grossi regis c. 30, hrsg. von H. Waquet (= Les classique de l'histoire de France au Moyen Age 11), Paris 1929.

Walter von Thérouanne: Vita Caroli comiti (auctore Waltero archidiac. Tervanensi), ed. R. Köpke, MGH SS XII, S. 531 ff.

b) Darstellungen

Berg, Dieter: England und der Kontinent, Studien zur auswärtigen Politik der anglo normannischen Könige im 11. und 12. Jahrhundert, Bochum 1987, bes. S. 307–334.

Black, Antony: Guilds and civil society in European political thought from the twelfth century to the present, London 1984.

Blockmans, Frans: Het Gentsche stadspatriciaat tot omstreeks 1302, Antwerpen 1938.

–: De oudste privileges der groote vlaamsche steden, in: Nederlandsche Historie bladen 1 (1938), S. 421–446.

Boeren, P. C.: Études sur les tributaires d'église du IXe en XVe siècle (= Uitgaven van het Instituut voor middeleeuwsche Geschiedenis der Kaizer Karel Universiteit te Nijmegen 3), Amsterdam 1936.

Caenegem, Raoul C.: De Gentse februariopstand van het jaar 1128, in: Spiegel Histo-
riael 13 (1978), S. 479–487.

–: Galbert van Brugge en het recht (= Mededelingen van de Koninklijke Academie
voor Wetenschapen, Letteren en schone Kunsten 40, 1), Brüssel 1978, S. 3–35.

Coornaert, Emile: Les ghildes médiévales, in: Revue historique 199 (1948), S. 22–55
und 208–243.

Cordt, E.: Die Gilden. Ursprung und Wesen, Göppingen 1984.

Dhondt, Jan: Les origines des États de Flandre, in: Anciens Pays et Assemblées
d'États/Standen en Landen I, Löwen 1950, S. 3–52.

–: Les «Solidarités» médiévales. Une société en transition: La Flandre en 1127–1128;
in: Annales-Economies-Sociétés-Civilisations 12 (1957), S. 529–560.

–: Une mentalité du douzième siècle: Galbert de Bruges, in: Revue du Nord 39
(1957), S. 101–109.

–: Les origines du droit d'association (= Bibliothèque de la Société d'Histoire du
Droit du Pays Flamands 1), Lille 1936.

Ganshof, François-L.: Jets over Brugge gedurende de preconstitutioneele periode van
haar geschiedenis, in: Nederlandsche Historiebladen 1 (1938), S. 281–303.

–: Le roi de France en Flandre en 1127 et 1128, in: Revue historique de droit français
et étranger IV/27 (1949), S. 204–228.

–: Les origines du concept de souveraineté nationale de Flandre, in: Tijdschrift voor
Rechtsgeschiedenis/Revue d'histoire du droit 18 (1950), S. 135–158.

–: Einwohnergenossenschaft und Graf in den flandrischen Städten während des
12. Jahrhunderts, in: ZRG GA 74 (1957), S. 98–118 und erneut abgedr. in: Die
Stadt des Mittelalters, hrsg. von Carl Haase, Bd. 2 (= Wege der Forschung 244),
Darmstadt 1972, S. 203–225.

Giry, Arthur: Histoire de la ville de Saint-Omer et de ses institutions, ND Genf–Paris
1977.

Groote, Wolfgang von: Die Angaben Galberts über Personen und Gremien des
„öffentlichen Rechts" in Flandern 1127, in: Handelingen van de Maatschappij voor
Geschiedenis en Oudheidkunde te Gent 34 (1980), S. 109–123.

Häpke, Rudolf: Brügges Entwicklung zum mittelalterlichen Weltmarkt (= Abhandlungen zur Verkehrs- und Seegeschichte 1), Berlin 1908, ND Aalen 1975.

Houtte, Jan A. van: Essai sur la civilisation flamande au commencement du XIIe siècle
d'après Galbert de Bruges, Löwen 1898.

–: De geschiedenis van Brugge, Lannoo/Tielt/Bussum 1982.

Henri Laurent: Un grand commerce d'exportation au moyen âge: la draperie de
Pays-Bas en France et dans les pays mediterranéens (XIIe–VXe siècles), Paris
1935.

Lestocquoy, Jean: Les villes de Flandre et d'Italie sous le gouvernement des patriciens,
Paris 1952.

Vander Linden, Hermann: Les gildes marchandes dans les Pays-Bas au Moyen Age,
in: Recueil de travaux, Université de Gand 15, Gent 1896.

Lloyd, Terrence H.: The English Wool Trade in the Middle Ages, Cambridge 1977.

Massiet du Biest, J.: La condition personelle des habitants d'Arras aux XIe et XIIe
siècles, leur exemption du droit de tonlieu et la politique des comtes de Flandre
dans cette ville, in: Ann. d. l'Archéol. d. Belg. 7e sér. 7 (1930), S. 259–282.

Oexle, Gerhard: Art. ›Gilde‹, in: Lexikon des Mittelalters IV, Sp. 1452 f., München/ Zürich 1989.

Pas, J. D. de: Le bourgeois de Saint-Omer. Sa condition juridique dans les institutions communales (= Bibliothèque de la Société d'Histoire du Droit des Pays Flammands, Picards et Wallons 2), Lille 1930.

Petri, Franz: Die Anfänge des mittelalterlichen Städtewesens in den Niederlanden und dem angrenzenden Frankreich, in: Studien zu den Anfängen des europ. Städtewesens (= Vorträge und Forschungen 4), Lindau/Konstanz 1958, S. 227–295.

Perroy, Édouard: Les origines urbaines en Flandre, d'après un ouvrage recent, in: Revue du Nord 29 (1947), S. 49–63.

Petot, P.: L'hommage servile, in: Rev. hist. de droit franc. et étr. 4e sér. 6 (1927), S. 68–107.

Pirenne, Henri: Geschichte Belgiens, in: Allgemeine Staatengeschichte, 1. Abtl.: Geschichte der europäischen Staaten 30, 1, Gotha 1899, S. 179–222.

Planitz, Hans: Kaufmannsgilde und städtische Eidgenossenschaft in niederfränkischen Städten im 11. und 12. Jahrhundert, in: ZRG GA 60 (1940), S. 1–116.

Rolland, Paul: Les «hommes des Sainte-Marie» à Tournai, in: Revue Belge de phil. et de l'hist. 3 (1923), S. 233–250.

Ross, James Bruce: Rise and fall of a twelfth-century clan. The Erembalds and the murder of count Charles of Flanders, 1127–1128, in: Speculum 34 (1959), S. 367–390.

Sproemberg, Heinrich: Galbert von Brügge. Die Geschichtsschreibung des flandrischen Bürgertums, in: Mittelalter und demokratische Geschichtsschreibung. Ausgewählte Abhandlungen, hrsg. von M. Unger (= Forschungen zur mittelalterlichen Geschichte 18), Berlin 1971, S. 221–374.

–: Erwachen des Staatsgefühls in den Niederlanden, Galbert von Brügge, in: L'organisation corporative de Moyen Age à la fin de l'Ancien Régime, Bd. 2, Löwen 1939, S. 31–88.

Verhulst, Adriaan: Les origines de l'histoire ancienne de la ville de Bruges (IXᵉ–XIIᵉ siècle), in: Le Moyen Age 66 (1960), S. 37–63.

Werveke, Hans van: Das Wesen der flandrischen Hansen, in: HGbl. 76 (1958), S. 7–20.

–: Miscellanea medievalia, Gent 1968.

V. Rom 1143–1155: Die Kommune, Arnold von Brescia und der Kaisergedanke

a) Quellen

Anonimo, Gesta di Federico in Italia (= Fonti per la storia d'Italia 1), hrsg. von Ernesto Monaci, Rom 1887, S. 30–35.

Bernhard von Clairvaux: De consideratione ad Eugenium papam, in: S. Bernardi Opera 3, ed. von J. Leclercq und H. U. Rochais, Rom 1963, S. 379–493.

–: Epistolae (= S. Bernardi Opera 7 und 8), ed. von J. Leclercq und H. U. Rochais, Rom 1974/77.

Boso, Liber pontificalis, ed. Duchesne, Le liber pontifical. II, 1892, ND 1955.

Codice diplomatico del Senato Romano dal MCXLIV al MCCCXLVII 1 (= Fronti per la storia d'Italia 87), ed. F. Bartolini, Rom 1948.

Gerhoh von Reichersberg: Opera, edd. E. Dümmler und E. Sackur, MGH Libelli de Lite imperatorum et pontificum, III, Hannover 1897, S. 131–525.

Gottfried von Viterbo: Gesta Friderici et Henrici imperatorum matrice scripta, edd. G. H. Pertz nach G. Waitz, MGH SSrG i. u. sch. 30, Hannover 1870, ND 1978.

Johann von Salisbury: Historia pontificalis, edd. R. L. Poole, 1927 (Neuausgabe mit engl. Übers. von R. L. Poole und M. Chibnall in den ›Medieval Texts‹ von 1956).

De Mirabilibus Civitatis Romae nella raccolta di Nicolas Rosell detto il Cardinal d'Aragona, in: Codice topografico della Città di Roma 3, ed. Roberto Valentini und Guiseppe Zucchetti (= Fonti per la storia d'Italia 90), Rom 1946, S. 175–196.

Monumenta Corbeiensia: Wibaldi Epistolae (Die Korrespondenz Wibalds von Stablo), edd. Ph. Jaffé (= Bibliotheca Rerum Germanicarum 1), Berlin 1864, bes. Nr. 214, 215, 216 und Nr. 403 und 404.

Otto von Freising: Chronica sive historia de duabus civitatibus, hrsg. von W. Lammers, übers. von A. Schmidt (= Ausgewählte Quellen z. dt. Geschichte des Mittelalters. Freiherr vom Stein-Gedächtnisausgabe 16), Darmstadt 1961.

Otto von Freising und Rahewin: Gesta Frederici, hrsg. von F. J. Schmale, übers. von A. Schmidt (= Ausgewählte Quellen z. dt. Geschichte des Mittelalters. Freiherr vom Stein-Gedächtnisausgabe 17), Darmstadt 1965).

Romuald von Salerno: Annales, edd. W. Arndt, MGH SS 19, S. 398–461.

b) Darstellungen

Appelt, Heinrich: Die Kaiseridee Friedrich Barbarossas, Sitzungsber. Wien 252,4, 1967, S. 1–32.

Arnaldi, G.: Rinascita, fine, reincarnatione, successive metamorfori del Senato Romano (secoli V–XII), in: Archivio della Società Romana di Storia Patria 105 (1982), S. 5–56.

Baumgärtner, Ingrid: Rombeherrschung und Romerneuerung. Die römische Kommune im 12. Jahrhundert, in: Quellen und Forschungen aus italienischen Archiven und Bibliotheken 69 (1989), S. 27–79.

Benson, Robert L.: Political Renovatio. Two Models from Roman Antiquitiy, in: Renaissance and Renewal in the twelfth century, hrsg. von R. L. Benson and G. Constable, Cambridge 1982, S. 339–386.

Bloch, Herbert: Der Autor der Graphia aureae urbis Romae, in: DA 40 (1984), S. 153–175.

Brezzi, Paolo: Roma e l'impero medioevale (774–1252) (= Storia di Roma 10), Bologna 1947, T. 5, Kap. 2 und 3: L'età eroica del comune romane – Il comune durante la lotta tra il Barbarossa e i papi, S. 317–364.

Classen, Peter: Causa imperii. Probleme Roms in Spätantike und Mittelalter, in: Das Hauptstadtproblem im Mittelalter. Festgabe zum 90. Geburtstag Friedrich Meineckes. Jb. für Gesch. des deutschen Ostens 1, Tübingen 1952, S. 225–248.

–: Gerhoh von Reichersberg. Eine Biographie. Wiesbaden 1960 (bes. Kap. IV: Rom und Babel 1141–1152, S. 98–108).

Claussen, Peter Cornelius: Magistri Doctissimi Romani. Die römischen Marmor-künstler des Mittelalters. Corpus Cosmatorum I (= Forschungen zur Kunstge-schichte und christlichen Archäologie 14), Stuttgart 1987.

Edelsbrunner, Gudrun: Arnold von Brescia. Untersuchungen über die weltliche Herr-schaft der Kurie und die häretische Bewegung in Rom um die Mitte des 12. Jahrhun-derts, Diss. phil. masch. Graz 1965.

Esch, Arnold: Spolien. Zur Wiederverwendung antiker Baustücke und Skulpturen im mittelalterlichen Italien, in: Archiv für Kulturgeschichte 51 (1969), S. 1–64.

Fedele, Pietro: L'età del Senato, in: Archivio della R. Società Romana di Storia Patria 35 (1912), S. 583–610.

Folz, Robert: L'idée d'Empire en Occident du Ve au XIVe siècle, Paris 1953.

Frugoni, Arsenio: Arnaldo da Brescia nelle fonti del secolo XII (= Studi storici – Fasc. 8–9), Rom 1954.

–: Sulla Renovatio Senatus del 1143 e l'Ordo equestris, in: Bulletino del'Istituto Sto-rico Italiano per il Medio Evo 62 (1950), S. 159–174.

Fuhrmann, Horst: Konstantinische Schenkung und abendländisches Kaisertum, in: DA 22 (1966), S. 63–178.

Giesebrecht, Wilhelm: Über Arnold von Brescia, in: Sitzungsberichte der philosophi-schen-philologischen und historischen Classe d. bayer. Akad. d. Wiss. zu Mün-chen, 1873, S. 122–154.

–: Geschichte der deutschen Kaiserzeit, Bd. 4 und 5,1, Meersburg 1930.

Gleber, Helmut: Papst Eugen III. (1145–1153) unter besonderer Berücksichti-gung seiner politischen Tätigkeit (= Beitr. z. mal. und neueren Gesch. 6), Jena 1936.

Goez, Werner: Translatio Imperii. Ein Beitrag zur Geschichte des Geschichtsdenkens und der politischen Theorien im Mittelalter und in der frühen Neuzeit, Tübingen 1958.

Gregorovius, Ferdinand: Geschichte der Stadt Rom im Mittelalter. Vom 5. bis zum 16. Jahrhundert, 8 Bde., Stuttgart 1876–86, Nachdruck 1978.

Greenaway, George W.: Arnold of Brescia, Cambridge 1931, ND 1978.

Haller, Johannes: Das Papsttum. Idee und Wirklichkeit, 5 Bde., Bd. 3: Die Voll-endung, 2. verb. Aufl., Urach/Stuttgart 1950.

Halphen, Louis: Études sur l'administration de Rome au moyen âge (751–1252) (= Bibliothèque de l'école des hautes études, sciences historiques et philologiques 166), Paris 1907, bes. S. 53–76.

Hampe, Karl: Beitrag zur Geschichte Arnolds von Brescia, in: HZ 130 (1924), S. 58–69.

Haskins, Charles H.: The Renaissance of the twelfth century, 1927.

Herkenrath, Rainer Maria: Regnum und Imperium. Das „Reich" in der frühstaufi-schen Kanzlei (1138–1155), Sitzungsber. Wien 264,5, 1969, bes. S. 24–30.

Hirschfeld, Theodor: Zur Chronologie der Stadtpräfekten in der Zeit der Erneuerung des Senats, in: Quellen und Forschungen aus italienischen Archiven und Biblio theken 16 (1914), S. 93–107.

Koch, Gottfried: Auf dem Wege zum Sacrum Imperium. Studien zur ideologischen Herrschaftsbegründung der deutschen Zentralgewalt im 11. und 12. Jahrhundert (= Forschungen zur mal. Gesch. 20), Wien 1970, bes. S. 200–215.

Partner, Peter: The Lands of St. Peter. The Papal State in the Middle Ages and the Early Renaissance, Berkeley 1972.

Petersohn, Jürgen: Der Vertrag des römischen Senats mit Papst Clemens III. (1188) und das Pactum Friedrich Barbarossas mit den Römern (1167), in: MIÖG 82 (1974), S. 289–337.

—: Friedrich Barbarossa und Rom (Vortragsmanuskript von der Reichenautagung im Herbst 1989, für dessen Überlassung ich dem Autor herzlich danke).

Pietrangeli, Carlo: Il Palazzo Senatorio del Medioevo, in: Capitolium 35 (1960), S. 3–19.

—: I Palazzi Capitolini nel Medioevo, in: Capitolium 39 (1964), S. 191–194.

Ross, James B.: A Study of Twelfth Century Interest in the Antiquities of Rome. Medieval and Historiographical Essays in Honor of James Westfall Thompson, Chicago 1938, S. 302–321.

Rota, Antonio: La costituzione originaria del commune di Roma (L'epoca del comune libero, luglio 1143–dicembre 1145), in: Bulletino dell'Istituto Storico Italiano per il Medio Evo e Archivio Muratoriano 64 (1953), S. 19–131.

Schneider, Fedor: Rom und Romgedanke im Mittelalter. Die geistigen Grundlagen der Renaissance, München 1926.

Schoenian, Ernst: Die Idee der Volkssouveränität im mittelalterlichen Rom (= Frankfurter historische Forschungen, N. F. 2), Leipzig 1919.

Schramm, Percy Ernst: Kaiser, Rom und Renovatio. Studien und Texte zur Geschichte des römischen Erneuerungsgedankens vom Ende des karolingischen Reiches bis zum Investiturstreit. I. Teil: Studien, 1929, ND 1962 (Nachträge von 1957). II. Teil: Exkurse und Texte, 1929, bes. S. 45–56.

—: Besprechung von Greenaway, Arnold of Brescia, in: HZ 147 (1933), S. 165 ff.

—: Kaiser, Könige und Päpste, 4 Bde. in 5, Stuttgart 1968–71, bes. Bd. 3, S. 300–360.

Stehkämper, Hugo: Imitatio Urbis. Altrömische Ämterbezeichnungen im Hochmittelalter in deutschen Städten, besonders in Köln, in: Walraff-Richartz-Jb. 47 (1985/86), S. 205–233.

Theseider, Eugenio Dupré: L'idea imperiale di Roma nella tradizione dal medioevo, Mailand 1942.

Toubert, Pierre: Les structures du Latium médiéval. Le Latium méridional et la Sabine du IXe à la fin du XIIe siècle, Rome 1973.

Vacandard, E.: Arnauld de Brescia, in: Revue des questions historiques 35 (1884), S. 52–114.

VI. Trier/Mainz von ca. 1130 bis 1160/70: Ministerialität und Bürgertum

a) Quellen

Annales S. Disibodi, in: Fontes Rerum Germanicarum. Geschichtsquellen Deutschlands 3, hrsg. von J. F. Böhmer, Stuttgart 1853, S. 173–217 (vgl. Georg Waitz, in: MHG SS 17, S. 6–30).

Christiani Chronicon Moguntinum, in: Bibliotheca rerum Germanicarum 3: Monumenta Moguntina, hrsg. von Ph. Jaffé, Berlin 1866, S. 678–699; – besser als: De calamitate ecclesie Moguntinensis, hrsg. v. H. Reimer, MGH SS 25, S. 238–248.

Gesta Alberonis Archiepiscopi Treverensis auctore Balderico. Die Taten des Erzbischofs Albero von Trier verfaßt von Balderich, in: Vitae quorundam episcoporum saeculorum X, XI, XII – Lebensbeschreibungen einiger Bischöfe des 10.–12. Jahrhunderts, hrsg. u. übers. von Hatto Kallfelz (= Ausgewählte Quellen z. dt. Geschichte des Mittelalters. Freiherr vom Stein-Gedächtnisausgabe 22), Darmstadt 1973, S. 543–617.

Gesta Trevirorum, hrsg. von J. Wyttenbach und M. Müller, 3 Bde., Trier 1836–1839.

Martyrium Arnoldi archiepiscopi Moguntini, in: Fontes Rerum Germanicarum, Geschichtsquellen Deutschlands 3, hrsg. von J. F. Böhmer, Stuttgart 1853, S. 270–326.

Quellen zur Rechts- u. Wirtschaftsgeschichte der Rheinischen Städte. Kurtrierische Städte, Bd. 1: Trier, hrsg. von F. Rudolph (= Publikationen der Gesellschaft f. Rhein. Geschichtskunde 29), Bonn 1915.

Regesten zur Geschichte der Mainzer Erzbischöfe, I. Bd. von Bonifatius bis Arnold von Selenhofen 742–1160, hrsg. von J. F. Böhmer und C. Will, Innsbruck 1877.

Regesten der Erzbischöfe zu Trier von Hetti bis Johann II. 814–1501, hrsg. von A. Goerz, Trier 1861.

Mittelrheinische Regesten oder chronologische Zusammenstellung des Quellenmaterials für die Geschichte der Territorien der beiden Regierungsbezirke Koblenz und Trier in kurzen Auszügen (509–1300), hrsg. von A. Goerz, 4 Bde., Koblenz 1876–1886.

Urkundenbuch zur Geschichte der jetzt die Preußischen Regierungsbezirke Coblenz und Trier bildenden mittelrheinischen Territorien, hrsg. von H. Beyer, L. Eltester und A. Goerz, Bd. 1–3, Koblenz 1860–1874.

Mainzer Urkundenbuch, Bd. I: Die Urkunden bis zum Tode Erzbischof Adelberts I. (1137), bearb. v. M. Stimming, Darmstadt 1932, Bd. II/1. 2: Die Urkunden seit dem Tode Erzbischof Adelberts I (1137) bis zum Tode Erzbischof Konrads (1200), bearb. v. P. Acht, Darmstadt 1968/71.

Vita Arnoldi archiepiscopi Moguntini, in: Bibliotheca Rerum Germanicarum 3: Monumenta Moguntina, hrsg. von Ph. Jaffé, Berlin 1866, S. 604–675.

Die Taten der Trierer (Gesta Treverorum), hrsg. von E. Zenz, 4 Bde., Trier 1955 bis 1962.

b) Darstellungen

Baumbach, Felix: Arnold von Selenhofen, Erzbischof von Mainz, Berlin 1872.

Boos, Heinrich: Geschichte der rheinischen Städtekultur von ihren Anfängen bis zur Gegenwart mit besonderer Berücksichtigung der Stadt Worms, 4 Bde., Berlin 1897–1901.

Bosl, Karl: Die Reichsministerialität der Salier und Staufer (= Schriften der MGH 10, Teil 1 u. 2), 2. Aufl., Stuttgart 1968/69.

Büttner, Heinrich: Das Erzstift Mainz und das Reich im 12. Jahrhundert, in: Hessisches Jb. f. Landesgesch. 8 (1959), S. 18–36.

Demandt, Dieter: Stadtherrschaft und Stadtfreiheit im Spannungsfeld von Geistlichkeit und Bürgerschaft in Mainz (11.–15. Jh.) (= Geschichtliche Landeskunde 15), Wiesbaden 1977.

Diederich, Toni: Rheinische Städtesiegel (= Rhein. Verein f. Denkmalpflege und Heimatschutz, Jahrbuch 1984/85), Neuss 1984.

Falck, Ludwig: Geschichte der Stadt Mainz, Bd. 2: Mainz im frühen und hohen Mittelalter (Mitte 5. Jh. bis 1244), Düsseldorf 1972.

Ganzer, Klaus: Zur Beschränkung der Bischofswahl auf das Domkapitel in Theorie und Praxis des 12. und 13. Jahrhunderts, in: ZRG KA 57 (1971), S. 22–82 u. 58 (1972), S. 166–197.

Jakob, Hermann: Eugen III. und die Anfänge europäischer Städtesiegel, Köln/Wien 1980.

Jesse, Wilhelm: Die deutschen Münzer-Hausgenossen, in: Numismatische Zeitschr. 63 (1930), S. 47–92.

Kentenich, Gottfried: Geschichte der Stadt Trier von ihrer Gründung bis zur Gegenwart, Trier 1915.

Maschke, Erich: Die deutschen Städte der Stauferzeit, in: Die Zeit der Staufer, Ausstellungskatalog Bd. 3, Stuttgart 1977, S. 475–492.

Nitzsch, Karl Wilhelm: Ministerialität und Bürgertum im 11. und 12. Jahrhundert. Ein Beitrag zur deutschen Städtegeschichte, Leipzig 1859, ND Aalen 1969.

Rütimeyer, Elisabeth: Stadtherr und Stadtbürgerschaft in den rheinischen Bischofsstädten. Ihr Kampf um die Hoheitsrechte im Hochmittelalter (= VSWG, Beiheft 13), 1928.

Schöntag, Wilfried: Untersuchungen zur Geschichte des Erzbistums Mainz unter den Erzbischöfen Arnold und Christian I. (1153–1183) (= Quellen und Forschungen zur hessischen Geschichte 22), Darmstadt u. Marburg 1973.

Schrohe, Heinrich: Mainz in seinen Beziehungen zu den deutschen Königen und den Erzbischöfen der Stadt bis zum Untergang der Stadtfreiheit (1462) (= Beiträge zur Geschichte der Stadt Mainz 4), Mainz 1915.

Schulz, Knut: Ministerialität und Bürgertum in Trier. Untersuchungen zur rechtlichen und sozialen Gliederung der Trierer Bürgerschaft vom ausgehenden 11. bis zum Ende des 14. Jahrhunderts (= Rheinisches Archiv 66), Bonn 1968.

–: Die Ministerialität als Problem der Stadtgeschichte. Einige allgemeine Bemerkungen erläutert am Beispiel der Stadt Worms, in: Rhein. Vjbll. 32 (1968), S. 184–219.

–: Die Ministerialität in rheinischen Bischofsstädten, in: Stadt und Ministerialität, hrsg. v. Erich Maschke u. Jürgen Sydow (= Veröff. der Hist. Komm. f. geschichtl. Landeskunde in Baden-Württemberg B 76), Stuttgart 1973, S. 16–42.

Voltmer, Ernst: Minsterialität und Oberschichten in den Städten Speyer und Worms im 13. und 14. Jahrhundert, in: Ministerialität im Pfälzer Raum, hrsg. v. L. Wagner, Speyer 1975, S. 23–33.

–: Reichsstadt und Herrschaft. Zur Geschichte der Stadt Speyer im hohen und späten Mittelalter (= Trierer Historische Forschungen 1), Trier 1981.

Werle, Hans: Staufische Hausmachtpolitik am Rhein im 12. Jahrhundert, in: Zs. f. Gesch. d. Oberrheins 110 (1962), S. 240–370.

Zilken, Marlis: Geschichte der Mainzer Ministerialität im 12. Jahrhundert, Phil. Diss. Mainz masch. 1951.

Zotz, Thomas: Bischöfliche Herrschaft, Adel, Ministerialität und Bürgertum in Stadt und Bistum Worms (11.–14. Jahrhundert), in: Herrschaft und Stand. Untersuchungen zur Sozialgeschichte im 13. Jahrhundert (= Veröff. des Max-Planck-Instituts für Geschichte 51), Göttingen 1977, S. 92–136.

VII. Der lombardische Städtebund von 1167–1183.
Eine gesteigerte Form der Kommune?

a) Quellen

Monumenta Germaniae Historica, Diplomata Friderici I. Die Urkunden Friedrichs I., T. X, 1–5, ed. Heinrich Appelt, Hannover 1975–1990.

Otto von Freising und Rahewin: Gesta Frederici seu rectius Cronica. Die Taten Friedrichs oder richtiger Cronica, übersetzt von Adolf Schmidt, hrsg. von Franz-Josef Schmale (= Ausgewählte Quellen z. dt. Geschichte des Mittelalters. Freiherr vom Stein-Gedächtnisausgabe 17), Darmtadt 1965.

Italische Quellen über die Taten Kaiser Friedrichs I. in Italien und der Brief über den Kreuzzug Kaiser Friedrichs I., hrsg. u. übers. von Franz-Josef Schmale (= Ausgewählte Quellen z. dt. Geschichte des Mittelalters. Freiherr vom Stein-Gedächtnisausgabe 17a), Darmstadt 1986 (vgl. vor allem: Aus der Chronik des Erzbischofs Romoald von Salerno, S. 308–371).

C. Manaresi: Gli atti del commune di Milano fino all'anno 1216, 1919.

Cesare Vignati: Storia diplomatica della Lega Lombarda (1886), ND Turin 1966.

b) Darstellungen

Appelt, Heinrich: Friedrich Barbarossa und die italienischen Kommunen (= Wege der Forschung 390), Darmstadt 1975, S. 83–103.

Bordone, Renato: I comuni italiani nella prima Lega Lombarda: confronto di modelli istituzionali in un'esperienza politico-diplomatica. Zusammenfassung von Ernst Voltmer, in: Kommunale Bündnisse, S. 45–61.

Bognetti, Gian Pietro: La condizione giuridica dei cittadini Milanesi dopo la distruzione di Milano (1162–1167), in: Rivista Storia del Diritto Italiano 1 (1928), S. 312–335.

Boscolo, Alberto u. Gigliola Soldi Rondinini (Hrsg.): La pace di Costanza 1183. Un difficile equilibrio di poteri fra società italiana ed impero. Milano–Piacenza, 27–30 aprile 1983 (= Studi e Testi di Storia Medioevale 8), Bologna 1984.

Brezzi, Paolo: La pace di Venezia del 1177 e le relazioni tra la republica, il papato e l'impero, in: Venezia della prima crociata alla conguista di Constantinopoli del 1204, Florenz 1965, S. 51–70.

Brühl, Carlrichard: Fodrum, Gistum, Servitium Regis. Studien zu den wirtschaftlichen Grundlagen des Königtums im Frankenreich und in den fränkischen Nachfolgestaaten Deutschland, Frankreich und Italien vom 6. bis zur Mitte des 14. Jahrhunderts, 2 Bde., Köln/Graz 1968.

Brühl, Carlrichard: Die Finanzpolitik Friedrich Barbarossas in Italien, in: HZ 213 (1971), S. 13–37.

Kommunale Bündnisse Oberitaliens und Oberdeutschlands im Vergleich (= Vorträge und Forschungen 33), hrsg. von H. Maurer, Sigmaringen 1987.

Classen, Peter: Die Kommunen und die Kaiserkrone des Westens, in: Journal of medieval history 3 (1977), S. 207–224.

Dilcher, Gerhard: Die Entstehung der lombardischen Stadtkommune (= Untersuchungen zur deutschen Staats- u. Rechtsgeschichte, N. F. 7), Aalen 1967.

Fasoli, Gina: La Lega Lombarda – Antecedenti, formazione, struttura, in: Probleme des 12. Jahrhunderts (= Vorträge u. Forschungen 12), Stuttgart 1970, S. 143–160.

–: Federico Barbarossa e le città lombarde, ebd, S. 121–142.

–: Federico II. e la Lega Lombarda. Linee di ricerca, in: Annali dell'Istituto storico italo-germanico in Trento/Jahrbuch des italienisch-deutschen historischen Instituts in Trient II (1976), S. 39–74.

–: Aspirazioni cittadine e volontà imperiale, in: Federico Barbarossa nel dibatitto storiografico in Italia in Germania (= Annali dell'Istituto storico italo-germanico-Quaderno 10), Bologna 1982, S. 131–156.

Ficker, Julius: Zur Geschichte des Lombardenbundes, in: Sitzungsberichte der Philosoph.-Hist. Classe der kaiserl. Akad. d. Wiss. 60, Wien 1869, S. 297–350.

Fonseca, Cosimo Damiano (Hrsg.): I problemi della civiltà comunale. Atti del congresso storico internazionale per l'VIII centenario della prima Lega Lombarda (Bergamo, 4–8 settembre 1967), Bergamo 1971.

Giesebrecht, Wilhelm: Geschichte der deutschen Kaiserzeit, bes. Bd. V, 2: Friedrichs I. Kämpfe gegen Alexander III., den Lombardenbund und Heinrich den Löwen, Leipzig 1888.

Güterbock, Ferdinand: Der Friede von Montebello und die Weiterentwicklung des Lombardenbundes, Berlin 1895.

–: Die Rektoren des Lombardenbundes in einer Urkunde für Chiaravalle, in: Quellen u. Forschungen aus italienischen Archiven und Bibliotheken 18 (1926), S. 1–29.

Haverkamp, Alfred: Die Regalien-, Schutz- und Steuerpolitik in Italien unter Friedrich Barbarossa bis zur Entstehung des Lombardenbundes, in: Zs. f. bayer. Landesgesch. 29 (1966), S. 3–156.

–: Herrschaftsformen der Frühstaufer in Reichsitalien. Bd. 1/2 (= Monographien zur Geschichte des Mittelalters 1), Stuttgart 1970/71.

–: La Lega Lombarda sotto la guida di Milano (1175–1183), in: La pace di Costanza 1183, S. 159–178.

–: Der Konstanzer Friede zwischen Kaiser und Lombardenbund (1183), in: Kommunale Bündnisse, S. 11–44.

Heinemeyer, W.: Der Friede von Montebello (1175), in: DA 2 (1954/55), S. 101–139.

Keller, Hagen: Adelsherrschaft und städtische Gesellschaft in Oberitalien, 9.–12. Jahrhundert (= Bibliothek des Deutschen Historischen Instituts in Rom 52), Tübingen 1979.

Manselli, Raoul: Milano e la Lega Lombarda, in: I problemi della civiltà comunale, S. 9–21.

Nahmer, D. v. d.: Zur Herrschaft Friedrich Barbarossas in Italien, in: Studi Medievali, serie terza 15 (1974), S. 587–703.

Opll, Ferdinand: Stadt und Reich im 12. Jahrhundert (1125–1190). Forschungen zur Kaiser- u. Papstgeschichte des Mittelalters, Beih. zu J. F. Böhmer, Regesta Imperii 6, Wien/Köln/Graz 1986.

–: Friedrich Barbarossa und die Stadt Lodi. Stadtentwicklung im Spannungsfeld zwischen Reich und Städtebündnis, in: Kommunale Bündnisse, S. 63–96.

Pacaut, M.: La Papauté et les villes italiennes (1159–1253), in: I problemi della civiltà comunale, S. 33–46.

La pace di Costanza 1183. Un difficile equilibro di poteri tra società italiana e impero. Studi e testi di storia medioevale 8, hrsg. von A. Boscolo und G. S. Rondinini, Bologna 1984.

Popolo e stato in Italia nell'età di Federico Barbarossa. Allesandria e la Lega Lombarda. Relazioni e comunicazioni al XXXIII congresso storico subalpino per la celebrazione dell'VIII centenario della fondazione di Alessandria. Alessandria 6–7–8–9 ottobre 1968, Turin 1970.

I problemi della civiltà comunale. Atti del congresso storico internazionale per l'VIII centenario della prima Lega Lombarda (Bergamo, 4–8 settembre 1967), hrsg. von C. D. Fonseca, Bergamo 1971.

Racine, Pierre: La société piacenne au temps de la paix de Constance, in: La pace di Costanza, S. 119–133.

Storia di Milano IV: Dalle lotte contro il Barbarossa al primo Signore (1152–1310), Mailand 1954.

Vismara, G.: Struttura e istituzioni della prima Lega Lombarda (1167–1183), in: Popolo e stato, S. 293–332.

Voltmer, Ernst: Formen und Möglichkeiten städtischer Bündnispolitik in Oberitalien nach dem Konstanzer Frieden: Der sogenannte Zweite Lombardenbund, in: Kommunale Bündnisse, S. 97–116.

VIII. London 1191–1216

a) Quellen

British Borough Charters, 1042–1216, hrsg. v. A. Ballard, Cambridge 1913.

Magna Carta Libertatum von 1215 (lat.–dt.–engl. mit ergänzenden Aktenstücken) hrsg. v. E. Walder (= Quellen zur neueren Geschichte 16), 2., durchgesehene Auflage, Bern 1973.

The Historical Charters and Constitutional Documents of the City of London, hrsg. v. W. de Gray Birch, London 1887.

English Historical Documents, Bd. II: English Historical Documents 1042–1189, hrsg. v. D. u. C. Douglas, London 1953, Bd. III: English Historical Documents 1189–1327, hrsg. v. H. Rothwell, London 1975.

Chronicles of London, hrsg. v. C. L. Kingsford, Oxford 1905.

Chronicles of the Reigns of Stephen, Henry II and Richard I, hrsg. v. R. Howlett, 4 Bde., Rolls Series 82, London 1884–1889.

Benedikt von Peterborough: The Chronicle of the Reigns of Henry II and Richard I, A. D. 1169–1192, known commonly under the name of Benedict of Peterborough, hrsg. v. W. Stubbs, 2 Bde., Rolls Series, London 1867.

Gervasius Cantuariensis: The Historical Works of Gervase of Canterbury, hrsg. v. W. Stubbs, 2 Bde., Rolls Series 73, London 1879/80.

Giraldus Cambrensis: Opera, hrsg. v. J. S. Brewer, J. F. Dimoch u. G. F. Warner, 8 Bde., Rolls Series 21, London 1861–1891.

Matthaeus Parisiensis: Gesta Abbatum Monasterii S. Albani, hrsg. v. H. T. Riley, 3 Bde., Rolls Series, London 1867.

–: Historia Anglorum, sive, ut vulgo dicitur, Historia minor, hrsg. v. Sir F. Madden, Rolls Series 44 (Bd. III: Abbrevatio Chronicorum), London 1869.

Richard de Devizes: The Chronicle of Richard of Devizes of the Time of King Richard the First, hrsg. u. übers. v. J. T. Appleby, Nelson's Medieval Texts 20, London 1963.

Roger de Hoveden: Chronica Rogeri de Hovedene, hrsg. v. W. Stubbs, 4 Bde., Rolls Series 51, London 1868–1871.

Roger de Wendover: Flores historiarum, hrsg. v. H. G. Hewlett, 3 Bde., Rolls Series 84, London 1886–1889.

Walter Map: De nugis curialium, hrsg. v. M. R. James, Anecdota Oxoniensia, Medieval and Modern Series, Oxford 1914. Engl. Übersetzung v. M. R. James, in: Cymmodorion Record Series 16, 1923.

Wilhelmi Malmesbiriensis Monachi De gestis rerum Anglorum libri quinque. Historia novellae libri tres, hrsg. v. W. Stubbs, Rolls Series 90, London 1887–1889.

William of Malmesbury: The Historia Novella by William of Malmesbury, hrsg. u. übers. v. K. R. Potter, Nelson's Medieval Texts 8, London 1955.

b) Darstellungen

Adams, G. B.: London and the Commune, in: Engl. Hist. Rev. 19 (1904), S. 702–706.

Bateson, Mary: A London Muncipal Collection of the Reign of John, in: Engl. Hist. Rev. 17 (1902), S. 480–511 u. 707–730.

Beavan, A. B.: The Aldermen of the City of London, 2 Bde., London 1908–13.

Brooke, Christopher N. L.: London 800–1216: The Shaping of a City, London 1975.

Brooke, Christopher N. L., G. Keir and S. Reynolds: Henry I's Charter for the City of London, in: Journal of the Society of Archivists 4 (1973), S. 558–578.

Carus-Wilson, E. M.: The Marchant Class of Medieval London, in: Economic History Review 2/III (1949).

Corbett, W. J.: Review of Commune, in: Engl. Hist. Rev. 16 (1901), S. 765–771.

Davis, R. H. C.: King Stephen, London 1967.

–: An Oxford Charter of 1191 and the Beginnings of Municipal Freedom, in: Oxoniensia 33 (1968), S. 53–65.

Eckwall, E.: Studies on the Population of Medieval London, Stockholm 1956.

Holt, James C.: The Making of Magna Carta, in: Engl. Hist. Rev. 72 (1957), S. 401–422.

–: Magna Carta, Cambridge 1965.

—: Magna Carta and Medieval Government, London and Roncceverte 1985.

Kluxen, Kurt: Englische Verfassungsgeschichte, Darmstadt 1987.

Maitland, F. W.: Township and Borough. The Ford Lecturers 1897, Cambridge 1898, ND 1964.

Reynolds, Susan: The Rulers of London in the Twelfth Century, in: History. The Journal of the Historical Association 57 (1972), S. 337–357.

—: An Introduction to the History of English Medieval Towns, Oxford 1977.

—: Kingdoms and Communities in Western Europe 900–1300, Oxford 1986.

Richter, H.: Englische Geschichtsschreiber des 12. Jahrhunderts, Diss. 1938.

Round, John H.: The Commune of London and other Studies, Westminster 1899.

—: Geoffrey de Mandeville: A Study of the Anarchy, London 1892.

—: The origins of the Mayoralty of London, in: Archaeological Journal 1 (1893), S. 247–263.

Sharpe, R. R.: London and the Kingdom, 3 Bde., London 1894/95.

Stehkämper, Hugo: England und die Stadt Köln als Wahlmacher König Ottos IV. (1198), in: Köln, das Reich und Europa (= Mitt. a. d. Stadtarchiv Köln 60), Köln 1971, S. 213–244.

Stenton, Frank: Norman London, in: Social Life in Early England (ed. by Geoffrey Barraclough), London 1960, S. 179–207.

Stephenson, Carl: Borough and Town. A Study of Urban Origins in England, Cambridge Mass. 1933.

Stubbs, William: The Constitutional History of England, 3 vols., Bd. I, 6. Aufl. 1903, Bd. II, 4. Aufl. 1896, Bd. III, 5. Aufl. 1903, bes. Bd. I, S. 439 ff. u. 673 ff.

Tait, James: The Medieval English Borough. Studies on its Origins and Constitutional History (= Publications of the University of Manchester, No. 245, Historical Series, No. 70), Manchester 1936.

—: The Firma Burgi and the Commune in England, 1066–1191, in: English Historical Review 42 (1927), S. 321–360.

Unwin, G.: The Gilds and Companies of London, London 1908, 4. Aufl. 1963.

Weinbaum, M.: Londons Aldermänner und Warde im 12. bis 14. Jahrhundert, in: Aus Sozial- u. Wirtschaftsgeschichte. Gedächtnisschrift für Georg von Below, Stuttgart 1928, S. 105–114.

—: Verfassungsgeschichte Londons 1066–1268 (= Beihefte zur VSWG 15), Stuttgart 1929.

Williams, Gwyn A.: Medieval London. From Commune to Capital, University of London 1963.

IX. Marseille

a) Quellen

Bourilly, V. L.: Essai sur l'histoire politique de la commune de Marseille, des origines à la victoire de Charles d'Anjou 1264, in: Annales de la Faculté des Lettres en Aix-en-Provence 12 und 13 (= Pièces Justicatives), Aix-en-Provence 1921/22.

Cartulaire de l'abbaye de Saint-Victor de Marseille, Bd. 1/2 (= Collection des Cartulaires de France VIII und IX), hrsg. von B. Guérard, Paris 1857.

Coutumes et réglements de la république d'Avignon au treizième siècle, hrsg. von M. A. R. de Maulde, Paris 1879.

Documents de l'histoire de la Provence, hrsg. von E. Baratier, Toulouse 1971.

Documents inédits sur le commerce de Marseille au Moyen-Age, Bd. 1: Contrats commerciaux du XIIIe siècle, hrsg. von L. Blancard, Marseille 1884, ND Genf 1978.

Documents inédits sur l'histoire commerciale de Marseille au XIIe siècle, hrsg. von L. Blancard, Marseille 1860.

Gallia Christiana Novissima. Histoire des archevêchés, évêchés et abbayes de France, Bd. 2: Marseille, Valence 1899 und Bd. 3: Arles, hrsg. von J.-H. Albanés und U. Chevalier, Valence 1899 und 1901.

Des Gervasius von Tilbury Otia imperialia in einer Auswahl neu herausgegeben und mit Anmerkungen begleitet von F. Liebrecht. Ein Beitrag zur deutschen Mythologie und Sagenforschung, Hannover 1856.

E Giraldi Cambrensis Operibus, ed. F. Liebermann und R. Pauli, MGH SS 27, Hannover 1885, ND Stuttgart/New York 1964, S. 395–421.

Historia Diplomatica Friderici Secundi Bd. 5, hrsg. von J.-L.-A. Huillard-Bréholles, Paris 1857.

F. Kiener: Verfassungsgeschichte der Provence seit der Ostgotenherrschaft bis zur Errichtung der Konsulate (510–1200), Leipzig 1900 (darin: Quellenanhang: Instrumenta).

Recueil des actes des comtes de Provence appartenants à la maison de Barcelone, Bd. 2: Alphonse II et Raimond Bérenger V (1196–1245), hrsg. von F. Benoit, Monaco/Paris 1925.

Regesta Honorii Papae III, Bd. 1, hrsg. von P. Pressutti, Rom 1888, ND Hildesheim/New York 1978.

La République Marseillaise du XIIIe siècle (1200–1263), hrsg. von F. Portal, Marseille 1907 (S. 328 ff.: Pièces Justificatives).

Les status municipaux de Marseille, hrsg. von H. Pernoud, Paris/Monaco 1949.

b) Darstellungen

Belperron, P.: La Croisade contre les Albigeois et l'union du Languedoc à la France (1209–1249), Paris 1959.

Benoit, F.: Arles monographie communale. L'évolution. Les bouches du Rhône, Bd. 14, Paris/Marseille 1935.

Bourilly, V. L.: Essai sur l'histoire politique de la commune de Marseille, des origines à la victoire de Charles d'Anjou (1264), Aix-en-Provence 1925.

–: La Crise municipale de 1229–1230 à Marseille, in: Provincia 1 (1921).

Busquet, R.: Histoire de Marseille, Paris 1945 (Mise à jour du Pierre Guiral, Paris 1978).

–: Le rôle de la vicomté de Marseille dans la formation du comté de Provence et l'origine de ses vicomtes, in: Provence Historique 4 (1954).

Busquet, B. und V. L. Bourilly: Histoire de la Provence (= Que sais-je? 149), Paris 1957.

Duby, G.: Le port de Marseille et la civilisation provençale au Moyen-Age, in: Revue de la Chambre de Commerce de Marseille 653 (1955).

Endemann, T.: Markturkunde und Markt in Frankreich und Burgund vom 9. bis 11. Jahrhundert, Konstanz/Stuttgart 1964.

Engelmann, E.: Zur städtischen Volksbewegung in Südfrankreich. Kommunefreiheit und Gesellschaft. Arles 1200–1250 (= Forschungen zur mittelalterlichen Geschichte 4), Berlin (Ost) 1959.

Février, P.-A.: Le développement urbain en Provence de l'époque romaine à la fin du XIVe siècle (= Archéologie et Histoire urbaine), Paris 1964.

Font y Rius, S. M.: Gouvernements urbains en France et en Catalogne (XIIe et XIIIe siècles), in: Annales du Midi 69 (1957), S. 293–306.

Fredet-Delebeque, C.: Le consulat de Tarascon, les dernières luttes pour l'indépendance (1229–1256), in: Provence Historique (1956) (= Mélanges Busquet), S. 64–77.

Le Goff, J. u. a.: La ville médiévale des Carolingiens à la Renaissance (= Histoire de la France urbaine 2), Paris 1980.

Grand, R.: La genèse du mouvement communal en France, in: Revue historique de droit français et étranger 21 (1942), S. 149–173.

Grieser, R.: Das Arelat in der europäischen Politik von der Mitte des 10. bis zum Ausgang des 14. Jahrhunderts, Jena 1924.

Griffe, É.: Le Languedoc Cathare de 1190 à 1210, Paris 1971.

Heyd, W.: Histoire du commerce du Levant au Moyen-Age, 2. Aufl., Leipzig 1936.

Histoire de la Provence, hrsg. von E. Baratier, Toulouse 1969.

Histoire de Marseille, hrsg. von E. Baratier, Toulouse 1979.

Kiener, F.: Verfassungsgeschichte der Provence seit der Ostgotenherrschaft bis zur Errichtung der Konsulate (510–1200), Leipzig 1900.

Labande, L. H.: La commune de Marseille. Ses origines, son développement jusqu'à l'aquisition de la seigneurie des viscomtes, in: Journal des Savants, I, Dec. 1926, S. 425–436, II, in: Ebd., Jan. 1927, S. 22–33, III, in: Ebd., Fev. 1927, S. 63–75.

Lambert, G.: Essai sur le régime municipal et l'affranchissement des communes en Provence, Toulon 1882.

Lesages, G.: Marseille angevine. Recherches sur son évolution administrative économique et urbaine, Paris 1950.

Mortreuil, M. I.: L'hôpital du St. Esprit de Marseille (= Répertoire des travaux de la Société de Statistique de Marseille 28), Marseille 1866.

Mundy, I. H.: Liberty and political power in Toulouse (1050–1230), New York 1954.

Pernoud, R.: Histoire du commerce de Marseille, Bd. I, 2: Le Moyen Age jusqu'en 1291, Paris 1949.

Portal, F.: La République Marseillaise du XIIIe siècle (1200–1263), Marseille 1907.

Sayous, A. E.: Les opération du capitaliste et commerçant marseillais. Etienne de Manduel entre 1200 et 1230, in: Revue des questions historiques 16 (1930).

–: Le commerce terrestre de Marseille au XIIIe siècle, in: Revue historique 64 (1930), S. 27–50.

Schaube, A.: Handelsgeschichte der romanischen Völker des Mittelmeergebietes bis zum Ende der Kreuzzüge, München/Berlin 1906.

Sternfeld, R.: Karl von Anjou als Graf der Provence 1245–1265 (= Historische Untersuchungen 10), Berlin 1888.

–: Das Verhältnis des Arelats zu Kaiser und Reich 1190–1250, Berlin 1881.

Timbal, P.-C.: Les villes de consulat dans le Midi de la France. Histoire de leurs institutions administratives et judicaires, in: La Ville (= Recueils de la Société Jean Bodin 6), Brüssel 1954, S. 343–370.

Wolff, Ph.: France du Nord, France du Midi. Les luttes sociales dans les villes du Midi français XIIIe–XIVe siècles, in: Annales. Economies-Sociétés-Civilisations 2 (1947).

Zarb, M.: Du statut juridique des vicomtes de Marseille aux XIe et XIIe siècles, in: Revue historique de droit français et étranger 29 (1951), S. 239–255.

Schlußbetrachtung und Ausblick

Benton, John F.: Town origines. The evidence from mediaeval England, 1969.

Böckenförde, Ernst-Wolfgang: Die deutsche verfassungsgeschichtliche Forschung im 19. Jahrhundert, Berlin 1961.

Brunner, Otto: Stadt und Bürgertum in der europäischen Geschichte, in: GWU 4 (1953), S. 525–537; jetzt auch in: Neue Wege der Verfassungs- und Sozialgeschichte, 2. Aufl., Göttingen 1968, S. 294–321.

Croce, Benedetto: Storia della Storiografia Italiana nel secolo XIV, 2. Aufl., Bari 1930, Bd. 1, S. 107–119.

Ebel, Wilhelm: Der Bürgereid als Geltungsgrund und Gestaltungsprinzip des deutschen mittelalterlichen Stadtrechts, Weimar 1958.

Fubini, Mario: La Lega Lombarda nella letteratura dell'Ottocento, in: Popolo e Stato in Italia nell'etá di Federico Barbarossa. Alessandria e Lega Lombarda, Turin 1970.

Gerhard, Dietrich: A. Thierry und die Rolle des Tiers Etat in der französischen Geschichte, in: Ders., Alte und neue Welt, Göttingen 1962, S. 62 ff.

Gierke, Otto von: Das deutsche Genossenschaftsrecht, Bd. 1–4, ND Darmstadt 1954.

Hobsbawm, E., und T. Ranger (Hrsg.): The Invention of Tradition, Cambridge 1983.

Möser, Justus: Deutsche Staatskunst und Nationalerziehung. Seine Schriften ausgewählt von P. Klassen, Leipzig 1937.

Nipperdey, Thomas: Deutsche Geschichte 1800–1866. Bürgerwelt und starker Staat, München 1987.

Oexle, Otto G.: Die mittelalterliche Zunft als Forschungsproblem; ein Beitrag zur Wissenschaftsgeschichte der Moderne, in: Bll. f. dt. Lg. 118 (1982), S. 1–44.

Petit-Dutaillis, Charles: Les communes françaises, 1947.

Pitz, Ernst: Untertanenverband, Bürgerrecht und Staatsbürger im Mittelalter und Neuzeit, in: Bll. f. dt. Lg. 126 (1990), S. 263–282.

Preuß, Hugo: Entwicklung des deutschen Städtewesens, Leipzig 1906.

Schilling, Heinz: Gab es im späten Mittelalter und zu Beginn der Neuzeit einen städtischen „Republikanismus"? Zur politischen Kultur des alteuropäischen Stadtbürgertums, in: Republik und Republikanismus im Europa der Frühen Neuzeit, hrsg. von H. G. Koenigsberg (= Schriften des Hist. Kollegs 11), München 1988, S. 101–143.

Schmoller, Gustav: Deutsches Städtewesen in älterer Zeit, Bonn/Leipzig 1922.

Schneider, Hans-Peter: Der Bürger zwischen Stadt und Staat im 19. Jahrhundert, in: Res publica. Bürgerschaft in Stadt und Staat (= Der Staat. Zs. f. Staatslehre, öffentliches Recht und Verfassungsgeschichte, Beih. 8), Berlin 1988, S. 143–160/178.

Schorn-Schütte, Luise: Stadt und Staat. Zum Zusammenhang von Gegenwartsverständnis und historischer Erkenntnis in der Stadtgeschichtsschreibung der Jahrhundertwende, in: Die Alte Stadt 10 (1983), S. 228–266.

Schreiner, Klaus: „Kommunebewegung" und „Zunftrevolution". Zur Gegenwart der mittelalterlichen Stadt im historisch-politischen Denken des 19. Jahrhunderts, in: Stadtverfassung, Verfassungsstaat, Pressepolitik. Festschrift E. Naujoks, hrsg. von F. Quarthal und W. Setzler, Sigmaringen 1980, S. 139–168.

Sombart, Werner: Der Bourgeois. Zur Geistesgeschichte des modernen Wirtschaftsmenschen, München/Leipzig 1913.

Steinbach, Franz: Stadtgemeinde und Landgemeinde, in: Rhein. Vjbll. 13 (1948), S. 11–50, auch in: Collectana F. Steinbach, Bonn 1967, S. 776–810.

Thierry, Augustin, Dix ans d'études historiques, 1842.

Register

Personen

Orte